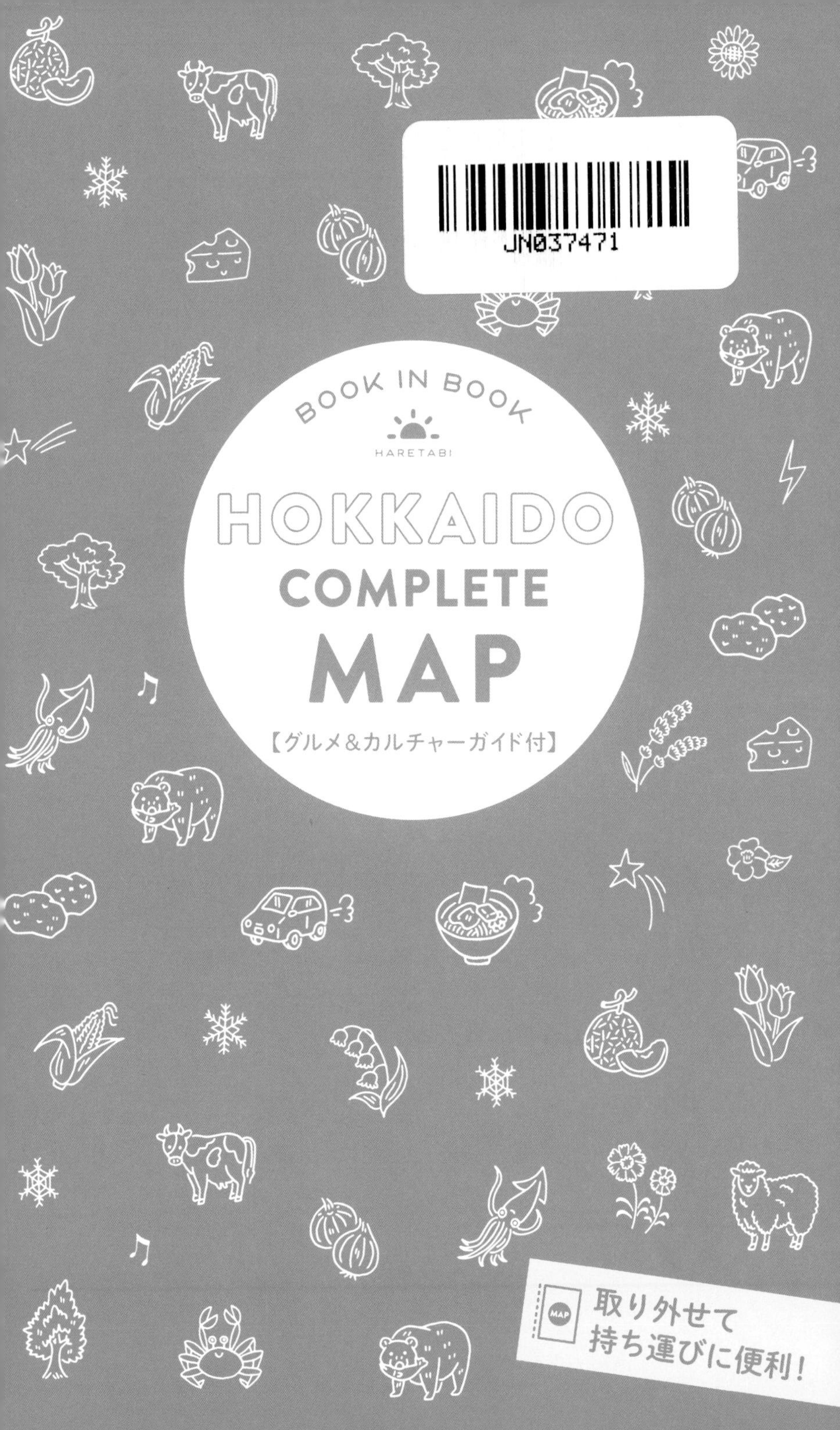
JN037471
BOOK IN BOOK
HARETABI
HOKKAIDO
COMPLETE
MAP
【グルメ&カルチャーガイド付】
MAP
取り外せて
持ち運びに便利！

北海道全図
0 25 50km
凡例
見る・遊ぶ
レストラン・カフェ
ショップ
ホテル
セブン-イレブン
ローソン
ファミリーマート
セイコーマート
ミニストップ
ガソリンスタンド
マクドナルド
ケンタッキー
ロッテリア
ドトール
スターバックス
タリーズ
P.18 稚内・利尻・礼文
P.16 旭川・名寄
P.21 小樽・積丹
P.14 札幌・美瑛・富良野
P.22 ニセコ・洞爺湖
P.12 支笏湖・日高
P.24 函館・大沼
宗谷海峡
宗谷岬
宗谷岬平和公園
宗谷丘陵
ノシャップ岬
ノシャップ寒流水族館
稚内駅
稚内空港
稚内市
宗谷総合振興局
礼文島
礼文町
利尻富士町
利尻山
利尻町
利尻島
抜海駅
豊富北IC
豊富町
豊富駅
猿払村
ほろのベトナカイ観光牧場
幌延IC
幌延町
浜頓別町
中頓別町
敏音知岳
神威岬
天塩川
天塩町
天塩中川駅
音威子府駅
中川町
遠別町
枝幸町
函岳
天塩山地
宗谷本線
美深町
美深北IC
美深駅
初山別村
羽幌沿海フェリー
焼尻島
天売島
羽幌町
ピヤシリ山
名寄市
名寄駅
苫前町
士別市
士別駅
士別剣淵IC
留萌振興局
小平町
上川総合振興局
和寒町
留萌IC
留萌市
沼田町
鷹栖町
愛別町
留萌本線
深川市
増毛町
北竜町
雄冬岬
暑寒別岳
雨竜町
旭川駅
旭川市
旭川空港
深川駅
新十津川町
滝川市
赤平市
滝川IC
砂川市
根室本線
富良野線
美瑛
石狩振興局
石狩湾
石狩市
月形町
芦別市
空知総合振興局
上富良野町
富良野駅
富良野市
日本海
積丹町
積丹半島
神恵内村
古平町
余市IC
小樽駅
小樽IC
小樽市
石狩平野
当別町
函館本線
美唄市
三笠市
芦別岳
後志総合振興局
共和町
赤井川村
札沼線
江別市
岩見沢市
栗山町
夕張岳
南富良野町
トマム
余市岳
札幌市
札幌駅
北広島市
恵庭駅
夕張市
占冠駅
占冠村
千歳線
石勝線
蘭越町
倶知安町
ニセコアンヌプリ
弁慶岬
寿都町
羊蹄山
ニセコ町
京極町
恵庭市
千歳駅
夕張IC
日高町
黒松内町
豊浦町
洞爺湖町
喜茂別町
恵庭岳
支笏湖
千歳市
新千歳空港
厚真町
平取町
幌尻岳
茂津多岬
島牧村
狩場山
黒松内IC
室蘭本線
胆振総合振興局
白老町
樽前山
苫小牧市
むかわ町
日高振興局
長万部IC
今金町
長万部町
伊達市
登別市
日高本線
鵡川駅
日高富川IC
新冠町
日高厚賀IC
新ひだか町
後志利別川
内浦湾（噴火湾）
室蘭IC
室蘭市
登別駅
白老IC
苫小牧西IC
苫小牧駅
沙流川
新冠川
せたな町
八雲IC
八雲町
八雲駅
落部IC
東室蘭駅
室蘭駅
登別室蘭IC
奥尻町
奥尻島
遊楽部岳
渡島半島
森駅
森町
奥尻空港
森IC
駒ヶ岳
太平洋
乙部町
大沼公園IC
渡島総合振興局
江差町
厚沢部町
北斗市
函館IC
函館市
恵山
北斗茂辺地IC
函館空港
函館空港IC
木古内町
木古内駅
函館駅
函館港
上ノ国町
松前半島
北海道新幹線
知内町
檜山振興局
大間崎
大間町
松前町
福島町
大島
尻屋崎
青森県
津軽海峡
青函トンネル
むつ市
下北半島

D
E
F
1
2
3
P.6 網走・紋別
P.7 知床半島
P.8 大雪山・阿寒湖
P.4 根室・摩周湖
P.10 帯広・えりも
オホーツク海
日ノ出岬
興部町
オホーツク紋別空港
紋別市
湧別町
サロマ湖
佐呂間町
能取岬
網走市
網走駅
知床斜里駅
知床岬
知床岳
硫黄山
羅臼岳
知床半島
羅臼町
国後島
オホーツク総合振興局
遠軽駅
遠軽町
北見市
北見駅
訓子府町
置戸町
津別町
美幌町
大空町
斜里町
海別岳
標津町
根室海峡
中標津町
根室中標津空港
野付水道
野付崎
根室振興局
別海町
根釧原野
歯舞群島
水晶島
勇留島
秋勇留島
志発島
根室半島
根室市
根室駅
花咲岬
落石岬
浜中町
浜中駅
厚岸町
厚岸湖
弟子屈町
川湯温泉駅
摩周湖
屈斜路湖
阿寒湖
雌阿寒岳
雄阿寒岳
鶴居村
標茶町
標茶駅
釧網本線
釧路総合振興局
釧路市
釧路町
釧路駅
たんちょう釧路空港
白糠町
白糠駅
阿寒IC
本別IC
白糠IC
足寄IC
陸別小利別IC
訓子府IC
北海道
喜登牛山
石狩岳
陸別町
足寄町
上士幌町
十勝総合振興局
士幌町
本別町
音更町
池田町
池田駅
帯広駅
帯広市
幕別町
十勝平野
とかち帯広空港
浦幌町
根室本線
更別村
更別IC
忠類大樹IC
大樹町
湧洞沼
生花苗沼
広尾町
楽古岳
様似町
えりも町
襟裳岬

A
B
C
1
2
3
ウトロ
羅臼
釧網国道
濤沸湖
止別駅
P.180 流氷物語号
斜里町役場
道の駅しゃり
知床斜里駅
天に続く道
知床横断道路
羅臼町
羅臼峠
国後国道
網走市
浜小清水駅
道の駅ノンキーランド ひがしもこと
小清水町役場
小清水町
中斜里駅
知床国道
清里温泉
斜里町
海別岳
植別川
清里町
清里町役場
斜里国道
道の駅パパスランドさっつる
札弦駅
ひがしもこと芝桜公園
大空町
藻琴山温泉 高原温泉
藻琴山
ハイランド小清水725
小清水峠
清里町
根北峠
斜里岳
野付国道
忠類川
さくらの滝
緑駅
摩周国道
JR釧網本線
野上峠
サマッケヌプリ山
俣落岳
標津岳
武佐岳
標津町役場
標津サーモン科学館
P.198
川湯温泉街の足湯
美幌峠 P.195
仁伏温泉
川湯温泉
神の子池
中島
屈斜路湖 P.195
P.195 砂湯
硫黄山 P.195
川湯温泉駅
開陽台
標津
和琴半島 自然探勝路
池の湯
和琴温泉
コタン温泉 露天風呂
P.194 摩周 第三展望台
裏摩周展望台
温泉富士
摩周湖 P.194
摩周岳(カムイヌプリ)
西別岳
モアン山
養老牛温泉
摩周第一展望台 P.194
P.214 根室中標津空港
中標津町役場
鶴雅オーベルジュ SoRa
中標津町
美羅尾山
弟子屈町
阿寒湖
摩周駅
道の駅 摩周温泉
摩周温泉
弟子屈町役場
鮭の頭モニュメント
900草原
多和平
春別川
別海町
磯分内駅
別海町役場
パイロット国道
ポークチャップの店 ロマン
久著呂川
風蓮川
鶴居村
標茶町役場
標茶駅
標茶温泉
鶴居・伊藤タンチョウサンクチュアリ
鶴居村役場
湿原温泉
標茶町
フッポウシ川
風蓮川
鶴居どさんこ牧場
茅沼駅
ファームデザインズ
鶴見台
コッタロ湿原展望台
サルルン展望台
サルボ展望台
厚岸町
P.188
塘路駅
元村ハウスぱる レイクサイドとうろ
酪農展望台
浜中駅
釧路湿原
塘路湖
温根内ビジターセンター
塘路ネイチャーセンター
茶内駅
浜中
達古武夢ヶ丘歩道
温根内木道
達古武湖
釧路湿原駅
厚岸
細岡展望台 P.189
細岡ビジターズラウンジ P.189
霧多布湿原センター
ゴメ
P.188
岩保木山
厚岸駅
道の駅 厚岸グルメパーク
浜中町役場
釧路市湿原展望台
釧路町
厚岸望洋台
霧多布湿原
湿原展望台遊歩道 P.188
遠矢駅
JR根室本線
尾幌駅
厚岸町役場
牡蠣島
厚岸漁港
厚岸湖
火散布沼
嶮暮帰島
釧路外環状道路
P.189
くしろ湿原ノロッコ号
藻散布沼
琵琶瀬展望台
釧路駅
東釧路駅
釧路町役場
上尾幌駅
アイカップ崎
厚岸湾
大楽毛駅
阿寒川
釧路港
釧路市役所
別保駅
根釧国道
ピリカウタ展望台
原生花園あやめヶ原
釧路 P.188
P.37へ
チンベノ鼻
釧路市
釧路市立博物館
尻羽岬
大黒島

北方四島
0 25 50km
オホーツク海
カムイワッカ岬
蘂取岳
ラッキベツ岬
散布山
しべとろむら
蘂取村
しゃなむら
紗那村
るべつむら
留別村
択捉島
西単冠山
国後島
ルルイ岬
安渡移矢岬
国後水道
知床岬
ルルイ岳
ベルタルベ山
爺爺岳
るよべつむら
留夜別村
泊村
羅臼岳
羅臼山
国後島
しこたんむら
色丹村
とまりむら
泊村
野付水道
色丹水道
色丹島
太平洋
ケラムイ崎
多楽島
野付崎
納沙布岬
ねむろし
根室市
水晶島
志発島
勇留島
野付半島
秋勇留島
歯舞群島
厚床駅
根室駅
野付水道
野付半島
野付湾
野付半島ネイチャーセンター
野付温泉
竜神崎
野付崎
別海北方展望塔
道の駅おだいとう
野付国道
兼金沼
歯舞群島
帆前岬
温根元漁港
珸瑶瑁水道
水晶島
三角岬
勇留島
貝殻島
北方原生花園
納沙布岬 P.196
萌茂尻島
秋勇留島
鈴木食堂 P.196
根室市役所
明治公園
根室港
ねむろし
根室市
P.196食事と喫茶どりあん
根室
歯舞漁港
根室
根室湾
根室駅
春国岱
根室道路
温根沼
友知島
風蓮湖
花咲駅
花咲灯台車石
花咲岬
根室市春国岱原生野鳥公園ネイチャーセンター
道の駅スワン44ねむろ
温根沼
長節沼
根釧国道
JR根室本線
厚床駅
モユルリ島
ユルリ島
落石駅
落石漁港
なかちょう
中町
落石岬
太平洋
日本海
オホーツク海
根室・摩周湖
太平洋
周辺図 P.2-3
根室・摩周湖
0 5 10km

網走・紋別
網走市街
オホーツク海
網走流氷観光砕氷船おーろら P.180
道の駅流氷街道網走 P.181
網走駅
JR釧網本線
網走市
天都山
網走市立郷土博物館
桂台駅
網走市役所
網走川
ドーミーイン網走
網走セントラルホテル
網走厚生病院
モヨロ貝塚館
網走市立図書館
雄武町
興部町
西興部村
紋別市
滝上町
湧別町
遠軽町
佐呂間
道の駅おこっぺ
興部町役場
チーズ工房アドナイ
沙留岬
日ノ出岬
紋別市役所
紋別公園
紋別セントラルホテル
流氷観光船ガリンコ号 P.182
オホーツクとっかりセンターアザラシランド P.182
氷海展望塔オホーツクタワー P.182
道の駅 オホーツク紋別
カニの爪モニュメント
オホーツク流氷公園
北海道立オホーツク流氷科学センター
オホーツク紋別空港 P.214
コムケ原生花園
紋別 P.182
コムケ湖
シブノツナイ湖
サギ沼原生花園
道の駅 香りの里たきのうえ
滝上町役場
芝ざくら滝上公園
道の駅かみゆうべつ温泉チューリップの湯
かみゆうべつチューリップ公園
湧別町役場
道の駅愛ランド湧別
サロマ湖
遠軽駅
遠軽町役場
太陽の丘えんがる公園
JR石北本線
丸瀬布駅
道の駅まるせっぷ
道の駅 遠軽 森のオホーツク
安国駅
瀬戸瀬温泉
生田原駅
丸瀬布森林公園いこいの森
丸瀬布温泉
旭川紋別自動車道
白滝駅
道の駅しらたき
佐呂間町役場
新佐呂間トンネル
仁頃山
北見富士
チトカニウシ山
旭川
留辺蘂
周辺図 P.2-3

知床半島
オホーツク海
根室海峡
知床岬
知床岳
相泊温泉
セセキ温泉
カムイワッカ湯の滝
硫黄山
知床世界遺産ルサフィールドハウス
知床世界自然遺産・知床国立公園羅臼ビジターセンター
ゴジラ岩観光(羅臼)
P.183 陶灯りの宿 らうす第一ホテル
羅臼温泉湯けむりの里ホテル峰の湯
クジラの見える丘公園・展望デッキ
羅臼町役場
羅臼
羅臼拡大図P.37へ
知床五湖フィールドハウス
知床五湖パークサービスセンター
P.172知床五湖
知床自然センター
フレペの滝
知床アウトドアガイドセンター
道の駅うとろ・シリエトク
ウトロ
ウトロ拡大図P.37へ
知床峠
見返り峠
熊の湯
羅臼岳
羅臼温泉
羅臼国後展望塔
知床羅臼 濱田商店 P.179
P.183羅臼の宿 まるみ
オシンコシン崎
オシンコシンの滝
遠音別岳
斜里町
P.172 知床
羅臼町
羅臼峠
知床斜里駅
斜里町役場
道の駅しゃり
天に続く道
JR釧網本線
中斜里駅
海別岳
標津町
標津
標津市街
ワッカ原生花園
ところ遺跡の館
能取岬
能取原生花園
キムアネップ岬
サロマ湖展望台
オーベルジュ北の暖暖
北海道立北方民族博物館
オホーツク流氷館P.180
左上図へ
網走駅
道の駅 流氷街道網走
網走市役所
網走刑務所
P.181博物館網走監獄
網走湖畔温泉
網走
P.180
網走原生牧場観光センター
藻琴駅
北浜駅
北天の丘
あばしり鶴雅リゾート
オホーツクシマリス公園
網走市
あばしりフロックス公園
道の駅はなやか(葉菜野花)小清水
P.180 流氷物語号
小清水原生花園
JR釧網本線
止別駅
知床斜里駅
斜里町
小清水町
北見市
女満別駅
女満別温泉
道の駅メルヘンの丘めまんべつ
メルヘンの丘
大空町役場
大空町
女満別空港
女満別空港P.214
美幌町
美幌
阿寒湖
小清水町役場
弟子屈
仁倉峠

大雪山・阿寒湖
愛別町
愛山駅
上川駅
上川町
上川層雲峡
愛山上川
白滝駅
遠軽町
東川町
大雪山
層雲峡
旭岳
白雲岳
北鎮岳
大雪高原温泉
旭岳温泉
天人峡温泉
層雲峡温泉
流星の滝・銀河の滝
美瑛町
十勝岳
白金温泉
吹上露天の湯
十勝岳温泉
トムラウシ山
トムラウシ温泉
石狩岳
ニペソツ山
タウシュベツ川橋梁
ぬかびら源泉郷
上士幌町
ナイタイ高原牧場
然別湖畔温泉
鹿追町
士幌町
新得町
新得駅
南富良野町
サホロリゾート ベア・マウンテン
ウエスタン ビレッジ サホロ
清水町
十勝清水駅
音更町
十勝
P.151大雪 森のガーデン
P.165
P.32
P.153
周辺図 P.2-3
0 5 10km

遠軽駅
瀬戸瀬温泉
生田原駅
JR石北本線
仁頃山
北見市
北見市役所
北見駅
北見中央
金華峠
金華駅
北の大地の水族館(山の水族館)
おんねゆ温泉
道の駅おんねゆ温泉
北見温泉
相内駅
北見西
訓子府温泉
訓子府町役場
置戸町役場
置戸町
訓子府町
開成峠
活汲峠
美幌町
津別町役場
津別町
女満別温泉
女満別駅
道の駅メルヘンの丘めまんべつ
大空町
大空町役場
女満別空港
女満別空港P.214
網走市
美幌駅
美幌
道の駅ノンキーランドひがしもこと
P.195美幌峠
道の駅ぐるっとパノラマ美幌峠
中島
P.195屈斜路湖
津別峠展望台
弟子屈町
陸別小利別
道の駅あいおい
シゲチャンランド
陸別町
東三国山
道の駅 オーロラタウン93りくべつ
陸別町役場
銀河の森天文台
カネラン峠
喜登牛山
阿寒湖 P.192
釧北峠
阿寒湖温泉
前田一歩園 光の森
P.37へ
P.197 ラビスタ阿寒川
雄阿寒岳
双岳台
双湖台
雌阿寒温泉
雌阿寒岳
阿寒富士
オンネトー湯の滝
足寄町
鶴居村
道の駅あしょろ銀河ホール21
足寄町役場
足寄動物化石博物館
足寄
ウコタキヌプリ
本別町
庶路ダム
阿寒国際ツルセンター[グルス]
あかんランド丹頂の里
道の駅阿寒丹頂の里
白糠町
釧勝峠
本別温泉
道の駅ステラ★ほんべつ
本別町役場
本別
浦幌
白糠
庶路
阿寒
釧路市
釧路市動物園
釧路市丹頂鶴自然公園
P.214たんちょう釧路空港
浦幌町
池田町
道東自動車道

A
B
C
1
2
3
新得町
十勝清水駅
十勝清水
日勝峠
ペケレベツ岳
P.156十勝千年の森
清水円山展望台
ペンケヌーシ岳
日高町
芽室岳
清水町
剣山
ルベシベ岳
美生ダム
伏美岳
ピパイロ岳
平取町
戸蔦別岳
戸蔦別川
幌尻岳
新冠町
札内岳
十勝幌尻岳
エサオマントッタベツ岳
ナメワッカ岳
カムイエクウチカウシ
とかちリュータン湖
コイカクシュサツナイ岳
1839峰
パンベツ山
高見ダム
新ひだか町
ペテガリ岳
中ノ岳
神威岳
ソエマツ岳
ピリカヌプリ
三石ダム
トヨニ岳
野塚トンネル
浦河町
楽古岳
オロマップ展望台
様似町
浦河町役場
様似町役場
太平洋
様似漁港
エンルム岬
ピンネシリ
幌満湖
幌満ダム
アポイ岳
襟裳岬
音更町
十勝平原SA
道東自動車道
帯広JCT
音更帯広
音更町役場
筒井温泉
道の駅 おとふけ
芽室
P.159 OONO FARM COWCOW Cafe
帯広 P.153
川北温泉
十勝が丘展望台
十勝が丘公園
十勝川温泉
御影駅
芽室帯広
芽室町役場
芽室駅
西帯広駅
柏林台駅
帯広駅
P.11へ
幕別町役場
幕別駅
池田町役場
明野
十勝川モール温泉 清寂房 P.23
十勝川温泉 第一ホテル豊洲亭 P.
ホテル大平原 P.166
道の駅ガーデンスパ十勝川温泉 P.167
池田
真鍋庭園 P.157
十勝ヒルズ P.156
P.159 はるこまベーカリー
麦音 P.159
帯広川西
愛国駅(愛国交通記念館)
芽室町
十勝 P.153
幕別町
帯広市
伏美湿原
P.156 紫竹ガーデン
幸福
幸福駅(幸福ふれあい広場)
とかち帯広空港 P.214
P.158 ファームレストラン野島さんち
中札内村役場
P.157 六花の森
道の駅なかさつない
中札内
中札内美術村
P.163 十勝野フロマージュ
中札内農村休暇村 フェーリエンドルフ
更別
更別村役場
道の駅さらべつ
岩内川
札内川ダム
札内川
中札内村
広尾国道
更別村
歴舟川
ナウマン国道
忠類
ナウマン温泉
道の駅 忠類
忠類大樹
カムイコタン公園
晩成海岸原生花園
P.159 夢がいっぱい牧場
大樹町役場
道の駅 コスモール大樹
歴舟中の川
大樹町
ヌピナイ川
大森ガーデン
十勝・太四郎の森
野塚川
楽古川
十勝港
広尾町役場
広尾町
黄金道路
天馬国道
様似国道
タニイソトンネル
目黒トンネル
えりも町
えりも黄金トンネル
襟裳岬

帯広・えりも
0 5 10km
釧路市
白糠町
西庶路駅
白糠町役場
白糠駅
庶路駅
道の駅しらぬか恋問
恋問海岸
大楽毛駅
新大楽毛駅
釧路駅
釧路市
音別駅
釧路国道
JR根室本線
厚内駅
豊頃駅
浦幌駅
道の駅うらほろ
浦幌町役場
新吉野駅
浦幌町
豊頃町役場
豊頃町
ワイン城
大津海岸
大津・長節原生花園
長節湖
湧洞沼
生花苗沼
晩成温泉
太平洋
本別Jct
オホーツク海
日本海
帯広・えりも
太平洋
周辺図 P.2-3
えりも岬
0 5km
様似町
アポイ岳
浦河
襟裳国道
豊似湖
豊似岳
えりも黄金トンネル
黄金道路
広尾
望洋台
追分峠
庶野漁港
えりも町役場
しゃくなげ公園
太平洋
えりも町
襟裳岬
P.165 襟裳岬「風の館」
帯広市街
0 250 500m
よつ葉アリーナ十勝(帯広市総合体育館)
音更
帯広署
帯広柏葉高
帯廣神社
十勝国道
協立病院
芽室
北栄小
石狩通り
いちまる
本願寺別院
新得駅
ナチュラル・ココ帯広本店P.162
フクハラ
JR根室本線
帯広川
帯広小
帯広署
中央公園
帯広市役所
新町西
新町東
串焼・炉端さん太P.165
ピッコラ クッチーナ スピナッチ P.165
北の屋台P.165
P.167 帯広天然温泉 ふく井ホテル
プレミアホテル -CABIN- 帯広P.167
はなとかちP.160
P.162 とかちむら産直市場
P.161ぶた丼 きくちや
P.168ばんえい十勝(帯広競馬場)
帯広中央病院
帯広局
六花亭本店
P.161お食事・ご宴会 ふじもり
P.167十勝ガーデンズホテル
帯広駅
翔陽中
帯広厚生病院
帯広市民文化ホール
長崎屋
エスタ帯広西館とかちプラザ
ノースランド帯広 とかち食物語
ホテル日航
とかち物産センター P.162
幕別
池田駅
マックスバリュ
イーストモール
新緑通り
青葉通り
白樺公園
帯広市
P.163 十勝トテッポ工房
P.160 ぶた丼のとん田
帯広五中
緑丘小
P.167 森のスパリゾート 北海道ホテル
光南小
みどりと花のセンター
西南大通り
イオン
広尾国道
ランチョ・エルパソ
生活道路
あかしや公園
帯広百年記念館
緑ヶ丘公園
緑ヶ丘
花園小
明星小
明星通り
帯広美術館
帯広四中
中札内
太平洋

支笏湖・日高
0 5 10km
周辺図 P.2-3
P.87 定山渓温泉
P.87 定山渓 鶴雅リゾートスパ 森の謌
P.87 定山渓万世閣ホテルミリオーネ
P.87 二見吊橋
P.22 HOKKAIDO BALLPARK F VILLAGE
P.63 サッポロビール北海道工場
P.63 キリンビール 北海道千歳工場
ポロピナイ食堂 P.85
P.85 支笏湖
支笏湖観光船 P.85
支笏湖クリアカヤックツアー P.85
P.46 ウポポイ(民族共生象徴空間)
P.86 地獄谷
P.86 大湯沼川天然足湯
P.86 登別温泉
のぼりべつクマ牧場 P.86
新千歳空港 P.42
札幌市
北広島市
恵庭市
千歳市
苫小牧市
白老町
登別市
室蘭市
伊達市
京極町
喜茂別町
壮瞥町
長沼町
赤井川村
新札幌駅
北広島駅
恵庭駅
千歳駅
南千歳駅
新千歳空港駅
沼ノ端駅
苫小牧駅
白老駅
登別駅
富浦駅
幌別駅
東室蘭駅
室蘭
道の駅望羊中山
道の駅サーモンパーク千歳
道の駅ウトナイ湖
道の駅マオイの丘公園
道と川の駅 花ロードえにわ
JR千歳線
JR室蘭本線
JR日高本線
道央自動車道
太平洋フェリー(仙台・名古屋へ)
商船三井フェリー(大洗へ)
川崎近海汽船(八戸へ)
新日本海フェリー(秋田・新潟・敦賀へ)

D
E
F
富良野
トマム駅
トマム
幸福の黄色いハンカチ想い出ひろば
夕張市
夕張シューパロダム
シューパロ湖
道東自動車道
占冠駅
占冠村役場
占冠村
道の駅自然体感しむかっぷ
占冠
雨霧山
栗山町
新夕張駅
道の駅夕張メロード
夕張
JR石勝線
大夕張トンネル
むかわ穂別
石勝樹海ロード
帯広
巨大ヒグマのオブジェ
日高峠
沙流川
道の駅樹海ロード日高
日高町
川端
道の駅あびらD51ステーション
安平町
ハッタオマナイ岳
厚真川
厚真ダム
厚幌ダム
むかわ町穂別博物館
糠平山
二岐山
厚真町役場
厚真町
日高国道
桂峠
ヌカンライ岳
似湾峠
にぶたに湖
額平川
新冠川
平取町立二風谷アイヌ文化博物館
二風谷ダム
義経公園
平取町
イドンナップ岳
リビラ山
新冠湖
新冠ダム
厚真
むかわ町
日高自動車道
鵡川
鵡川駅
平取町役場
義経峠
道の駅むかわ四季の館
むかわ町役場
浦河国道
日高富川
太陽の森 ディマシオ美術館
日高門別
日高町
新冠町
笹山
高見ダム
旧日高門別駅
日高町役場
日高厚賀
ピセナイ山
サラブレッド銀座通り
龍雲閣
新ひだか町
道の駅サラブレッドロード新冠
新冠町役場
前川庭園
新ひだか町役場
静内温泉
ナチュラルリゾート・ハイジア
太平洋
三石漁港
道の駅 みついし
みついし昆布温泉蔵三
浦河
1
2
3

札幌・美瑛・富良野
0 5 10km
周辺図 P.2-3
日本海
オホーツク海
太平洋
道の駅るもい
留萌市役所
神居岩温泉
千望台
増毛町役場
日方泊トンネル
増毛町
留萌市
雄冬漁港
雄冬岬
ガマタトンネル
二ツ岩トンネル
暑寒別岳
浜益岳
群別岳
P.29 北竜町ひまわりの里
雨滝沼湿原
尾白利加ダム
黄金山
浜益漁港
浜益川
新十津川ダム
新十津川町
送毛トンネル
円錐峰
青山ダム
ピンネシリ
浦臼町
隈根尻山
太島内トンネル
石狩国道
道の駅石狩「あいろーど厚田」
月形町
望来ダム
石狩市
当別ダム
月形町役場
当別町
中小屋温泉
岩見沢市
P.23 ロイズカカオ＆チョコレートタウン
北村温泉
ロイズタウン駅
太美駅
当別駅
北海道医療大学駅
新篠津村役場
道の駅しんしのつ
余市
小樽駅
朝里駅
石狩湾
石狩湾新港
川の博物館
新篠津村
岩見沢駅
JR札沼線
JR函館本線
余市IC
銭函駅
石狩市役所
北欧の風道の駅とうべつ
あいの里教育大駅
江別市
JR室蘭本線
後志自動車道
札樽自動車道
小樽市
春香山
手稲駅
金山PA
P.26へ
丘珠空港
江別市役所
江別駅
手稲山
札幌駅
野幌駅
大麻駅
なんぽろ温泉ハート＆ハート
南幌町役場
迷沢山
札幌市
札幌
札幌市役所
白石駅
北海道開拓の村
栗山駅
新札幌駅
天狗山
さっぽろ湖
百松沢山
藻岩山
JR千歳線
北広島市
南幌町
由仁町

幌加内町
和寒町
愛別町
沼田町
鷹栖町
秩父別町
北竜町
妹背牛町
雨竜町
深川市
旭川市
東川町
東神楽町
滝川市
赤平市
美瑛町
砂川市
歌志内市
上砂川町
芦別市
上富良野町
奈井江町
中富良野町
美唄市
富良野市
三笠市
南富良野町
栗山町
夕張市
占冠村
JR留萌本線
JR函館本線
JR富良野線
JR根室本線
JR石勝線
旭川
美瑛
富良野
南富良野
夕張
トマム
P.37へ
P.36へ
P.150 雪の美術館
旭川市旭山動物園 P.34
あさひかわラーメン村 P.150
高砂明治酒蔵 P.150
上野ファーム P.151
P.164 雲海テラス
P.164 霧氷テラス
P.164 星野リゾート トマム
道の駅 鐘のなるまち・ちっぷべつ
道の駅あさひかわ
道の駅びえい「丘のくら」
道の駅南ふらの

旭川・名寄
0
5
10km
A
B
C
1
2
3
オホーツク海
日本海
旭川・名寄
太平洋
周辺図 P.2-3
幌延
稚内
佐久駅
名寄国道
天売国道
遠別町役場
道の駅えんべつ富士見
天幕峠
金浦原生花園
えんべつちょう
遠別町
旭温泉
なかがわちょう
中川町
道の駅 ☆ロマン街道しょさんべつ
しょさんべつ天文台
風連別川
遠別川
初山別村役場
しょさんべつむら
初山別村
焼尻島
天売島
羽幌沿海フェリー
道の駅ほっと・はぼろ
東山湖
巨大オロロン鳥オブジェ
羽幌港
羽幌
築別川
羽幌町役場
羽幌温泉
はぼろちょう
羽幌町
巨大オロロン鳥オブジェ
ピッシリ山
苫前漁港
道の駅風Wとままえ
苫前町役場
羽幌川
日本海
朱鞠内
緑ヶ丘公園
古丹別川
霧立国道
とままえちょう
苫前町
霧立峠
道の駅おびら鰊番屋
オロロンライン
道の駅
森と湖の里ほろかない
三頭山
小平ダム
おびらちょう
小平町
小平蘂川
小平町役場
道の駅るもい
留萌
留萌港
留萌
黄金岬海浜公園
留萌市役所
神居岩温泉
中幌峠
達布峠
ポロピリ湖
ふかがわし
深川市
千望台
留萌大和田
沼田ダム
鷹泊ダム
るもいし
留萌市
ぬまたちょう
沼田町
幌新温泉
増毛町役場
増毛
深川留萌自動車道
信砂川
旧増毛駅
増毛国道
留萌幌糠
恵比島峠
札幌
ましけちょう
増毛町
北竜ひまわり

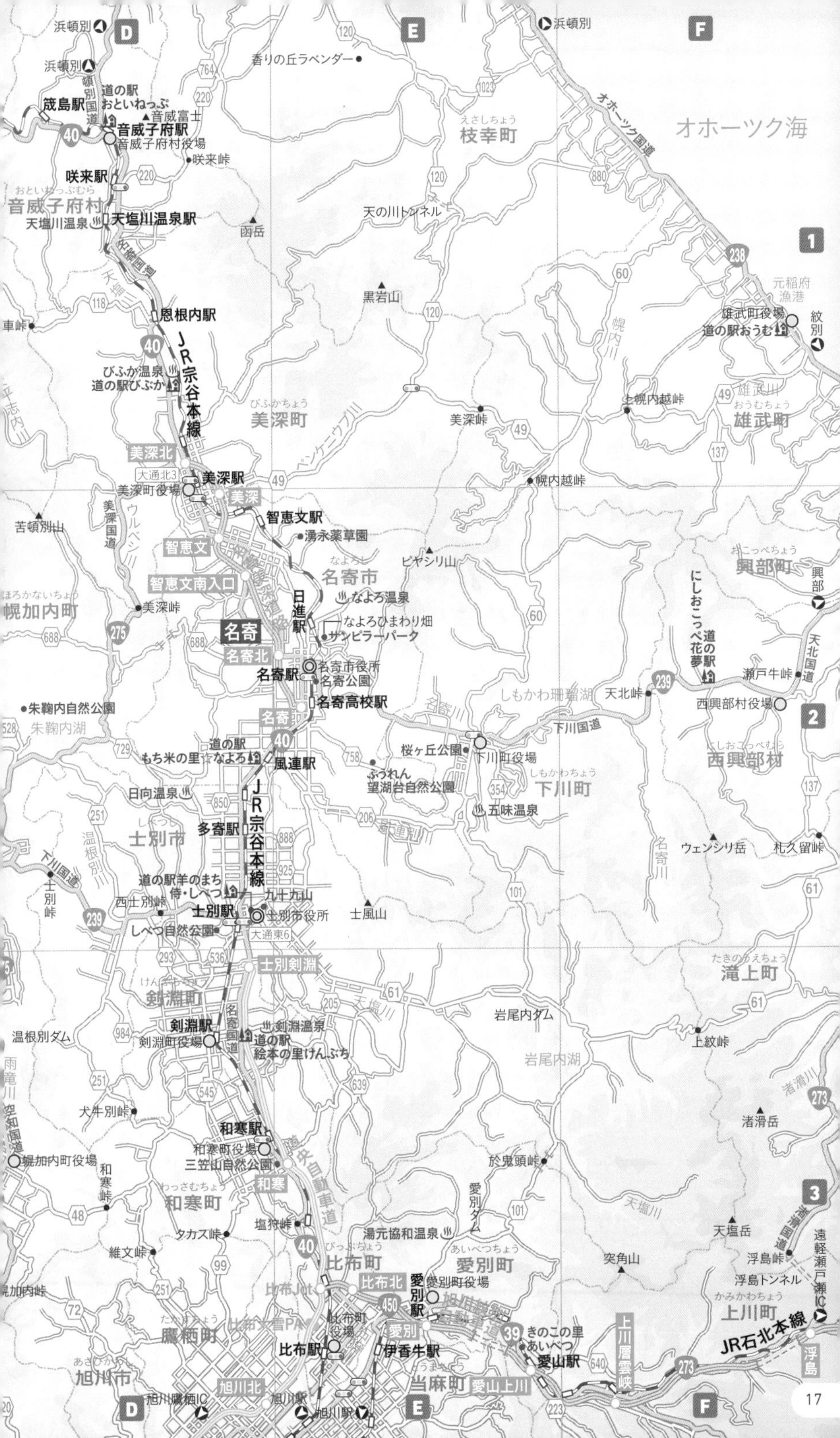
オホーツク海
枝幸町
音威子府村
美深町
名寄市
興部町
雄武町
幌加内町
士別市
下川町
西興部村
滝上町
剣淵町
和寒町
比布町
愛別町
上川町
鷹栖町
旭川市
当麻町
筬島駅
音威子府駅
咲来駅
天塩川温泉駅
恩根内駅
JR宗谷本線
美深駅
智恵文駅
日進駅
名寄駅
名寄高校駅
風連駅
多寄駅
士別駅
剣淵駅
和寒駅
比布駅
伊香牛駅
愛別駅
愛山駅
JR石北本線
道の駅おといねっぷ
道の駅びふか
道の駅おうむ
にしおこっぺ花夢 道の駅
道の駅 もち米の里☆なよろ
道の駅羊のまち 侍・しべつ
道の駅 絵本の里けんぶち
香りの丘ラベンダー
天の川トンネル
黒岩山
函岳
音威富士
咲来峠
びふか温泉
天塩川温泉
美深峠
美深町役場
美深峠
幌内越峠
上幌内越峠
苫頓別山
ピヤシリ山
なよろ温泉
なよろひまわり畑
サンピラーパーク
名寄市役所
名寄公園
しもかわ珊瑠湖
天北峠
瀬戸牛峠
西興部村役場
雄武町役場
元稲府漁港
桜ヶ丘公園
下川町役場
五味温泉
ふうれん望湖台自然公園
朱鞠内自然公園
朱鞠内湖
日向温泉
ウェンシリ岳
札久留峠
九十九山
士別市役所
士風山
西士別峠
しべつ自然公園
岩尾内ダム
岩尾内湖
上紋峠
剣淵温泉
剣淵町役場
温根別ダム
犬牛別峠
和寒町役場
三笠山自然公園
幌加内町役場
於鬼頭峠
渚滑岳
愛別ダム
塩狩峠
タカス峠
維文峠
湯元協和温泉
天塩岳
突角山
浮島峠
浮島トンネル
愛別町役場
比布町役場
きのこの里あいべつ
上川層雲峡
旭川鷹栖IC
旭川駅
遠軽瀬戸瀬IC
浮島
オホーツク国道
天北国道
下川国道
美深国道
名寄国道
空知国道
道央自動車道
旭川紋別自動車道
比布JCT
比布大雪PA
美深北
美深
智恵文
智恵文南入口
名寄
名寄北
名寄南
士別剣淵
和寒
比布北
愛別
愛山上川
旭川北
大通北3
大通東6
浜頓別
紋別
興部
天塩川
名寄川
ペンケニウプ川
幌内川
渚滑川
天塩岳
1
2
3
D
E
F

A
B
C
1
2
3
海驢島
P.205 アザラシの見える宿 民宿 スコトン岬
スコトン岬
金田ノ岬
船泊湾
久種湖
鉄府漁港
澄海岬
礼文島
礼文島 P.207
礼文水道
礼文岳
れぶんちょう
礼文町
Dining cafe 海 P.207
礼文滝
桃岩展望台 P.207
礼文町役場
元地漁港
香深港フェリーターミナル
P.207 桃台猫台
北のカナリアたち公園
ハートランドフェリー（香深～稚内）
ハートランドフェリー（鴛泊～稚内）
ハートランドフェリー（香深～鴛泊）
ハートランドフェリー（香深～沓形）
ペシ岬
利尻マリンホテル P.205
富士野園地
鴛泊湾
利尻空港
鴛泊港フェリーターミナル
利尻富士町役場
さとう食堂 P.206
ポン山
姫沼
ミルピス商店 P.206
沓形港フェリーターミナル
沓形岬
利尻町役場
りしりふじちょう
利尻富士町
利尻 島の駅「海藻の里・利尻」
利尻山
りしりちょう
利尻町
利尻島
利尻島 P.206
オタトマリ沼
オタトマリ沼 P.206
利尻町立博物館
白い恋人の丘
仙法志漁港
仙法志御崎公園 P.206
利尻水道
日本海
道の駅わっかない
宗谷湾
P.203 ノシャップ岬
P.203 ノシャップ寒流水族館
稚内駅
稚内港フェリーターミナル P.202
百年記念塔
稚内市役所
稚内港
左下へ
南稚内駅
大沼
P.205 稚内グランドホテル
わっかない
稚内市
抜海原生花園
抜海岬
抜海駅
抜海漁港
JR宗谷本線
勇知駅
勇知川
豊富北
兜沼駅
稚内国道
とよとみちょう
豊富町
長沼群
サロベツ展望台
サロベツ原生花園
豊富駅
豊富町役場
サロベツ原野
ペンケ沼
名山台展望台
パンケ沼
下沼駅
長沼
北川口展望台
天塩河口大橋
天塩町役場
道の駅てしお
遠別漁港
遠別町役場
道の駅えんべつ富士見
金浦原生花園
稚内市街
0 100 200m
氷雪の門
宝来2
ノシャップ岬
宝来
御菓子司 小鹿
稚内港北防波堤ドーム
稚内公園 P.204
車屋 源氏
サフィール ホテル稚内 P.205
天然温泉 天北の湯
P.205 ドーミーイン稚内
ひとしの店 P.204
稚内局
郵便局前
稚内市北方記念館・開基百年記念塔
道の駅わっかない
JR稚内駅 P.204
開運
稚内市役所
稚内フェリーターミナル
市役所前
中央3
総合文化センター
中央
稚内病院
中央4
稚内港
森林公園
中央5
稚内村
魚菜市場
わっかないし
稚内市
港1
港
樺太記念館
南稚内駅
稚内副港市場 P.204
港2
新港町

稚内・利尻・礼文
0 5 10km
稚内・利尻・礼文
日本海
オホーツク海
太平洋
周辺図 P.2-3
宗谷海峡
宗谷岬 P.202
最北端の碑
宗谷岬平和公園
宗谷丘陵
宗谷国道
稚内フットパス宗谷丘陵コースP.203
原生植物群生地
メグマ
稚内空港P.214
動物ふれあいランド
東浦漁港
猿払村役場
道の駅さるふつ公園
オホーツク海
猿骨沼
キモマ沼
ポロ沼
さるふつむら
猿払村
カムイト沼
エサヌカ原生花園
モケウニ沼
エサヌカ線
瓢箪沼
宗谷国道
ペニヤ原生花園
小沼
クッチャロ湖
大沼
幌尻山
豊富幌加
大規模草地牧場
道の駅北オホーツクはまとんべつ
はまとんべつ温泉
浜頓別町役場
豊富サロベツ
豊富温泉
はまとんべつちょう
浜頓別町
頓別国道
神威岬
目梨泊岬
ほろのベトナカイ観光牧場
珠文岳
幌延町役場
幌延駅
ほろのべちょう
幌延町
天塩国道
南幌延駅
知駒岳
中頓別町役場
ポロヌプリ山
ウスタイベ岬
なかとんべつちょう
中頓別町
枝幸町役場
北幸公園
雄信内駅
糠南駅
問寒別駅
宗谷国道
てしおちょう
天塩町
敏音知岳
ピンネシリ温泉
道の駅ピンネシリ
道の駅
マリーンアイランド岡島
JR宗谷本線
パンケ山
天北峠
えさしちょう
枝幸町
中川町役場
天塩中川駅
道の駅なかがわ
ぽんぴら温泉
なかがわちょう
中川町
頓別国道
おといねっぷ
道の駅
筬島駅
香りの丘ラベンダー
音威富士
佐久駅
音威子府駅
音威子府村役場
名寄国道
天の川トンネル
えんべつちょう
遠別町
天幕峠
おといねっぷむら
音威子府村
咲来峠
咲来駅

小樽市街
0 100 200m
石狩湾
小樽港
色内埠頭公園
色内埠頭
第三埠頭
第二埠頭
オタモイ航路
運河公園
旧日本郵船株式会社 小樽支店
錦町
北海道信金
ラルズマート
卸売市場
石山町
浄応寺
励ましの坂へ
下水終末処理場
色内(3)
P.103 PRESS CAFÉ
小樽ライブシアター GOLDSTONE
稲穂(5)
北海製罐
旭橋
田中酒造本店
業務スーパー
色内(2)
竜宮橋
稲穂4
稲穂局
稲穂(4)
竜宮通り
旧大家倉庫
港湾センター シーサイド・イン
月見橋
観光船のりば
倶知安・ニセコ
倶知安駅
龍宮神社
JR函館本線
味処たけだ P.101
若鶏時代なると P.101
稲穂(3)
中央市場
小樽市博物館・運河館
運河プラザ
市民センター(マリンホール)
ホテルマイステイズ別館
旧安田銀行小樽支店
中央橋
札幌出入国在留管理局小樽分室
小樽運河クルーズ P.94
小樽倉庫
渋澤倉庫
P.107 ホテルノルド小樽
小樽運河 P.94
法務局
ホテル稲穂
三角市場 P.101
船見坂
小樽運河ふれあいの散歩道
小樽ビール・小樽倉庫No.1
フェリス教会
スマイルホテル本館
色内(1)
ホテルソニア
P.107 運河の宿 おたる ふる川
ステンドグラス美術館(旧高橋倉庫)
ノーススター トランスポート
港町埠頭
駅前局
OMO5小樽 by 星野リゾート
浅草橋
浅草橋観光案内所
大同倉庫
P.107 天然温泉 灯の湯 ドーミーイン PREMIUM小樽
稲穂(2)
P.99 小樽芸術村
旧三井銀行小樽支店
小樽出抜小路
小樽芸術村 西洋美術館 P.103
P.103 アイスクリームパーラー美園
似鳥美術館(旧北海道拓殖銀行小樽支店)
ルイス・C・ティファニーステンドグラスギャラリー
アールヌーヴォー・アールデコグラスギャラリー
富岡(2)
小樽駅
長崎屋
小樽局
小樽運河ターミナル(三菱銀行小樽支店) P.103
港町
P.103 小樽バイン(北海道銀行本店)
大正硝子館 本店 P.98
小樽美術館・小樽文学館
北のウォール街
北海道四季彩館
P.101 中華食堂 桂苑
日本銀行旧小樽支店 金融資料館
旧百十三銀行小樽支店
大正硝子 うつわ屋
P.93 駅なかマート タルシェ
あまとう本店
P.107 オーセントホテル小樽
手作り靴の専門店 水芭蕉
かま栄本社前
港町1号上屋
P.103 小樽浪漫館(百十三銀行小樽支店)
産業会館
堺町
かま栄 工場直売店
富岡(1)
産業会館
おたる都通り
サンモール一番街
手宮線跡地
於古発川
旧板谷邸
P.102 大正硝子 くぼ家
堺町通り
おみやげの店 こぶしや 小樽店
ヴェネツィア美術館
小樽署
コープ
検察庁
富岡
小樽掖済会病院
稲穂(1)
寿司屋通り
小樽寿司屋通り 日本橋 P.100
北一ヴェネツィア美術館
稲穂小
保健所
緑第一大通り
館ブランシェ P.103
東雲町
旧寿原邸
外人坂
P.97 ルタオ プラス
ルタオ パトス
保健所前
花園高架下商店街
P.97 ヌーベルバーグ ルタオ ショコラティエ 小樽本店
山田町
水天宮
北一硝子前
P.96
小樽教会
小樽聖公会
職人坂
北一硝子クリスタル館
北一硝子さしすせそ
緑1
花園(1)
P.98 北一硝子三号館
緑(1)
市役所通り
P.103 北一ホール
北一プラザ
水道局
花園橋
六花亭 小樽運河店
北菓楼 小樽本館
北一硝子アウトレット
花園(2)
宝泉寺
おたるし
小樽市
P.97 フロマージュデニッシュ デニルタオ
小樽図書館
市役所前
小樽市役所
花園十字街
P.96 小樽洋菓子舗 ルタオ本店
メルヘン交差点
裁判所
蒸気時計
相生町
公園通り
羊蹄国道
小樽オルゴール堂本館
市民会館
三本木急坂
花園(3)
南小樽駅下
花園(4)
総合体育館
グリーンロード
住吉町
入船(1)
小樽公園
花園(5)
花園小
量徳寺
コープ
潮見台中
南小樽駅
双葉中
札幌

D
E
F
小樽・積丹
0 5 10km
日本海
オホーツク海
太平洋
小樽・積丹
周辺図 P.2-3
1
2
3
P.104 神威岬
島武意海岸
積丹岬
夫婦岩
マッカ岬
余別漁港
P.104 岬の湯しゃこたん
積丹温泉
雷電国道
黄金岬展望台
水中展望船 ニューしゃこたん号
宝島
積丹町役場
厚苫岬
純の店 P.104
沼前岬
しゃこたんちょう
積丹町
P.104 積丹半島
積丹岳
余別岳
余別川
古平漁港
古平町役場
古平家族旅行村
新日本海フェリー（舞鶴・新潟へ）
日本海
P.105 ニッカウヰスキー余市蒸溜所
シリパ岬
余市湾
竜ヶ岬
余市駅
余市
ふるびらちょう
古平町
よいちちょう
余市町
かもえないむら
神恵内村
トーマル峠
道の駅 スペース・アップルよいち
余市町役場
天狗岳
道の駅 オスコイ！かもえない
大森トンネル
P.105 OcciGabi Winery & Restaurant
仁木町役場
仁木駅
余市ワイナリー P.105
余市 P.105
神恵内村役場
竜神岬
盃温泉
とまりむら
泊村
雷電国道
にきちょう
仁木町
羊蹄国道
冷水峠
大黒山
赤井川村役場
泊村役場
稲穂峠
銀山駅
JR函館本線
余市川
道の駅 あかいがわ
阿女鱒岳
余市岳
堀株川
きょうわちょう
共和町
あかいがわむら
赤井川村
共和町役場
国富
道の駅いわない
岩内町役場
小沢駅
ワイス温泉
くっちゃんちょう
倶知安町
いわない温泉
いわないちょう
岩内町
本倶登山
無意根山
長万部
倶知安駅
きょうごくちょう
京極町
寿都
励ましの坂
ホテルノイシュロス小樽
にしん御殿 小樽貴賓館（旧青山別邸）
祝津パノラマ展望台
高島岬
おたる水族館
P.91 小樽
P.20へ
手宮公園
小樽港
石狩湾
小樽駅
小樽運河
朝里駅
後志道
小樽塩谷
小樽天狗山ロープウェイ
JR函館本線
札樽自動車道
小樽
朝里
朝里川温泉
P.107 小樽 朝里クラッセホテル
P.107 ホテル 武蔵亭
毛無峠
おたるし
小樽市
春香山
朝里峠
キロロ
朝里岳
さっぽろし
札幌市
天狗山
さっぽろ湖
定山渓ダム
定山渓温泉
札幌
喜茂別

ニセコ・洞爺湖
0 5 10km
ニセコ
0 1km
日本海
ニセコアンヌプリ
P.106 ニセコ・グラン・ヒラフ・サマーゴンドラ
ニセコマウンテンリゾートグラン・ヒラフ
P.23 雪ニセコ
ニセコ 泉郷
ひらふ温泉
P.106 NAC ニセコアドベンチャーセンター
ニセコビレッジスキーリゾート
倶知安駅
ニセコアンヌプリ国際スキー場
ニセコビレッジ
ニセコバルーン(OAC)
ヒルトンニセコビレッジ
ニセコビレッジゴルフコース
東山ニセコビレッジ
リッツカールトン・リザーブ
比羅夫駅
P.106 ニセコ高橋牧場ミルク工房
にせこちょう ニセコ町
くっちゃんちょう 倶知安町
JR函館本線
西山花の丘
尻別川
ニセコ駅
有島記念館
羊蹄国道
長万部駅
ニセコ町役場
オホーツク海
日本海
ニセコ・洞爺湖
太平洋
周辺図 P.2-3
道の駅 よってけ!島牧
島牧村役場
白糸岬
モッタ海岸温泉
宮内温泉
千走川
千走川温泉
大平山
狩場山
しままきむら 島牧村
茂津多岬
泊川
檜山国道
カニカン岳
真駒内ダム
いまかねちょう 今金町
立象山公園
玉川公園
今金町役場
花石道路
北桧山温泉
せたな町役場
後志利別川
鷹ノ巣岬
太櫓川
水垂岬
せたなちょう せたな町
尾花岬
毛無山
太櫓越峠
帆越岬
新日本海フェリー(小樽~新潟・舞鶴)
ハートランドフェリー
稲穂岬
やくもちょう 八雲町
臼別温泉
遊楽部岳
日昼岬
臼別川
久遠漁港
道の駅 てっくいランド大成
白水岳
雲石峠
神威脇漁港
奥尻町役場
八雲温泉
奥尻島
平田内温泉
見市温泉
雄鉾岳
おくしりちょう 奥尻町
檜山国道
長磯岬
見市川
熊石漁港
ハートランドフェリー(江差へ)
奥尻空港
青苗岬
江差

赤井川村
岩内町
共和町
倶知安町
京極町
ニセコ
蘭越町
ニセコ町
真狩村
留寿都村
寿都町
黒松内町
豊浦町
洞爺湖町
洞爺湖
壮瞥町
伊達市
長万部町
室蘭
室蘭市
内浦湾
(噴火湾)
八雲町
森町
鹿部町
乙部町
小沢駅
倶知安駅
ニセコ駅
蘭越駅
昆布駅
目名駅
黒松内駅
静狩駅
豊浦駅
洞爺駅
有珠駅
長万部駅
国縫駅
伊達紋別駅
室蘭駅
八雲駅
落部駅
石倉駅
森駅
渡島砂原駅
鹿部駅
JR函館本線
JR室蘭本線
道央自動車道
P.22へ
P.106
P.84
道の駅シェルプラザ・港
道の駅みなとま～れ寿都
道の駅らんこし・ふるさとの丘
道の駅くろまつない
道の駅ニセコビュープラザ
道の駅真狩フラワーセンター
道の駅230ルスツ
道の駅名水の郷きょうごく
道の駅とうや湖
道の駅とようら
道の駅あぷた
道の駅そうべつ情報館i
道の駅だて歴史の杜
道の駅みたら室蘭
道の駅つど～る・プラザ・さわら
道の駅YOU・遊・もり
ニセコグランドホテル
昆布温泉
昆布川温泉
ニセコ五色温泉
ニセコアンヌプリ
倶知安温泉
旭ヶ丘公園
三島さんの芝ざくら庭園
羊蹄山(蝦夷富士)
ふきだし公園
ルスツリゾート
登川温泉
サイロ展望台
中島
洞爺湖汽船
有珠山ロープウェイ
昭和新山熊牧場
P.84ザ・ウィンザーホテル洞爺リゾート＆スパ
P.84わかさいも 洞爺湖本店
洞爺湖温泉
西山山麓火口散策路
アルトリ岬
伊達温泉
有珠山SA
白鳥大橋
室蘭夜景ナイトクルージング
地球岬
二股ラジウム温泉
八雲温泉
育成牧場
銀婚湯温泉
上ノ湯温泉
濁川温泉
大沼公園IC
駒ヶ岳
恵山
出来澗崎
砂崎
札幌市街
苫小牧
小樽
余市
神威岬
雷電岬
朝日温泉
雷電山
岩内岳
いわない
ワイス
本倶登岳
目名峠
静狩峠
礼文華峠
昆布岳
黒松内岳
万部岳
母衣月山
弁慶岬
寿都漁港
寿都湾
美利河ダム
美利河峠
ソーランライン
羊蹄国道
恵山国道
大沼国道
黒松内Jct
静狩PA
豊浦噴火湾PA
八雲PA
有珠山
長流川
虻田洞爺湖
岩内町役場
共和町役場
倶知安町役場
京極町役場
喜茂別町役場
蘭越町役場
ニセコ町役場
真狩村役場
留寿都村役場
寿都町役場
黒松内町役場
豊浦町役場
洞爺湖町役場
壮瞥町役場
長万部町役場
伊達市役所
室蘭市役所
八雲町役場
森町役場
尻別川
朱太川
目名川
昆布川
長万部川
落部川
濁川
落部公園
室蘭港
D
E
F
1
2
3

函館・大沼
大沼公園
江差
北海道
八雲町
乙部町
厚沢部町
江差町
上ノ国町
木古内町
知内町
福島町
松前町
七飯町
日本海
道の駅ルート229元和台
乙部館浦温泉
乙部町役場
厚沢部町役場
俄虫温泉
道の駅あっさぶ
道の駅 江差
江差町役場
姥神大神宮
左下図へ
道の駅 上ノ国もんじゅ
上ノ国町役場
湯ノ岱温泉
道の駅 しりうち
知内温泉
JR北海道新幹線
福島町役場
道の駅 横綱の里ふくしま
福島町特産センター
P.127 松前藩屋敷
P.127 福山城(松前城)
道の駅 北前船 松前
松前町役場
温泉旅館 矢野
P.127 レストラン矢野
道の駅みんまや
P.126 ランバーハウス
大沼・小沼湖畔遊歩道 P.126
大沼遊船 P.126
P.126 沼の家
JR函館本線(砂原回り)
JR函館本線(大沼回り)
大沼駅
大沼公園駅
イクサンダー大沼カヌーハウス P.33
P.128 江差追分会館・江差山車会館
P.128 幕末の軍艦 開陽丸記念館(えさし海の駅)
P.128 Cafe & Sweets 壱番蔵
江差旅庭 群来
旧中村家住宅
旧檜山爾志郡役所(江差町郷土資料館)
周辺図 P.2-3

長万部IC
D
E
F
森駅
JR函館本線
道の駅YOU・遊・もり
森町役場
鹿部駅
鹿部町
鹿部温泉
道の駅しかべ間歇泉公園
出来澗崎
駒ヶ岳
駒ヶ岳駅
森町
大沼
P.126
東大沼温泉
大沼公園
函館大沼プリンスホテル
P.33セグウェイツアー
蓴菜沼
大沼駅
七飯町
P.24へ
鹿部町役場
恵山国道
1
道の駅なないろ・ななえ
七飯町営城岱牧場展望スペース
城岱牧場
毛無山
七飯藤城
P.210新函館北斗駅
ホテル・ラ・ジェント・プラザ函館北斗
七飯駅
七飯町役場
七飯本町
七飯大川
道の駅縄文ロマン南かやべ
函館市縄文文化交流センター
臼尻漁港
三森山
川汲温泉
台場山
川汲公園
函館市
函館
北斗市
北斗中央
北斗追分
道南四季の杜公園
函館新外環状道路
函館どさんこファーム
梅漬峠
北斗市役所
赤川
毛無山
北斗富川
上磯駅
函館湾
P.109
函館
五稜郭駅
五稜郭
函館駅
湯の川温泉
日吉
天使の聖母トラピスチヌ修道院
函館空港 P.214
函館空港
函館市役所
函館山
P.32へ
恵山岬
恵山
水無海浜温泉
恵山温泉
道の駅なとわ・えさん
つつじ公園
桂岳
函館江差自動車道
茂辺地川
北斗茂辺地
P.129燈台の聖母トラピスト修道院
葛登支岬
戸井漁港
汐首岬
日浦岬
木古内
泉沢駅
道南いさりび鉄道
きこない温泉
木古内町役場
道の駅 みそぎの郷 きこない
福山街道
知内町役場
狐越岬
青函フェリー（青森へ）
津軽海峡フェリー（青森へ）
津軽海峡フェリー
新日本海フェリー（敦賀・新潟・秋田～苫小牧）
2
津軽海峡
大間崎
大間町役場
風間浦村役場
大間町
風間浦村
下風呂温泉
燧岳
佐井漁港
佐井村役場
海峡ライン
佐井村
青森県
薬研温泉
大畑漁港
石神温泉
むつ市
3
福浦崎
仏ヶ浦展望台
仏ヶ浦
縫道石山
湯野川温泉
朝比奈岳
恐山温泉
湯坂温泉
宇曽利山湖
恐山
むつ矢立温泉
早掛沼公園
むつ市役所
釜臥山
大湊駅
下北駅
JR大湊線
野辺地駅
川内ダム
道の駅かわうち湖
かわうち湖
焼山崎
平舘海峡
高野崎
今別町
外ケ浜町
三厩湾
青森
脇野沢
大湊湾

手稲区
北区
西区
札幌市中央区
南区
JR函館本線
JR札沼線（学園都市線）
札幌市電
発寒駅
宮の沢駅
白い恋人パークP.63
発寒中央駅
発寒南駅
琴似駅
新琴似駅
新川駅
八軒駅
麻生駅
北34条駅
北24条駅
北18条駅
北12条駅
札幌駅
さっぽろ駅
大通駅
栄町駅
新道東駅
元町駅
環状通東駅
東区役所前駅
北13条東駅
苗穂駅
二十四軒駅
桑園駅
西28丁目駅
円山公園駅
西18丁目駅
西線9条旭山公園通
山鼻9条
狸小路
すすきの駅
豊水すすきの駅
中島公園駅
バスセンター前駅
菊水駅
学園前駅
幌平橋駅
豊平公園駅
中の島駅
平岸駅
南平岸駅
澄川駅
自衛隊前駅
真駒内駅
ロープウェイ入口
石山通
幌南小学校前
電車事業所前
P.76 Cherry Merry
P.69 ピカンティ
P.71 サッポロビール園
P.65 札幌市中央卸売市場場外市場
P.65 札幌市場めし まるさん亭 本店
P.65 味の二幸
P.75 RITARU COFFEE
P.81 origami
P.81 SPACE1-15
P.80 presse
P.62 札幌市円山動物園
P.45 C'est BO et BON
もいわ山ロープウェイ
P.60 もいわ山山頂展望台
P.61 THE JEWELS
P.61 Mt.MOIWA SOUVENIR SHOP
すみれ札幌本店 P.67
P.28へ
P.30へ
札幌市スポーツ交流施設コミュニティドーム
つどーむ
ひのまる公園
大学村の森
北園公園
美香保公園
北区役所
北署
エルムの森公園
農試公園
西陵公園
北発寒公園
2番通公園
イオンモール
宮丘公園
西署
イトーヨーカドー
西区役所
北海道医療センター
札幌競馬場
北大病院
北海道大学
札幌市大
中央局
道庁
中央署
北大植物園
札幌市時計台
東区役所
サッポロビール博物館
厚生病院
二条市場
さっぽろテレビ塔
札幌市役所
中央区役所（改築中）
北海道知事公館
三岸好太郎美術館
札幌市資料館
北海道立近代美術館
北海道神宮
円山公園
円山
大倉山展望台
宮の森ジャンプ競技場
旭山記念公園
山鼻局
札幌医科大
札幌医科大病院
中島公園
豊平館
北海商科大
北海きたえーる
藻岩山
藻岩山神社
札幌藻岩山スキー場
北ノ沢
円山西町
ばんけいスキー場
北海道学園大
南署
天神山緑地
平岸霊園
豊平区役所
自衛隊駐屯地
セキスイハイムアイスアリーナ
真駒内公園
藤女子大
東署
天使大
札幌大谷大
札幌新道
札幌北
新川
札樽自動車道
創成川通り
環状通り
札幌環状線
石山通
白石藻岩通り
定山渓国道
平岸通り
豊平川
盤渓川
左股川
北の沢川
中の沢川
北34東1
北34東7
発寒12-1
南19西16
南30西10
平岸1-21
平岸1-22
当別駅
小樽駅
A
B
C
1
2
3

札幌広域
0
0.5
1km
N
D
E
F
1
2
3
サッポロさとらんど
モエレ沼公園 P.63
丘珠空港
ターミナルビル
丘珠局
丘珠公園
丘珠空港通り
サッカーアミューズメントパーク
角山
空知国道
豊平川
雁来新川
旧豊平川
江別西
岩見沢IC
伏古
雁来
東雁来町
一の村公園
日本郵便
東区
苗穂通り
豊平川緑地
道央自動車道
江別市
伏古公園
札幌刑務所
イオン
空知国道
中央公園
札幌
東苗穂1-3
東雁来1-1
北郷
月寒川
北白石川
川上
川下
北郷公園
川下公園
豊平川緑地
白石区
野津幌川
厚別川
JR函館本線
岩見沢駅
札幌新道
北郷
札幌江別通り
大地公園
札幌コンベンションセンター（SORA）
白石駅
白石駅
森林公園駅
西友
野幌森林公園
平和駅
厚別駅
白石区役所
東西線
貨物ターミナル
中央通
新札幌駅
エミシア札幌
サンピアザ水族館
南郷7丁目駅
大谷地
厚別署
厚別局
厚別区役所
厚別署
厚別区
美園駅
モリモリエンヂニアリング P.45
南郷13丁目駅
道央自動車道
麺屋 彩未 P.67
月寒公園
月寒中央駅
月寒体育館
白石藻岩通り
日本医療大
南郷18丁目駅
ひばりが丘駅
青葉中央公園
JR千歳線
熊の沢公園
ブランチ札幌月寒
大谷地駅
東豊線
南ヶ丘通り
北星学園大
福住駅
大谷地
厚別公園
豊平区
イオン
吉田川公園
たかくら緑地
雪印種苗園芸センター
千歳駅
上野幌駅
札幌ドーム
札幌南
羊ヶ丘通り
札幌大
清田区
平岡公園東1
羊ヶ丘
室蘭街道
清田通り
東部緑地
平岡公園
平岡樹芸センター
北海道農業研究センター
清田署
清田区役所
北広島市
さっぽろ羊ヶ丘展望台 P.62

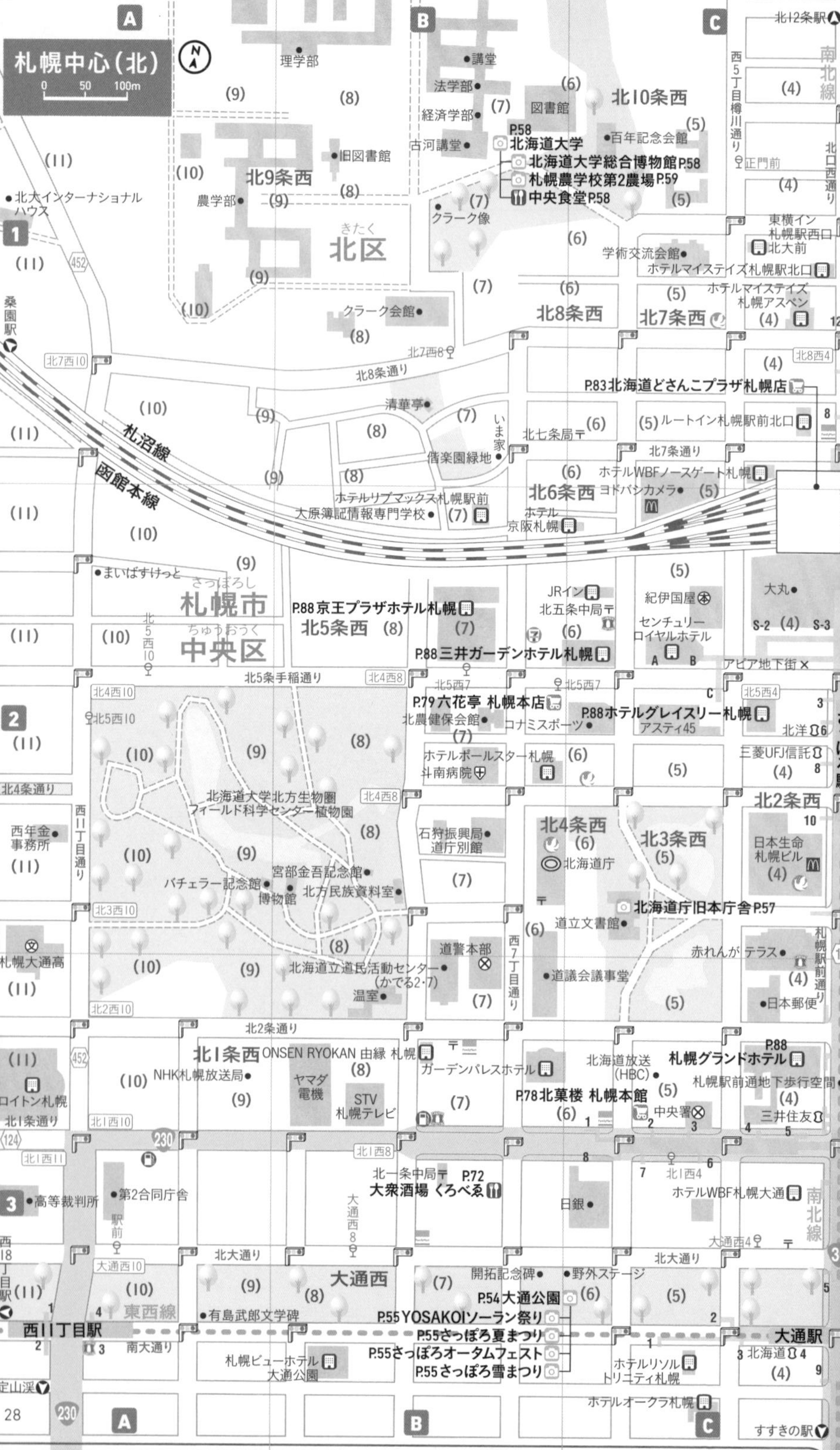
札幌中心(北)
0 50 100m
北大インターナショナルハウス
理学部
講堂
法学部
経済学部
図書館
北10条西
百年記念会館
古河講堂
P.58 北海道大学
北海道大学総合博物館 P.58
札幌農学校第2農場 P.59
中央食堂 P.58
旧図書館
北9条西
農学部
クラーク像
北区
学術交流会館
東横イン札幌駅西口
北大前
ホテルマイステイズ札幌駅北口
ホテルマイステイズ札幌アスペン
北8条西
北7条西
クラーク会館
北12条駅
西5丁目樽川通り
正門前
北口西通り
南北線
北7西10
北7西8
北8条通り
北8西4
P.83 北海道どさんこプラザ札幌店
清華亭
いまい家
北七条局
ルートイン札幌駅前北口
北7条通り
偕楽園緑地
札沼線
函館本線
ホテルWBFノースゲート札幌
北6条西
ヨドバシカメラ
ホテルリブマックス札幌駅前
大原簿記情報専門学校
ホテル京阪札幌
観光案内所
桑園駅
まいばすけっと
さっぽろし 札幌市
ちゅうおうく 中央区
P.88 京王プラザホテル札幌
北5条西
JRイン
北五条中局
紀伊国屋
大丸
センチュリーロイヤルホテル
北5西10
P.88 三井ガーデンホテル札幌
アピア地下街
北5条手稲通り
北4西8
北5西7
北4西10
P.79 六花亭 札幌本店
北農健保会館
コナミスポーツ
P.88 ホテルグレイスリー札幌
アスティ45
北5西4
北洋
さっぽろ駅
ホテルポールスター札幌
斗南病院
三菱UFJ信託
北4条通り
北海道大学北方生物圏フィールド科学センター植物園
北4西8
石狩振興局道庁別館
北4条西
北海道庁
北3条西
北2条西
日本生命札幌ビル
西年金事務所
西11丁目通り
宮部金吾記念館
バチェラー記念館
博物館
北方民族資料室
北3西10
北海道庁旧本庁舎 P.57
道立文書館
道警本部
西7丁目通り
赤れんがテラス
札幌駅前通り
札幌大通高
北海道立道民活動センター(かでる2・7)
道議会議事堂
温室
日本郵便
北2西10
北2条通り
北1条西
ONSEN RYOKAN 由縁 札幌
NHK札幌放送局
ヤマダ電機
STV札幌テレビ
ガーデンパレスホテル
北海道放送(HBC)
P.88 札幌グランドホテル
札幌駅前通地下歩行空間
P.78 北菓楼 札幌本館
中央署
三井住友
ロイトン札幌
北1条通り
北1西10
北1西11
北1西8
北一条中局
P.72 大衆酒場 くろべゑ
北1西4
ホテルWBF札幌大通
高等裁判所
第2合同庁舎
駅前
大通西8
日銀
西18丁目駅
北大通り
大通西10
大通西4
大通西
開拓記念碑
野外ステージ
P.54 大通公園
P.55 YOSAKOIソーラン祭り
P.55 さっぽろ夏まつり
P.55 さっぽろオータムフェスト
P.55 さっぽろ雪まつり
東西線
有島武郎文学碑
西11丁目駅
大通駅
北海道
南大通り
札幌ビューホテル大通公園
ホテルリソル トリニティ札幌
ホテルオークラ札幌
定山渓
すすきの駅

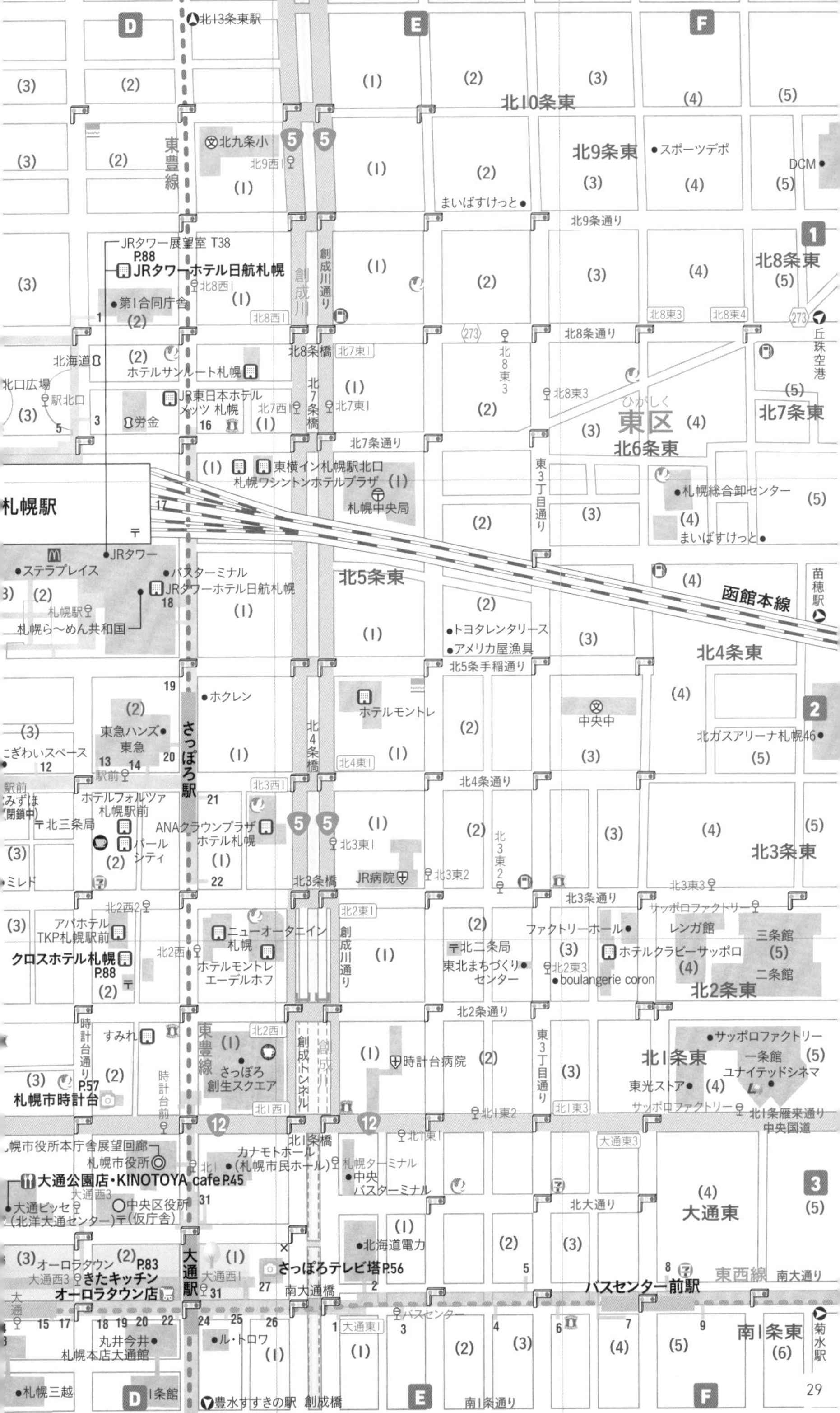

北13条東駅
北10条東
北9条東
スポーツデポ
DCM
北九条小
北9西1
まいばすけっと
北9条通り
東豊線
JRタワー展望室 T38
P.88
JRタワーホテル日航札幌
北8西1
第1合同庁舎
北8西1
創成川
創成川通り
北8条東
北8東3
北8東4
北8条通り
北8条橋
北7東1
丘珠空港
北海道
ホテルサンルート札幌
北口広場
駅北口
JR東日本ホテル
メッツ 札幌
労金
北7西1
北7東1
北7条橋
北8東3
北8東3
ひがしく
東区
北7条東
北6条東
北7条通り
東横イン札幌駅北口
札幌ワシントンホテルプラザ
札幌中央局
東3丁目通り
札幌総合卸センター
まいばすけっと
札幌駅
JRタワー
ステラプレイス
バスターミナル
JRタワーホテル日航札幌
札幌駅
札幌ら～めん共和国
北5条東
苗穂駅
函館本線
トヨタレンタリース
アメリカ屋漁具
北4条東
北5条手稲通り
ホクレン
ホテルモントレ
中央中
東急ハンズ
東急
さっぽろ駅
北4条橋
北4東1
北ガスアリーナ札幌46
こぎわいスペース
駅前
北3西1
北4条通り
ホテルフォルツァ
札幌駅前
みずほ
(閉鎖中)
北三条局
ANAクラウンプラザ
ホテル札幌
パール
シティ
北3東1
北3東2
北3条東
ミレド
北3条橋
JR病院
北3東3
北3条通り
北2西2
サッポロファクトリー
アパホテル
TKP札幌駅前
ニューオータニイン
札幌
北2東1
ファクトリーホール
レンガ館
三条館
北2西1
北二条局
ホテルクラビーサッポロ
クロスホテル札幌
P.88
ホテルモントレ
エーデルホフ
東北まちづくり
センター
北2東3
boulangerie coron
二条館
北2条東
北2条通り
時計台通り
すみれ
北2西1
サッポロファクトリー
北1条東
一条館
時計台病院
さっぽろ
創生スクエア
ユナイテッドシネマ
創成トンネル
東光ストア
P.57
札幌市時計台
時計台前
北1西1
北1東2
北1東3
サッポロファクトリー
北1条雁来通り
中央国道
札幌市役所本庁舎展望回廊
北1条橋
北1東1
大通東3
札幌市役所
北1
カナモトホール
(札幌市民ホール)
札幌ターミナル
中央
バスターミナル
大通公園店・KINOTOYA cafe P.45
大通東3
大通ビッセ
(北洋大通センター)
中央区役所
(仮庁舎)
北大通り
大通東
北海道電力
オーロラタウン
P.83
大通駅
さっぽろテレビ塔 P.56
大通西3
きたキッチン
オーロラタウン店
大通西1
南大通橋
バスセンター前駅
東西線
南大通り
大通
バスセンター
大通東1
南1条東
菊水駅
丸井今井
札幌本店大通館
ル・トロワ
札幌三越
1条館
豊水すすきの駅
創成橋
南1条通り

札幌中心(南)
0 50 100m
北1条西
大通西
P.54 大通公園
有島武郎文学碑
開拓記念碑
野外ステージ
東西線
北大通り
駅前
西18丁目駅
西11丁目駅
大通西11
P.55 YOSAKOIソーラン祭り
P.55 さっぽろ夏まつり
P.55 さっぽろオータムフェスト
P.55 さっぽろ雪まつり
札幌ビューホテル大通公園
南大通り
ホテルリソルトリニティ札幌
南一条局
ホテルオークラ札幌
西11通り
北洋
ATELIER Morihiko P.75
アパホテル札幌大通公園
市電
南1西7
中央区役所前
南1条西
クリスタルタワー
西8丁目
北海道
西15丁目
南1条中局
P.74 BARISTART COFFEE
ネストホテル札幌大通
アパホテル札幌
南2条西
プリンスホテル
プリンスホテル
区民センター
区役所前
テンザホテル&スカイスパ・札幌セントラル
南二条局
ドーミーインPREMIUM札幌
ホテルサンルートニュー札幌
リッチモンドホテル
狸小路
P.68 SOUL STORE
中央区役所(改築中)
コンフォートホテル
南3西10
ウォーターマークホテル札幌
中央保健センター
中央署
セントラルウェルネスクラブ
南3条西
資生館小星友館中
ホテルニューバジェット札幌
nORBESA
南4条通り
資生館小前
P.89 シアテル札幌
南4西11
南4西9
南4西8
資生館小学校前
Le Gentilhomme
札幌医学技術福祉専門学校
アパホテル〈札幌すすきの駅西〉
札幌東急REIホテル
南4条西
フレイム
ベッセルホテルカンパーナすすきの
OMO3札幌すすきの by 星野リゾート
南五条局
P.64 すしKAN
定山渓国道
石山通り
まいばすけっと
南5条西
プレミアホテル-CABIN-札幌
すすきの新宿通り
さっぽろジンギスカン本店
すすきの市
日泰寺
南6西11
まいばすけっと
スワンキーホテルオートモ
クインテッサホテル札幌すすきの
南6条西
ディナーベル
Tマークシティホテル札幌
南7西7
札幌プリマックス中央
東本願寺前
南7条西
丸正
南7西11
歯科医師会館
南八条西局
東本願寺
市電
南8条西
クインテッサホテル札幌
UNWIND HOTEL&BAR
南8西11
菊水旭山公園通り
北洋
南9西7
南8西6
札幌エクセルホテル東急
ZEPP札幌
南8西7
山鼻9条
山鼻温泉屯田湯旅館 P.89
南札幌病院
南9西11
ホテルリソル札幌中島公園
札幌中央病院
南9西6
南9条
駅前
ダイワロイネットホテル札幌中島公園
南9条西
南10条西
プレミアホテル中島公園 札幌
中島公園
定山渓
中島公園通

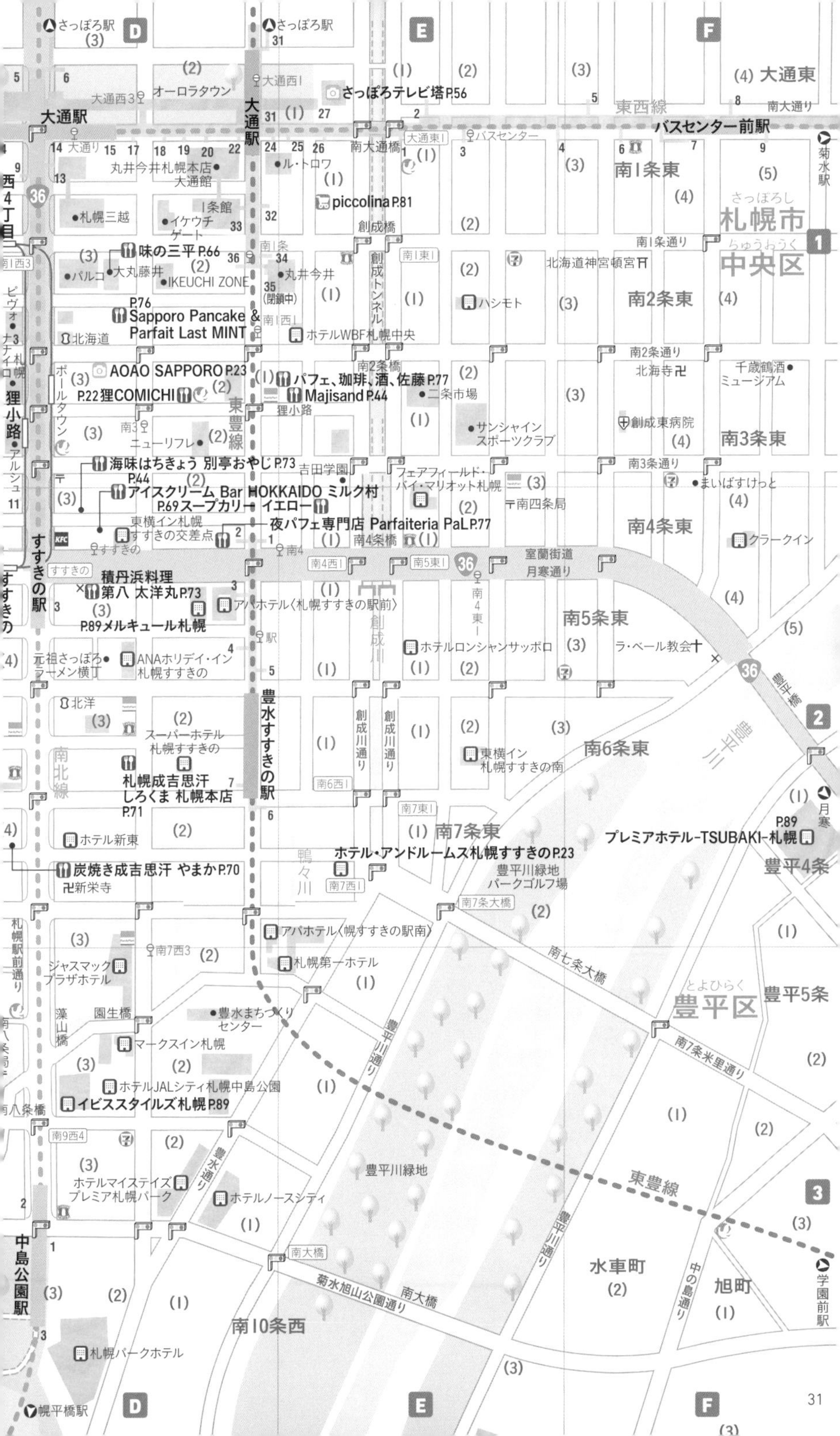
さっぽろ駅
大通駅
大通
バスセンター前駅
さっぽろテレビ塔P.56
オーロラタウン
東西線
南1条東
札幌市
中央区
丸井今井札幌本店
大通館
札幌三越
イケウチゲート
1条館
味の三平P.66
大丸藤井
パルコ
IKEUCHI ZONE
丸井今井
ル・トロワ
piccolina P.81
創成橋
創成トンネル
北海道神宮頓宮
ハシモト
南2条東
P.76 Sapporo Pancake & Parfait Last MINT
ホテルWBF札幌中央
北海道
AOAO SAPPORO P.23
P.22 狸COMICHI
パフェ、珈琲、酒、佐藤P.77
Majisand P.44
二条市場
北海寺
千歳鶴酒ミュージアム
狸小路
東豊線
ポールタウン
ニューリフレ
サンシャインスポーツクラブ
創成東病院
南3条東
海味はちきょう 別亭おやじ P.73
吉田学園
フェアフィールド・バイ・マリオット札幌
まいばすけっと
P.44 アイスクリーム Bar HOKKAIDO ミルク村
P.69 スープカリー イエロー
南四条局
南4条東
東横イン札幌すすきの交差点
夜パフェ専門店 Parfaiteria PaL P.77
南4条橋
クラークイン
すすきの
室蘭街道
月寒通り
すすきの駅
積丹浜料理 第八 太洋丸P.73
アパホテル〈札幌すすきの駅前〉
P.89 メルキュール札幌
創成川
南5条東
ホテルロンシャンサッポロ
ラ・ベール教会
元祖さっぽろラーメン横丁
ANAホリデイ・イン札幌すすきの
北洋
スーパーホテル札幌すすきの
豊水すすきの駅
創成川通り
南6条東
東横イン札幌すすきの南
南北線
札幌成吉思汗しろくま 札幌本店 P.71
南7条東
P.89 プレミアホテル-TSUBAKI-札幌
ホテル新東
ホテル・アンドルームス札幌すすきの P.23
豊平4条
豊平川緑地パークゴルフ場
炭焼き成吉思汗 やまか P.70
新栄寺
鴨々川
南7条大橋
南七条大橋
アパホテル〈幌すすきの駅南〉
札幌第一ホテル
ジャスマックプラザホテル
豊平区
豊平5条
藻山橋
園生橋
豊水まちづくりセンター
マークスイン札幌
南7条米里通り
豊平川通り
ホテルJALシティ札幌中島公園
イビススタイルズ札幌 P.89
南八条橋
豊水通り
豊平川緑地
東豊線
ホテルマイステイズプレミア札幌パーク
ホテルノースシティ
中島公園駅
南大橋
菊水旭山公園通り
水車町
中の島通り
旭町
南10条西
札幌パークホテル
幌平橋駅
菊水駅
月寒
学園前駅
D
E
F
1
2
3

函館広域
0
0.5
1km
ほくと
北斗市
七重浜
木古内駅
新函館北斗駅
八雲
道南いさりび鉄道
昭和町
昭和
P.119 Restaurant nana-papa
亀田港町
港町
富岡町
医師会病院
亀田本町
五稜郭駅
ポールスター
清尚学院高
亀田本町3
富岡2
中道1-5
五稜郭町
中道
追分町
JR函館本線
亀田町
田家町
中央図書館
函館工業団地
北浜町
大川町
中央署
北埠頭
亀田町
P.117 五稜郭タワー
白鳥町
五稜郭公園前
北洋資料館
道立美術館
浅野町
吉川町
八幡町
北海道教育大
亀田八幡宮
梁川町
函館港
亀田町
本町
P.119 函館海鮮居酒屋 魚まさ 五稜郭総本店
丸井今井
万代埠頭
湾港合同庁舎
万代町
宮前町
中央病院前
千代台公園
時任町
西署
オーシャンスタジアム
千代台
中央埠頭
海岸町
海峡通り
松川町
大縄町
上新川町
中の橋
中島町
アークス
函館中部高
国際水産・海洋総合研究センター
ともえ大橋
堀川町
千代田町9
新川広路
裁判所
昭和橋
昭和橋
堀川町
的場町
P.34へ
函館漁港
函館駅
若松町
新川町
千歳町
高盛町
日乃出町
弁天町
函館どつく前
中央局
入舟町
大手町
函館駅前
松風町
松風町
新川町
千歳町
光成中
宇賀浦町
大森公園
大森海岸
土方・啄木浪漫館
緑の島
大手町19
大手町
弥生町
大町
魚市場
市役所前
大森町
大町
外人墓地
豊川町
函館市役所
漁火通り
BAYはこだて
十字街
東雲町
魚市場通
旭町
末広町
船見町
旧函館区公会堂
末広町
栄町
函館ハリストス正教会
東本願寺
東川町
大森浜
函館山ロープウェイ
宝来町
山麓
函館山
山頂
宝来町
青柳町
青柳町
函館八幡宮
高野寺
住吉漁港
谷地頭
住吉町
谷地頭町
千畳敷見晴台
与謝野寛・晶子の歌碑
立待岬
大鼻岬
A
B
C
1
2
3
5
227
347
571
83
279
278
675

D
E
F
1
2
3
函館IC
東山霊園
東山町
鈴蘭丘町
東山
Jolly Jellyfish 東山店 P.121
山の手
函館北中
鍛治
日吉
滝沢町
見晴町
函館新外環状道路
湯の沢川
はこだてし
函館市
白百合学園高・中
函館大谷短大・高
山の手2
山の手
本通
産業道路
滝沢町
松倉川
五稜郭公園 P.116
箱館奉行所 P.117
日吉団地
日吉町
銅山町
函館高
函館ゴルフ倶楽部
本通3-6
大妻高
函館工高
日吉町3
見晴公園
花園町
高丘町
松陰町
柏木町
深堀町
川原町
函館大
函館病院
函館ラ・サール高・中
函館短大
P.129 天使の聖母 トラピスチヌ修道院
マックスバリュ
函館市電
上野町
上黒川町
柏木町
函館大柏稜高
函館アリーナ
函館大有斗高
市民の森
競馬場前
深堀町
榎本町
駒場町
湯の川温泉
湯の川
戸倉町
人見町
函館病院
駒場車庫前
湯倉神社
函館競馬場
函館アリーナ前
函館空港
乃木町
広野町
大盛湯
自衛隊 函館駐屯地
湯巡り舞台 足湯
P.131 湯元啄木亭
東局
竹葉 新葉亭 P.131
函館競輪場
P.131 望楼NOGUCHI 函館
湯浜町
湯川町
湯の川温泉
根崎公園
ターミナルビル
瀬戸川町
金堀町
漁火通り
汐見橋
高松町
金堀町
湯の川プリンスホテル渚亭 P.131
割烹旅館 若松 P.131
函館市熱帯植物園 P.131
函館空港 P.214
湯川海水浴場
根崎町
根崎川濯神社
志海苔町
漁火通り
志海苔漁港
恵山
津軽海峡
100
1132
83
63
278

函館中心
0
100
200m
A
B
C
1
2
3
函館どつく造船所
西埠頭
富士サルベージ倉庫
公海食品倉庫
函館どつく前
北冷蔵
入舟町
弁天町
函館漁港
マックスバリュ
民宿夕陽の家
入船町12
入舟町
ROMANTiCO ROMANTiCA P.123
緑の島
弁天局
弁天町会館
称名寺通
大正湯
展望台
船見町20
幸坂
大町
大町
新島橋
市電
称名寺
大町局
P.121 カリフォルニアベイビー
実行寺
つな生花店前
弥生町
弥生町
新島襄海外渡航の地碑
高龍寺
東本願寺別院
函館元町ホテル別邸 開港庵
外国人墓地P.115
地蔵寺
船見町
中華会館
旧ロシア領事館
457
北方民族資料館前
北方民族資料館
末広町
海上自衛隊
北海道第一歩の地碑
北島三郎記念館
遊覧船のりば
愛宕団地
公会堂前
船見町
船見公園
聖マリア教会
市文学館
山上大神宮
P.122 きんぎょ茶屋
P.115 函館市旧イギリス領事館(開港記念館)
P.115 ティールーム ヴィクトリアンローズ
郷土資料館
元町公園
旧相馬家住宅
P.115 旧函館区公会堂
コープさっぽろ末広西店
大三坂ビルジング
函館教会
元町
ロシア極東連邦総合大学函館校
八幡坂P.115
元町
シャルトル聖パウロ修道院
P.115 カトリック元町教会
船魂神社
函館西高
函館ハリストス正教会
東本願寺別院
函館聖ヨハネ教会
妙福寺
観音山
函館西高グラウンド
日暮し通り
元町配水場
薬師山
函館登山道
山麓駅
675
函館山
P.112 函館山山頂展望台
P.113 レストラン ジェノバ
函館山ロープウェイ
函館山山頂
山頂駅
護国神社
函館山
御殿山
入江山
青柳中
函館山下山道

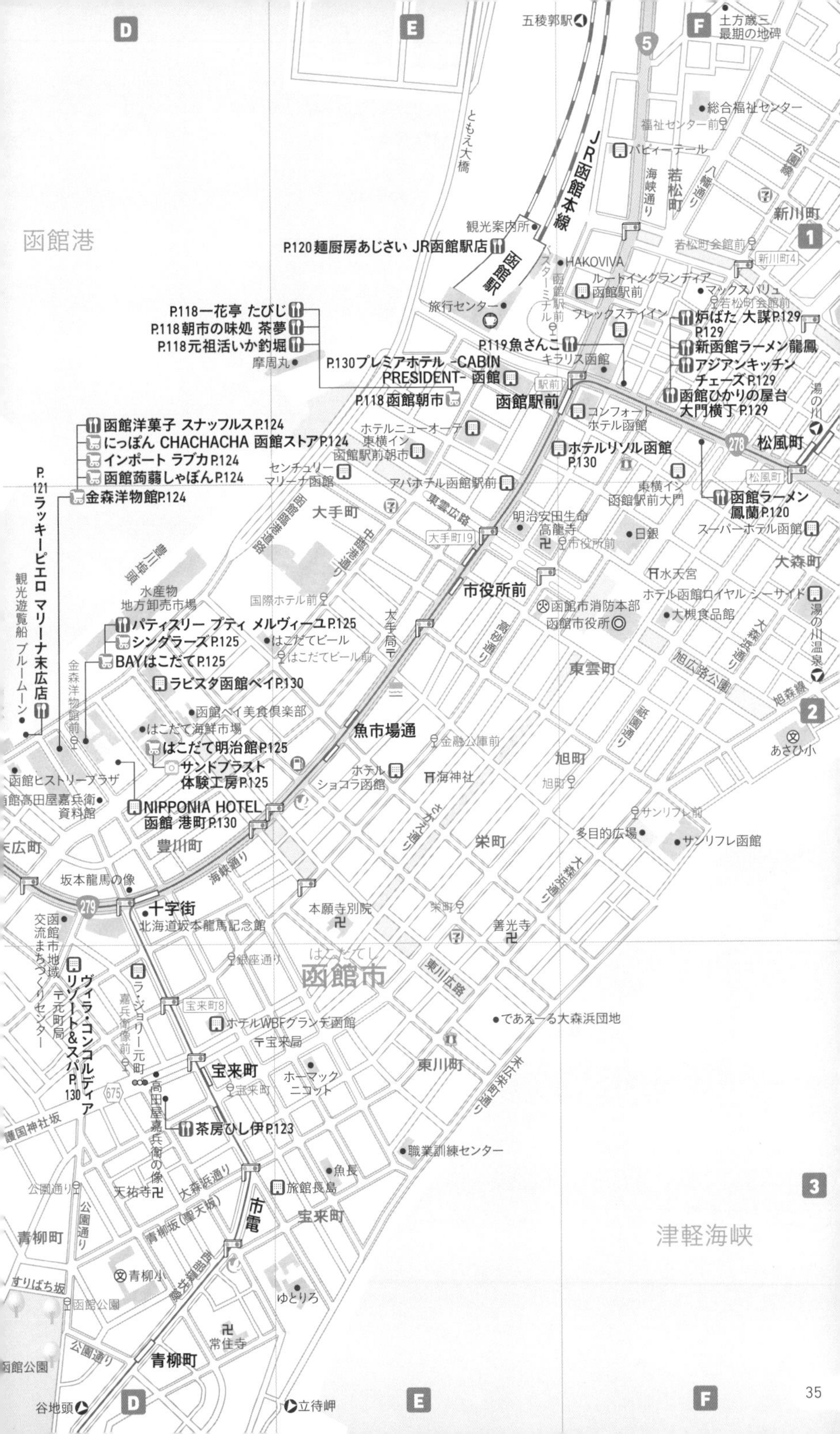

函館港
津軽海峡
JR函館本線
函館駅
函館駅前
P.120 麺厨房あじさい JR函館駅店
P.118 一花亭 たびじ
P.118 朝市の味処 茶夢
P.118 元祖活いか釣堀
P.130 プレミアホテル -CABIN PRESIDENT- 函館
P.118 函館朝市
P.119 魚さんこ
函館洋菓子 スナッフルス P.124
にっぽん CHACHACHA 函館ストア P.124
インポート ラブカ P.124
函館蒟蒻しゃぼん P.124
金森洋物館 P.124
P.121 ラッキーピエロ マリーナ末広店
パティスリー ブティ メルヴィーユ P.125
シングラーズ P.125
BAYはこだて P.125
ラビスタ函館ベイ P.130
はこだて明治館 P.125
サンドブラスト体験工房 P.125
NIPPONIA HOTEL 函館 港町 P.130
ホテルリソル函館 P.130
炉ばた 大謀 P.129
新函館ラーメン龍鳳 P.129
アジアンキッチン チェーズ P.129
函館ひかりの屋台 大門横丁 P.129
函館ラーメン 鳳蘭 P.120
ヴィラ・コンコルディア リゾート&スパ P.130
茶房ひし伊 P.123
市役所前
魚市場通
十字街
宝来町
青柳町
市電
大手町
豊川町
東雲町
旭町
栄町
東川町
宝来町
青柳町
松風町
大森町
新川町
若松町
函館市
五稜郭駅
土方歳三最期の地碑
総合福祉センター
函館市役所
函館市消防本部
北海道坂本龍馬記念館
坂本龍馬の像
本願寺別院
高龍寺
善光寺
天祐寺
常住寺
海神社
水天宮
函館公園
谷地頭
立待岬
湯の川温泉
35

富良野・美瑛
広域図 P.15
旭川市
東神楽町
美瑛町
芦別市
上富良野町
中富良野町
富良野市
旭川駅
西神楽駅
西聖和駅
旭川空港 P.214
千代ヶ岡駅
北美瑛駅
美瑛駅
美馬牛駅
上富良野駅
西中駅
(臨)ラベンダー畑駅
中富良野駅
鹿討駅
学田駅
富良野駅
滝川駅
JR富良野線
JR根室本線
P.147 Restaurant bi.blé
美瑛の丘
P.143 セブンスターの木
P.143 親子の木
パッチワークの路
ケンとメリーの木 P.143
P.142 北西の丘展望公園
ぜるぶの丘 P.138
あるうのぱいん P.147
マイルドセブンの丘
P.146 フェルム ラ・テール 美瑛
道の駅びえい「丘のくら」
P.149 美瑛選果
美瑛町役場
P.133 美瑛
P.142 新栄の丘展望公園
赤い屋根の家
三愛の丘展望公園
クリスマスツリーの木
パノラマロード
P.138 かんのファーム
自家焙煎珈琲店Gosh
展望花畑 四季彩の丘 P.142
P.146 小さなパン店 LIKKA LOKKA
P.139 深山峠オーナーラベンダー園
道の駅びえい「白金ビルケ」
P.138 フラワーランドかみふらの
日の出ダム
P.142 白金 青い池
白ひげの滝
白金温泉
湯元白金温泉ホテル
日の出公園 P.139
上富良野町役場
十勝岳山麓
吹上露天の湯
P.136 ファーム富田
P.139 北星山ラベンダー園
ポプラファーム中富良野本店 P.145
スパ&ホテルリゾート ふらのラテール P.152
とみたメロンハウス P.145
ラベンダーイースト P.137
陸上自衛隊 富良野演習場
十勝岳温泉
P.152 十勝岳温泉 湯元 凌雲閣
中富良野町役場
ファームイン富夢
Auberge erba stella
ラベンダー園ひつじの丘
富良野岳
原始ヶ原
MPGそらち
北の峰
フラノ寶亭留
ふらのワイン工場
富良野プリンスホテル
Natural Dining P.145
FURANO NATULUX HOTEL
フラノバーガー P.145
P.145 唯我独尊
鳥沼公園
フラノマルシェ1&フラノマルシェ2 P.148
HOGAR P.148
富良野市役所
富良野スキー場
新富良野プリンスホテル
富良野チーズ工場
富良野 P.133
P.141 風のガーデン
P.141 珈琲 森の時計
富良野トレッキングサポート遊馬
P.140 麓郷の森
P.140 五郎の石の家・最初の家
拾って来た家-やがて町 P.140
ポプリの里
麓郷
フレベツ
布部川
布部
平沢
富丘
冨原
旭野
清富
妙見
二股
奈江
吉井
滝里
滝里湖
滝里大橋
滝富大橋
滝里トンネル
芦別国道
五稜
神居ダム
瑠辺蘂
深山峠
藤野
置杵牛
置杵牛広域農道
中宇莫別
志比内
忠別湖
忠別川
明徳中・小
ひがしかぐら森林公園
美瑛川
清富開拓の沢川
旭川
空知川
旭川十勝道路
西神楽1-18

ウトロ
広域図 P.7
オホーツク海
ゴジラ岩観光（ウトロ）P.174
P.174 おーろら/おーろら3
ホテル季風クラブ知床 P.183
北こぶし知床 ホテル&リゾート P.183
ウトロ漁協婦人部食堂 P.178
KIKI知床ナチュラルリゾート P.183
知床第一ホテル P.183
荒磯料理くまのや P.178
道の駅うとろ・シリエトク
斜里町
羅臼
広域図 P.7
羅臼町
知床ネイチャークルーズ P.175
道の駅 知床・らうす
羅臼の海味 知床食堂 P.179
旭川市街
広域図 P.15
P.152 OMO7旭川 by 星野リゾート
P.152 天然温泉 神威の湯 ドーミーイン旭川
P.150 蜂屋 五条創業店
梅光軒 本店 P.150
JRイン旭川 P.152
旭川駅
旭川市
釧路市街
広域図 P.4
釧路駅
P.197 釧路ロイヤルイン
P.190 釧路和商市場
釧路プリンスホテル P.197
釧路ラーメン河むら P.191
鳥松 P.191
レストラン泉屋総本店 P.191
P.197 ANAクラウンプラザホテル釧路
P.190 岸壁炉ばた
釧路センチュリーキャッスルホテル P.197
釧路市
阿寒湖温泉
広域図 P.9
P.192 阿寒観光汽船
P.198 あかん遊久の里 鶴雅
ボッケ遊歩道 P.192
KAMUY LUMINA P.193
P.193 阿寒湖アイヌシアター イコロ
ホテル御前水 P.198
ホテル阿寒湖荘 P.198
P.198 ニュー阿寒ホテル
P.193 阿寒湖アイヌコタン
あかん鶴雅別荘 鄙の座 P.198
阿寒湖
釧路市

札幌市内交通路線図

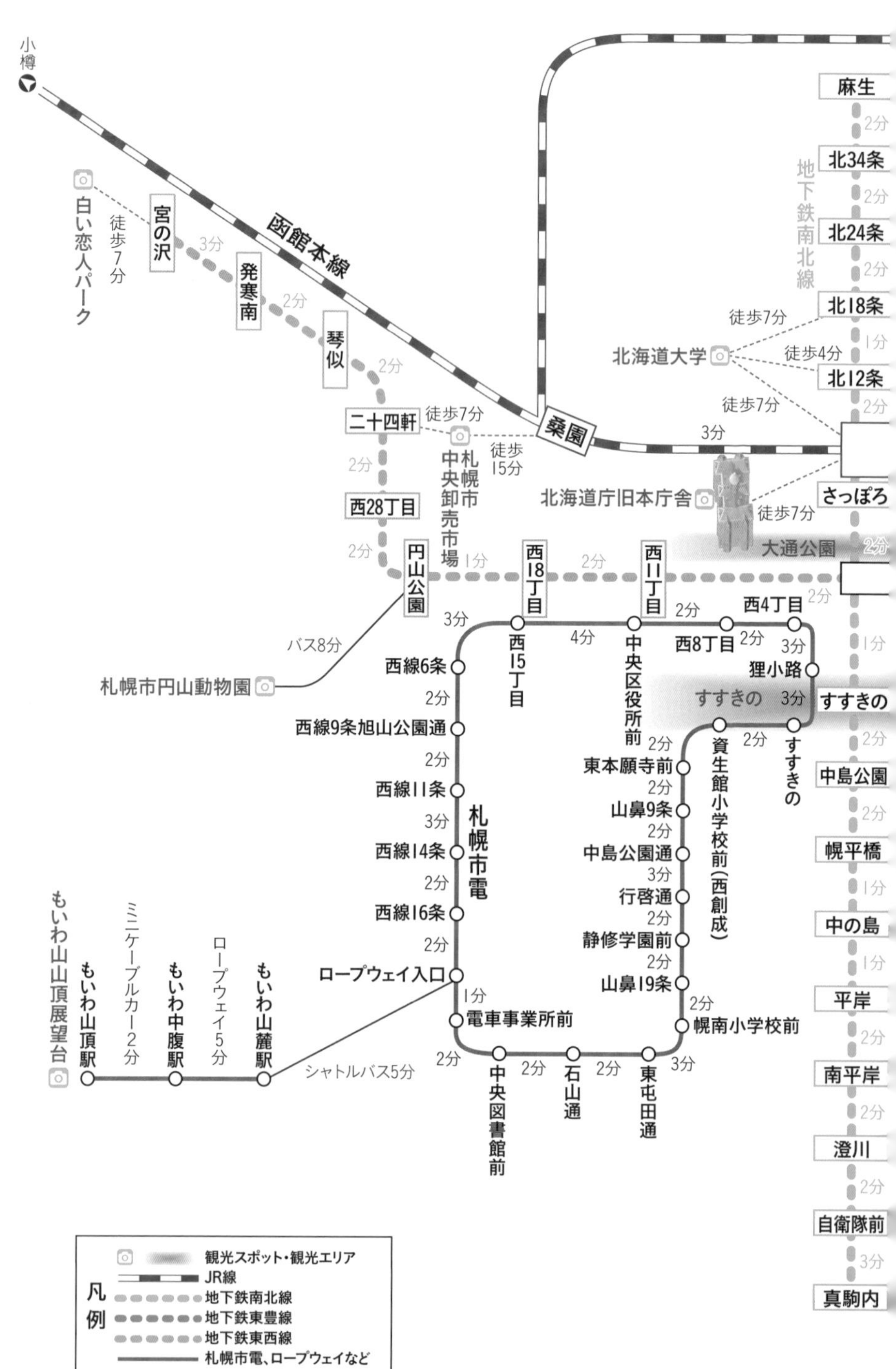

小樽
函館本線
宮の沢
3分
発寒南
2分
琴似
2分
二十四軒
2分
西28丁目
2分
円山公園
1分
西18丁目
2分
西11丁目
2分
白い恋人パーク
徒歩7分
徒歩7分
札幌市中央卸売市場
徒歩15分
桑園
3分
麻生
2分
北34条
2分
北24条
2分
北18条
1分
北12条
2分
さっぽろ
2分
大通公園
1分
すすきの
2分
中島公園
2分
幌平橋
1分
中の島
1分
平岸
2分
南平岸
2分
澄川
2分
自衛隊前
3分
真駒内
地下鉄南北線
北海道大学
徒歩7分
徒歩4分
徒歩7分
北海道庁旧本庁舎
徒歩7分
バス8分
札幌市円山動物園
西15丁目
3分
4分
中央区役所前
2分
西8丁目
2分
西4丁目
3分
狸小路
3分
すすきの
2分
資生館小学校前(西創成)
西線6条
2分
西線9条旭山公園通
2分
西線11条
3分
西線14条
2分
西線16条
2分
ロープウェイ入口
1分
電車事業所前
2分
中央図書館前
2分
石山通
2分
東屯田通
3分
幌南小学校前
2分
山鼻19条
2分
静修学園前
2分
行啓通
3分
中島公園通
2分
山鼻9条
2分
東本願寺前
2分
札幌市電
シャトルバス5分
もいわ山麓駅
ロープウェイ5分
もいわ中腹駅
ミニケーブルカー2分
もいわ山頂駅
もいわ山山頂展望台
凡例
観光スポット・観光エリア
JR線
地下鉄南北線
地下鉄東豊線
地下鉄東西線
札幌市電、ロープウェイなど

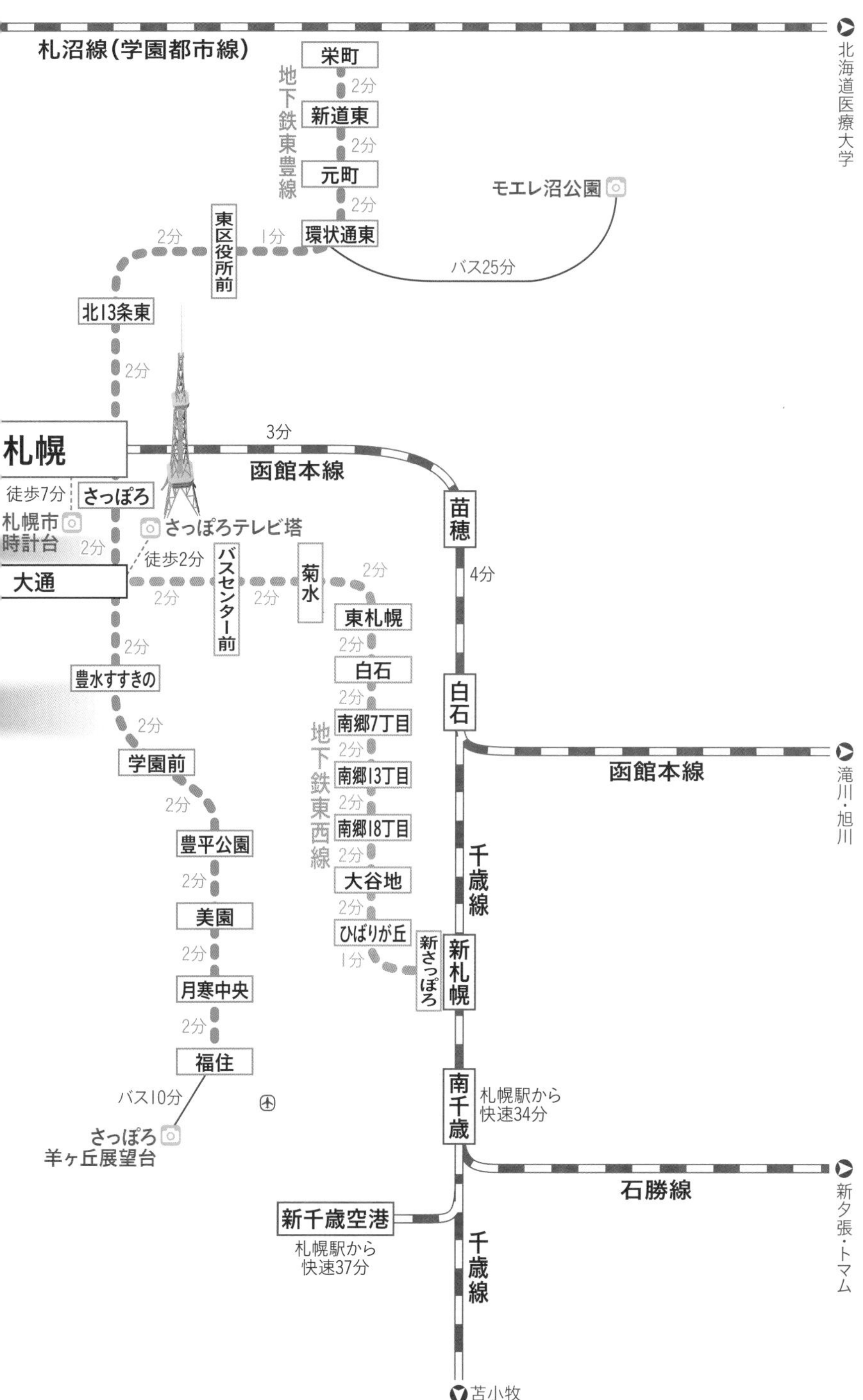
札沼線(学園都市線)
北海道医療大学
地下鉄東豊線
栄町
2分
新道東
2分
元町
2分
環状通東
1分
東区役所前
2分
北13条東
2分
モエレ沼公園
バス25分
札幌
3分
函館本線
苗穂
4分
徒歩7分
さっぽろ
札幌市時計台
さっぽろテレビ塔
2分
徒歩2分
大通
2分
バスセンター前
2分
菊水
2分
東札幌
2分
白石
2分
豊水すすきの
2分
学園前
2分
地下鉄東西線
南郷7丁目
2分
南郷13丁目
2分
南郷18丁目
2分
大谷地
2分
ひばりが丘
1分
新さっぽろ
白石
函館本線
滝川・旭川
千歳線
豊平公園
2分
美園
2分
月寒中央
2分
福住
新札幌
バス10分
さっぽろ羊ヶ丘展望台
南千歳
札幌駅から快速34分
石勝線
新夕張・トマム
新千歳空港
札幌駅から快速37分
千歳線
苫小牧

函館市内交通路線図

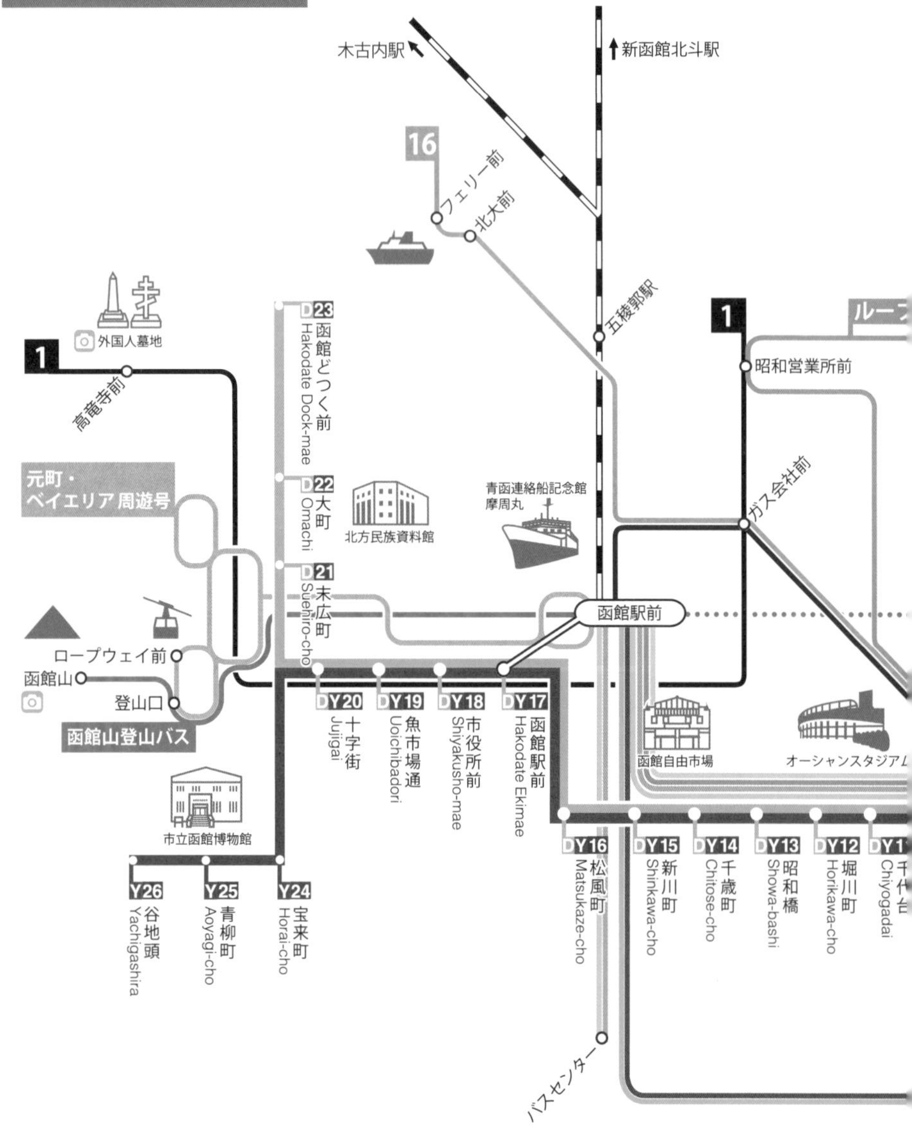

木古内駅
新函館北斗駅
16
フェリー前
北大前
五稜郭駅
1
ルーフ
昭和営業所前
外国人墓地
1
高竜寺前
D23 函館どつく前 Hakodate Dock-mae
D22 大町 Omachi
北方民族資料館
青函連絡船記念館摩周丸
ガス会社前
元町・ベイエリア周遊号
D21 末広町 Suehiro-cho
函館駅前
ロープウェイ前
函館山
登山口
函館山登山バス
DY20 十字街 Jujigai
DY19 魚市場通 Uoichibadori
DY18 市役所前 Shiyakusho-mae
DY17 函館駅前 Hakodate Ekimae
函館自由市場
オーシャンスタジアム
市立函館博物館
DY16 松風町 Matsukaze-cho
DY15 新川町 Shinkawa-cho
DY14 千歳町 Chitose-cho
DY13 昭和橋 Showa-bashi
DY12 堀川町 Horikawa-cho
DY11 千代台 Chiyogadai
Y26 谷地頭 Yachigashira
Y25 青柳町 Aoyagi-cho
Y24 宝来町 Horai-cho
バスセンター

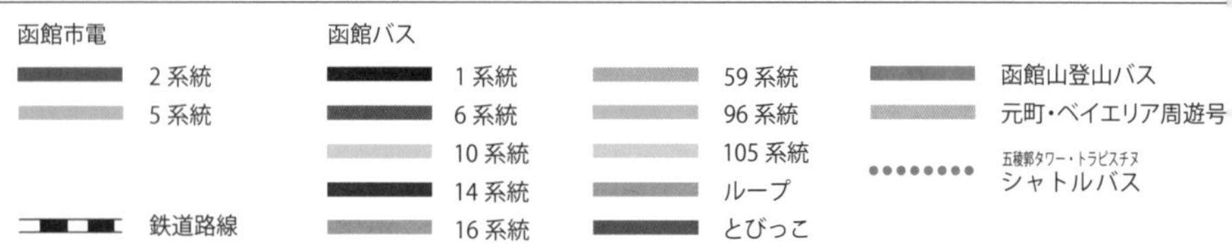

出典元:ICASMAP2016▶2017

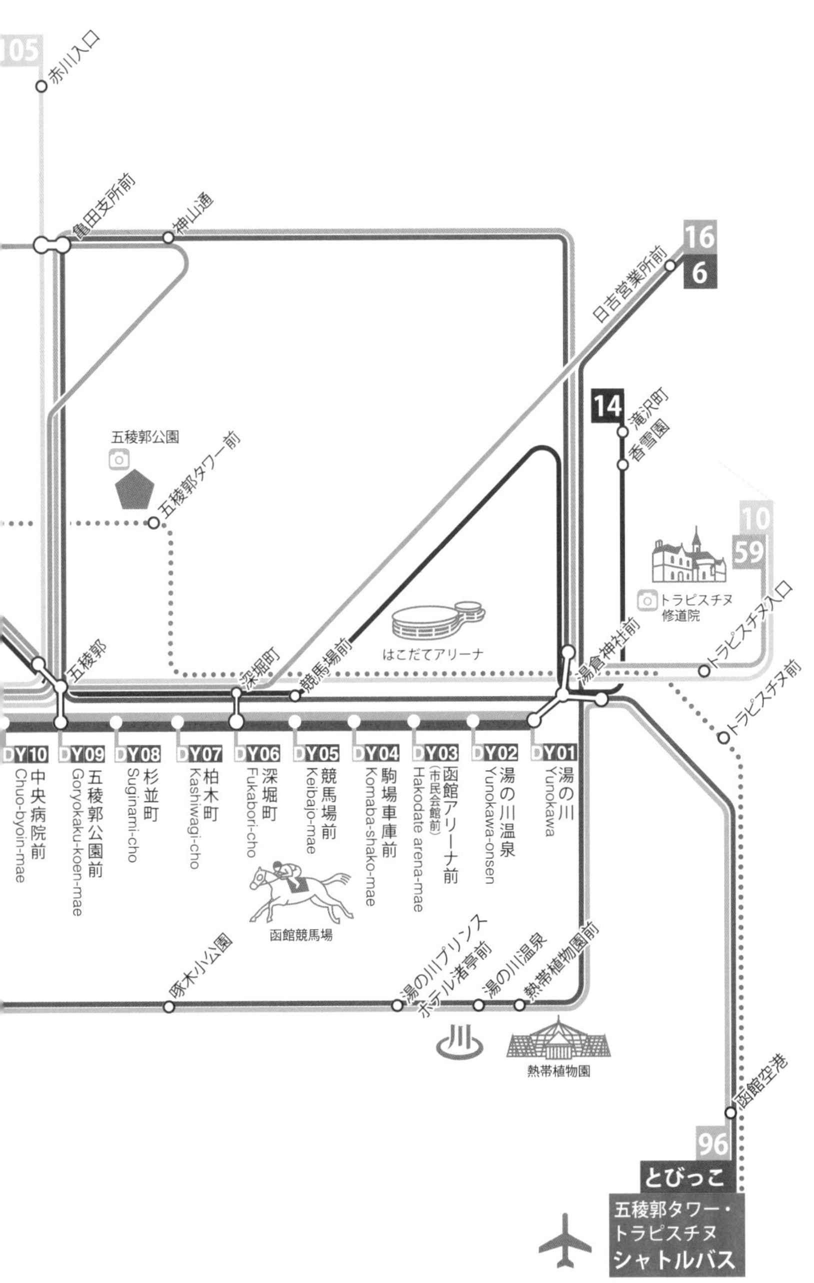

105
赤川入口
亀田支所前
神山通
16
6
日吉営業所前
14
滝沢町
香雪園
五稜郭公園
五稜郭タワー前
10
59
トラピスチヌ修道院
トラピスチヌ入口
トラピスチヌ前
はこだてアリーナ
五稜郭
深堀町
競馬場前
湯倉神社前
DY10 中央病院前 Chuo-byoin-mae
DY09 五稜郭公園前 Goryokaku-koen-mae
DY08 杉並町 Suginami-cho
DY07 柏木町 Kashiwagi-cho
DY06 深堀町 Fukabori-cho
DY05 競馬場前 Keibajo-mae
DY04 駒場車庫前 Komaba-shako-mae
DY03 函館アリーナ前 (市民会館前) Hakodate arena-mae
DY02 湯の川温泉 Yunokawa-onsen
DY01 湯の川 Yunokawa
函館競馬場
啄木小公園
湯の川プリンスホテル渚亭前
湯の川温泉
熱帯植物園前
熱帯植物園
函館空港
96
とびっこ
五稜郭タワー・トラピスチヌシャトルバス

北海道の玄関口

新千歳空港をマスターする

道内一の旅客数を誇る新千歳空港。国内線と国際線の2つのターミナルに分かれていて、国内線側にはショッピングやグルメ施設も充実。スマートに使いこなして旅をより有意義に！

北海道観光の拠点

新千歳空港

千歳 ▶MAP 別P.12 C-1

札幌の南東、千歳市に位置する空港。国内線の年間利用者数は1800万人以上にものぼり、国内の各空港間をつなぐほか、アジア方面をはじめとする国際線も運航。北海道の空の玄関口として活躍している。

新千歳空港ターミナルビル

🏠千歳市美々新千歳空港内
☎0123-23-0111（空港総合案内所）
🚗あり（有料）

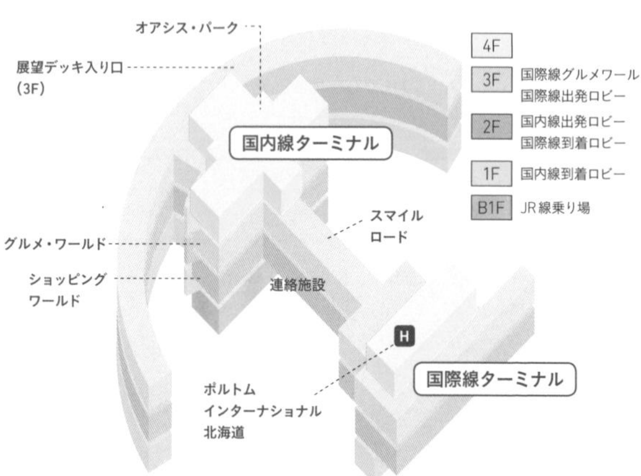

空港から札幌市街までのアクセス

空港から札幌市街への主な移動方法は下記のとおり。JR札幌駅まで最速で行けるのはJR利用。滞在先のホテル前にバスの停留所がある場合は、バスを利用したほうが楽。

JRで

ターミナル地下直結の新千歳空港駅を利用。JR快速エアポートで、JR札幌駅まで最短で到着できる。始発～終電の間、毎時5本（一部列車は土曜、休日運休）と本数も多く、Suica、PASMOなどのICカードも使える。

㊊片道1150円
🕒37分
☎011-222-7111（JR北海道電話案内センター）

バスで

国内線ターミナルビルのバス乗り場は1階にあり、中央バスまたは北都交通バスのカウンターで乗車券を購入する。札幌都心行（福住駅経由）行きは14、22番に停車。札幌駅前、すすきの、道庁正門前ほか市内主要ホテル直結の停留所に停まる。1時間に2～4便の運行。

㊊片道1100円、往復券2100円
🕒約1時間10分
☎0570-200-600（中央バス）
☎011-375-6000（北都交通）

タクシーで

国内線ターミナルビルの11、17番がタクシー乗り場になっている。札幌市街地までは高速利用で所要1時間～。北都交通や札幌MKタクシーが運行する定額制タクシーの利用がおすすめ（事前予約制）。

【北都交通】
㊊1万円（中央区）※深夜早朝割増運賃あり
☎011-290-4000

【札幌MKタクシー】
㊊9000円～（中央区）※高速代別途
☎011-777-5058

新千歳空港からの長距離バス

北都交通による新千歳空港発着の長距離バスが運行。ほか、道南バスから室蘭、登別温泉行きのバスも運行している。
☎0143-45-2131（道南バス）

【帯広・十勝川温泉】
㊊3800円（帯広駅前）、4300円（十勝川温泉）
㊎1日5便（うち十勝川温泉行きは3便）
🕒2時間45分～（帯広駅前）、3時間25分（十勝川温泉）

【定山渓温泉】
㊊1800円 ㊎1日1便 🕒1時間40分

CHECK1

ご当地グルメin空港

国内線ターミナル3階のグルメ・ワールドと呼ばれるエリアで、道内各地の名物グルメを空港にいながらにして堪能しよう。

3Fグルメ・ワールド

レンガ模様の壁でどこか懐かしい雰囲気

北海道ラーメン道場

道内各地の人気ラーメン店、10店が集まるエリア。

まるごと北海道ラーメン 1600円
スープはピリ辛の味噌味。ホタテやバター、コーンをトッピング

そのままえびしお 900円
エビの旨みを引き出したスープ。甘エビの頭をたっぷり使用

焼豚味噌コーン バターのせ 1130円
焼豚味噌ラーメンに美瑛のコーンをトッピング

焼きとうきびラーメン 1370円
中太縮れ麺とコクのある味噌スープ。焼きコーンの風味がいい

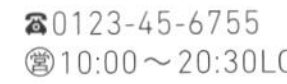

麺処 白樺山荘
☎0123-45-7575
営10:00〜20:30LO

えびそば一幻
☎0123-45-6755
営10:00〜20:30LO

弟子屈ラーメン
☎0123-45-8888
営9:00〜20:30LO

らーめん空
☎0123-45-6038
営10:00〜20:00LO

北海道グルメゾーン

本格寿司からジンギスカン、ソフトクリームまで北の味覚が何でも揃う。

道産小麦のパスタ屋さん ミールラウンジ
☎0123-45-1000
営11:00〜20:30LO

道産北あかりとベーコンのトマトソース1078円
厚切りベーコンと道産の北あかりを自家製ソースで絡めたパスタ

どんぶり茶屋
☎0123-25-6650
営10:30〜20:00LO

千代丼3300円
旬の魚介を盛り付けた4種のミニ海鮮丼を一度に味わえる。いろいろな味を楽しみたい人におすすめ。シェアして食べることもできる

ドライブインいとう 豚丼名人
☎0123-46-4200
営11:00〜18:00

炙りチーズ豚丼1320円
新千歳空港店の人気メニュー。道内産豚のロース肉と秘伝のタレ、炙ったチーズの相性が絶妙

市電通り食堂街

市電が置かれた昭和レトロな空間。バーや回転寿司など6店舗が並ぶ。

味噌キッチン
☎0123-46-2123
営11:00〜20:30LO

味噌カツ丼1380円
道産の味噌を使用したまろやかな味噌ダレが味の決め手

スープカレーlavi
☎0123-21-8618
営10:30〜20:00LO

チキンto野菜カレー1680円
不動の人気メニュー。やわらかいチキンに野菜もたっぷり

国内線ターミナル3階の一部はフードコートエリア。ラーメン、ジンギスカン、カレーなどが食べられる。

CHECK2

定番&空港限定みやげをGet!

空港内にはショップが充実しており、スイーツから雑貨まで大体のものが揃う。空港限定商品もあるので要チェック!

2Fショッピングワールド

スイーツ、海鮮、空弁などジャンルごとにお店が固まっている
営8:00〜20:00(店舗により異なる)

ふわふわサンドクッキー
5個入り1188円
スパイスが効いたサブレでマシュマロをサンドし、チョコでコーティング

限定

函館洋菓子スナッフルス
☎0123-21-8461

きのとや 新千歳空港店
☎0123-29-6161

定番

焼きたてチーズタルト
6個入り1320円
ふわふわの濃厚チーズムースとサクサクのタルトが絶品

ロイズ ポテトチップチョコレート[オリジナル]1箱864円
ポテトチップの片面をチョコレートでコーティング

定番

ロイズ
☎0570-020-612

キャラメルキッチン
☎0123-46-6590

限定
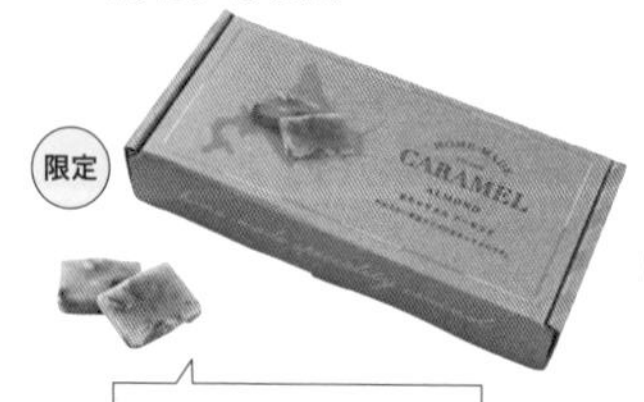

ホームメイドキャラメル
8個入り972円
店内キッチンで炊き上げた生キャラメル。味はアーモンド、ミルク、バターの3種類

シレトコスカイスイーツ
☎0123-46-2109

限定

シレトコドーナツ
恋するクマゴロン
1080円
一口サイズのドーナツ

ヌーベルバーグ ルタオ ショコラティエ
☎0123-25-3233

限定

ロイヤルモンターニュブラウニー
5個入り1080円
チョコレートロイヤルモンターニュを使用したブラウニー。紅茶の味わいが感じられる

限定

カップシュー夢風船
1個243円
シュー生地の中にマスカルポーネチーズを混ぜ込んだカスタードのクリームがたっぷり

北菓楼
☎0123-46-2226

三方六の小割
5本入り650円
白樺の木肌をミルク×ホワイトチョコで表現。ミニサイズのバウムクーヘン

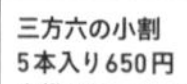

びえいのまめぱん
5個入り1300円
美瑛産の5種類の豆が中にも外にもぎっしり

限定
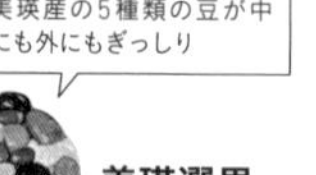

美瑛選果
☎0123-46-3300

定番

柳月 三方六(さんぽうろく) studio店
☎0123-45-0036

CHECK3

空き時間にテイクアウトグルメ

お腹はすいたけど、お店に入るほどでは…という時に便利なのがテイクアウトグルメ。定番スイーツからスナック類まで選択肢も豊富。

2Fショッピングワールド

かま栄
☎0123-46-5894
[営]8:00～20:00

じゃがコーン248円
角切りのジャガイモとコーンが入った揚げかまぼこ。ジャガイモの甘みとかまぼこの塩気がよく合う

カルビープラス
☎0123-45-6055
[営]8:00～20:00（揚げたての提供は8:45～19:30）

揚げたてポテトチップス（アスパラベーコン味）340円
新千歳空港限定。その場で揚げたポテトチップスにアスパラの香りとベーコンの塩気をプラス

ミルク＆パフェ よつ葉ホワイトコージ
☎0123-46-2188
[営]10:00～19:00（土・日曜は9:00～19:30）

北海道ハスカップとヨーグルトのパフェ500円
よつ葉ソフトクリームに、よつ葉ヨーグルトと道産ハスカップをたっぷり合わせた爽やかなパフェ

スカイショップ小笠原
☎0123-46-2021
[営]7:00～20:30

サクサクパイ1個220円
六花亭の一部店舗でのみ販売されている商品。筒状のパイ生地に絞りたての生カスタードクリームがたっぷりと詰まっている

CHECK4

エンタメスポットもある！

空港内はショップやレストランのほかにも施設が充実！　早めに到着して、いろいろ回ってみるのも楽しい。

3Fスマイルロード

ハローキティ ハッピーフライト

サンリオキャラクターと一緒に世界旅行気分が楽しめるエンタメ施設。
☎0123-21-8115
[営]10:00～18:00（ショップは～18:30）　[休]無休
[料]入場800円

ドラえもん わくわくスカイパーク

パークゾーンにはひみつ道具をテーマにしたアトラクションがいっぱい♪　ショップやカフェでは限定のお菓子も購入できる。
☎0123-46-3355
[営]パークゾーン10:00～18:00
[休]無休
[料]パークゾーン入場800円

Royce' Chocolate World

ロイズが手掛けるチョコレート工場やミュージアム、オリジナル商品が多数並ぶショップ。
☎0570-030-612
[営]8:30～19:00（工場は8:30～17:30、ベーカリーは9:00～19:00。時季により変動）
[休]無休（工場は不定休）　[料]見学無料

4Fオアシス・パーク

新千歳空港温泉

露天風呂やサウナなど充実の施設。マッサージルームやリラックスルームも。
☎0123-46-4126
[営]10:00～翌9:00　[休]無休（メンテナンスにより年2回不定休あり）　[料]基本入浴1800円（館内着、バスタオル、フェイスタオル貸与。朝風呂料金、深夜料金あり）

新千歳空港シアター

国内初のエアポートシアター。ゆとりあるスペースを確保した、両肘掛けシートも好評。
☎0123-46-4150　[営]9:00～23:00（上映作品により変更あり）　[休]無休　[料]一般1800円

2F連絡施設

シュタイフ　ディスカバリーウォーク

ドイツ・シュタイフのぬいぐるみと触れ合ったり、記念撮影ができるミュージアム。
[営]10:00～18:00
[休]無休
[料]見学自由

新千歳空港には空港直結のホテルがある。早朝便・深夜便利用時に活用してみても。

全食制覇にチャレンジ！
名物グルメガイド

これを食べなきゃ北海道の旅は始まらない！
定番はもちろん、地域ならではのご当地グルメまで完全網羅。

FOOD

札幌ラーメン
札幌

挽肉が食感のアクセント！

炒め野菜に、濃厚な味噌スープと縮れ玉子麺を合わせたラーメン。ニンニクが効いたパンチのある一杯

函館ラーメン
函館

中国から伝わった麺料理がルーツとなるストレート麺に、透き通るスープが特徴の塩ラーメン

釧路ラーメン
釧路

カツオダシの醤油ラーメン。港町の屋台で、注文後すぐに提供できるよう細麺になった

旭川ラーメン
旭川

豚骨、鶏ガラを合わせたWスープに濃厚な醤油味が一般的。冷めにくいようスープにラードを加える

寿司
全域

近海もののネタが集まる

北海道で握られるネタはとにかく新鮮。カウンター寿司から回転寿司までお店のジャンルも幅広い

海鮮丼
全域

町中の食事処や、市場内の食堂で食べられる。旬の魚介をお腹いっぱい食べるならば丼がイチオシ！

ジンギスカン
全域

羊の肉を野菜と一緒に鉄板で焼いて食べる、北海道の郷土料理。道産の羊肉が食べられる店もある

スープカレー
札幌

スパイスがたっぷり入ったスープに野菜や肉などの具材がごろごろと入っている。ライスと一緒に供される

活イカ刺
函館

イカ漁が盛んな函館ならではの名物。釣り上げたばかりの身が透き通った新鮮なイカを生のままでどうぞ

豚丼
帯広

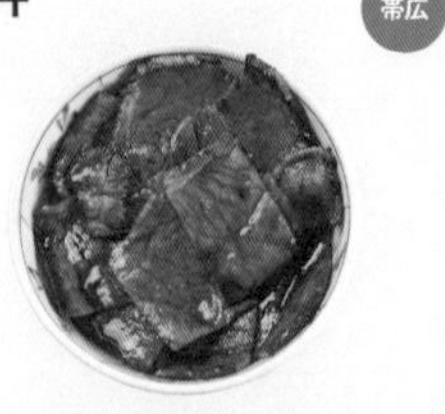

香ばしく焼き上げた豚肉に甘辛のタレを絡め、ご飯の上に豪快にトッピングした帯広の定番グルメ

オムカレー
富良野

店ごとに異なるトッピング

野菜、お米、卵など、材料には地産食材を使用。富良野のおいしさがギュッと詰まったご当地カレー

ウニ丼
積丹 利尻島 礼文島

近海で捕れた新鮮なウニの身を贅沢に使った丼。少々値段は高いものの、とろけるウニの食感は絶品

使ってみて！ 北海道弁

旅をもっと楽しくしてくれる、代表的な北海道弁の一部を紹介。

なまら →とっても
例:なまらうまい（とってもおいしい）

しゃっこい →冷たい
例:この水はしゃっこい（冷たい）

こわい →疲れた
例:そんなに走ってこわくない（疲れてない）かい？

投げる →捨てる
例:そのゴミ投げといて（捨てておいて）

したっけ →そうしたら（じゃあねの意味も）
例:したっけ（そうしたら）、お母さんがさあ

あずましい →居心地がいい
例:この部屋なまらあずましい（居心地がいい）

ザンギ

全域

釧路の「鳥松」が発祥の地

鶏肉に醤油味の下味をつけて揚げた北海道風の唐揚げ。鶏肉に限らず唐揚げをザンギと呼ぶことが多い

じゃがバター

全域

居酒屋メニューにもジャガイモを使った料理が多い。イカの塩辛をのせて食べるのが北海道流

ラーメンサラダ

全域

家庭でもよく作られるメニュー。ラーメンの麺と野菜をマヨネーズ風味のドレッシングで和えている

スパカツ

釧路

スパゲティにトンカツをのせ、その上にはたっぷりのミートソース。釧路「レストラン泉屋」の名物メニュー

炉ばた焼き

釧路

魚介や野菜、肉などを炉の炭火でじっくり焼く食べ方。炭火で焼くため、身がふっくらしておいしい

三平汁

全域

北海道の冬の郷土料理。サケやタラなどの魚の身と、じゃがいも、野菜を昆布ダシで煮た塩味の汁

シスコライス

函館

函館の人気店、「カリフォルニアベイビー」の名物。バターライスにフランクフルト、たっぷりミートソース

半身揚げ

小樽

下味をつけた若鶏の半身をそのまま豪快に揚げたもの。身はジューシーで皮はパリパリした食感

とうきび

全域

醤油味の焼きとうきび

トウモロコシの生産量日本一を誇る北海道。「とうきび」と呼ばれることが多く、屋台でよく販売される

SWEETS パフェ

札幌

道産乳の生クリームやアイスをふんだんに使用。お酒を飲んだあとに食べる「シメパフェ」がブーム

メロンスイーツ

富良野名物「サンタのヒゲ」

富良野 夕張

寒暖差が激しい北海道ではおいしいメロンがよく育つため、メロンを使ったスイーツも種類が豊富

ラベンダースイーツ

富良野 美瑛

紫色の花、ラベンダーのエキスを使用したスイーツも。ほのかな香りに、ラベンダー色が美しい

函館や小樽といった港町では海鮮を、富良野・美瑛や十勝など内陸エリアでは野菜や果物、乳製品などのグルメを食べるのがおすすめ。

北海道便利帳②

北海道をディープに掘り下げ

カルチャーガイド

開拓以前は蝦夷（えぞ）地と呼ばれ、先住民のアイヌ民族が暮らしていた北海道。
独自の文化や歴史を予習しておけば、北海道の旅がより楽しく！

アイヌ

北海道、東北地方北部、樺太、千島列島、カムチャッカ半島に先住していた民族。母語はアイヌ語だが文字を持たず口承で全てが伝承されてきた。アイヌとはアイヌ語で人間のことを意味する。

北海道開拓使

明治政府の誕生で蝦夷地が北海道に改名され、1869（明治2）年に北海道開拓使が札幌に設置される。赤い星がシンボル。

ニッカウヰスキー

「日本のウイスキーの父」と称される竹鶴政孝（1894～1979年）が1934年、ウイスキーの本場スコットランドに気候が似た余市に、前身である「大日本果汁株式会社」を創業。社名の日と果がニッカに。

島義勇 1822～1874年

「北海道開拓の父」と呼ばれる人物。佐賀藩士で明治新政府の北海道開拓使判官に就任、原野の地を開拓し京都の街にならい、碁盤の目のような計画都市を築いた。北海道神宮、札幌市役所に銅像がある。

土方歳三 1835～1869年

現在の東京・日野の農家で生まれ、激動の幕末に新撰組の副長として活躍。鳥羽伏見の戦いで破れ、江戸、会津を経て榎本武揚率いる旧幕府海軍に合流し箱館へ。しかし箱館戦争で死を遂げる。享年34歳。

ソーラン節

江戸時代のニシン漁全盛期には、ヤン衆と呼ばれる出稼ぎ漁師が漁場に集まりにぎわいを見せた。漁の時の沖揚げの音頭が変化しソーラン、ソーランと歌われソーラン節に。積丹半島が発祥とされる。

屯田兵

明治政府がロシアの南下に備え北方警備と北海道の開拓を目的として、1874（明治7）年に始まった制度。屯田兵は開墾した土地で平時は農業を営み、戦時には軍人と兵農両面を担った。道内各地に点在した。

北前船

江戸時代、松前や江差から敦賀、瀬戸内海を通り大阪に至る西廻りの航路を北前船と呼んだ。当時の松前や江差は商人でにぎわい、積み込まれたニシンや昆布などが、寄港地や大阪で売買された。

松浦武四郎 1818～1888年

北海道の名付け親とされる。長崎でロシアが南下政策で蝦夷地を狙っていることを知り、蝦夷地に渡り計6回におよぶ探査を敢行。アイヌ民族の協力を得て地図や報告書をまとめた。

高田屋嘉兵衛 1769～1827年

淡路島で生まれ船乗りとなり、その後頭角を現し兄弟と「高田屋」を開業。大阪から北海道を巡る廻船問屋として箱館を拠点に活躍。北方航路の開拓、ロシアに抑留され、二国間関係回復などに尽くした。

クラーク博士 1826～1886年

ウイリアム・スミス・クラーク博士は、マサチューセッツ農科大学学長を勤めたのち1876年7月に来日。札幌農学校教頭に就任し8カ月間教鞭をとった。教え子との別れの言葉「Boys, be ambitious」が有名。

男爵薯

明治の日本の造船業に功績を残した川田龍吉男爵（1856～1951）。イギリス留学時代に食べたジャガイモを日本で栽培するため、海外から種芋を取り寄せ、とある品種の栽培に成功。それが男爵イモとなった。

江差追分

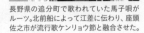

長野県の追分町で歌われていた馬子唄がルーツ。北前船によって江差に伝わり、座頭佐之市が流行歌ケンリョウ節と融合させた。

ハッカ

ハッカの歴史は、山形のハッカ生産地からの移住者が、北海道での栽培に成功したことに始まる。なかでも栽培に適した北見が一大生産地となった。その後衰退するも、現在も栽培が行われている。

北海道の地名

北海道の地名はアイヌ語に由来するものが多いが、道外から移住した人が出身地の地名を付けた場所もある。釧路市の鳥取、北の広島で北広島市、奈良県十津川から移住した人が名付けた新十津川町など興味深い。

旅が最高のハレになる

北海道

HOKKAIDO

本書をご利用になる前に

【データの見方】

- 🏠 住所
- ☎ 電話番号
- 営 営業時間（原則、オープンからクローズまでを表記しています。ただし、最終入場時間やラストオーダー（LO）がある場合は、その時間も表記しています）
- 休 祝日、年末年始などを除く定休日
- 料 大人の入場料、施設利用料
- 交 最寄り駅や最寄りのバス停、電停などからの所要時間
- 🚗 駐車場の有無または台数（有料の場合は（有料）と表記しています）
- 料金 宿泊料金（原則、1泊2名1室利用の場合の1名あたりの最低料金を表記しています。サービス料などは各ホテルにより異なります）
- IN チェックイン時間　OUT チェックアウト時間
- ▶MAP　別冊地図上での位置を表示

【ご注意】

本書に掲載したデータは2023年4月現在のものです。本書出版後、内容が変更される場合がありますので、ご利用の際は必ず事前にご確認ください。料金は原則として取材時点での税込みの価格を表記しています。地下鉄、バス、タクシー、徒歩での所要時間は、交通状況により、大幅に異なる場合があります。本書に掲載された内容による損害等は弊社では補償しかねますので、あらかじめご了承ください。

CONTENTS

北海道でしたい108のこと

やったことにcheck!

BEST PLAN

HIGHLIGHT

札幌

小樽

函館

富良野・美瑛

十勝・帯広

知床・網走

釧路・阿寒・摩周湖

稚内・利尻・礼文島

読めば快晴 ハレ旅STUDY

北海道のハレ旅へようこそ！

大自然に囲まれた北海道は、アクティビティはもちろん、グルメや見どころも充実。
四季折々、違った楽しみ方ができる北海道の空は、見渡す限りどこまでも快晴！

TOURISM

冬の流氷に夏のガーデンと、季節ごとに見どころも異なる。ベストシーズンを狙って旅を計画しよう。

SEA

GARDEN

冬の北海道の代名詞

流氷

例年、1月中旬～4月上旬にかけてオホーツク海を覆う流氷は、冬の観光のハイライト。流氷の海を砕氷船に乗って進む、大迫力の流氷クルーズに出発しよう！

網走流氷観光砕氷船 おーろら>>>P.180

花々が織りなす虹色のストライプ

ガーデン

富良野・美瑛エリアには広大なスケールのガーデンが点在。初夏になると波打つ丘がカラフルに彩られ、花のじゅうたんがはるか遠くまで続く絶景を眺められる。

展望花畑 四季彩の丘>>>P.142

♫ PLAY

動物とのふれあいに、迫力満点のアクティビティと、北海道は遊びも充実。自然の中に飛び出そう！

元気いっぱいの動物たちに会える

旭山動物園

動物のいきいきとした姿が見られるよう、展示に工夫が凝らされた旭山動物園。エサを食べる姿を見たり、季節のイベントに参加したり、童心に返って遊ぶことができる。

旭川市旭山動物園 >>>P.34

EAT

海鮮にラーメン、スープカレーなどなど…、北海道は名物グルメが満載。新鮮食材を生かした料理に舌鼓。

山盛りイクラに感激！

海鮮丼

かけ声と共に、ご飯にイクラを盛っていくパフォーマンスが人気のはちきょう。自家製のイクラの醤油漬けを心ゆくまで堪能できる。ほかにも海鮮メニューが充実。

海味はちきょう 別亭おやじ >>>P.73

BEST PLAN 01

どこで何ができるの?

夢を叶えるエリアをリサーチ

HOKKAIDO MAP

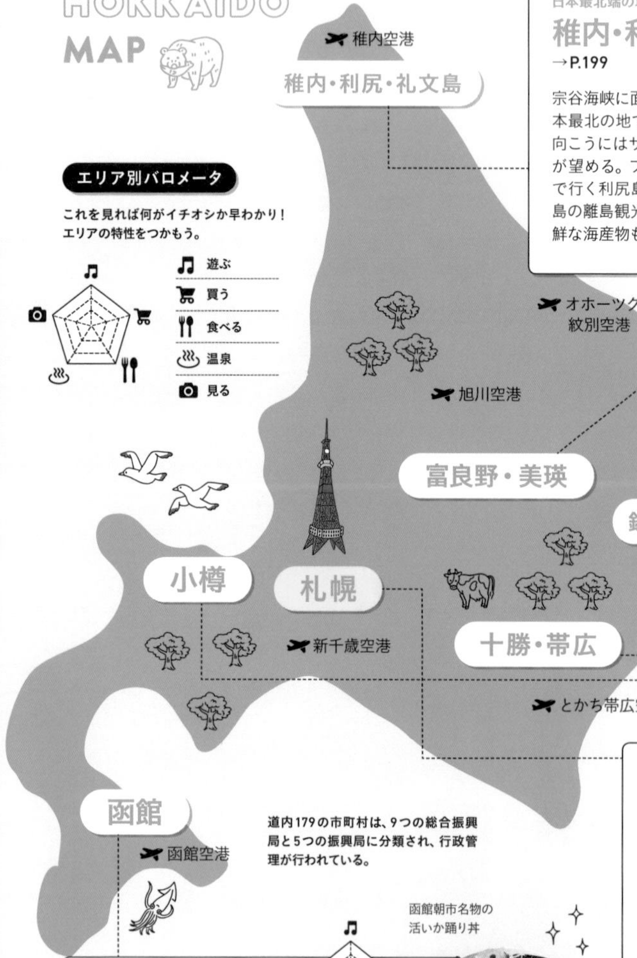

エリア別バロメータ

これを見れば何がイチオシか早わかり!
エリアの特性をつかもう。

- 遊ぶ
- 買う
- 食べる
- 温泉
- 見る

道内179の市町村は、9つの総合振興局と5つの振興局に分類され、行政管理が行われている。

日本最北端の地の町と離島

稚内・利尻・礼文島

→P.199

宗谷海峡に面した日本最北の地で、海の向こうにはサハリンが望める。フェリーで行く利尻島、礼文島の離島観光も。新鮮な海産物も自慢。

日本最北端の地碑が置かれた宗谷岬

北海道観光の玄関口

札幌

→P.51

北海道のメイン空港、新千歳空港に隣接するエリア。札幌駅周辺にはビルや飲食店が立ち並びにぎやか。道内最大の歓楽街、すすきのもここに。

街の東西をつらぬく大通公園

市街中心部にある札幌市時計台は観光の定番

函館朝市名物の活いか踊り丼

きらびやかな夜景と海鮮グルメ

函館

→P.109

1859年に開港した日本初の国際貿易港。異国情緒あふれる洋風建築が多く残されている。箱館戦争にちなんだ見どころがあるほか、海鮮グルメが充実。

函館山から眺めた函館湾の夜景

広大な大地を擁する北海道。エリアごとに特色が異なり、季節によって楽しみ方も変わってくる。各地域の特徴を把握して、旅の計画を立てよう。

知っ得 北海道の基礎知識

■ 東京から	1時間30分～(空路)
■ 主な交通手段	電車、レンタカー、路線バスなど
■ ベストシーズン	7～9月
■ 予算	1日1万円～
■ 面積	約8万3450㎢
■ 人口	約518万人
■ 道花	ハマナス
■ 道鳥	タンチョウ

ラベンダー園をはじめとするガーデンが点在

富良野・美瑛 →P.133

北海道のほぼ真ん中に位置。スケールの大きなガーデンが点在し、美しい丘風景が楽しめる。野菜や小麦など地産食材を使ったグルメも。

広大な園内にラベンダーが咲き誇るファーム富田

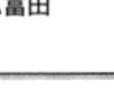

メロンのスイーツもチェック！

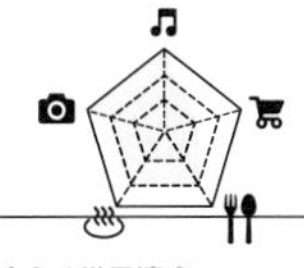

大自然と触れ合える世界遺産

知床・網走 →P.169

オホーツク海に突き出した知床半島は世界遺産にも登録されており、知床五湖巡りやネイチャークルーズなどアクティビティが豊富。

高架木道を歩いて知床五湖を探勝

道内屈指の酪農地帯

十勝・帯広 →P.153

十勝平野が広がり、主な見どころはガーデンや牧場など。帯広からひと足のばせば、十勝川温泉やトマムなどのリゾートも楽しめる。

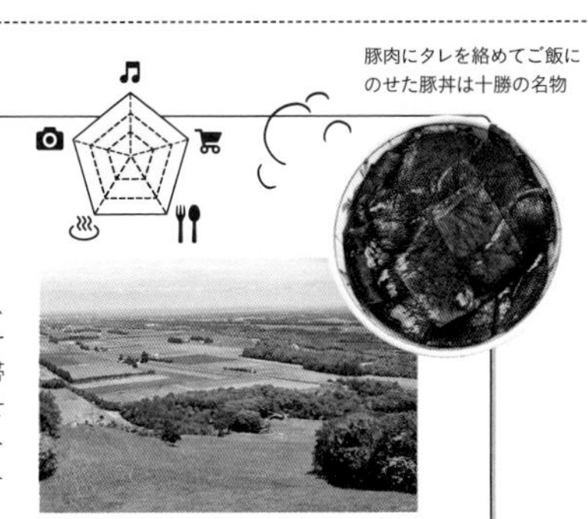

豚肉にタレを絡めてご飯にのせた豚丼は十勝の名物

パッチワークのような田園風景

雄大な湿原が広がる道東観光の拠点

釧路・阿寒・摩周湖 →P.185

日本最大の湿原、釧路湿原が観光のメイン。ほか、阿寒湖や摩周湖などの見どころも。炉ばた焼をはじめとする海鮮グルメもマスト。

広大な釧路湿原は観光列車のノロッコ号からも望める

レトロな建物が残るスイーツとガラスの街

小樽 →P.91

日本有数の港湾都市として栄えた小樽。明治から大正にかけて建てられた銀行や商社など、歴史ある建物が点在。運河クルーズやスイーツも楽しみ。

小樽運河周辺は時間が止まったかのような風景

南の函館と北の稚内では月の平均気温が最大で3℃違うほど、エリアごとに天気も気温も異なる。

BEST PLAN 02

北海道の季節を楽しむ 年間イベントカレンダー

1月	2月	3月	4月	5月	6月

行事・イベント

1月下旬～3月中旬

層雲峡温泉

層雲峡温泉氷瀑まつり

石狩川沿いに並ぶ巨大な氷像を、七色の光で照らす。期間中は花火の打ち上げも行われる。

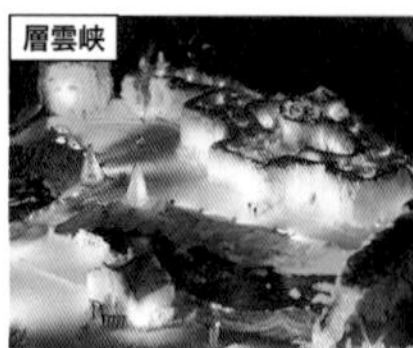

層雲峡

4月28日～10月31日

洞爺湖温泉湖畔

洞爺湖ロングラン花火大会

187日間にわたり、毎日20:45～21:05にかけて、約450発の花火が湖畔で打ち上げられる。

洞爺湖

どのイベントも
おもしろそう♪

4月下旬～5月上旬

松前公園

松前さくらまつり

約1万本、250種類の桜が咲く松前公園が会場となる。期間中は桜のライトアップ、郷土芸能の公開などが行われる。

松前

2月中旬

小樽運河、手宮線跡地ほか

小樽雪あかりの路

夕暮れと共に市内各所にろうそくの明かりが揺らめき、冬の運河や街並みを照らし出す。

小樽

6月中旬(例年)

大通公園、札幌市内ほか

YOSAKOIソーラン祭り

市内のステージで、全国から集まったよさこいチームが踊りを競い合う。

2月上旬～中旬(予定)

大通公園、すすきのほか

さっぽろ雪まつり

北海道を代表する冬の祭典。大通公園の各丁目ごとに大雪像・氷像が造られる。

札幌

©HBC

道内外の
チームが集結

札幌

※2023年6月～2024年5月にかけての開催予定日。掲載の情報は2023年4月現在のものです。新型コロナウイルス感染症の影響などで内容が変更となる場合があります。必ず事前にご確認ください。

旬カレンダー

- 12月～2月　キンキ
- 3月-5月　ボタンエビ
- 1月-5月　ヤリイカ
- 12月-2月　毛ガニ
- 5月-6月　アスパラガス
- 11月-3月　ハッカク

夏は野外でのイベントやパレード、秋は収穫祭が各地で開催され、冬は雪や氷を用いたお祭りなど。期間限定のイベントを楽しもう。

7月	8月	9月	10月	11月	12月

7月下旬〜8月中旬（予定）

大通公園

さっぽろ夏まつり

メインはさっぽろ大通ビアガーデン。大通公園が巨大なビアガーデンとなる。

札幌

9月上旬〜下旬（予定）

大通公園

さっぽろオータムフェスト

北海道の食が一堂に集まる大イベント。新ご当地グルメやラーメンなどのブースが登場。

札幌

10月8〜10日

阿寒湖温泉街

まりも祭り

阿寒湖周辺の伝統ある祭り。まりも踊り行進、アイヌ民族による「マリモ」を迎える儀式なども行われる。

阿寒湖

11月下旬〜12月25日

大通公園

ミュンヘン・クリスマス市 in Sapporo

札幌の姉妹都市であるドイツ・ミュンヘンのクリスマス市の雰囲気を再現。

札幌

8月上旬（例年）

函館市内一円

函館港まつり

函館港おどり、ユニークな振り付けの函館いか踊りのパレードは必見。初日には花火大会も。

函館

写真提供：(一社)函館国際コンベンション協会

11月下旬〜3月中旬

大通公園、駅前通りほか

さっぽろホワイトイルミネーション

メインの大通公園会場（〜12月下旬）にはイルミネーションのオブジェが設置され、街路樹には電飾が付けられる。

札幌

7月28・29日

北海へそ祭り会場

北海へそ祭り

北海道の中心に位置する富良野の夏の風物詩。腹に顔を描いて踊りながらパレードするへそ踊り大会。

富良野

函館

12月〜3月（予定）

元町地区

はこだて冬フェスティバル

元町地区のロケーションを生かし、約16万個のイルミネーションが灯る。点灯は日没〜22時。

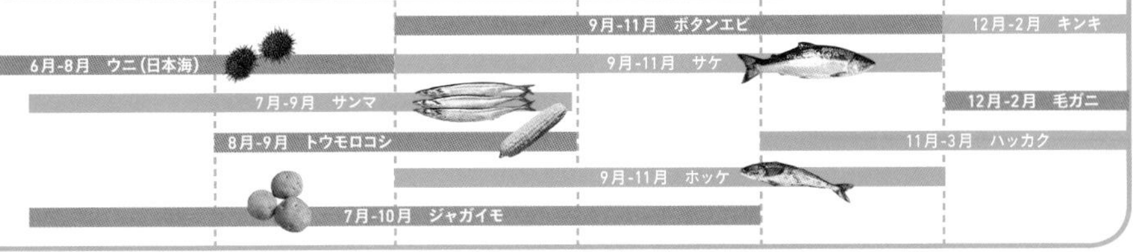

支笏洞爺国立公園内に位置する昭和新山の山麓では、毎年2月下旬に昭和新山国際雪合戦を開催。約150チームが参加し、雪合戦で競う。

BEST PLAN 03

ベストな時間にベストなコト

札幌・小樽・函館の24時間ハッピー計画

せっかくの北海道旅行。24時間をフルで楽しみたい！
ここではジャンル別に、北海道の主要3都市のベストタイムを紹介。
朝から夜までハッピーになれる計画を立てよう。

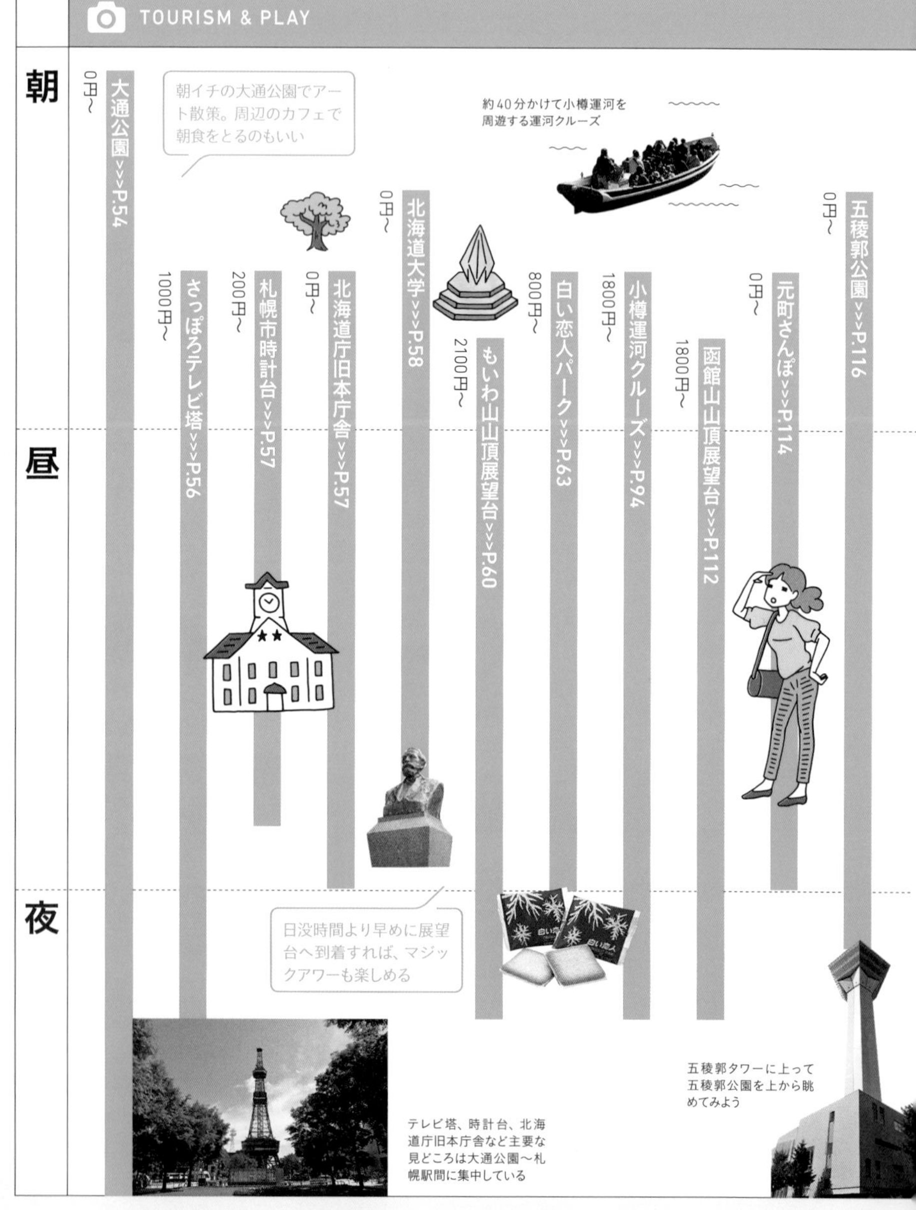

テレビ塔、時計台、北海道庁旧本庁舎など主要な見どころは大通公園〜札幌駅間に集中している

五稜郭タワーに上って五稜郭公園を上から眺めてみよう

エリア別行動時間目安

- 札幌　8:00～翌1:00
- 小樽　9:00～20:00
- 函館　7:00～21:00
- 富良野・美瑛　8:00～19:00
- 十勝・帯広　8:00～19:00
- 知床・網走　8:00～18:00
- 釧路・阿寒・摩周湖　8:00～18:00
- 稚内・利尻・礼文島　9:00～18:00

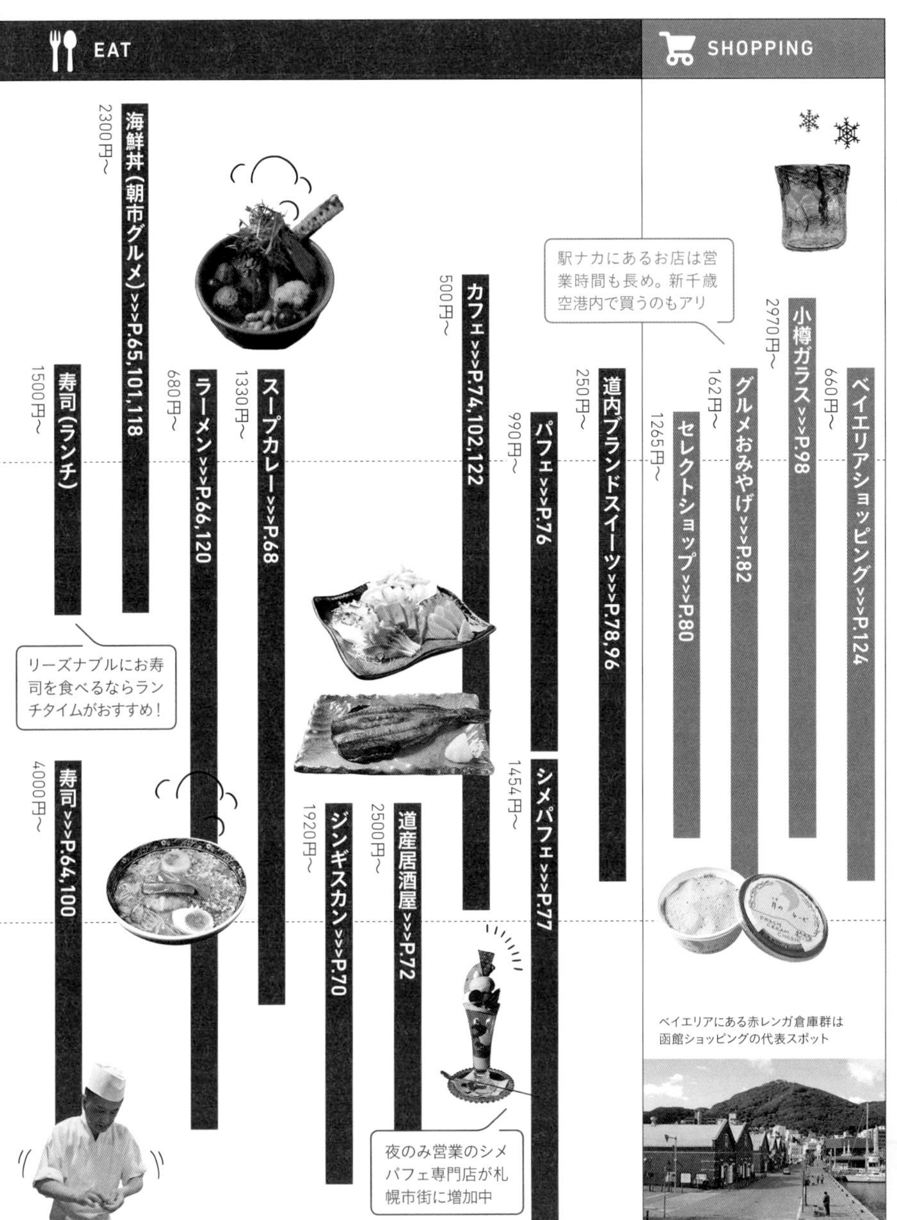

ベイエリアにある赤レンガ倉庫群は函館ショッピングの代表スポット

札幌・すすきのは眠らない街。深夜から早朝にかけて営業している居酒屋やラーメン屋も少なくない。

BEST PLAN 04

1泊2日の王道コース
札幌観光と旭山動物園＆ファーム富田へ

1日目

AM

11:05 新千歳空港
電車 約40分
11:45 札幌駅
徒歩 約5分
地下鉄 約2分

PM

12:00
大通公園周辺
<所要 約4時間30分>
- ①大通公園 →P.54
- ②スープカリーイエロー →P.69
- ③札幌市時計台 →P.57
- ④北菓楼 札幌本館 →P.78

市電 約20分
シャトルバス 約5分

5:00
もいわ山麓駅
<所要約2時間>
- ⑤もいわ山山頂展望台 →P.60

シャトルバス 約5分
市電 約25分

7:30
すすきの
<所要 約2時間>
- ⑥大衆酒場くろべゑ →P.72

初めての北海道！まずは札幌タウンを満喫

大通公園を中心に観光スポットを巡りつつショッピングも楽しむ。夜は道内一の歓楽街すすきので海鮮グルメ！

SIGHTSEEING

①札幌の中心、大通公園へ

東西の長さ約1.5kmの公園。園内には噴水や彫像などがあり、アート鑑賞を楽しみながら散策できる。

東端に立つのはさっぽろテレビ塔

POINT 大通公園はイベント会場にも

夏季はビアガーデンが出現する「さっぽろ夏まつり」、冬は「さっぽろ雪まつり」の会場に。イベントを狙って行くのもいい。

LUNCH

②札幌名物 スープカレーのランチ

サラサラのカレースープに具材がたっぷり入ったスープカレーでお腹いっぱいに！

スープカリー イエローのチキン野菜カリー

SIGHTSEEING

③時計台で記念撮影

札幌観光の定番、札幌市時計台を見学。建物正面での記念撮影も忘れずに。

SHOPPING

④北菓楼でスイーツショッピング

サロンをテーマにした北菓楼の札幌本館。限定商品やテイクアウトメニューも要チェック。

バウムクーヘン妖精の森

配りやすい個包装タイプもある。

SIGHTSEEING

⑤もいわ山で夜景を見る

山麓駅からロープウェイとミニケーブルカーを乗り継ぎ、山頂展望台へ。ロマンチックな夜景に感動。

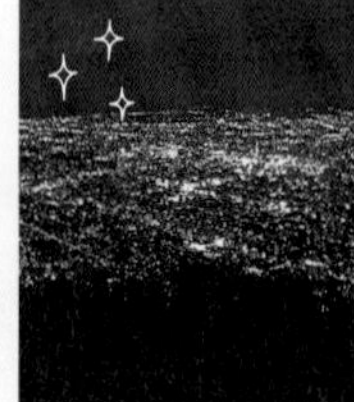

POINT
日没前に到着しよう

夕方から日没まで、だんだんと空の色が変化していくマジックアワーが美しい。展望台へは早めの到着がおすすめ。

DINNER

⑥すすきので海鮮三昧！

多くの飲食店がひしめき合うすすきの。手軽においしい魚介を堪能できる海鮮居酒屋で一杯！ お店をハシゴするのも楽しい。

大衆酒場くろべゑの殻付き生牡蠣

初めての北海道旅行であれば、まずは定番の見どころを。
札幌、夏の美瑛・富良野を楽しむ、1泊2日のコース。

MODEL COURSE MAP

旭川 美瑛 富良野 札幌

北の動物たちとガーデンの絶景を見る

早起きして札幌を出発し、富良野・美瑛エリアへ。レンタカー利用の場合は乗り捨てを活用するのも(→P.213)。

SIGHTSEEING

⑦旭山動物園の元気な動物たちに会いに

動物本来の姿が見られる「行動展示」で有名な旭山動物園。間近で見るホッキョクグマは迫力満点！

飼育員が動物に餌をあげる「もぐもぐタイム」も必見

POINT 定番4施設はマストで

園内には20以上の展示施設があり、全部回るとなると半日はかかる。かば館、ぺんぎん館、あざらし館、ほっきょくぐま館の定番4施設だけなら2時間30分ほどで見ることが可能。

SIGHTSEEING

⑧青い池の絶景を見る

美瑛を代表する絶景、白金 青い池。天気がよければ絵葉書のような美しい青色を望むことができる。

LUNCH

⑨美瑛野菜ランチでヘルシーに

農家直送の朝どれ野菜や、美瑛産小麦のパンなど、地産食材が食べられるのも丘の町・美瑛ならでは。自然豊かなロケーション自慢のお店も！

フェルム ラ・テール美瑛でヘルシーランチ

SIGHTSEEING

⑩ファーム富田で一面のラベンダー畑を見る

富良野を代表するガーデン。広大な傾斜地に広がる10の花畑で散策を楽しもう。

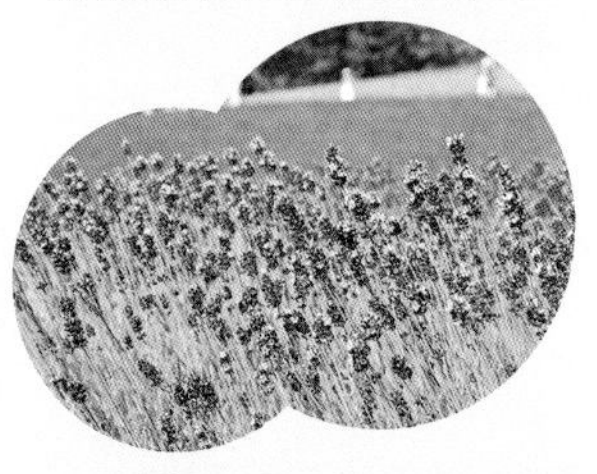

POINT ベストシーズンはいつ？

ラベンダーの見頃は7月上旬～下旬にかけて。この時季は観光客も多く、周辺道路も混み合うため、スケジュールには余裕を持って。

園内ではラベンダースイーツも

ラベンダー製品をおみやげに

AM

7:45 札幌

約2時間15分

10:00
旭川
⑦旭川市旭山動物園
→P.34
<所要 約2時間30分>

約50分

PM

1:20
美瑛
<所要 約1時間30分>
⑧白金 青い池
→P.142
⑨フェルム ラ・テール美瑛
→P.146

約30分

3:20
富良野
⑩ファーム富田 →P.136
<所要 約2時間>

約45分

6:05
旭川空港

2日目の夕ご飯は、時間に余裕があれば富良野市街に寄って食べていくか、フラノマルシェ(→P.148)でテイクアウトしても。

BEST PLAN 05

1泊2日で巡る花と絶景 十勝ガーデンと雲海テラスへ

1日目

AM

9:15
とかち帯広空港

約20分

9:35
①十勝ヒルズ
→P.156
<所要 約3時間15分>

約10分

PM

1:00
②真鍋庭園
→P.157
<所要 約1時間>

約10分

2:10
帯広駅周辺
<所要 約4時間30分>
- ③ばんえい十勝 →P.168
- ④はなとかち →P.160

約1時間

7:40
⑤星野リゾート トマム
→P.164

花真っ盛りの十勝でガーデン散策

とかち帯広空港を起点に、車でガーデンを巡る。観光だけでなく、グルメも盛りだくさんの一日！

SIGHTSEEING　LUNCH

①十勝ヒルズで花観賞＆ランチタイム

「食と農」をコンセプトにした広さ23haにもおよぶ広大なガーデン。ガーデンを眺めながらピクニック風のランチも。

ランチBOXの販売やピクニックセットの貸出も行っているので手ぶらでもOK

SIGHTSEEING

②真鍋庭園で森の中をおさんぽ

日本初の針葉樹のガーデン。森の中には日本庭園やツリーデッキが設けられており、探検気分で散策できる。

SIGHTSEEING

③ばんえい競馬に挑戦！

大きなばん馬が重いソリを曳いてコースを走る、世界唯一のばんえい競馬。馬券を買って一攫千金に賭けてみるのも。

POINT レースのスケジュール

レースは主に土・日・月曜に開催される。夏季の最終レースは20:45にスタートする。レース日程は事前にチェックしておこう。

DINNER

④帯広名物・豚丼を食べる！

豚肉を炭火でこんがり焼き上げ、甘辛のタレで絡めてからご飯の上にのせた豚丼。帯広に来たら絶対に食べたい一品だ。

はなとかちのボリューミーな豚丼

STAY

⑤十勝エリア有数のリゾート 星野リゾート　トマムへ

宿泊施設のほか、雲海テラスにアクティビティ、レストランと、施設が充実の星野リゾート　トマムに泊まる。開放感抜群の露天風呂もあり、リフレッシュできる。

7～8月の北海道は見どころがたくさん。見頃を迎える十勝エリアのガーデンと、トマムの雲海を見に行く大充実のプラン。プラス1泊して札幌観光を組み合わせるのもいい。

MODEL COURSE MAP

トマム
十勝・帯広

雲海テラスで運だめし！&ファームグルメも

ホテル敷地内の雲海テラスへ行ったあとは、ファームグルメを味わいながらのガーデン周遊。おみやげも忘れずに！

SIGHTSEEING

⑥早起きしてダイナミックな絶景を見る

トマム山の標高1088mにあるテラスまで雲海ゴンドラで移動。テラスから眺める雲海はまさに絶景。

POINT 雲海はいつ行けば見られる？

雲海テラスがオープンするのは5月中旬～10月中旬。早朝の発生率が高いため、雲海ゴンドラの運行開始に合わせて出発するのがベスト。

SIGHTSEEING

⑦十勝千年の森でセグウェイ体験

4つのテーマ別ガーデンからなり、現代アートや体験施設も。セグウェイに乗って草原を滑走するツアーは所要約2時間。

30分の教習を受けてから園内ツアーへ出発。要予約

LUNCH

⑧ファームレストランでこだわりの肉に舌鼓

牧場直営のカフェやレストランもあちこちに。のどかな牧場風景を眺めながら、産直ならではのこだわり肉を召し上がれ。

大野ファームの旨みたっぷりの牛肉をステーキで味わう

SIGHTSEEING

⑨六花の森でガーデン&アートを楽しむ

北海道銘菓で有名な「六花亭」のガーデン。園内には十勝六花が咲き乱れ、美術館やショップも併設。

花柄包装紙の美術館もある

SHOPPING

⑩十勝産チーズをおみやげに

十勝周辺にはチーズ工房も多く、帯広市内のみやげ店や空港でも、工房直送のチーズを購入することができる。

工房によってチーズの種類もさまざま

2日目

AM

5:00
⑥雲海テラス→P.164
＜所要 約3時間＞
約45分

10:00
⑦十勝千年の森
→P.156
＜所要 約2時間30分＞
約30分

PM

1:00
⑧OONO FARM COWCOW Cafe
→P.159
＜所要 約1時間＞
約50分

2:50
⑨六花の森→P.157
＜所要 約1時間＞
約50分

4:40
⑩とかち物産センター
→P.162
＜所要 約20分＞
約35分

5:35
とかち帯広空港

温泉地としても知られる十勝。十勝川温泉が有名だが、帯広市内にも温泉浴場や温泉付きのシティホテルが多数。

BEST PLAN 06

2泊3日で道東を横断 知床&釧路湿原の自然を体感

1日目

AM

8:50
女満別空港

約1時間40分

10:30
①ウトロ漁協婦人部食堂
→P.178
<所要 約1時間>

約30分

PM

12:00
②知床五湖
→P.172
<所要 約2時間30分>

知床観光のハイライト 知床五湖へ

世界遺産にも登録されている知床の大地へ。散策路は整備されているものの、動きやすい装備で挑もう。

LUNCH

①まずはウトロの新鮮魚介で腹ごしらえ

知床半島の北側、ウトロではオホーツク海で育ったサケとイクラを食べることができる。豪快に丼で!

ウトロ漁協婦人部食堂の秋鮭三種丼

SIGHTSEEING

②知床五湖でウォーキング

一湖から五湖まで5つの湖が点在。知床の自然や知床連山の眺めを楽しみながら遊歩道を進もう。

POINT
時季によってレクチャーの受講 or ガイドツアーへの参加がマスト
地上遊歩道は植生保護期、ヒグマ活動期の2期に分かれており、レクチャーを受けるか、ガイドツアーへの参加が必要。詳細は→P.173

2日目

AM

9:00
③知床半島クルーズ
→P.174
<所要 約3時間>

約2時間20分

PM

2:20
摩周湖
<所要 約1時間>
└ ④摩周第一展望台
→P.194

世界遺産の海から眺めるクルーズの旅へGO!

2日目はクルーズ船からの知床観光。壮大な景色に加え、生き物との遭遇も。宿は川湯温泉か阿寒湖温泉へ。

SIGHTSEEING

③知床絶景クルーズに参加

ウトロ港から知床半島に沿って回航する半島絶景クルーズ。カムイワッカの滝や知床岬などダイナミックな景観が望める。

見どころNo.1のカムイワッカの滝

POINT **クルーズ船は2種類ある**
最大定員400名の大型船と、定員30〜80名程度の小型船がある。ゆったり眺めるなら大型船、沿岸近くから迫力のある景観を見るのであれば小型船がおすすめ。

SIGHTSEEING

④展望台から摩周湖を望む

神秘的な青い水をたたえる摩周湖。展望台は3つあり、それぞれに美しい景観を望める。

MODEL COURSE MAP

知床（ウトロ）
摩周湖
阿寒湖
釧路

北海道の大自然を体感できるプラン。1泊2日で回ることも可能だが、見どころ間の移動距離も長いため、2泊以上でゆったり回るのがおすすめ。

阿寒湖＆釧路湿原のベストビューを望む

最終日は釧路エリアを代表する見どころを回る。ランチは阿寒湖名物ワカサギ、夜は釧路の名物グルメを。

SIGHTSEEING

⑤阿寒湖で天然のマリモを見る

阿寒観光汽船に乗って湖の周囲の景観を楽しんだあとは、マリモ展示観察センターで本物のマリモとご対面。

阿寒湖の北部に浮かぶチュウルイ島に上陸する

SIGHTSEEING

⑥釧路湿原をウォーキング

釧路市湿原展望台をスタートし、全長約2.5kmの湿原展望台遊歩道をぐるり。湿原の自然を体感しよう。

途中吊り橋を渡るポイントも

DINNER

⑦旅のシメは釧路のタウングルメ

港町釧路では、独自に発達したご当地グルメがいろいろ。魚介の炉ばた焼やスパカツにラーメンと、目移り。

炉ばた焼

期間限定でオープンする岸壁炉ばた

スパカツ

レストラン泉屋の名物、スパカツも人気

3日目

AM

9:00
⑤阿寒湖
→P.192
＜所要 約2時間＞
約1時間45分

PM

12:45
⑥釧路湿原→P.188
＜所要 約2時間＞
約30分

3:15
釧路駅周辺
＜所要 約2時間30分＞
- ⑦岸壁炉ばた →P.190
- ⑧レストラン泉屋総本店 →P.191

↓約30分

6:15
たんちょう釧路空港

プランニングのヒント

冬に行くなら 知床の楽しみは夏だけじゃない。冬限定のアクティビティも！

知床半島クルーズを
↓
動物ウォッチングクルーズへ

2月〜3月中旬は流氷＆バードウォッチングツアーを催行。アザラシやオジロワシなどが見られることも。

→P.175

知床五湖ウォークを
↓
流氷クルーズin網走へ

1月中旬〜3月は巨大な砕氷船に乗って流氷の海を進む、流氷クルーズが楽しめる。

→P.180

真冬の摩周湖では「霧氷」と呼ばれる、空気中の水蒸気が枝に付いて凍る現象が見られる。冬は空気が澄んで星空もより美しい。

BEST PLAN 07

これがあったら便利&スマート

ハレ旅のお供を準備する

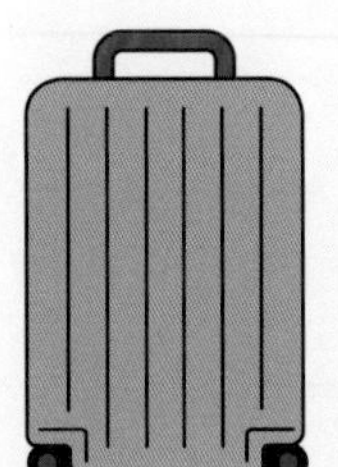

半分は空にして、現地戦利品用に備えよう！

2泊3日用のスーツケース

2泊3日なら、機内持ち込みサイズでいける！　だたし、たくさんおみやげを買うなら、大きめサイズを用意したほうが余裕を持って持ち帰ることができる。

USEFUL ITEMS

洗面具などはホテルのアメニティでまかなうこともできるが、使い慣れたものを持参すれば旅もより快適に。冬季は空気が乾燥しているので保湿アイテムを忘れずに。

シャンプー&リンス

スリッパ

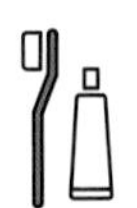

歯みがきセット

化粧品

エコバッグ

上着

ウェットティッシュ

虫除けスプレー

夏のアウトドアに参加するのであれば虫除けが必須。スプレー、もしくはパッチタイプのものがあると重宝。

FASHION

地域によって気候は大きく異なるものの、本州と比べると年間を通して気温は低い。夏季は30℃を超える日があっても、朝晩は冷え込むため、上着は必須。真冬は日中でも氷点下の日が多いので、防寒対策を入念に。

4 SEASONS コーデ NAVI

春

4月中旬まで雪が降ることも。朝晩は冷えるので脱ぎ着しやすい上着は必携。

夏

昼間は半袖やサンダルでもOK。朝晩は長袖の上着があると安心。

秋

10月頃からコートやセーターが必要。重ね着やストールで調節を。

冬

厚手のダウンコートに手袋、帽子、マフラーなどの防寒具がマスト。靴は雪道用のものを。

札幌・函館の気温・降水量

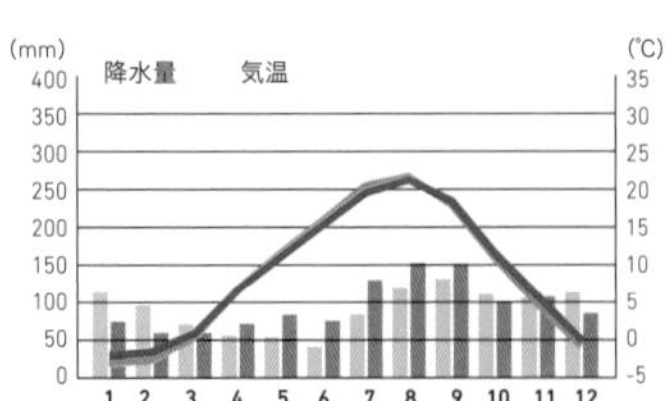

札幌気温
札幌降水量
函館気温
函館降水量

例年10月中旬～11月中旬にかけて初雪が降り、雪解けは3月下旬～4月中旬頃。観光のベストシーズンは7～9月。

出発日が決まったら、さっそく旅の準備をスタート！
現地で困ることのないよう、持っていくものはここでしっかり確認しよう。
車移動がメインになるエリアでは近くにコンビニがないところも多いので、
現地調達をあてにせず、必要最低限のものは持って行ったほうが安心。

MONEY

クレジットカードが使えない所もあるので、現金の用意を。パーキング利用が多い場合は小銭を持っていたほうが安心。

節約旅行なら
4万円も可

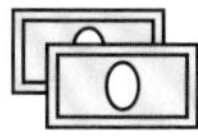

お金
ATMが近くにないこともあるので、現金は少し多めに。バスでは高額紙幣が使えないので注意。

2泊3日の平均予算　約8万円

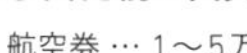

◎出発前の出費
航空券 … 1～5万円
ホテル … 1～4万円
レンタカー … 1～2万円

◎現地での予算
🍴 … 1万5000円
🛒 … 1万円
♫ … 1万円
📷 … 5000円
価格には幅があるので
あくまでも目安。

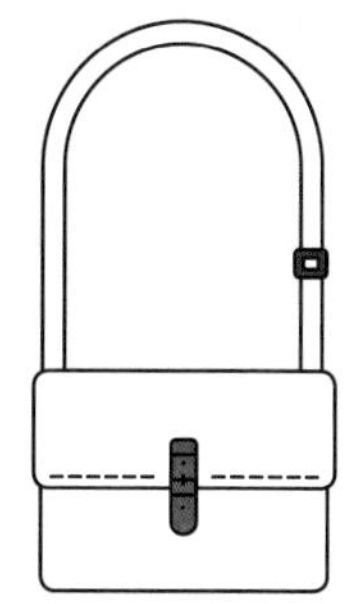

現地で使うサブバッグ
サブバッグには貴重品やハンカチ、ガイドブックなどを入れる。移動距離が長く、重い荷物を持ったままだとすぐに疲れてしまうので、うまく分けておきたい。

…etc.

お金以外にもチケットや雨具、飲み物など、旅をより快適にするアイテムを入れて持ち歩こう。

飛行機のチケット
eチケットの場合はスマホの画面表示でOK。

スマホの充電器
旅先では思った以上にすぐ電池がなくなる。モバイルバッテリーがあればさらに安心。

雨具
晴雨兼用のものだとより便利。

上着
真夏でも朝晩は肌寒い日もある。さっと掛けられるストールなども重宝。

カメラ

忘れないでね！

ハレ旅

ドライブ中にあると便利なもの

車移動の時間は意外と長い。不便さやイライラを感じないようにアイテムを！

シガーソケット用アダプタ
スマホの充電に。レンタカーに装備がある場合も。

サングラス
日差しがまぶしすぎることが多く、あると快適。

あめ・ガム
ロングドライブのお供に。適度に休憩を。

小銭
高速料金の支払時にさっと出せるように。

レジ袋
ゴミの片付けに。ガソリンスタンドで捨てる。

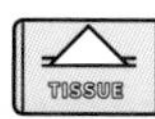

ティッシュ
あると何かと重宝する。汗ふきにもグッド。

夏季は紫外線対策も忘れずに。UVカットのパーカーや、帽子、日焼け止めを用意したほうが日焼けで痛い思いをしなくてすむ。

BEST PLAN 08

これがあればハレ旅の証し！

北海道のお宝戦利品を披露

SWEETS ハズレなし！の定番スイーツ

□ ITEM 01 ブランドスイーツ

牛乳や小麦といった、お菓子作りに欠かせない食材が豊富な北海道。おいしいのに値段もリーズナブルという、道内ブランドのスイーツは、おみやげの定番。

価格帯：250円～

この店へGO!

北菓楼 札幌本館→P.78
六花亭 札幌本店→P.79

SWEETS 道内スイーツがよりどりみどり

□ ITEM 02 空港スイーツ

新千歳空港内には、北海道を代表するスイーツブランドのショップが多数入っている。空港内でしか販売されていない限定スイーツもあるのでチェック。

価格帯：243円～

この店へGO!

新千歳空港→別P.44

SWEETS 愛され続ける老舗の味

□ ITEM 03 レトロスイーツ

昔ながらの老舗の和菓子店が道内各地に点在。現地に行った際に店舗で直接購入できるほか、札幌市内の道内銘菓を集めたショップでも買える。

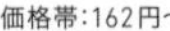

価格帯：162円～

この店へGO!

北海道どさんこプラザ札幌店→P.83
きたキッチン オーロラタウン店→P.83

FOOD ご当地ラーメンの味を家庭でも！

□ ITEM 04 おみやげラーメン

有名店が監修するおみやげラーメンは、みやげ店やスーパーでも販売されており、各店の味をお持ち帰りできる。エビや昆布など、ご当地食材を使ったものもある。

価格帯：100円～

この店へGO!

みやげ店、道内スーパー

DRINK 歴史あるレアなウイスキー

□ ITEM 05 道産ウイスキー

日本のウイスキーの父・竹鶴政孝ゆかりのニッカウヰスキー余市蒸溜所では、定番銘柄をはじめ、レアな限定ウイスキーも販売。各地の空港でも入手できる。

価格帯：3000円～

この店へGO!

ニッカウヰスキー
余市蒸溜所→P.105

FOOD 道民が愛する昔ながらの味

□ ITEM 06 スーパー＆コンビニご当地

道内限定で販売されているインスタント麺や調味料、パンや飲料など。インスタントのやきそばに中華スープの素が付いた「やきそば弁当」は道内外にファンが多い人気の商品。

価格帯：209円～

この店へGO!

道内スーパー、コンビニ

FOOD 手作りにこだわった道産チーズ

□ ITEM 07 道産チーズ

搾りたてのミルクで作られたチーズは旨みが濃厚。チーズ工房も多く、工房でできたてのチーズを買えるほか、道内の産直市場で購入することもできる。

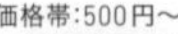

価格帯：500円～

この店へGO!

とかち物産センター→P.162
とかちむら産直市場→P.162

FOOD 酒のつまみにしたい北の海鮮

□ ITEM 08 海産加工品

サケやイカ、ホタテなどの海産物をおみやげにするのもいいけれど、人に渡すならば加工品が安心＆ラク。常温品なら鮭とば、冷蔵品ならイクラの醤油漬けがおすすめ。

価格帯：346円～

この店へGO!

北海道どさんこプラザ札幌店→P.83
きたキッチン オーロラタウン店→P.83

北海道にはスイーツや海鮮など、グルメなおみやげがいろいろ！
どこでどんなものを買うのがいいか、予算はどれくらいか。
おみやげ選びに迷ってしまうあなたに、北海道で見つけた素敵なものたちをご紹介。
冷蔵品は購入時にクール便で発送してしまうのも手。

GOODS 動物モチーフのグッズにスイーツも

□ ITEM 09 動物園グッズ

北海道観光の目玉である旭山動物園には、動物園オリジナルのアイテムも多い。マスコットやステーショナリー、スナック菓子にスイーツなどバラエティ豊富。

価格帯：400円〜

この店へGO!

旭川市旭山動物園→P.34
札幌市円山動物園→P.62

GOODS 北海道の香りといえばコレ

□ ITEM 10 ラベンダーグッズ

ラベンダー畑で有名なファーム富田には、自社畑のラベンダーを原料としたオリジナル製品が充実。香水にアロマオイル、ポプリなど、どれも香りに癒される。

価格帯：726円〜

この店へGO!

ファーム富田→P.136

GOODS 数ある製品の中からお気に入りを探して

□ ITEM 11 小樽ガラス

小樽のおみやげを代表するガラス製品は、グラスやアクセサリー、食器など種類もデザインも豊富。小樽のメインストリート、堺町通りにガラス店が多数ある。

価格帯：2970円〜

この店へGO!

北一硝子三号館→P.98
大正硝子館 本店→P.98

GOODS アイヌアートをおみやげに

□ ITEM 12 アイヌの工芸品

阿寒湖アイヌコタンやその周辺では、アイヌの伝統工芸品を扱うショップが多数ある。アイヌ民族特有のデザインの刺繍製品や、木彫りの置物など。

価格帯：660円〜

この店へGO!

ウポポイ（民族共生象徴空間）→P.46
阿寒湖アイヌコタン→P.193

GOODS オーナー厳選のアイテム

□ ITEM 13 輸入雑貨

札幌では、北欧やヨーロッパから買い付けた雑貨を販売するセレクトショップが注目を集めている。食器にファブリック、一点もののアイテムとの運命的な出合いがあるかも？

価格帯：1265円〜

この店へGO!

presse→P.80
piccolina→P.81

GOODS 札幌発信のおしゃれなデザイン雑貨

□ ITEM 14 札幌発デザイナーズアイテム

北海道で出た古布を使用したリメイクグッズや、道内在住クリエイターの貴金属製品、布雑貨などのアイテムを扱う。北海道ならではの、雪や北の動物をモチーフにした作品も。

価格帯：1980円〜

この店へGO!

origami→P.81
SPACE1-15→P.81

FOOD 北のエッセンスを自宅で楽しむ

□ ITEM 15 調味料

道産野菜や果物をふんだんに使用したドレッシングやジャムのほか、スープカレーの素やジンギスカンのタレなどもおみやげの選択肢に。いつもの料理が北海道風味に！

価格帯：378円〜

この店へGO!

フラノマルシェ1＆フラノマルシェ2→P.148
美瑛選果→P.149

COSME 温泉成分を凝縮したスパコスメ

□ ITEM 16 スパコスメ

十勝川温泉は「美人の湯」として有名。その希少なモール泉成分が入った化粧水や美容液などのコスメで女子力UP！　ガーデンスパ十勝川温泉オリジナル製品も。

価格帯：1100円〜

この店へGO!

道の駅ガーデンスパ
十勝川温泉→P.167

お酒や調味料など瓶ものを持ち帰る際は、密封袋に入れて持ち帰ると安心。事前に用意しておこう。

ハレ旅 HOKKAIDO

HARETABI NEWSPAPER

北海道の最新名所から注目のグルメ、憧れのホテルまで新鮮ニュースをまるごとお届け。2023年夏、札幌に誕生する都市型水族館も要チェック。

TOURISM

話題の新球場 エスコンフィールドが ついにオープン！

野球観戦だけじゃない 未来のボールパークが誕生

野球観戦プラスアルファな体験が可能なエンターテインメント施設が開業。試合の有無に関わらず楽しめるスポットに注目。

2023年 3月OPEN

©H.N.F.

新しい試みがいっぱいの新施設

HOKKAIDO BALLPARK F VILLAGE

ホッカイドウ ボールパーク エフ ビレッジ

北海道日本ハムファイターズの新スタジアムをメインとした複合施設。レストランやサウナ、宿泊施設などを備える。

⌂北広島市Fビレッジ ☎なし [営]試合の有無により各施設で異なる [休]無休 [交]JR北広島駅から徒歩19分、またはシャトルバスやタクシー利用で5分 🚗約4000台

[北広島] ▶MAP 別P.12 C-1

©H.N.F.

バックスクリーンにある世界初の球場内ビール醸造レストラン「そらとしば by よなよなエール」

©H.N.F.

球場内が見渡せる天然温泉を備えたサウナ施設「tower eleven onsen & sauna」。試合日は観戦しながらととのうことも

EAT

札幌・狸小路のNew Spot グルメ横丁で美食ツアー

狸小路に誕生したグルメスポット

歴史ある狸小路商店街。その2丁目に、ランチからディナーまで楽しめる飲食店が集結。

2022年 8月OPEN

屋内型横丁に20店舗が集結

狸COMICHI

たぬきコミチ

2階建ての建物内に、寿司やジンギスカン、洋食バルなど、道内各地から集まった人気の店が並ぶ。

⌂札幌市中央区南2西2-5 ☎なし [営]11:00～23:00 [休]無休（一部店舗は水曜休） [交]地下鉄南北線すすきの駅から徒歩6分 🚗なし

[札幌] ▶MAP 別P.31 D-1

炉ばた炙り焼き420円～

しっぽり酒場ならココ

炉

あぺおい

道産魚介を目の前で焼いてくれる炉端焼きの店。日本酒は30種類以上揃う。

☎011-522-5761 [営]11:00～15:00、17:00～23:00（水曜は17:00～23:00、日曜は～21:00） [休]無休

みつばちが飛んでいる いちご農園のできごと 1500円

ふわふわ食感パンケーキ

天使のわたゆき

てんしのわたゆき

パンケーキとスープカレーの店。マスカルポーネを贅沢に練り込んだ生地がポイント。

☎090-8636-3301 [営]11:00～22:00LO（日曜は～20:00LO） [休]無休

STAY

癒されたい人集まれ！最旬ホテルにステイ

“北海道ならでは”な宿が続々登場

サウナ付きホテルから、ラグジュアリーな滞在が叶う宿まで。最新ホテルをピックアップ。

2022年 7月OPEN

サウナーにはたまらない！

ホテル・アンドルームス 札幌すすきの

ホテル・アンドルームスさっぽろすすきの

札幌中心部のサウナ付きホテル。個室サウナ、外気浴スペースを完備している。客室は落ち着いたモダンな雰囲気。

住札幌市中央区南7西1-1-9 ☎011-520-7111 ⊗地下鉄豊水すすきの駅から徒歩2分 🚗6台

札幌 ▶MAP 別P.31 E-2

料金 1泊朝食付き2名利用時1名4230円～ IN 15:00 OUT 10:00

2022年 8月OPEN

ミネラル豊富なモール温泉に浸かる

十勝川モール温泉 清寂房

とかちがわモールおんせん せいじゃくぼう

全室かけ流し露天風呂付きの宿。プライベート空間でモール温泉が堪能できる。夕食は旬の食材使用の和食会席。

住音更町十勝川温泉南16-1-19 ☎0155-65-0805 ⊗JR帯広駅から車で20分 🚗24台

十勝川温泉 ▶MAP 別P.10 C-1

料金 1泊2食付き2名利用時1名3万8500円～ IN 15:00 OUT 11:00

2022年 12月OPEN

羊蹄山のふもとに滞在

雪ニセコ

せつニセコ

比羅夫エリアにある、アクティビティの拠点に最適なリゾートホテル。4軒のダイニング、ジム、スパ施設も充実。

住倶知安町ニセコひらふ1-2-6-9 ☎0136-55-7882 ⊗JR倶知安駅から車で10分 🚗40台

ニセコ ▶MAP 別P.22 B-1

料金 1泊朝食付き2名利用時1名1万5000円～ IN 15:00 OUT 11:00

TOURISM

新オープンで大注目の ロイズ新施設＆都市型水族館

ますます楽しみな体験施設へGO

すでに話題沸騰中！　オープンが待ち遠しい2施設をチェック。

2023年 7月20日 OPEN

札幌の街なかにいながら海の生き物たちに出合える

開業予定の水族館

AOAO SAPPORO

アオアオ サッポロ

複合施設「moyuk SAPPORO」に開業予定の都市型水族館。生態系の仕組みを利用したアクアリウムや陸場をホップするペンギンなど展示予定。

住札幌市中央区南2西3-20 moyuk SAPPORO 4～6F ⊗地下鉄大通駅から徒歩3分

札幌 ▶MAP 別P.31 D-1

ロイズタウン工場に併設

ロイズカカオ＆チョコレートタウン

カカオの栽培からチョコレートの製造に至るまでの道のりを、工場見学や展示を通して学べる。公式サイトより日時指定チケットの購入が必要。

チョコレートワークショップ

住当別町ビトエ640-15 ☎0570-055-612（10:00～17:00）営10:00～17:00（最終入場は15:00まで、ショップは9:00～18:00） 休不定休 ⊗札幌から車で40分 🚗150台

当別 ▶MAP 別P.14 B-3

工場直売のショップ

工場体験ゾーン

チョコレートについて学んだあとは、ワークショップでオリジナルチョコレート作りを（別料金・予約不可）。無料エリアのショップでは限定の商品も

ねこ刑事ハレ太朗
ねずみ小僧タビ吉を捕まえるためならどこまでも。
飼い猫出身ならではの詰めの甘さも！？

ねずみ小僧タビ吉
日本全国を股にかけるチーズ泥棒。
チーズ泥棒はどこへ行った！？

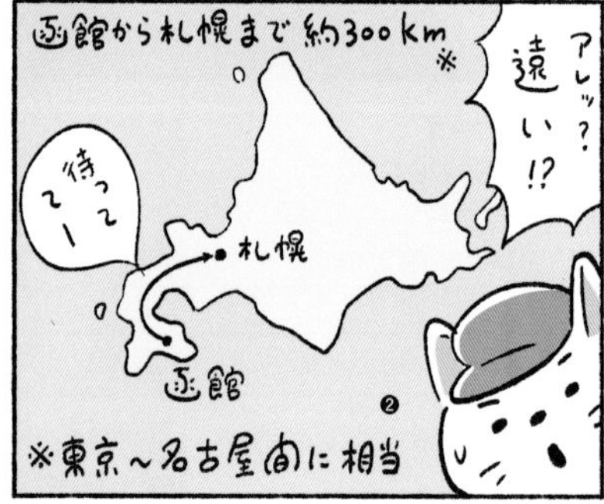

❶真夏になると最高気温が30℃を超える日もあるが、夏も朝晩は冷え込む。脱ぎ着しやすい羽織りものを1枚持っていくと快適 ❷北海道は広く、都市間の移動に半日以上かかることも。移動時間は多めに見積もっておこう

HIGHLIGHT

北海道の事件簿

北海道を旅していると、北海道ならではの習慣や文化に面食らうこともしばしば。事前に北海道のあるあるを知っておこう。

FILE 1

雪だ、傘をささなきゃ！と焦ったのに、まわりは誰もさしていない！

冬の北海道観光の最中、雪がパラパラと降ってきた。持ってきた傘をさそうとあたりを見回すと、地元の人は誰も傘をささず、平然と歩いているではないか。濡れちゃうけど大丈夫？

解決！

いちいち傘はささないのが普通。コートのフードor帽子でガード！

北海道の雪は水気が少ないため、服などについても払えばすぐに落ちる。よほどの大雪でない限り、傘をささない人が多い。冬の観光では、雪がつきにくい素材のフード付きのコートやダウンを着用しよう。

ほかにも

知っておきたい北海道の気候ネタ

道内でも地域によって天気が全く異なる

北海道のほぼ中央を大雪山、日高山脈が縦断していることと、海流の違う3つの海に囲まれていることから、山脈の東と西、オホーツク海沿いと太平洋沿いでは天気が全く違うこともよくある。

冬の室温は25℃以上でこたつはない

北海道の冬、といえば寒いイメージしかないが、屋内はとても暖かい。室温設定は25℃以上で、冬でも半袖で過ごしている人がいるほど。したがってこたつのある家はほとんどない。

「夏でも涼しい」は通用しない!?

本州に比べると涼しいが、近年は30℃を超える真夏日になることも。一般の家にはエアコンがないので暑い日が続くとぐったり。

道東はGWまで雪が降ることも。桜の開花も遅い

東京と比べると1カ月以上の季節の違いを感じる北海道。4月に大雪に見舞われることもあり、GW頃は雪が残っている場所も多い。札幌で桜が咲くのは例年GW頃、道東では5月下旬となる。

4月下旬から5月上旬に咲く松前の血脈桜（けちみゃくざくら）

雪が降る前に発生する「ゆきむし」

地方ニュースで「ゆきむし」という言葉を聞くと、そろそろ雪が降ると感じるのが北海道人。宙をふわふわと舞うまさに雪のような虫で、発生してから1週間〜10日ほどで初雪が降ることが多い。

FILE 2

函館から札幌へは日帰り圏ではなかった！

函館から札幌に行き、日帰りで観光しようと思っていたら、レンタカー会社の人に「無理です」とハッキリ言われた。よく調べたら、休まず走って片道4時間30分もかかる！

解決！

札幌〜函館間は約300km。移動に1日かかると思って。

函館と札幌は高速道路を使い、ノンストップで約4時間30分の距離。一般道を利用すると6時間以上はゆうにかかる。途中、立ち寄りながら行くと到着は夕方から夜になるつもりで。

北海道は日本の国土の20%を占める大きさがある。東京〜名古屋間は約360kmと函館〜札幌よりやや遠いが、かかる時間はほぼ同じ

FILE3

読めない地名ばっかりで行きたい場所が言えない！

地図を見ても道路標示を見ても、読めない地名だらけ。誰かに道を尋ねたくても、向かう方向の地名が読めない！

解決！

アイヌ語由来なのでありえないような漢字の当て字がたくさん！

北海道の地名はアイヌ語を無理に漢字に当てているものが多く、謎解きのような地名もちらほら。右のような難読地名もあるので頭に入れておくといい。

読みづらい地名一覧

- 発寒（札幌市西区）➡ はっさむ
- 麻生（札幌市北区）➡ あさぶ
- 忍路（小樽市）➡ おしょろ
- 弟子屈（弟子屈町）➡ てしかが
- 興部（興部町）➡ おこっぺ
- 藻琴（大空町）➡ もこと
- 女満別（大空町）➡ めまんべつ
- 留辺蘂（北見市）➡ るべしべ
- 音威子府（音威子府村）➡ おといねっぷ
- 止別（小清水町）➡ やむべつ
- 倶知安（倶知安町）➡ くっちゃん
- 虎杖浜（白老町）➡ こじょうはま
- 長万部（長万部町）➡ おしゃまんべ
- 木古内（木古内町）➡ きこない
- 椴法華（函館市）➡ とどほっけ

道東の北太平洋シーサイドライン（道道142号）は難読地名が続くことから「難読地名ロード」と呼ばれている。

スケールの大きさに圧倒

色とりどりの花畑に感激！

北海道のベストシーズンは花が咲き乱れる夏。ガーデンが無数の花々に埋め尽くされ、その景色はまるでパッチワークのよう。花ごとに見頃が異なるので、時季を狙って旅行計画を立てよう。

7色の花が丘を彩る ファーム富田の"彩りの畑"

7月にしか見られない 富良野のラベンダー畑

紫色に染め上げられた一面の畑

ラベンダーイースト

ラベンダーイースト

ファーム富田の東約4kmに位置する、香料用のラベンダーを栽培する畑。ラベンダーのみの畑としては日本最大級の広さを誇る。

上富良野 >>>P.137

広大な敷地に広がるラベンダー畑からはいい香りが漂う

POINT
園内に源泉かけ流し天然温泉の足湯が新設される予定

WHAT IS

花のシーズン

北海道のガーデンを代表するのが右記の花。花によって見頃となる時季が異なるので事前にチェックしておこう。

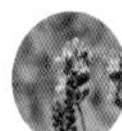

ラベンダー
6月下旬〜8月上旬

紫色の小さな花が茎の先に集まって咲く。華やかな芳香が特徴

ポピー
7月中旬〜7月下旬

ケシ科の花で世界に約150種ある。オリエンタルポピーなどが有名

コマチソウ
7月中旬〜下旬

別名ムシトリナデシコ。約50cmの茎の先端に小さな花が球状に咲く

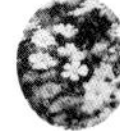

カスミソウ
7月上旬〜下旬

細かく枝分かれした先に、小さな白い花が無数に咲く。ナデシコの仲間

カラフルな花の帯が続く彩りの畑は、園内でも一番人気の花畑

POINT
紫はラベンダー、白はカスミソウ、ピンクはコマチソウ。花期が短いため7色揃った状態で見られるのは貴重なひととき

富良野を代表する花畑

ファーム富田

ファームとみた

10の花畑を持つガーデン。ラベンダーのほか100種類以上の花を栽培。春〜秋にかけて見頃となる。園内にはラベンダー蒸留施設もある。

中富良野 >>>P.136

BEST 7月下旬〜8月上旬 SEASON

見渡す限りに広がる200万本のヒマワリ

約23haの広大な畑に約200万本ものヒマワリがいっせいに咲く

北竜の夏の風物詩

北竜町ひまわりの里

ほくりゅうちょうひまわりのさと

日本最大級のヒマワリ畑。開花期間中は一面がヒマワリの黄色に染まり、トラクターが牽引する遊覧車で園内を巡ることも。

北竜町板谷143-2（ひまわり観光センター） ☎0164-34-2111（北竜町ひまわり観光協会） 営入園自由 交JR深川駅から車で25分（深川駅発路線バスあり、ひまわりの里北竜中学校前下車） 🚗600台

北竜 ▶MAP 別P.15 D-1

POINT
広い園内をひまわり号（1周500円）に乗ってのんびり巡る

北竜町では例年7月下旬〜8月下旬のヒマワリの見頃に合わせて「ひまわりまつり」を開催している。

自然が生み出す壮大な景色

奇跡の絶景に感動

北海道の雄大な自然の中に現れる神秘的な景色。季節や天候などさまざまな条件が揃わないと見ることができない。自然現象によって引き起こされる、奇跡の絶景を見に行こう。

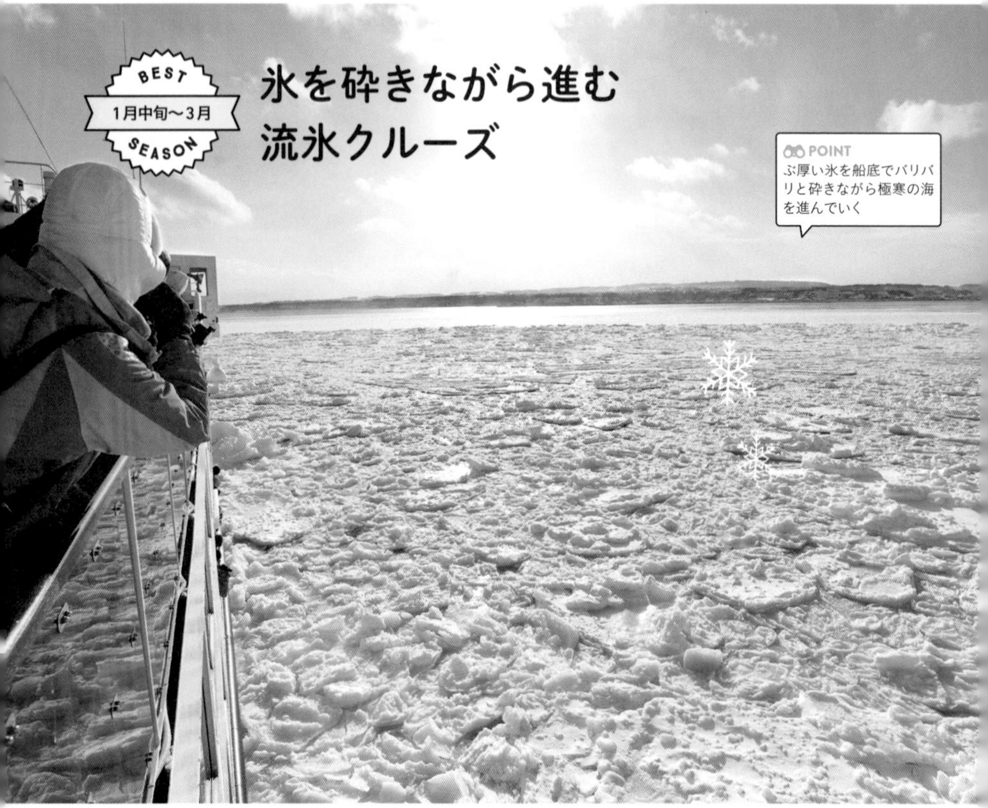

BEST SEASON 1月中旬～3月

氷を砕きながら進む流氷クルーズ

POINT
ぶ厚い氷を船底でバリバリと砕きながら極寒の海を進んでいく

氷が割れる瞬間は迫力満点！　極寒の網走ならではのアクティビティ

船に乗って氷を砕きながらクルーズ

網走流氷観光砕氷船おーろら

あばしりりゅうひょうかんこうさいひょうせんおーろら

観光用としては世界初となる流氷砕氷船。船底に海水を取り入れ、その重みで氷を砕く。2023年に新造船おーろら3がデビュー。

網走 >>>P.180

HOW TO

ほかにも流氷ウォッチ

流氷の海を豪快に突き進む砕氷船、海の生き物を観察できるクルーズ、車窓から流氷を眺められる期間限定列車など、冬の流氷観測は楽しみ方もさまざま。

クルーズ船で

流氷観光船ガリンコ号

紋別を拠点とする砕氷船。スクリューで流氷を砕いて進んでいく。→P.182

知床ネイチャークルーズ

流氷と一緒にやってくるアザラシやオジロワシ、オオワシなどを観察できる。→P.175

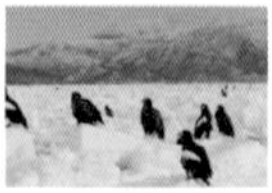

車窓から

流氷物語号

流氷を車窓から眺める観光列車。オホーツク沿岸を期間限定で運行。→P.180

空の青を映し出す
青い池の神秘的なブルー
POINT
天候によって池の色が変化。冬季のライトアップも幻想的で美しい

見るごとに色を変える不思議な池

白金 青い池

しろがね あおいいけ

火山災害を防ぐために造られたえん堤に、美瑛川の水が溜まってできた池。水中に含まれる成分が太陽の光を反射することで青色に見える。

美瑛 >>>P.142

周囲に設けられた散策路から見学する

雲海ブームの始まりの地

星野リゾート　トマム 雲海テラス

ほしのリゾート　トマム うんかいテラス

北海道を代表するリゾート施設内にあるテラス。雲海が発生すると、目の前を雲が流れ落ちていく大迫力の景色を見ることができる。

トマム >>>P.164

POINT
雲海テラスのオープンは5月中旬〜10月中旬。早朝が狙い目
雲海テラスから望む
ダイナミックな絶景！

山の斜面にせり出した「Cloud Walk（クラウドウォーク）」というデッキもある

山の神の湖と
美しい白銀の世界
POINT
夏は霧が発生することもあるが、空気の澄んだ冬は遠くの山々まで見渡せる

透明度バツグンの湖

摩周湖

ましゅうこ

摩周湖の美しさは夏もさることながら、冬の寒さが生み出す絶景もいい。湖面の神秘的な青色がいっそう際立ち、空気中の水蒸気が枝に付いて白く凍りつく霧氷が見られることも。

摩周湖 >>>P.194

摩周第一展望台にある摩周湖カムイテラスからパノラマビューを楽しんで

北の大地を全身で感じる！

自然が舞台のアクティビティ

北海道は大自然を体感できるアクティビティが充実。ガイド付きのプランもあるので初心者でも安心だ。緑の中で、非日常感あふれるアクティビティに挑戦しよう！

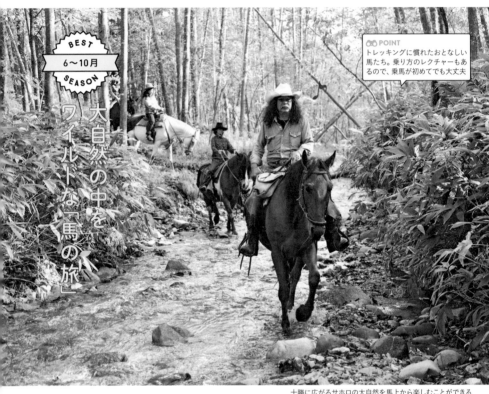

BEST 6〜10月 SEASON

大自然の中をワイルドな「馬の旅」

POINT
トレッキングに慣れたおとなしい馬たち。乗り方のレクチャーもあるので、乗馬が初めてでも大丈夫

十勝に広がるサホロの大自然を馬上から楽しむことができる

馬と息を合わせて前進

ウエスタン ビレッジ サホロ

ウエスタン ビレッジ サホロ

狩勝高原の森の中を歩くホーストレッキング。森の中を進み川を渡る約1時間のコース。馬の背から望む森の景色は新鮮。

新得町狩勝高原 ☎080-5598-3424（予約専用） 営午前1回、午後2回、前日までに要予約 休不定休 料夏季1万2800円、冬季は要問い合せ 交JR新得駅から車で15分 P20台

新得 ▶MAP 別P.8 A-3

WHAT IS

峠のテラス

敷地内にある峠のテラスは、乗馬の受付とカフェとしても営業。「峠のプリン」やケーキなどを買えるほか、BBQも楽しめる（要予約）。
営10:30〜15:30 休不定休

トレッキングに出発！

1 トレッキングに出発する前に、馬への指示の出し方などを練習

2 早速トレッキングに出発！　ゆっくり進むので安心

3 手綱をしっかり握って、森の中に流れる川を渡ってみよう

4 森を歩いて馬も喉が乾いた様子。手綱をゆるめて水を飲ませてあげよう

セグウェイに乗って
大沼の自然と一体化！

POINT
所要約2時間30分。ツアー前に約1時間の乗車講習があるので初心者でも安心して楽しめる

散策路を走行。すぐに自由自在に乗りこなせるようになる

人気のセグウェイツアーを大沼で体験

セグウェイツアー

セグウェイツアー

立ち乗りの電動二輪車セグウェイに乗り、約5kmのコースを走行。風を感じながら駒ヶ岳や大沼の美しい眺めを楽しもう。

七飯町西大沼温泉(函館大沼プリンスホテル敷地内)　☎080-3434-8360　㊖4月下旬～10月下旬の9:00～17:00(1日最大4回開催)　㊡期間中無休　㊒9000円　㊋JR大沼公園駅から車で8分　🚘230台

大沼 ▶MAP 別P.25 D-1

尻別川の清流を
ボートに乗って進め！

POINT
水流の速いところはみんなで力を合わせて進む楽しさも

水しぶきを浴びながら川下り

NAC ニセコ アドベンチャーセンター

ナック ニセコアドベンチャーセンター

ゴム製のラフトボートに乗って、水質トップクラスの尻別川を下る。春は水量が多くなるため、よりスリリング。

ニセコ >>>P.106

ラフティングほか、リバーカヤックやキャニオニングなどのプランも

駒ヶ岳の絶景を望みながら
カヌーで沼を散策

国定公園の自然を間近に

イクサンダー大沼 カヌーハウス

イクサンダーおおぬまカヌーハウス

大沼・小沼の自然を、カヌーを漕ぎながら楽しめる人気のツアー。カヌー上から眺める駒ヶ岳の眺めも見事。

七飯町大沼町22-4　☎0138-67-3419　㊖9:00～17:00(受付)　㊡不定休　㊒2時間コース5000円～　㊋JR大沼駅から車で3分(予約で送迎あり)　🚘7台

大沼 ▶MAP 別P.24 A-2

小沼をスタートし、駒ヶ岳を眺めながら湖を巡る約2時間のコース

POINT
朝もやの湖を進む早朝ツアーや、ナイトツアーも催行している

イクサンダー大沼カヌーハウスは、冬季は雪上を歩くスノーシューや、バックカントリーツアーなどのアクティビティもあり。

動物たちのいきいきした姿が見られる

旭山動物園を200%満喫！

独自の飼育・展示方法で有名になった旭山動物園。行くからには隅から隅まで楽しみたい！見るべきポイントを押さえたガイドの決定版。

写真提供：旭川市旭山動物園

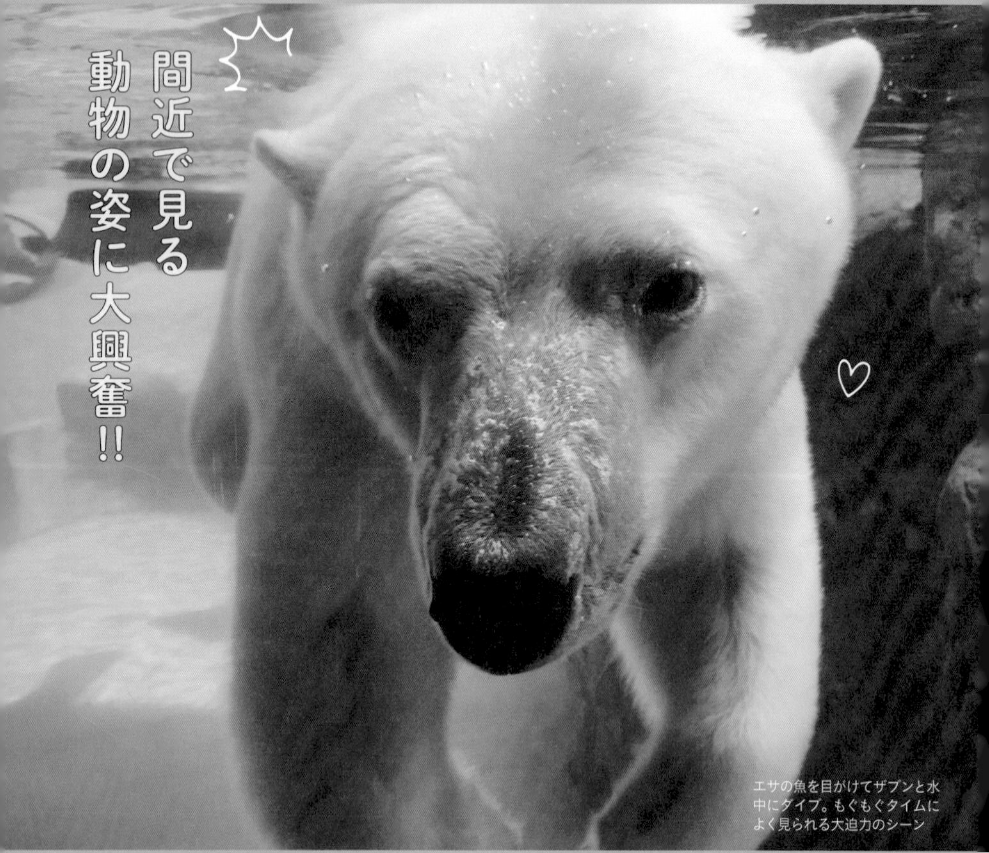

間近で見る動物の姿に大興奮!!

エサの魚を目がけてザブンと水中にダイブ。もぐもぐタイムによく見られる大迫力のシーン

工夫を凝らした展示が見られる

旭川市旭山動物園

あさひかわしあさひやまどうぶつえん

動物本来の行動を引き出すアイデアたっぷりの展示方法が話題の動物園。もぐもぐタイムなど、動物の習性を学べるガイドもあり、さまざまな角度から動物を観察できる。

住 旭川市東旭川町倉沼
☎0166-36-1104　料 入園1000円　交 JR旭川駅から旭川電気軌道バス旭山動物園行きで40分、旭山動物園下車、徒歩1分
🚗500台

旭川 ▶MAP 別P.15 F-1

休園
2023年4月10～28日、11月4～10日
(開園期間中は無休)

夏期営業
2023年4月29日～10月15日
営 9:30～17:15
2023年10月16日～11月3日
営 9:30～16:30
(共に最終入園16:00)

冬期営業
2023年11月11日～2024年4月7日　営 10:30～15:30
(最終入園15:00)

空港や駅からのアクセス

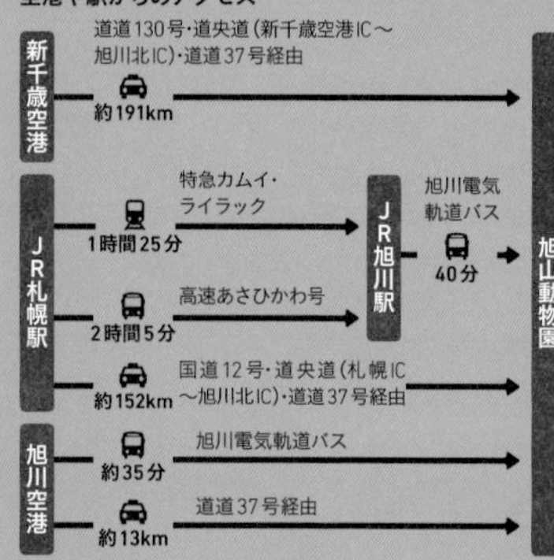

旭山動物園のここをチェック！

☑ 動物本来の姿を楽しむ「行動展示」

動物が自然界で暮らす様子を見られるようにと、工夫を凝らした展示方法。いろんな角度から、動物が元気いっぱいに動き回る姿を観察することができる。

泳ぐカバが見られる観察プール

水槽内のアザラシと目が合うことも！

水中を飛ぶように泳ぎ回るペンギン

☑ エサを食べる動物を観察「もぐもぐタイム」

飼育員がエサを与えながら食べ方や習性について解説する人気のイベント。園内入り口にその日のイベントの時間がわかるボードがあるのでチェックしよう。

アザラシがエサの魚を丸呑みする様子がよくわかる

☑ 自然界を再現した「共生展示」

同じ地域に生息する異なる動物を、同じ飼育場で展示することでより自然界に近い環境で互いを意識しながら生活する動物たちを観察できる。

☑ 手描き看板にも注目

園内のいたるところで見かけるパネルは、スタッフの手描きによるもの。飼育員だからこそ知る動物たちの秘密やメッセージは必読！

ここでしか得られない情報がたくさん

HOW TO

動物園へのアクセス

旭山動物園は最寄り駅であるJR旭川駅からやや離れているため、公共交通機関を利用する場合は駅からバスに乗ってのアクセスが一般的。滞在の拠点を札幌にするのであれば、札幌発着の日帰りバスプランや、交通＋入園料がセットになったお得なパッケージを利用するといい。

札幌から日帰りで行くなら

【定期観光バス】旭山動物園日帰りコース
㊖5900円
札幌駅前バスターミナル（9:30発）からバスで旭山動物園へ。動物園で3時間25分観光できる。帰路は17:55サッポロファクトリー、18:00札幌市時計台（共に途中下車可）、18:05札幌駅前バスターミナル着。
☎0570-200-600（中央バス札幌ターミナル）

【定期観光バス】旭山動物園と富良野・美瑛 青い池欲張りプラン
㊋4月29日～10月10日の毎日 ㊖5900円
札幌市内ホテル（7:50発～）からバスで旭山動物園、パッチワークの路（車窓）、青い池、ファーム富田（時季により滞在時間は変動）、19:00頃すすきの着。旭山動物園には約2時間30分滞在。旭山動物園の入園料込み。
☎011-251-4118（札幌通運株式会社クラブゲッツ）

交通＋入園料のお得なパッケージ

【JR】旭山動物園きっぷ
㊖6830円（札幌駅発）
札幌～旭川の往復特急列車普通車自由席に、旭川駅～動物園の旭川電気軌道バス往復乗車券、旭山動物園入園券のセット。有効期限4日。JR北海道の主な駅のみどりの窓口などで販売。
☎011-222-7111（JR北海道電話案内センター）

【高速バス券】旭山動物園往復バスセット券
㊖5200円
札幌～旭川の高速バスの往復乗車券、旭川駅～旭山動物園の旭川電気軌道バス往復乗車券、旭山動物園の入園券のセット。中央バス札幌ターミナル、札幌駅前バスターミナルで販売。有効期限3日。当日購入OK。
☎中央バス札幌ターミナル

もぐもぐタイムのスケジュールや内容は当日の朝に決定されるため、事前に問い合わせることはできない。

旭山動物園パーフェクトガイド！

旭山動物園を代表する人気の4施設を巡る、王道の2時間30分コース。各施設の見逃せない注目ポイントとあわせてご案内！

所要時間 約2時間30分

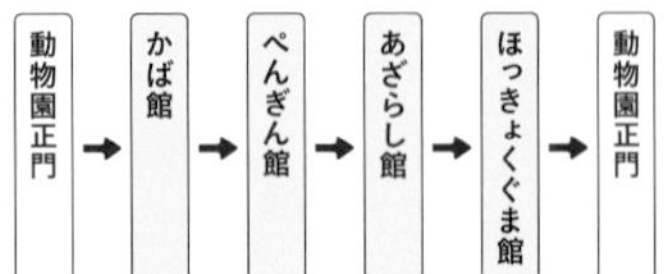

かば館

屋内と屋外から観察できる。自然界で同じ地域に暮らすダチョウも展示。地下にはキリンを下から見られるテラスもある。

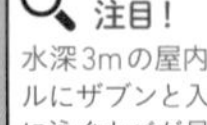

注目！
水深3mの屋内飼育場プールにザブンと入って軽やかに泳ぐカバが見られる

下から足の裏を覗くこともできる

ぺんぎん館

屋内、屋外、水中トンネルから、それぞれに異なるペンギンの生態を観察できる。

ジェンツーペンギンほかキングペンギンなど全4種のペンギンを飼育

注目！
水槽内に設けられた水中トンネルからは、ペンギンが飛び回るように泳ぐ姿を見られる

あざらし館

マリンウェイとつながった大水槽を、スイスイ泳ぎ回るアザラシたちが見られる。

注目！
高さ3m、直径約1.5mの円柱型の水槽、マリンウェイ。上下から通過するアザラシをじっくり観察して

1月下旬～2月下旬は屋外放飼場で流氷の海を再現

ほっきょくぐま館

プールに飛び込むホッキョクグマを見たいならもぐもぐタイムを狙って。屋外での様子も興味深い。

注目！
屋外放飼場にあるドーム型の窓、シールズアイ。捕食関係にあるアザラシからの目線を体験できる

泳ぐホッキョクグマを至近距離で見られる巨大プールもある

時間があったらここも！

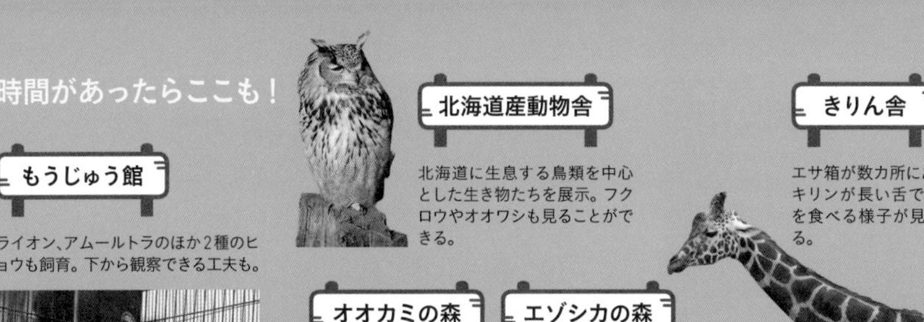

もうじゅう館

ライオン、アムールトラのほか2種のヒョウも飼育。下から観察できる工夫も。

北海道産動物舎

北海道に生息する鳥類を中心とした生き物たちを展示。フクロウやオオワシも見ることができる。

きりん舎

エサ箱が数カ所にあり、キリンが長い舌でエサを食べる様子が見られる。

オオカミの森　エゾシカの森

隣接して飼育することで、100年前の北海道の自然を再現している。

動物舎リスト

1 フラミンゴ舎
2 ととりの村
3 かば館
4 きりん舎
5 ぺんぎん館
6 あざらし館
7 もうじゅう館
8 ほっきょくぐま館
9 ホッキョクギツネ舎
10 レッサーパンダ舎
11 マヌルネコ舎
12 シロフクロウ舎
13 オオカミの森
14 エゾシカの森
15 タンチョウ舎
16 両生類・は虫類舎
17 シマフクロウ舎
18 おらんうーたん館
19 トナカイ舎
20 てながざる館
21 サル舎
22 くもざる・かぴばら館
23 ちんぱんじー館
24 北海道産動物舎
25 えぞひぐま館
26 さる山
27 こども牧場
28 クジャク舎
29 ニワトリ・アヒル舎
30 北海道小動物コーナー

もぐもぐタイムの時間に合わせて人が集まるため、のんびり見たければもぐもぐタイムの時間をあえて避けるのも手。

旭山動物園をさらに楽しむコツ

季節のイベント予定や、園内グルメにグッズまで。知っていればより楽しめる、お役立ち情報がこちら。
※新型コロナウイルス等の状況により中止となる場合あり。

コツ1 季節限定のイベントを狙って行く！

季節ごとに行われる園内イベントがこちら。Webサイトもチェックしてみて。

体の大きな
キングペンギンを
間近で見られる

12月下旬～
3月中旬頃

ペンギンの散歩

冬季の運動不足を解消させるため、集団でエサを取りに行く習性を生かして積雪期に実施。園内の約500mを30分かけて並んで歩く。

冬の静けさを
感じながら
園内を散策

2月上旬

雪あかりの動物園

厳寒の夜の動物たちを見ることができるイベント。園路に置かれるアイスキャンドルも幻想的。

動き回る夜行性
の動物たち

8月10～16日

夜の動物園

開園時間を21:00（最終入園20:00）まで延長。飼育スタッフによるナイトウォッチングなども楽しめる。

コツ2 レア情報が聞けるかも！？「なるほどガイド」&「ワンポイントガイド」

動物の行動の特徴について飼育員が解説する「なるほどガイド」と、毎週日曜、祝日に行われる「ワンポイントガイド」。標本や写真だけでは伝わらない、動物の生態について、飼育員から聞くことができる。

なるほどガイド
㊤毎日開催
タイムスケジュールは当日の朝に決定

ワンポイントガイド
㊤毎週日曜、祝日の13:30～
動物、テーマ、開催場所は毎回変わる

コツ3 SNSで見られる動物動画＆写真

旭山動物園の公式SNSは、お知らせのほかに動物の動画や写真も投稿。Twitter、Facebook、Instagram、YouTubeを行く前にぜひチェックしてみて！

コツ4 小腹がすいたら 園内ランチ&テイクアウトグルメ

園内には飲食ができる3つの飲食店のほか、パン屋やテイクアウトグルメもある。

メロンパン 200円 C
サクサク食感のメロンパンは一番人気

動物パンケーキ 450円 B
オリジナルのアザラシの焼き印が押されている

おしりソフト 450円 A
ホッキョクグマのおしりの形のクッキーをトッピング(いこいの広場SHOPのみの販売)

コツ5 アニマルグッズをおみやげに

動物園ならでは、かわいらしい動物をモチーフにしたアイテムがいろいろ！ 動物園限定パッケージのスイーツなどもある。

あさひやまどうぶつえんクッキー 30枚入り
動物がプリントされたメイプル風味のクッキー E

厚手キャンバスランチトート
お弁当箱サイズの使いやすいトートバッグ A

旭山動物園のふせんし
動物たちがプリントされたオリジナルのふせんし E

旭山ポーラくん
手のひらサイズのシロクマのぬいぐるみ E

ぬいぐるみ キリンマグネット
キリンの足元にマグネットが付いたぬいぐるみ D F

ちらっとZOO Tシャツ
後ろ姿もかわいいシロクマプリントのTシャツ E

SHOP&RESTAURANT

A
旭山動物園くらぶ いこいの広場SHOP／こもれびの丘SHOP
あさひやまどうぶつえんくらぶ いこいのひろばショップ／こもれびのおかショップ

園内に2カ所ありグッズが充実。
☎0166-36-5181(いこいの広場SHOP)
☎0166-36-5171(こもれびの丘SHOP)
テイクアウト・おみやげ

B
厚友会中央食堂
こうゆうかいちゅうおうしょくどう

あざらし館の入り口付近にあるセルフスタイルのファストフード。
☎0166-36-4190
イートイン・テイクアウト

C
旭山動物園くらぶ パン小屋
あさひやまどうぶつえんくらぶ パンごや

正門売店に隣接した山小屋風の建物で焼きたてのパンを販売。
☎0166-36-5191
テイクアウト

D
テイルン・テイル
旭川の銘菓や地酒も取り揃える。
☎0166-36-0088
おみやげ

E
旭山動物園 中央売店
あさひやまどうぶつえん ちゅうおうばいてん

限定のオリジナル商品が人気。
☎0166-36-4190
おみやげ

F
ZOOショップ&キッチン Co・Co・Lo
ズーショップ アンド キッチン コ・コ・ロ

名物グルメや動物グッズも。
☎0166-74-7261
おみやげ・イートイン・テイクアウト

年に2回以上訪問するなら「動物園パスポート」がお得。1400円で1年間何度でも入園できる。

北海道といえばまずコレ！

北の魚介を食べ尽くす

3つの海に囲まれた北海道は新鮮魚介の宝庫。おいしい魚介を手頃な値段で贅沢に味わえる。せっかく食べるなら、鮮度を生かした寿司や海鮮丼で！

海鮮丼

王道ネタは、カニにイクラにボタンエビ！　旬の魚介をいただこう。

シーズン 通年　予算 3000円～
エリア 道内全域

鮮度ピカイチ！市場直送の海鮮丼

季節の海鮮丼
3300円
札幌市場めし まるさん亭 本店
札幌 >>>P.65

港町小樽の贅を尽くした豪華な海鮮丼！

旬のおまかせ丼
5000円
味処たけだ
小樽 >>>P.101

ウニ丼

ムラサキ＆エゾバフンウニの2種のウニが味わえる。どちらも絶品！

シーズン 6～8月　予算 5000円～
エリア 利尻・礼文島、積丹半島など

口の中でとろける極上のウニ

2種類のウニを食べ比べ

生ウニ丼
時価
さとう食堂
利尻島 >>>P.206

ウニ丼
5000円～
純の店
積丹半島 >>>P.104

目でも美味しい小樽名店の寿司

寿司

憧れのカウンター寿司デビューはぜひ寿司の本場、北海道で。

シーズン 通年　予算 3500円～
エリア 道内全域

小樽にぎり
4400円
小樽寿司屋通り 日本橋
小樽 >>>P.100

松（10カン）
3850円
すしKAN
札幌 >>>P.64

熟練の職人が握る旬のネタを頬張る

光輝くイクラの山に感激間違いなし

イクラ丼

イクラの醤油漬けを思う存分に味わうならイクラ丼で決まり！

シーズン 通年　予算 2500円～
エリア 道内全域

つっこ飯（中）
2690円
海味はちきょう 別亭おやじ
札幌 >>>P.73

イカ料理

函館はイカの町ということもあって、メニューの選択肢も豊富。

シーズン 7～9月　予算 1000円～
エリア 函館

イカ本来の味極細イカ刺し

いかさし定食
1300円
朝市の味処 茶夢
函館 >>>P.118

丸ごと味わう捕れたてイカ！

活イカ刺！
1980円（時価）
魚さんこ
函館 >>>P.119

透き通った身の色が新鮮さの証し！

活イカ踊り丼
2300円
一花亭 たびじ
函館 >>>P.118

地域全体でイカ料理を推している函館。イカ墨を使ったあんぱんやソフトクリームなどユニークなスイーツもある。

北海道各地の名物をチェック
道内ご当地グルメをガイド

北海道ではご当地グルメも充実。地域ごとに異なる食文化が発達しており、同じメニューで味や素材が違うことも。各エリアの名物を予習しておこう！

札幌

道内各地、さまざまなジャンルの飲食店が集まる札幌。寿司にラーメンにジンギスカンと、メニューの選択肢も豊富。

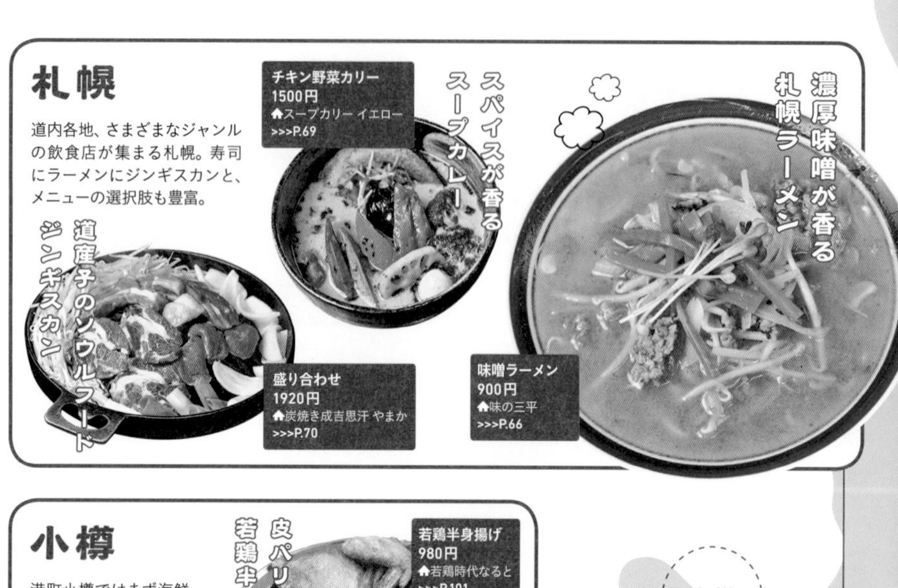

スパイスが香るスープカレー
濃厚味噌が香る札幌ラーメン
道産子のソウルフードジンギスカン

チキン野菜カリー
1500円
スープカリー イエロー
>>>P.69

盛り合わせ
1920円
炭焼き成吉思汗 やまか
>>>P.70

味噌ラーメン
900円
味の三平
>>>P.66

小樽

港町小樽ではまず海鮮を。半身揚げやあんかけ焼そばといったB級グルメもいろいろ。

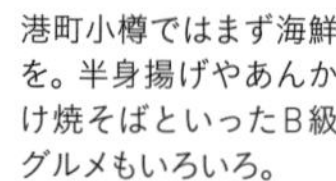

若鶏半身揚げ
980円
若鶏時代なると
>>>P.101

函館

海鮮のほかにも、独自のソウルフードが発達した函館。あっさり系の函館ラーメンもご賞味あれ。

ボリュームたっぷりシスコライス
滋味深い透明塩スープの函館ラーメン

シスコライス
880円～
カリフォルニアベイビー
>>>P.121

味彩塩拉麺
880円
麺厨房あじさい JR函館駅店
>>>P.120

富良野・美瑛・旭川

地元産の新鮮野菜や果物を生かしたメニューが豊富。富良野のオムカレーにメロンはマスト。

地産食材使用の富良野オムカレー

富良野オムカレー
1210円
Natural Dining
>>>P.144

Wスープが主流の旭川ラーメン

しょうゆラーメン
900円
蜂屋 五条創業店
>>>P.150

自然の甘みたっぷりメロンスイーツ

サンタのヒゲ（大）
Sサイズ1800円〜
ポプラファーム 中富良野本店
>>>P.145

知床

オホーツク海に突き出た知床半島ではサケやウニをはじめ海鮮が充実。豪快にいくなら丼で！

脂がたっぷりのった絶品サケの丼

いくら親子丼
1900円
羅臼の海味 知床食堂
>>>P.179

知床

富良野・美瑛 旭川

釧路

十勝 帯広

釧路

漁師町として栄えた釧路。炉で魚介を焼いて食べる炉ばた焼ほか、ラーメンやザンギも有名。

漁師に愛された釧路ラーメン

醤油ラーメン
750円
釧路ラーメン河むら
>>>P.191

根室の郷土料理エスカロップ

エスカロップ
980円
食事と喫茶どりあん
>>>P.196

発祥の地で食べる揚げたてザンギ

骨なしザンギ
750円
鳥松
>>>P.191

十勝・帯広

道内有数の酪農地帯なだけあって肉や乳製品のレベルが高い。良質な豚肉を堪能できる豚丼はマスト。

豚肉×タレの黄金コンビ

絶品豚丼
1000円
ぶた丼 きくちや
>>>P.161

札幌の味噌、函館の塩、釧路の醤油、旭川の醤油が北海道を代表する4大ラーメン。麺のタイプも地域によって異なる。

札幌で定番から最新まで！

かわいいスイーツを愛でる♡

北海道の中心・札幌には、最新のスイーツはもちろんのこと、有名お菓子メーカー直営のカフェのパフェなど、ありとあらゆるスイーツが集結！　お気に入りを探しに行ってみて♪

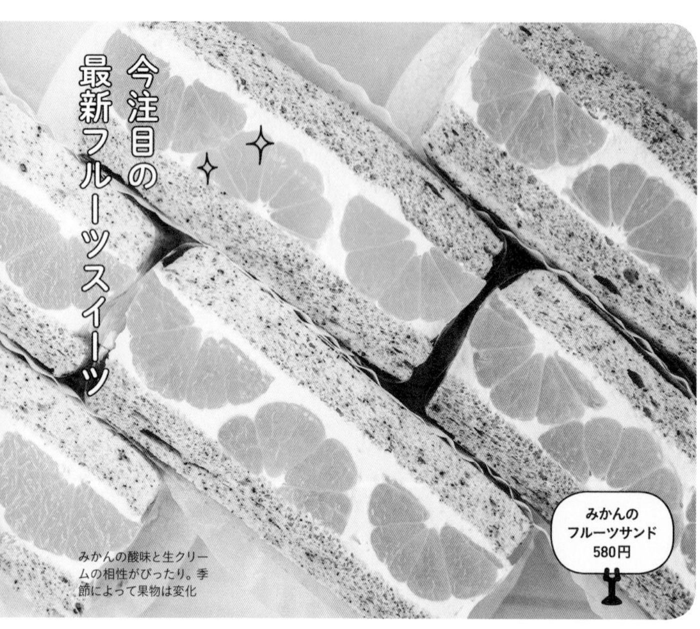

今注目の最新フルーツスイーツ
みかんのフルーツサンド 580円

みかんの酸味と生クリームの相性がぴったり。季節によって果物は変化

フルーツサンドほかソフトクリームやクリームブリュレを販売

旬のフルーツの映えサンド

Majisand

マジサンド

狸小路にオープンしたフルーツサンドの専門店。こだわりの道産生クリームを合わせた常時8～9種類のフルーツサンドを販売。パンはフルーツに合わせてプレーン、チョコ、アールグレイの3種類の生地がある。

札幌市中央区南2西1-5-9第13広和ビル1F（狸小路1丁目）
☎011-207-6777　㊫11:00～20:00　㊡無休　㊋地下鉄すすきの駅から徒歩5分　🚗なし

▶MAP 別P.31 E-1

メルヘンチックな空間ですすきのの夜を楽しんではいかが

リキュール×アイスクリーム

アイスクリーム Bar HOKKAIDO ミルク村

アイスクリーム バー ホッカイドウ ミルクむら

アイスクリームにリキュールをかけて味わうスタイルが話題の店。甘口、辛口など約130種類のお酒から選ぶことができ、なかには驚くほどレアな高級酒も（プラス料金あり）。

札幌市中央区南4西3 ニュー北星ビル6F　☎011-219-6455　㊫13:00～23:00LO（水曜は17:00～、混雑時はLOが早まることもあり）　㊡月曜　㊋地下鉄すすきの駅から徒歩1分　🚗なし

▶MAP 別P.31 D-2

リキュールと楽しむ大人のアイスクリーム
Aセット 1500円

カップアイスに3種のリキュール、クレープなどのセット。アイスにもこだわりが

こだわり素材のスペシャルなマカロン
マカロン
1つ250円

ショコラやピスタチオなど、10種類のフレーバーがある

本場のフランス菓子を札幌で

C'est BO et BON

セボーエボン

円山公園近くの住宅街にあるパティスリー

素材の味を大切にしたフランス菓子店。マカロンのほか、ケーキや焼き菓子も販売。テイクアウトのみ。

札幌市中央区南7西24-2-3 カルムマルヤマ1F ☎011-213-1065 営12:00～19:00(土・日曜、祝日は11:00～) 休火・水曜 交地下鉄円山公園駅から徒歩10分 🚗2台
▶MAP 別P.26 B-2

ふわふわケーキを堪能

バナナや粒餡、求肥をオムレット生地で包んだ大通公園店限定ケーキ

きのとや自慢のスイーツを

大通公園店・KINOTOYA cafe

おおどおりこうえんてん・キノトヤ カフェ

大通ビッセという商業施設内にある広々としたカフェ

洋菓子店のきのとやが手掛けるカフェ。豊富な種類のケーキや大通公園店限定のオムパフェ、直営牧場の放牧牛乳を使ったソフトクリームなども楽しめる。大通公園に隣接し観光途中に立ち寄れる。

札幌市中央区大通西3 北洋大通センター1F ☎011-233-6161 営10:00～20:00 休無休 交地下鉄大通駅から徒歩1分 🚗なし ▶MAP 別P.29 D-3

北海道のこだわりパンケーキ
サッポロパンケーキ
1450円

看板メニュー。ヘーゼルナッツシロップ入りの生クリームがポイント

甘〜いトキメキをご提供♡

Sapporo Pancake & Parfait Last MINT

サッポロ パンケーキ アンド パフェ ラスト ミント

ミントグリーンをテーマにしたおしゃれな店内

北海道らしい素材を使用したパンケーキやパフェなどのスイーツを味わえる人気店。2023年2月で10周年を迎えた。

>>>P.76

LOVE PANCAKE
980円

シマエナガがたくさん♪!

シマエナガマシュマロがキュートなパフェ

バイク好きが集まるアットホームカフェ

モリモリエンヂニアリング

モリモリエンヂニアリング

2023年4月現在テイクアウトのみの営業

シマエナガマシュマロをたっぷりのせたパフェが名物。ガトーショコラや桜餅など、季節によってトッピング内容もさまざま。

札幌市白石区栄通7-4-27 ☎011-312-5976 営12:00～20:00 休水・木曜(祝日の場合は営業) 交JR札幌駅から車で15分 🚗2台 ▶MAP 別P.27 D-2

スイーツ店やカフェは大通公園周辺に集中している。円山公園周辺も隠れ家カフェが集まる注目エリア。

HIGHLIGHT 08 TOURISM

アイヌ文化復興・発展のためのナショナルセンター

ウポポイでアイヌの世界を体感！

古くからアイヌの人々が暮らしてきた海と山の自然豊かな町、白老。
国立アイヌ民族博物館を有する「ウポポイ」でアイヌ文化を学ぼう。

豊かな自然に囲まれたアイヌ文化が息づく憩いの場

所要時間 約3時間

アイヌの人々の暮らしぶりを感じる
伝統的コタン

自然を敬い暮らすアイヌの家屋「チセ」の展示。チセが集まりコタン（集落）を形成している。

さまざまなプログラムを開催する会場としても使われているチセ

国の重要無形民俗文化財、ユネスコ無形文化遺産にも登録されているアイヌ古式舞踊

ウポポイ（民族共生象徴空間）

ウポポイ（みんぞくきょうせいしょうちょうくうかん）

ポロト湖畔にある国立アイヌ民族博物館、国立民族共生公園などからなる施設。博物館ではアイヌの歴史や文化を紹介する基本展示が、公園ではアイヌ古式舞踊や伝統楽器の演奏などの公演が見られる。「チセ」と呼ばれる伝統的な家が並ぶコタン（集落）も再現。愛称の「ウポポイ」はアイヌ語で「（大勢で）歌うこと」を意味する。

住 白老町若草町2-3　☎0144-82-3914
営 9:00～17:00（時季により変動あり）
休 月曜（祝日の場合は翌日以降の平日休）
料 1200円（博物館の特別展示や一部の体験メニューを除く）　交 JR白老駅から徒歩10分
P 557台　白老 ▶MAP 別P.12 B-2

伝統的コタンでアイヌの暮らしや文化を知ることができる

RESTAURANT

インフォメーションやショップ、レストランを併設するエントランス棟

MAP
伝統的コタン
ミュージアムショップ
工房
国立アイヌ民族博物館
体験交流ホール
体験学習館
エントランス棟
インフォメーション

アイヌ民族の歴史や生活を知る

国立アイヌ民族博物館

1階にシアターやショップが入り、2階が展示室になっている。基本展示室はアイヌ民族の視点で語る6つのテーマ展示がある。

屋根を支える三脚をイメージした博物館の建物

貴重な資料が揃う日本最北の国立博物館

樺太アイヌの熊送り儀礼。頭や胴体に飾りをつけられた仔グマを再現

アイヌの伝統芸能を見学

体験交流ホール

アイヌ古式舞踊やムックリ(口琴)などの演奏のほか、アイヌに伝わる物語の短編映像を上映。

伝統舞踊や音楽の伝統芸能にふれる

迫力満点の古式舞踊やムックリの演奏などが見どころ

アイヌの手仕事に触れる

工房

アイヌの手仕事である木彫と刺繍の実演を解説と映像を交えながら紹介。体験プログラムもある。

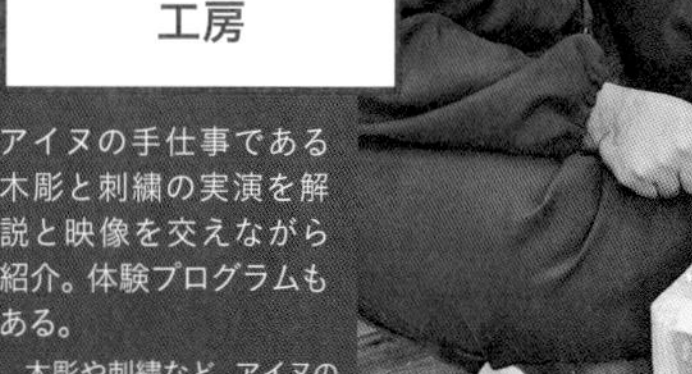

工芸品の実演や体験参加もココで

木彫や刺繍など、アイヌの工芸体験に挑戦できる

アイヌの人々の暮らしぶりを感じる

アイヌ料理

園内にはレストラン、カフェ、フードコートがあり、食を通じてアイヌ文化を体験することも。

白老産食材のアイヌ料理を味わう

「カフェ リムセ」のチェプオハウのセット1400円

ウポポイでGET！

おみやげ

ウポポイのオリジナルグッズや、アイヌ文化の文様などを取り入れたグッズが豊富。

¥1320

七知恵せっけん。パッケージを開くとフクロウに

¥1265

アイヌのくらし小銭入れ
二風谷民芸組合協力

各¥850

豆皿 アイヌ文様。3種類の文様がある
津田命子氏 監修

¥2500

ステンレスボトル
貝澤守氏 監修

ミュージアムショップ

博物館1階にあるミュージアムショップには道内各地の作家の工芸品やウポポイオリジナルグッズなど、アイヌ文化を取り入れたアイテムが揃う。

体験プログラムのタイムテーブルについてはURL ainu-upopoy.jpをチェック。

道産子の食生活にふれる
スーパー&コンビニでローカルフード探し

調味料

北海道民の台所や食卓で日常的に使われている調味料。
これを使えば普通の料理もひと味グレードアップ!

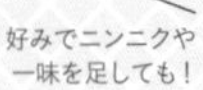

好みでニンニクや一味を足しても!

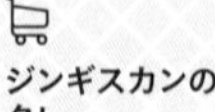

ジンギスカンのタレ

香味野菜やスパイスを合わせた醤油ベースのタレ。焼いたラム肉につけて食べれば本格的な味!

和洋中ジャンルを問わず活躍

めんみ

醤油とみりんにカツオ節や昆布など5種類のダシを合わせた濃縮5倍のつゆ。北海道限定

チャーハンやパスタの味付けにも

華味ラーメンスープ

野菜の旨みが入ったラーメンスープの素。みそ、しお、しょうゆの3種類の味がある

パン

道外ではなかなか見かけない、一風変わったビジュアルのパンたち。
店によっても味が異なり、食べ比べも楽しい!

ちくわの中身は店により違う

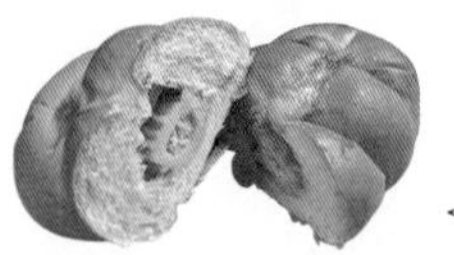

ちくわパン

ツナサラダ入りのちくわがパンの中に入っている。ちくわの塩気と食感がパンと意外に合う

ソフトなコッペパン生地

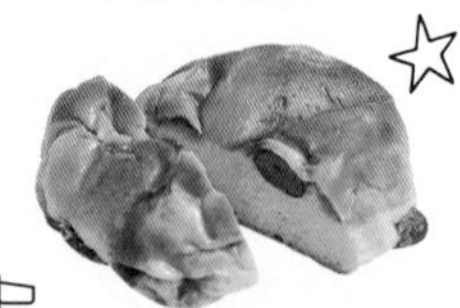

まめパン

パン生地に甘納豆を練り込んだ素朴なパン。給食にもよく登場するんだとか

ふわっとした生地にようかんがマッチ

ようかんパン

ホイップクリームやあんこなどが入ったパンをようかんでコーティングした菓子パン

お菓子

レトロ感満載のパッケージに、期待を裏切らない昔ながらの味。
1個100円前後で買えるのでおみやげにも。

ビタミンB1、B2を配合

ビタミンカステーラ

旭川の老舗、高橋製菓が製造するカステラ菓子。昔懐かしい素朴な味わい

北海道できびだんごといえば

きびだんご

1923(大正12)年に創製。関東大震災の復興を願い「起備団合」という字を当て、発売された

黒糖やヨモギを使用したものも

べこ餅

葉の形をした2色の餅。5月の端午の節句に柏餅のかわりに食べることが多い

WHAT IS

札幌グルメは飲食店だけじゃない！
コンビニやスーパーにも道内限定品は
いろいろ。道民おなじみ、ご当地の味を
お試しあれ。

セイコーマート

オレンジの看板とフェニックスのマークが目印のコンビニエンスストアチェーン。「セコマ」などと呼ばれ親しまれている。オリジナル商品も多数販売。

飲料

北海道内だけでしか流通していないレアなドリンクがこちら。
道内観光のお供にいかが？

さわやかな味わい
が人気

リボン ナポリン

1911（明治44）年の発売以降、道民に支持されているオレンジ色の炭酸飲料

ガラナは南米
アマゾン原産の植物

キリン ガラナ

ガラナの実のエキスを使った炭酸飲料。気分転換したい時にぴったり

期間限定の味も
いろいろ

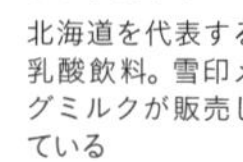

ソフトカツゲン

北海道を代表する乳酸飲料。雪印メグミルクが販売している

インスタント麺

もはや全国区になりつつある「やきそば弁当」に、
道民向けにアレンジしたおなじみの商品も要チェック。

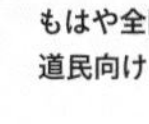

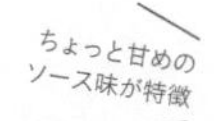
ちょっと甘めの
ソース味が特徴

**マルちゃん
やきそば弁当**

「やき弁」の愛称で親しまれているカップ入り焼きそば。戻し湯で作れる特製中華スープ付き

道産利尻
昆布を使用！

**北のどん兵衛
きつねうどん**

利尻昆布を使ったダシに、ふっくらジューシーなおあげ。北海道限定マークが付いている

スナック

いつものスナック菓子も、北海道限定フレーバーなら食べて＆
もらってうれしい！　配りやすい小分けタイプもある。

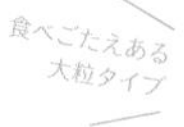
食べごたえある
大粒タイプ

アポロ

濃厚な北海道産ミルクのチョコレートで包んだ「北海道アポロホワイトギフト」

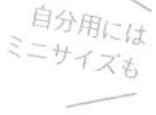
自分用には
ミニサイズも

白いブラックサンダー

人気菓子ブラックサンダーの北海道限定ホワイトチョコバージョン

分けやすい
14袋入り！

プリッツ

北海道産のよつ葉バターを練り込んだ北海道限定プリッツ。ほどよい甘さとバターのコク

北海道限定フレーバーのお菓子は、観光地にある総合みやげ店や、空港内の売店が品揃え豊富。

ねこ刑事ハレ太朗
ねずみ小僧タビ吉を捕まえるためならどこまでも。飼い猫出身ならではの詰めの甘さも！？

ねずみ小僧タビ吉
日本全国を股にかけるチーズ泥棒。チーズ泥棒はどこへ行った！？

ねこ刑事
ハレの
捕物旅
ろ ②

札幌
ふう…
やっと札幌に
着いた…
タビ吉はまだここに
潜伏しているだろうか？

まあ…腹ごしらえが
先かな♪
おみやげ
グルメMAP
ラーメン

うーん
目移りするなー
スープカレー
パフェ
ぐる
ぐる
札幌グルメMAP
ジンギスカン
ラーメン
寿司
海鮮丼

よし決めた！
ラーメ
札幌
昼食は札幌ラーメンだ！

うまい！
ズズッ
夕飯は海鮮丼に
しようかな～♪

海鮮丼屋って夜は
あまりやってないですぜ旦那
モグモグ
どーも
あっそうなの!?

…って!!
タビ吉だ！
逆にジンギスカンとか
寿司は夜から営業する
店が多いんすよ～
マテッ
ごちそーい!!
ドシッ

❶札幌市内で飲食店が多いのはJR札幌駅周辺や、大通公園周辺、すすきの周辺など。ただし、すすきの周辺は夜から営業を始める店がほとんど　❷海鮮丼を食べるなら場外市場や二条市場の店がいい。市場の店は早朝から開いているが、その分閉店が早い

札幌
SAPPORO

ベストシーズン

● **通年**
主要な見どころや飲食店は年間を通してオープン。大通公園では季節ごとにイベント（→P.55）が開催されるため、そのスケジュールに合わせて行くのもいい。

ベストな滞在期間

● **1〜2日**
1日あれば定番スポットの観光とグルメ、ショッピングをひととおり楽しむことができる。小樽など周辺エリアへ日帰りで行くのであればプラス1日欲しい。

アクセス

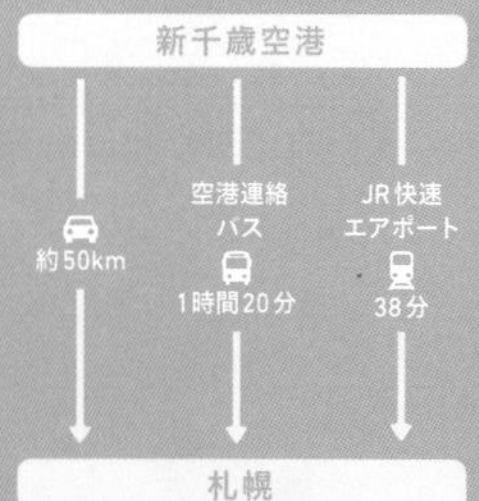

どう回る？

市内中心部の観光スポットは近い距離にあり、徒歩で回ることも可能。地下鉄やバス、市電といった公共交通機関も整っているため、郊外の見どころへの移動もスムーズ。施設入場料と行き帰りのバスがセットになった、北海道中央バスが催行する定期観光バスも便利。

ほかのエリアへ

日帰りで行きやすいのは小樽。定山渓温泉や登別温泉などの温泉地で日帰り入浴を楽しむのもいい。富良野、帯広、函館をはじめ道内各方面に都市間バスが運行しているが、本数が少なく時間もかかるため、他エリアへ足をのばすなら1泊以上が理想。

北海道の中心のグルメタウン

札幌早わかり!

さっぽろ

開拓時代から北海道の中心を担う、人口約195万人の政令指定都市。道内各地のおいしいものが集まる一大グルメタウンとして知られる。

札幌でしたい3のこと

1 北海道グルメを食べ歩き

→P.64

野菜たっぷりのスープカレーにジンギスカン、味噌ラーメンとジャンルいろいろ!

2 大通公園を散策

→P.54

札幌に来たら一度は訪れたい、東西に走る細長い公園。イベントの会場としてもよく使われる。

3 もいわ山で夜景を見る

→P.60

日本新三大夜景に選ばれたもいわ山山頂展望台の夜景。市街から公共交通機関で行ける人気スポット。

札幌街歩きモデルコース

所要 7時間

主な見どころは大通公園周辺に固まっており、徒歩だけでも十分回れる。地下鉄や市電を利用すればより効率的。

START

JR札幌駅

↓ 徒歩15分

① 札幌名物・味噌ラーメン

→P.66

↓ 徒歩3分

② 大通公園

→P.54

↓ 徒歩5分

③ ブランドスイーツショッピング

→P.78

↓ 徒歩7分、市電20分

④ もいわ山山頂展望台（ロープウェイ入口駅）

→P.60

↓ 市電27分

⑤ 居酒屋グルメ

→P.72

↓ 地下鉄3分、徒歩5分

JR札幌駅

北菓楼と六花亭のショップ&喫茶へ

札幌の夜景を見下ろせるロマンチックなスポット

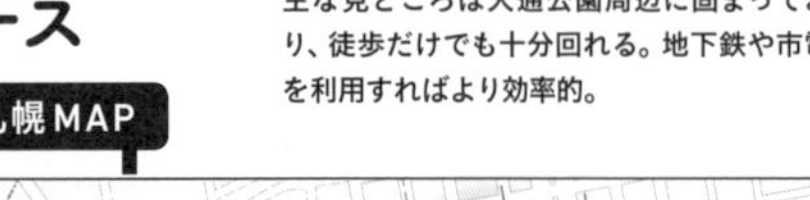

札幌の事件簿

北海道観光の玄関口となる札幌。街の歩き方や主な見どころやグルメスポット、オン＆オフシーズンを把握して、スムーズな旅行計画を立てよう。

FILE 1

宿を取ろうとしたら どこのホテルも満室…。 もっと早く予約しておけばよかった！

1カ月後に迫った札幌旅行。そろそろ泊まるホテルを決めようとネットで探したら、市街中心部にあるホテルはほぼ満室！　もっと早く探しておけばよかったと後悔。

解決！

混雑必至のイベントは事前にチェック。

右記のイベント開催期間中や、人気アイドルのコンサートがかぶると中心部のホテルはどこも満室に。早めに宿を確保するか、事前にイベントや公演情報をチェックし、その期間を避けるのが吉。

・YOSAKOIソーラン祭り／6月中旬（例年）
・さっぽろ雪まつり／2月上旬〜中旬（予定）

FILE2

札幌の住所がちんぷんかんぷん。 北1条？南2条？って何!?

目的地の住所の表記が「北1条西3丁目」「南2条東1丁目」と、まるで暗号のよう。街は碁盤の目状になっていてどっちが北なのかはすぐわからなくなるし、早くも迷子になる予感…！

解決！

基準は大通と創成川。

札幌は開拓時代に区画を格子状に整備された街。大通公園にある通りが南北の基準で、上に行くと北1条、下に行くと南1条となる。東西の基準は創成川。慣れればわかりやすい。

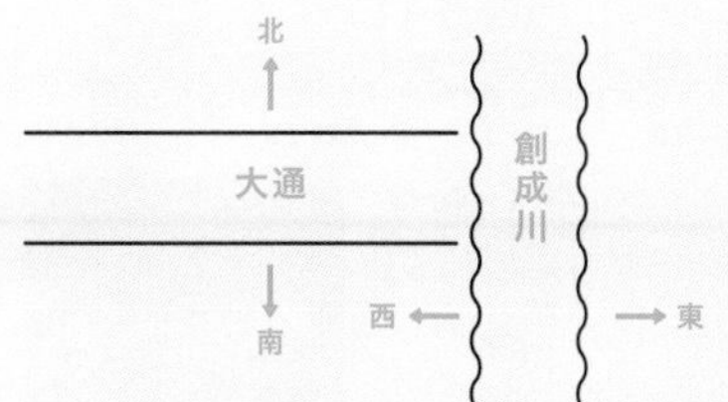

地下通路が便利！

雨や雪の日の強い味方だ

JR札幌駅からすすきのまでは地下通路が整備されており、地上を歩かなくても主要エリアを移動することができる。

馬車に揺られて市内観光ができる「観光幌馬車」もある。大通公園4丁目を出発する約50分のコース。

まるで野外美術館！

大通公園でアート散策

札幌の中心に位置する大通公園。東西の長さは約1.5kmにおよび、園内には噴水や彫像が置かれている。天気のいい日はアート鑑賞気分でぶらぶら歩いてみるのもいい。

泉の像
彫刻家・本郷新の作品。泉を3人の踊り子で表現。花壇の中心に立っている

さっぽろテレビ塔
大通公園の東端にそびえる。展望台からは大通公園や札幌市街を一望！
→P.56

西3丁目噴水
15分間で1サイクルの噴水ショーが見られる。通水は4月下旬～10月

大通公園MAP

西4丁目噴水
中央の塔に向かって噴水が噴き出す。通水は4月下旬～10月

ブラック・スライド・マントラ
黒御影石で造られたイサム・ノグチのアート作品。滑り台になっている

壁泉
1.8mの高さから流れ落ちる幅33mの逆噴水。通水は4月下旬～10月

プレイスロープ
「クジラ山」とも呼ばれている大きな滑り台

大通公園ができたワケ

北海道開拓時、札幌は碁盤の目状に街の区画整備が行われた。このとき基軸になったのが現在の大通公園で、通りの北側を官庁街、通りの南側を住宅・商業街とした。火事が起こった際に大通公園を境に燃え広がらないよう、火防線の役割を持っていた。

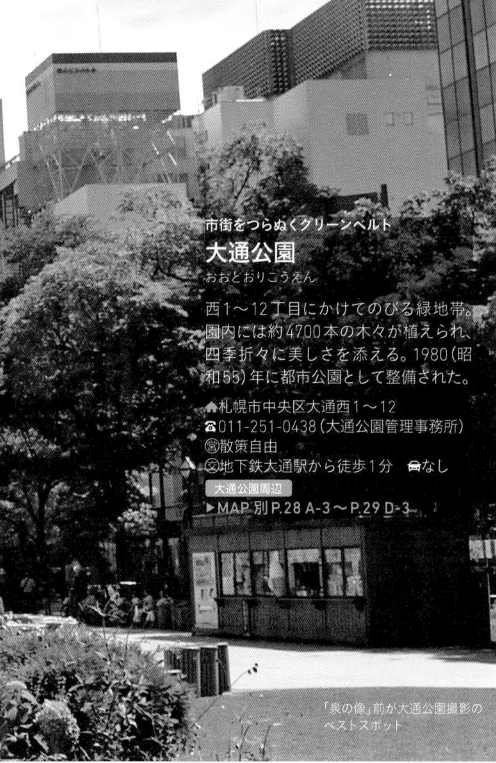

市街をつらぬくグリーンベルト

大通公園

おおどおりこうえん

西1〜12丁目にかけてのびる緑地帯。園内には約4700本の木々が植えられ、四季折々に美しさを添える。1980(昭和55)年に都市公園として整備された。

札幌市中央区大通西1〜12
☎011-251-0438(大通公園管理事務所)
㊞散策自由
㊋地下鉄大通駅から徒歩1分　🚗なし

大通公園周辺
▶MAP 別P.28 A-3〜P.29 D-3

「泉の像」前が大通公園撮影のベストスポット

大通公園の4大イベントをチェック！

大通公園を舞台に開催される季節の代表的なイベントがこちら。最新の開催状況はWebサイトで確認を。

さっぽろ雪まつり

北海道の冬の風物詩。大雪像のほか、中小雪像、市民雪像などが大通り会場に。すすきの会場でも開催。

YOSAKOIソーラン祭り

全国から集まったよさこいチームが市内の会場で演舞を競うお祭り。写真提供:YOSAKOIソーラン祭り組織委員会

さっぽろ夏まつり

メインイベントは、国内最大規模を誇る「福祉協賛さっぽろ大通ビアガーデン」。北海盆踊りも行われる。

さっぽろオータムフェスト

北海道全域の農・海産物が集まるグルメイベント。丁目ごとにテーマが設けられ、店舗がずらりと並ぶ。

4月下旬〜10月上旬にかけて、大通公園内1丁目にとうきびワゴンが出現。焼き・ゆでとうきび各400円。

札幌観光といえばまずココ！

3大定番スポットを訪ねる

札幌観光で絶対に外せないのがこちらの3スポット。外から眺めたり、中に入って探検したりと、楽しみもいっぱい。見るべきポイントをチェックして！

SPOT 1

テレビ塔から札幌市街を一望

[昼] 夏季は大通公園の緑が美しい。公園の先に見えるのは大倉山

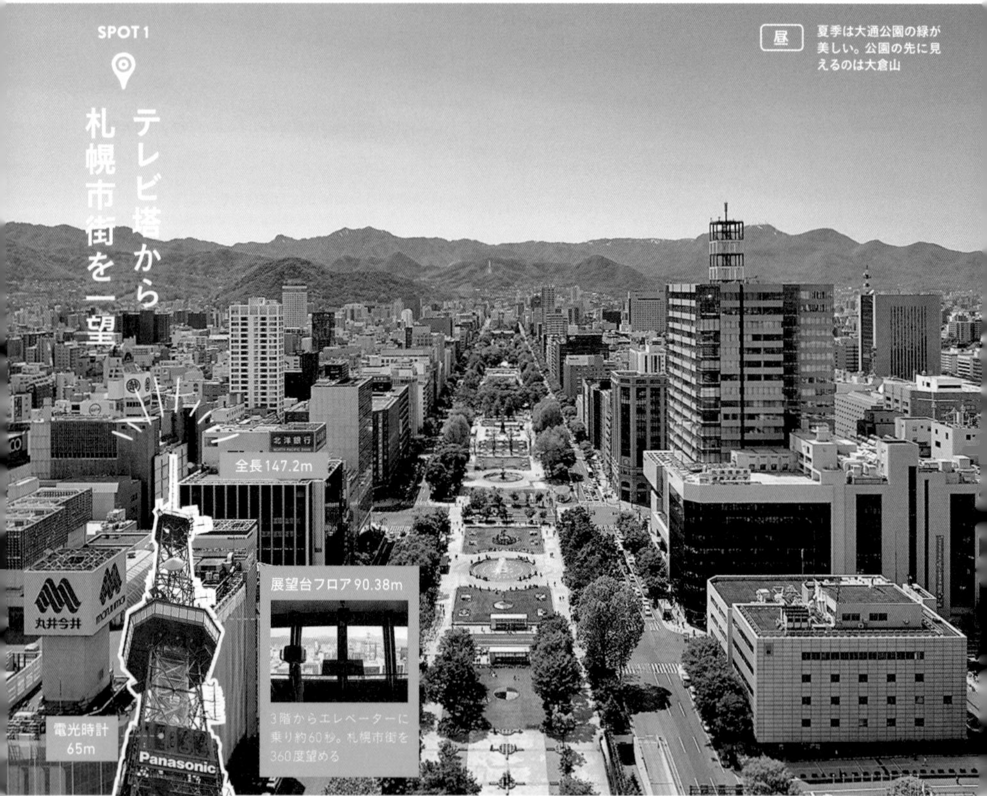

展望台フロア90.38m

3階からエレベーターに乗り約60秒。札幌市街を360度望める

スカイラウンジ22.9m

ビルの6階相当の高さ。テレビ父さんのほほんパーク、ショップやレストランがある

さっぽろテレビ塔をモチーフにしたキャラクター、テレビ父さん

だんだんと空の色が変わっていくマジックアワーの眺めも美しい

冬季は日が暮れてからの眺めが見事。イルミネーションがロマンチック

360度の公園ビュー

さっぽろテレビ塔

さっぽろテレビとう

所要時間 約40分

大通公園の東端に立つ札幌のシンボル。1957(昭和32)年に完成した電波塔で、地上90.38mの展望台から市街を眺められる。

札幌市中央区大通西1 ☎011-241-1131 [営]9:00～22:00(イベントにより延長あり) [休]不定休 [料]展望台入場1000円 [交]地下鉄大通駅から徒歩1分 [P]なし

[大通公園周辺] ▶MAP 別P.29 D-3

札幌の時を刻み続けて140年余り

SPOT 2

札幌市時計台

さっぽろしとけいだい

時計台の中を探索

クラーク博士の提言により、1878(明治11)年に札幌農学校の演武場として建てられたもの。後に時計塔が設置された。

札幌市中央区北1西2
☎011-231-0838
営8:45〜17:10
(最終入館17:00)
休無休 料入館200円
交JR札幌駅から徒歩7分 🚗なし

札幌駅周辺 ▶MAP 別P.29 D-3

所要時間 約30分

五稜星
開拓にまつわる建物に見られる。時計台には全17個ある
時計台
現役の塔時計としては日本最古。文字盤の直径は約1.6m

現在の場所に移されたのは1906(明治39)年のこと

道内の文化財にまつわる展示、映像コーナー

札幌農学校関連の展示ほか、時計台の歴史解説も

2F ホール

高さ9mの合掌天井造り。ハワード社製の塔時計が置かれている

時計塔の中で動いている時計と同じ型のもの

HOW TO

時計台撮影

時計台の敷地内入って右側に記念撮影用の台があるほか、道路を挟んだビルのテラスからも撮影可能。札幌市役所本庁舎の19階屋上の展望回廊(営4月中旬〜10月下旬の平日9:30〜16:30、雪まつり期間中は展望不可 料無料)も穴場。

レンガ造りのロマンあふれる建造物

SPOT 3

北海道庁旧本庁舎

ほっかいどうちょうきゅうほんちょうしゃ

赤れんが庁舎へ開拓のシンボル

1888(明治21)年にアメリカ風ネオ・バロック様式で建設された建物。2019年10月〜2025年3月(予定)まで修復のため休館。工事中は仮設見学施設が設置される。

札幌市中央区北3西6
☎011-204-5019(8:45〜17:30。土・日曜、祝日は011-204-5000)
営8:45〜18:00
休無休 料入館無料 交JR札幌駅から徒歩10分 🚗なし

札幌駅周辺 ▶MAP 別P.28 C-2

所要時間 約30分

八角形のドームは直径7m。1968(昭和43)年に復元された
フランス積み
レンガの長手と小口を交互に並べた積み方。使われたレンガは約250万個

間口61m、高さ33mの堂々とした佇まい。1969年に重要文化財に指定

WHAT IS

五稜星

赤い星は北海道開拓使のシンボル。開拓期に建てられた建物には星のマークが用いられている。

正面ホール

階段に備えられた円柱とアーチは洋風建築の象徴

秋は紅葉、春は桜と、四季折々の草花が美しい庭園にも立ち寄って

テレビ塔のライトアップスケジュールはウェブサイトをチェック。個人向けライトアッププラン(20分2万円)もあり。

所要時間 約3時間

貴重な展示があちこちに！

北大キャンパスさんぽ

JR札幌駅の北側にある北海道大学。広大な敷地面積を持ち、学生でなくてもキャンパス内を自由に散策できる。オリジナルグッズやグルメもチェックして！

ワタシを
見つけてネ

❶北大正門
177万㎡という敷地を持つ、札幌キャンパスの入り口となる門

❷インフォメーションセンター「エルムの森」
カフェとショップを併設している

❸中央ローン
北大正門から真っすぐ進んでいくと緑豊かな中央ローンが広がる

START

GOAL

現存する日本最古の
石造円筒形サイロも

LUNCH

牛とろ丼(中)
580円

❾ポプラ並木
北大のシンボルでもある並木道。約80m散策できる

❽札幌農学校第2農場
穀物庫や模範家畜房などの建物9棟が国の重要文化財に指定されている

❼イチョウ並木
黄葉は10月下旬～11月上旬が見頃

❻中央食堂
北大内には飲食施設も充実。学生気分でランチ

広大な総敷地面積を誇る国立大学

北海道大学

ほっかいどうだいがく

1876(明治9)年に開校した、札幌農学校が前身となる国立大学。初代教頭は「Boys, be ambitious！(少年よ大志を抱け！)」の言葉で有名なクラーク博士。

🏠札幌市北区北8西5
☎011-716-2111　[営][休][料]散策自由
[交]JR札幌駅から徒歩7分　🚗なし
札幌駅周辺 ▶MAP 別P.28 B-1

北大の歴史と今を実物資料で学ぶ

北海道大学総合博物館

ほっかいどうだいがくそうごうはくぶつかん

1999年に設置された博物館。札幌農学校開校以降の学術研究の資料・標本300万点以上を収蔵している。

☎011-706-2658
[営]10:00～17:00
[休]月曜、臨時休館日あり　[料]無料

お手頃価格で腹ごしらえ

中央食堂

ちゅうおうしょくどう

北大のキャンパス内にある食堂。丼やカレー、ラーメンほか、主菜・副菜メニューも豊富。

☎011-726-4780　[営]10:00～18:30(11:30～13:00は大学関係者専用)　[休]土・日曜、祝日(大学行事に伴う短縮・休業あり)

WHAT IS

札幌農学校

明治時代初期に創設された教育機関。初代教頭としてクラーク博士が招かれた。新渡戸稲造ら各分野のリーダーを輩出。

❹古河講堂

1909年、古河財閥の寄附により建設された。外観のみ見学可

❺北海道大学総合博物館

理学部の本館として使われていた建物を利用。テラコッタ張りのモダン・ゴシック風の建物

開拓期に活躍した農機具を展示

札幌農学校第2農場

さっぽろのうがっこうだいにのうじょう

クラーク博士の構想により開設された北海道最初の畜産経営の実践農場。2023年5月現在、屋内公開は休止中。

☎011-706-2658
㊋8:30～17:00
㊡第4月曜、11月上旬～4月下旬
㊕無料

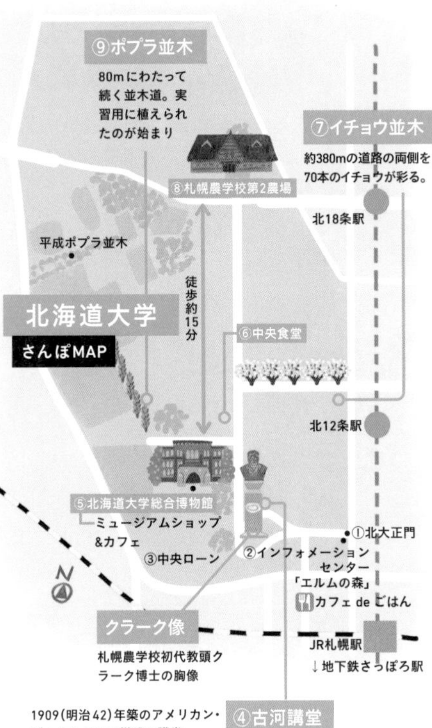

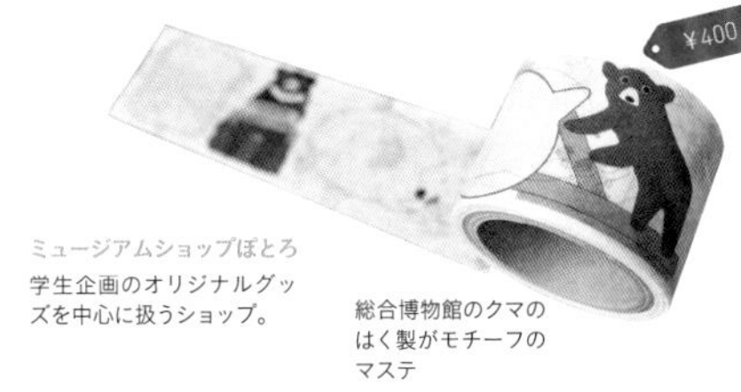

ミュージアムショップぽとろ
学生企画のオリジナルグッズを中心に扱うショップ。

総合博物館のクマのはく製がモチーフのマステ

CAFE
博物館1階
ミュージアムカフェぽらす

西興部(にしおこっぺ)村のソフトクリー夢400円

例年、初夏と秋には現役学生スタッフによるキャンパス内ツアーを開催。詳細・申し込みはWebサイトを参照。

藻岩山の山頂で

札幌一キレイな夜景を見る

日本新三大夜景にも選ばれた、札幌の夜景。藻岩山の山頂にある展望台からは、札幌市街の夜景を一望することができる。美しい夜景に酔いしれてみては？

所要時間 約1時間

日本新三大夜景にも選ばれたロマンチックな夜景

特に明るいのはすすきの周辺
大型のビルが密集するすすきの周辺はイルミネーションもさらに華やか

オレンジ色の光
札幌の街灯には「ナトリウム灯」が多く使われており、温かみのあるオレンジ色の光が特徴

幸せの鐘
この鐘の手すりにカップルで愛の鍵を取り付けると、そのカップルは別れないというジンクスがある

札幌市街の夜景はもちろん、昼は反対側に広がる山側の景色も望むことができる

札幌夜景を代表するスポット

もいわ山山頂展望台

もいわやまさんちょうてんぼうだい

標高531mの藻岩山の山頂にある展望施設。札幌市街から日本海一帯を一望でき、特に夕暮れから夜にかけてが美しい。

🏠札幌市中央区伏見5-3-7
☎011-561-8177（札幌もいわ山ロープウェイ）
㊫10:30～22:00（上り最終21:30。12～3月は11:00～）
㊡悪天候時、整備のため休業あり
㊕ロープウェイ＋ミニケーブルカー（往復）2100円
🚗山麓駅120台（通年）、中腹駅80台（冬季閉鎖）

札幌郊外 ▶MAP 別P.26 B-3

山頂駅への行き方

シャトルバスで山麓駅へ
市電ロープウェイ入口駅を下車、隣接するバス乗り場からバス（無料）に乗る

チケットを購入
山麓駅にてチケットを買う。展望台までは、もいわ山頂駅行きを購入

ロープウェイで中腹駅へ
ロープウェイに乗り山麓駅を出発。約5分間の空中散歩

もーりすカーで山頂駅へ
中腹駅で、ミニケーブルカーのもーりすカーに乗車。山頂駅へ

WHAT IS

日本新三大夜景

全国の夜景鑑賞士による投票で、2015、2018年に認定された。1位が長崎市、2位が札幌市、3位が北九州市。

ベストタイムはいつ?

日没の時間に合わせて到着するのがベスト。日没や夜景の時間はWebサイトを参照。

展望台からの眺め

夕方

西の山間に日が沈む。暗くなる直前、オレンジから青に移り変わる空を望める

360度から望む大パノラマ。石狩湾や石狩平野の眺めも広がる

待ち時間のお楽しみ

山頂駅には展望台以外にもこちらの施設が!早めに到着してのんびり過ごすのもアリ。

もいわ山限定グッズも手に入る

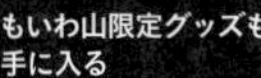

Mt.MOIWA SOUVENIR SHOP

マウント モイワ スーベニア ショップ

中腹駅の1階にあるおみやげショップ。もいわ山オリジナルキャラクター「もーりす」のグッズや「愛の鍵」なども販売。

㊖10:30～21:30(冬季は11:00～) ㊡施設の営業に準ずる

愛の鍵
1000円
山頂展望台「幸せの鐘」周辺の手すりに鍵を取り付けられるようになっている。記念メッセージを書くことも可能

夜景を眺めながら優雅にディナー

THE JEWELS

ザ ジュエルズ

ガラス越しに夜景を望めるレストラン。道産食材などを使用したフレンチは、ディナーコース6380円～。

☎011-518-6311(予約受付時間11:00～20:00) ㊖11:30～20:00LO(冬季は12:00～。15:00～17:00はテイクアウトのみ営業) ㊡施設の営業に準ずる

夜景を見ながら特別な日のディナータイムを

標高が高いため、夏でも平地と比べて気温差が−2～3℃ほどある。上着の準備や防寒対策を忘れずに。

生き物たちに癒される

話題の円山動物園へ

北海道で最も歴史のある円山動物園。
市街からもアクセスしやすく、地元の人からも愛されている動物園。
いきいきとした動物たちの姿をチェック！

所要時間 約1時間

プールで泳ぐゾウが間近に 札幌を代表する動物園

WHAT IS

ゾウ舎

ミャンマーから来たアジアゾウを群れで展示する国内最大級の飼育施設。屋内飼育場と屋外飼育場でプールに入って水浴びをするゾウを見ることができる。

運がよければ迫力満点のゾウが見られるかも

アフリカゾーンにはキリンやカバがいる

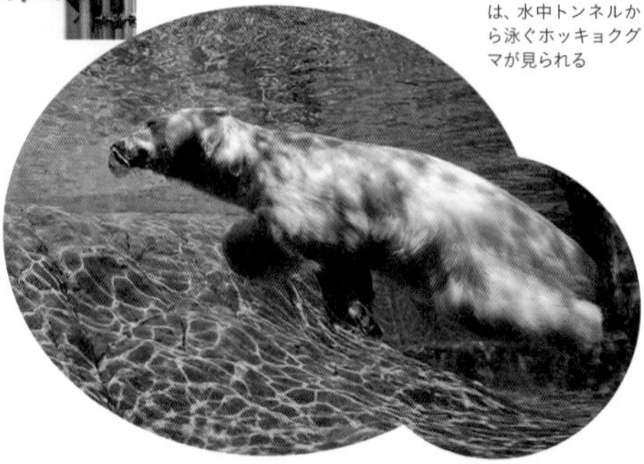

ホッキョクグマ館では、水中トンネルから泳ぐホッキョクグマが見られる

円山公園内にある自然豊かな動物園

札幌市円山動物園

さっぽろしまるやまどうぶつえん

1951年開園の歴史ある動物園。約150種類の動物を飼育。ホッキョクグマの繁殖実績が高いことでも知られている。生息地域ごとに展示するアフリカゾーンやアジアゾーンは必見。

🏠札幌市中央区宮ヶ丘3-1 ☎011-621-1426
[営]9:30～16:30（11～2月は～16:00。最終入園は30分前。入園予約についてはWebサイトを確認） [休]第2・4水曜、4・11月の第2水曜を含む週の月～金曜、8月の第1・4水曜（祝日の場合は翌日休）
[料]入園800円 [交]地下鉄円山公園駅からバスで5分、円山動物園正門または円山動物園西門下車、徒歩1分
🚗959台（有料）

[円山公園周辺] ▶MAP 別P.26 B-2

[ほかにも] 夏季限定！もふもふヒツジも必見

札幌を代表する有名人の像が立つ

さっぽろ羊ヶ丘展望台

さっぽろひつじがおかてんぼうだい

高さ約2mの台座の上に立つ、2.85mのクラーク博士像がシンボルの展望地。ショップやレストランがあり、雪まつり資料館などを見学可能。

🏠札幌市豊平区羊ケ丘1 ☎011-851-3080
[営]9:00～17:00（時季により変動） [休]無休
[料]入場600円 [交]地下鉄福住駅からバスで10分、さっぽろ羊ヶ丘展望台下車、徒歩1分 🚗100台

[札幌郊外] ▶MAP 別P.27 D-3

実は北大の胸像の次に作られた2代目

北海道らしい牧歌的な風景が広がる

ここも見逃せない！

札幌の立ち寄りSPOT

アートな公園や銘菓のテーマパーク、新千歳空港周辺には工場見学ができるスポットも。

SPOT 1

公園全体がアート！ モエレ沼公園へ

子どもに人気のモエレビーチ(上)、高さ30mのプレイマウンテン(下)

1113枚のガラスでできた建物、ガラスのピラミッド

半円形のミュージックシェル

大人も楽しめるアートな公園

モエレ沼公園

モエレぬまこうえん

彫刻家イサム・ノグチが手掛けた189haの公園。敷地全体が一つのアート作品で、スケールの大きな造形物が点在。

住 札幌市東区モエレ沼公園1-1
☎ 011-790-1231
営 7:00～22:00(最終入園21:00)
休 無休(施設により異なる)
料 入園無料
交 地下鉄環状通東駅からバスで25分、モエレ沼公園東口下車、徒歩1分
🚗 1500台(冬季は100台)

札幌郊外 ▶MAP 別P.27 E-1

写真提供:モエレ沼公園

SPOT 2

北海道を代表する銘菓のテーマパークへ

見て食べておみやげも手に入る

白い恋人パーク

しろいこいびとパーク

銘菓「白い恋人」とバウムクーヘンの工場見学のほか、お菓子作り体験などが楽しめる。ショップも充実。

住 札幌市西区宮の沢2-2-11-36
☎ 011-666-1481　営 10:00～17:00
休 無休　料 800円　交 地下鉄宮の沢駅から徒歩7分
🚗 あり

札幌郊外 ▶MAP 別P.26 A-1

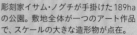

バラが咲くおとぎの国のようなお菓子のテーマパーク

ショップ・ピカデリー

無料エリア内のショップ。「白い恋人」をはじめ充実のラインナップ。

営 10:00～17:00

世界にひとつだけの白い恋人が作れる

白い恋人 お絵描きコース

ハート型の白い恋人にお絵描きして、自分だけのオリジナル仕様にトッピング

プルミとラムルのチョコレート物語1382円

チョコレートの妖精をかたどった、白い恋人パーク限定のチョコレート

SPOT 3

新千歳空港周辺でファクトリー見学

札幌を代表するビールブランド

サッポロビール 北海道工場

サッポロビール ほっかいどうこうじょう

サッポロビールの製造過程をスタッフの案内付きで見学。できたて生ビールの無料テイスティングが楽しみ。

住 恵庭市戸磯542-1
☎ 011-748-1876　営 見学開始10:30、11:00、13:00、15:00(予約可)　休 月・火曜(祝日の場合は翌日・翌々日休)、臨時休館あり　料 無料　交 JRサッポロビール恵庭駅から徒歩10分　🚗 200台

恵庭 ▶MAP 別P.12 C-1

サッポロ生ビール黒ラベルと[北海道限定]クラシック

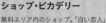

こだわりの製法をツアーで見学

キリンビール 北海道千歳工場

キリンビール ほっかいどうちとせこうじょう

キリン一番搾り生ビールの製造工程をツアーで見学。ビールや清涼飲料水の試飲も可能。併設ショップもあり。

住 千歳市上長都949-1
☎ 0123-24-5606　営 10:00～11:00、13:00～15:00(毎正時に出発)　休 月・火曜(祝日の場合は翌日休)　料 ツアー500円(20歳以上)　交 JR長都駅から徒歩10分、JR千歳駅から車で10分　🚗 50台

千歳 ▶MAP 別P.12 C-1

一番搾り麦汁と二番搾り麦汁の飲み比べも

さっぽろ羊ヶ丘展望台では、「大志の誓い」を書いて投函することができる。1枚100円で、投函後は事務所で保管してくれる。

札幌

EAT

すすきののあこがれの名店で

カウンター寿司デビュー

寿司店がひしめき合うすすきのエリア。気軽に入れる回転寿司から予約必須の高級店まで選択肢も豊富！　気さくな大将が迎えてくれるお店で、カウンターデビューを。

肩の力を抜いて味わってね！

居心地のいい空間で味わう北の海の厳選魚介

ネタケースもチェック！
ネタケースの中には旬の魚介がずらり。気になるネタがあったら聞いてみて！

予算8000円（税別）だとこのくらい！

飲み物代、お通し代500円、サービス料5％は別。

煮魚か焼き魚のどちらか一品がつく。魚の種類や大きさは日により異なる。リクエストがある場合は事前に要相談

寿司
ネタは季節によって変わる。10カン（松）3850円

マダラの白子のたちぽん
冬の北海道の味覚の代表

刺身の盛り合わせ
この日はキンキ、ホタテ、ホッキ貝の3種

毛ガニのほぐし身
カニ味噌の濃厚な磯の風味も楽しんで

大将との会話も楽しい
すしKAN
すしカン

松前出身の大将が握る極上の寿司を、良心的な価格で味わえる店。座敷席もあるが、大将との会話が楽しめるカウンターがおすすめ。

🏠札幌市中央区南5西4 バッカスビル1F
☎011-531-1116 [営]17:30～翌0:30(要問い合わせ)
[休]日曜、祝日
[交]地下鉄すすきの駅から徒歩3分 🚗なし
すすきの ▶MAP 別P.30 C-2

どのネタも
おいしそう～

お酒は何を飲む？
日本酒はグラス400円(税別)～。根室の北の勝 大海や、増毛の国稀 特別純米など

お腹いっぱい食べるなら海鮮丼！

札幌には市場がいくつかあり、
観光客向けの海鮮丼店もある。
コスパよく新鮮魚介を味わえるのはコチラ！

海鮮丼(中) 4500円
中央にサーモンを花びらのように美しく盛り付けた定番人気の丼

ビジュアル&味もこだわりの丼
味の二幸
あじのにこう

市場の駐車場に面して店が集まる食堂長屋にある老舗。毎朝仕入れる新鮮な魚介を美しく盛り付けた丼が好評。

🏠札幌市中央区北10西21-2-16
☎011-641-8933 [営]7:00～14:00
[休]水曜不定休
桑園 ▶MAP 別P.26 B-2

季節の海鮮丼 3300円
ボタンエビ、ウニ、マグロなど、季節によってネタは異なる

卸問屋ならではの高コスパ
札幌市場めし まるさん亭 本店
さっぽろいちばめし まるさんてい ほんてん

場外市場内でカニの卸問屋を営むマルサン三上商店直営の食堂。サイドメニューも豊富。

🏠札幌市中央区北12西20-1-2 マルサン三上商店内 ☎011-215-5655 [営]7:00～14:30LO(ネタがなくなり次第終了) [休]不定休(要事前TEL確認)
桑園 ▶MAP 別P.26 B-2

ここで食べる！

札幌を代表する市場
札幌市中央卸売市場 場外市場
さっぽろしちゅうおうおろしうりしじょう じょうがいしじょう

札幌市中央卸売市場に隣接する場外市場。新鮮な海産物、農産物が集まっている。

🏠札幌市中央区北11西21-1-7 ☎011-621-7044(場外市場商店街振興組合) [営][休]店舗により異なる [交]地下鉄二十四軒駅から徒歩7分 🚗100台
桑園 ▶MAP 別P.26 B-2

HOW TO

カウンター寿司

メニューは特に決められておらず、大将と話しながらメニューを組み立てていくのがカウンター寿司の醍醐味！

・まずは予約を
事前予約がベター。当日、席の空きがあれば飛び入りで入れることもある。

・予算はどれくらい？
予約時に予算の希望を伝えておけば、その範囲内でメニューを組んでくれる。魚は仕入れによって金額が変動するため(＝時価)、金額が記載されたメニューを置かない店が多い。

・どうやって注文すればいい？
食べられないネタがあれば最初に言おう。注文の順番に決まりはないので、食べたいものを素直に伝えればOK。握ってもらった寿司はなるべくすぐ食べること。

厳格なルールは
ありませんので、
気軽にどうぞ！

春はトキ(時鮭のこと)、夏はウニ、秋はサンマ、冬はタチ(スケソウダラの白子)が、それぞれ季節を代表するネタ。

札幌

EAT

全国屈指のラーメン激戦区！

札幌ラーメンは味噌を極める

札幌ラーメンといえば味噌。香ばしい味噌の香りに、野菜のシャキシャキとした食感が絶妙！
発祥の店から、行列必須の人気店まで、味噌ラーメンを食べ比べ！

札幌味噌の名店 初代の味を今に伝える

辛み
ボリューム
こってり
麺のコシ
甘み

◎味噌ラーメン 900円

麺
濃厚なスープによく絡む縮れ麺。やや硬めで麺のコシと噛みごたえを感じられる

スープ
具材の旨みが溶け込んだスープ。味噌ダレには辛みスパイスを使用し、より深い味わいに

具
挽肉、長ネギ、タマネギ、モヤシ、キャベツを炒めてスープを注ぐ。野菜の甘みがたっぷり

シャキシャキ食感の野菜とたっぷりの味噌スープ。それぞれの風味がうまく溶け合った至極の一杯

時代の移り変わりに合わせて微妙に味も調整しています

札幌ラーメン

味噌ラーメン発祥の店

味の三平
あじのさんぺい

1948（昭和23）年に先代が考案した、味噌味のスープに入れたラーメンが流行。以来札幌味噌ラーメン発祥の店として知られている。

⌂札幌市中央区南1西3
大丸藤井セントラルビル4F
☎011-231-0377 [営]11:00～18:30頃
[休]月曜、第2火曜（変動あり）
[交]地下鉄大通駅から徒歩3分 🚗なし
[大通公園周辺] ▶MAP 別P.31 D-1

サイドメニューも

シューマイ1個70円
自家製。ソースをかけて食べても美味！

札幌ラーメン

札幌味噌を牽引する有名店

すみれ札幌本店

すみれさっぽろほんてん

1964(昭和39)年創業。和食の料理人という経歴を持つ2代目が完成させた味噌ラーメンが人気。濃厚な味噌スープにコシのある縮れ麺がよく絡み、濃厚味噌好きにはたまらない。

札幌市豊平区中の島2-4-7-28
011-824-5655
営11:00～15:00、16:00～21:00(土・日曜、祝日は11:00～21:00。11～3月は～20:00) 休無休 交地下鉄中の島駅から徒歩8分 20台

札幌郊外 ▶MAP 別P.26 C-2

すすきのにも店舗がある

知らない人はいない! 濃厚系味噌ラーメン

◎味噌ラーメン 980円

ラードが表面を覆う アツアツのスープ

コシのある縮れ麺に、刻みチャーシュー、長ネギ、モヤシ、メンマと、スープが引き立つよう具材はシンプル

辛み / ボリューム / こってり / 麺のコシ / 甘み

札幌ラーメン

並ぶ価値ありの絶品ラーメン

麺屋 彩未

めんや さいみ

郊外にありながらも行列の絶えない人気店。2種類の味噌と一味、山椒を合わせて強火で一気に仕上げた味噌ダレがベースで、濃厚さの中にも甘みを感じられる。

札幌市豊平区美園10-5-3-12
011-820-6511
営11:00～15:15(木～日曜は17:00～19:30も営業)
休月曜、月2回不定休
交地下鉄美園駅から徒歩3分
19台

札幌郊外 ▶MAP 別P.27 D-2

カウンターが10席に、テーブルが3卓

市内屈指の人気店 焦がし味噌が香る一杯

◎味噌ラーメン 900円

食べごたえのある弾力のある縮れ麺!

辛み / ボリューム / こってり / 麺のコシ / 甘み

チャーシューは刻みとスライスの2種。ショウガをスープに溶かすとまた異なる味わいに

WHY

味噌ラーメン誕生秘話

味噌ラーメンを考案したのは味の三平の初代店主、大宮守人さん。「味噌は健康にいい」というのが持論で、味噌味スープのラーメンを生み出した。たっぷりのった野菜には、ラーメン1杯でもバランスよく栄養をとれるようにという思いが込められている。

ラーメンライスもうちが発祥!

すすきのには「元祖さっぽろラーメン横丁」という通りがあり、個性豊かな17のラーメン店が軒を連ねる。

札幌

EAT

ゴロゴロ食材に大満足！

スープカレーで満腹になる

営業中

スープカレーの発祥はここ札幌。サラサラスープに野菜がたっぷり、具だくさんで食べごたえ十分。スパイシーな香りに食欲を刺激されること間違いなし！

野菜の旨みを最大限に引き出す調理法！

カラフルな野菜がたっぷり

具
特大の揚げゴボウは味が濃くやわらかい

ご飯
小・普通・中盛り・大盛りからサイズが選べる

スープ
鶏ガラなどに香味野菜やフルーツをブレンド

季節の旬菜カリー 1400円

15～20種類もの彩り豊かな季節の野菜がたっぷり入っている

旬の野菜がたっぷり味わえる！

SOUL STORE

ソウル ストア

まずはチキンや野菜などカリーの種類を選び、4種類のスープから味を選ぶ。数量限定の「店主の気まぐれカリー」はSNSをチェック。

札幌市中央区南3西7-3-2 F-DRESS 7 BLD 2F
☎011-213-1771
㊋11:30～15:00LO、17:30～20:30LO
㊡不定休
㊋地下鉄すすきの駅から徒歩7分　🚗なし

すすきの ▶MAP 別P.30 B-1

◎トッピングも！
＋100円
ゴボウバー（1本）、温玉、ブロッコリーなど
＋150円
くろださんちの寄せ豆富、大きいなめこなど

HOW TO

スープカレーの食べ方

スープとご飯、1対1のペースで食べ進めるのが基本。追加のトッピングは1〜2品がベスト！

まずは一口スープだけ。スパイスの風味を味わう

スプーンでご飯をすくい、スープに浸けると食べやすい

具材はフォークとナイフで一口サイズにカットしながら

スープが少なくなったら、残りのご飯を投入するのもアリ！

素材の旨みが凝縮されたこだわりのスープ

チキン野菜カリー 1500円

一番人気のメニュー。鶏モモ肉に色鮮やかな緑黄色野菜がたっぷり

ご飯
道産米「ななつぼし」に雑穀を混ぜた九穀米

スープ
特製スープに魚介ダシをブレンドし、さらに風味をプラス

具
野菜の下には大ぶりのチキンレッグが入っている

◎追加トッピングも！
＋100円 納豆、温泉玉子、カマンベールフライなど
＋200円 とろろ芋、鶏ごぼう団子など

高圧釜で丁寧に煮出したスープ

スープカリー イエロー

豚骨や鶏ガラ、香味野菜などを高圧釜で長時間加熱し、素材の旨みを引き出したスープを使用。辛さは20段階から選べる。

札幌市中央区南3西1エルムビル1F
☎011-242-7333
営11:30〜20:30LO
休不定休 交地下鉄すすきの駅から徒歩5分 🚗なし
すすきの ▶MAP 別P.31 E-2

辛さに覚醒！スープカレーの王道

独特なネーミングにも注目

ピカンティ

基本と日替わりの3種類のスープと、子羊のガーリック焼きや道産牛のすじ煮込みなどのメイン具材を選ぶ。北大生御用達の人気店。

札幌市北区北13西3 アクロビュー北大前1F ☎011-737-1600 営11:30〜22:00 休無休 交地下鉄北12条駅から徒歩3分 🚗なし
北海道大学周辺 ▶MAP 別P.26 C-1

ご飯
大盛りは+100円、1.5盛りは+50円。半分、少なめなど量が調節できる

スープ
「38億年の風」は豚骨や鶏ガラベースに30種類のスパイスを使用した濃い系のスープ

具
サクッと揚げたフライドチキンに、にんじん、ピーマン、なす、ごぼう、ウズラ卵など

38億年の風 サクッとPICAチキン 1450円〜

スープカレーと相性ぴったりのチキンをトッピングした食べごたえ満点の一品

◎追加トッピングも！
＋120円 チーズ入りいももち、納豆、温泉たまごなど
＋150円 蒸しブロッコリー、蒸しキャベツなど

トッピングにも店それぞれの個性が出ている。自家製ハンバーグや鶏団子を出す店もあれば、豆腐や納豆といった和風具材が充実の店も。

本場で食べるから肉が旨い！！

ジンギスカンを頬張る

道民がこよなく愛するジンギスカン。ラム肉をこんがり焼いて頬張れば、ジューシーな旨みが口いっぱいに！　3つの異なるスタイルで食べられる名店をご案内。

食べてみよう！

厚切りマトン×シメラーメン

スリットの入った鍋でサッと焼いて食べる

盛り合わせ　1920円
生ラム、ラム肩ロース、マトン肩ロースの盛り合わせ。野菜もセット

鉄板の上にラード、まわりに野菜が置かれた状態で出てくる

鉄板が熱くなり、ラードがほどよく溶けたら肉をのせる。肉のフチの色が変わってきたら裏返して

裏返して10秒ほど焼いたら食べてOK。タレまたはお好みで塩をつけるのもいい

やまか名物、残ったタレをダシで薄めて食べるシメのラーメン200円は必ず注文したいメニュー

カウンター席とテーブル席とがある店内

炭焼きでいただく新鮮肉

炭焼き成吉思汗 やまか

すみやきじんぎすかん やまか

半身の塊で肉を仕入れ、部位ごとにスライス。生ラム1050円のほか、数量限定のラムのサーロイン1210円なども。醤油ベースのタレか塩コショウで。

札幌市中央区南6西4-1 プラザ6・4ビル裏すすきの花小路1F　☎011-561-3577　営17:00～22:30LO　休火曜、第1月曜　交地下鉄すすきの駅から徒歩5分　Pなし

すすきの ▶MAP 別P.31 D-2

WHAT IS

ジンギスカン

羊毛の生産用に飼育された羊の肉を、おいしく消費するために広まったと言われている。道民のソウルフードだ。

【羊肉の種類】

・マトン
生後2年以上経った羊の肉。羊肉の香りが強め

・ラム
生後1年未満の子羊の肉。やわらかくクセが少なめ

【羊肉の部位】 一般的なのは脂身の少ないモモや、脂がほどよく付いたショルダー。ロースは希少。

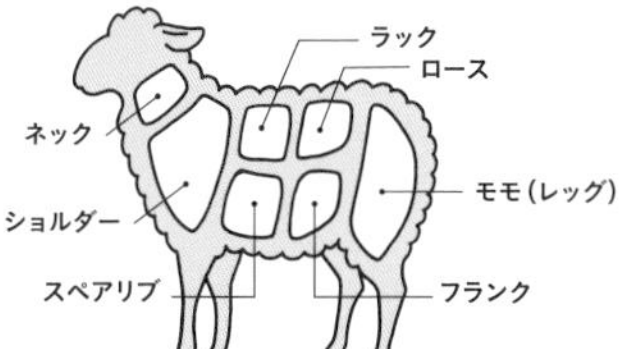

食べ方は2タイプ

肉を焼いてからタレをつけて食べる「後づけ」、肉をタレに漬け込んでから焼く「味つけ」の食べ方が主流。

「焼き」のスタイルもいろいろ

スリット入りのジンギスカン鍋で焼くのが定番だが、店によっては網焼き、プレートで焼く場合もある。

定番鍋×道産羊

スリットの入った鍋で焼き上げ。余分な脂は溝に落ちる

食感が楽しめるよう肉は厚めです

白糠町産生ラム　2900円
希少な道産羊肉。味は濃厚ながらも脂はあっさり

上質な道産羊が食べられる店

札幌成吉思汗 しろくま 札幌本店

さっぽろじんぎすかんしろくま さっぽろほんてん

白糠の茶路めん羊牧場産を主に扱い、1皿2800円～。オーストラリア産ラム1200円～なども。

札幌市中央区南6西3 ジョイフル札幌 ジャスマック1番館1F
☎011-552-4690　営18:00～翌1:00LO（木～土曜は～翌1:30LO、日曜、祝日は17:00～22:00LO）
休不定休　交地下鉄すすきの駅から徒歩3分　🚗なし
すすきの ▶MAP 別P.31 D-2

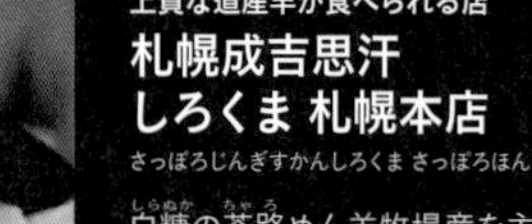

店内はカウンターのみ22席

ビヤホールでにぎやかに食べる

サッポロビール園

サッポロビールえん

サッポロビール博物館に隣接。新鮮な生ビールとジンギスカンが味わえる。食べ放題コースまたはアラカルトでも注文できる。

札幌市東区北7東9-2-10
☎0120-150-550（予約専用ダイヤル）　営11:30～21:00
休無休　交JR苗穂駅から徒歩7分　🚗150台
札幌郊外 ▶MAP 別P.26 C-2

巨大なビールの仕込み窯が置かれたケッセルホール

食べ放題×ビール

キングバイキング「定番食べ放題コース」（120分）3600円
3種類のお肉に、焼き野菜が食べ放題。飲み放題付きは5280円

※トラディショナルジンギスカンは含まれない

ジンギスカンにはロールラム（マトン）と呼ばれる肉がある。これは肉の端を丸く詰めて冷凍にしてからスライスしたもの。

海の幸を酒のつまみに

道産居酒屋でカンパイ！

北海道の居酒屋は刺身も焼き魚も新鮮。美しく盛り付けられた刺し盛りや店の名物料理は絶対頼んでおきたい。一日の最後のシメまで欲張ろう！

道内産地直送の魚介を驚きの価格で！

カキ　1個165円

身入りのいい厚岸や仙鳳趾（せんぽうし）で捕れたカキを使用

1杯にレモンが半分付いてくるド炭酸超生搾りレモンサワー420円をはじめ、ドリンクもリーズナブル

＼漁協直送ならではの値段で提供！／

コスパよしの大衆居酒屋

大衆酒場 くろべゑ

たいしゅうさかば くろべえ

道内各地の漁協から直送される魚介が自慢の居酒屋。名物は大釜で煮るあら煮やもつ煮（日替わり）。大衆刺盛は100%道産。

札幌市中央区北1西7 おおわだビルB1F
☎ 011-206-0823　㋼ 11:30 ～ 14:00LO、17:00～23:00LO（土曜は夜営業のみ）㊡日曜、祝日　ⓧ地下鉄大通駅から徒歩5分
🚗なし

大通公園周辺　▶MAP 別P.28 B-3

カウンター11席にテーブルが10卓。裸電球が吊るされ昭和の雰囲気が漂う

名物はコレ！

もつ煮全部入り　750円

じっくりぐつぐつ煮込んだもつ煮込みは常連客にも大人気

WHAT IS

北海道のお酒

自然と水に恵まれた北海道は酒造りも盛ん。道内に11の清酒メーカーがある。ここでは代表的な日本酒を紹介。

【国士無双】
高砂酒造（旭川）
端麗辛口ブームの火付け役。きりっとした飲み口とやわらかな香り。

辛口

【千歳鶴】
日本清酒（札幌）
道産米100%、仕込み水には豊平川の伏流水を使用。調和のとれた味わい。

やや辛口

【男山】
男山株式会社（旭川）
大雪山系の万年雪を源とする伏流水を使用。特別純米男山は北海道限定商品。

やや辛口

刺身盛り合わせ　3900円〜
その日おすすめの新鮮魚介を盛り合わせに

羅臼産ホッケの開き　2590円〜
炭火でこんがり焼き上げた肉厚のホッケ。脂ノリも抜群

国稀や北の勝といった地酒のほか、道産焼酎も豊富

名物のつっこ飯を食べずには帰れない！

漁師の活気あふれる居酒屋

海味はちきょう 別亭おやじ

うみはちきょう べっていおやじ

大漁旗や浮き輪が飾られた番屋のような雰囲気の店内。道内各地から届けられる新鮮魚介を豪快なメニューで味わえる。

札幌市中央区南3西3 TM24ビル1F
☎011-241-0841　営18:00〜24:00（金曜は17:00〜。土・日曜、祝日は17:00〜23:00）
休不定休　交地下鉄すすきの駅から徒歩3分
🚗なし

すすきの ▶MAP 別P.31 D-2

本店、別亭おふくろ、別亭あねご、いくら御殿の全5店舗展開

名物はコレ！

つっこ飯（中）　2690円
自家製のイクラの醤油漬けを「オイサー！」のかけ声に合わせてご飯の上に盛ってもらう。3サイズあり

新鮮魚介でお腹いっぱいに

積丹浜料理 第八 太洋丸

しゃこたんはまりょうり だいはち たいようまる

漁師経験を持つ大将が厳選して仕入れた旬の魚介類を、良心的な価格で堪能できる。6〜8月のみ食べられる積丹産ウニ（時価）は絶品。

札幌市中央区南4西3 第2グリーンビル6F　☎011-561-3451　営17:00〜23:00　休日曜（事前要問い合わせ）
交地下鉄すすきの駅から徒歩1分　🚗なし

すすきの ▶MAP 別P.31 D-2

店主を囲むように配置されたカウンター席と座敷がある

積丹出身の大将が仕入れる鮮度抜群の魚介！

いくら乗りジョニー　2750円
おにぎりサイズのご飯にイクラの醤油漬けをのせた一品

しまほっけ1980円など焼き物も人気

おまかせ刺し盛り　一人前1430円
時季によって内容は変わる。ホタテやタコなど。注文は2人前から

名物はコレ！

うにのまぐろ巻き　3960円
ウニをのせたシャリをマグロで巻いている。注文は2カン（990円）から

【北の一星】
田中酒造（小樽）
道産米「彗星」を100%使用した純米吟醸酒。フルーティーな香りと米の旨味が調和している。
辛口

【まる田】
小林酒造（夕張）
米の旨味を引き出した、特別純米酒 まる田。力強い味わい。

やや辛口

【大雪乃蔵 絹雪】
合同酒精（旭川）
低温仕込みの、純米吟醸 大雪乃蔵 絹雪。絹のようになめらかな口当たり。

辛口

【吟風国稀】
国稀（くにまれ）酒造（増毛）
道産米「吟風」を100%使用した純米 吟風国稀。さわやかな後味。

やや辛口

北海道には日本酒以外にも、その土地ならではのお酒がいろいろ。おもしろいのが焼酎で、じゃがいも焼酎や昆布焼酎なんてものもある。

札幌っ子が通うカフェで
コーヒータイムを過ごす

札幌の街を歩けばそこかしこにコーヒー店が。レトロな喫茶店から、空間自慢のおしゃれなお店、本格派のコーヒー専門店まで。数ある中からお気に入りの1店を探して。

COFFEE

コーヒーとミルクの組み合わせを楽しめる一杯

POINT
バリスタ自らが選んだジャージー牛乳など希少なミルクをラテで味わえる

通りに面したコーヒースタンド。店内にはカウンター席あり

北海道ミルクにフォーカスしたコーヒースタンド

BARISTART COFFEE

バリスタート コーヒー

道内各地の生産者から仕入れた牧場直送の牛乳と、自家焙煎のコーヒー豆を合わせた各種ラテが人気。牛乳本来の風味を味わって。

🏠札幌市中央区南4西4-8 NKC1-4第二ビル1F
☎011-215-1775
[営]10:00～17:00 [休]無休
[交]地下鉄大通駅から徒歩3分
🚗なし
大通公園周辺 ▶MAP 別P.30 C-1

バリスタートラテ
650円～
ミルクに合わせた自家焙煎のブレンドやシングルオリジンが数種類揃う

見た目だけじゃない、味も自信ありのラテアートで提供します！

各¥1980

クマの店舗ロゴをプリントしたオリジナルタンブラー

WHAT IS

ラテアート

エスプレッソにスチームミルクを加えて、ハートや葉っぱといった模様をコーヒーの表面に描く技術。右記はフリーポアの手法。

エスプレッソが入ったカップに、ピッチャーで少しずつミルクを注いでいく

ピッチャーを左右に振りながら、ミルクで少しずつ線を引いていく

仕上げにピッチャーを手前に真っすぐ引き、ラテアートの完成！

COFFEE

札幌を代表するコーヒーブランドの2号店

豆の風味を生かしたネルドリップ

ATELIER Morihiko

アトリエ モリヒコ

円山に本店を持つMORIHICO.の2号店。注文が入ってから1杯分ずつ豆を挽き、ネルドリップで淹れるコーヒーは格別に香りが豊か。ケーキは常時5種ほど。

札幌市中央区南1西12-4-182
0800-222-4883
営8:00～21:30LO（土・日曜、祝日は11:00～）
休無休
交地下鉄西11丁目駅から徒歩3分 🚗4台

大通公園周辺 ▶MAP 別P.30 A-1

POINT
注文が入ってから豆を挽くため、鮮度の高いコーヒーの風味を堪能できる

8:00～11:00のモーニングセットも人気。具だくさんのサンドイッチは季節によって変わる楽しみも

シブースト　528円
じっくり煮詰めたリンゴのコンポートをカスタードベースのクリームに合わせた

MORIHICO.ブレンド（カップ）　638円
定番ブレンドはフレンチとマイルドの2種。プラス275円でポットに変更可

粉がよく膨らむのは豆の鮮度の高さの証し

COFFEE

自家焙煎コーヒーを味わえる隠れ家的カフェ

ギフトも充実のコーヒー専門店

RITARU COFFEE

リタル コーヒー

世界中から厳選した豆を自家焙煎で提供。ブレンドだけでも10種あり、好みに合った1杯が必ず見つかる。スイーツほかパスタなどフードメニューも豊富。

札幌市中央区北3西26-3-8
011-676-8190
営8:30～20:30 休不定休
交地下鉄西28丁目駅から徒歩3分 🚗8台

円山公園周辺 ▶MAP 別P.26 B-2

スイーツセット　1040円
ココアクレープのケーキ、リタルロールに、香ばしく仕上げた円山ブレンドを合わせて。～690円までのドリンクから選べる

POINT
店内1階にあるロースターで煎ったコーヒー豆の販売を行う。道内外の雑貨店にも出荷

道産の木で豆をスモークした燻製珈琲。1パック189円、7パック入り1414円

1杯分ずつが個包装になったドリップバッグコーヒーはおみやげにも重宝。手軽ながらも、本格的な味が楽しめる。

アイスにもトッピングにもこだわりあり

ハイレベルなパフェに感動！

最後の一口までおいしい！ 名パティシエのパフェ

◆パフェの中身◆
- ベリーソース
- 生クリーム
- ソフトクリーム
- 3種のベリー
- スポンジ
- フィアンティーヌ

＼パフェはテイクアウトもできますよ／

ALL SEASON
スリーベリーパフェ　990円

ストロベリー、ラズベリー、ブルーベリーをふんだんに使用。一番人気のメニュー

◆ 焼きプリンパフェ 1045円
◆ 七色果物パフェ 1100円

北大近くのケーキ屋。学生の利用も多い

カフェ併設のケーキショップ

Cherry Merry
チェリー メリー

大ぶりなパフェグラスにはソフトクリームや生クリームがぎっしり。見た目が華やかで、食べごたえあるパフェが名物。焼き菓子やケーキの品揃えも多い。

札幌市北区北17西3-2-21　☎011-716-6495
営11:00〜19:00（カフェは〜18:00LO）　休水・木曜
交地下鉄北18条駅から徒歩1分　🚗なし
北海道大学周辺 ▶MAP 別P.26 C-1

見た目も味もキュート！ アーティスティックなパフェ

◆パフェの中身◆
- ミントフレーバーのアイス
- 生クリーム
- ベリーチーズクリーム
- メレンゲ
- ビスケット

ALL SEASON
Last MINTのミントパフェ　1350円

道産食材にこだわった、オリジナル配合のソフトクリームを使用。甘さを控えた軽めの仕上がり

OTHER MENU

◆ キャラメルミルクティーとプラリネのバナナパフェ 1850円
◆ The チョコレートパフェ 1550円など

店内はシックなミントカラーで統一されている

甘〜いトキメキをご提供♡

Sapporo Pancake & Parfait Last MINT
サッポロパンケーキ アンド パフェ ラストミント

“癒しの空間で安心して食べられるパンケーキとパフェ”がコンセプト。道産食材が中心のスイーツを、グリーンを基調としたアールデコ調インテリアの店内で楽しめる。

札幌市中央区南2西3-12-2 トミイビルNo.37 2F
☎011-211-5939　営11:00〜18:30LO
休月曜　交地下鉄大通駅から徒歩3分　🚗なし
大通公園周辺 ▶MAP 別P.31 D-1

酪農王国ならでは！　札幌ではパフェ文化もアツい。街中のカフェなどで食べられるだけではなく、パフェ専門店も増加中。目当てのパフェを見つけて！

WHAT IS

シメパフェ

すすきので飲んだあとにパフェを食べる「シメパフェ」ブーム沸騰で、パフェを出す店が急増している。2015年には札幌パフェ推進委員会も発足した。

見た目もかわいい大人のほろ酔いパフェ

◆パフェの中身◆
- ・ピスタチオジェラート
- ・シフォンケーキのラスク
- ・ミルクジェラート
- ・アーモンドクロッカン
- ・クッキークランブル

ALL SEASON
ピスタチオとチョコレート 1780円

フルーツと相性のいいお酒やスイーツを組み合わせて作られる

OTHER MENU
- ◆ 不可能を可能にするダリア 2180円
- ◆ 感謝のガーベラ 1880円

カウンター席もあり1人でも入りやすい

新作パフェが次々登場

夜パフェ専門店 Parfaiteria PaL

よるパフェせんもんてん パフェテリア パル

季節のフルーツとジェラート、お酒のジュレなどを組み合わせたパフェが常時6種類ほど。入荷するフルーツにより内容が変わるので、いつ行っても楽しみ。

札幌市中央区南4西2-10-1 南4西2ビル6F
☎011-200-0559　営18:00～24:00(金・土曜、祝前日は～翌2:00)
休不定休　交地下鉄豊水すすきの駅から徒歩1分　🚗なし
すすきの ▶MAP 別P.31 D-2

お酒や珈琲とも味わいたい大人の夜パフェ

◆パフェの中身◆
- ・アーモンドチュイール
- ・キャラメルアイスに黒海塩
- ・ピスタチオアイス
- ・カシスムース
- ・北海道ソフトクリーム
- ・リンゴジュレ

ALL SEASON
塩キャラメルとピスタチオ 1454円

パフェに使用しているアイスクリームやソフトクリームにもこだわりがあり、お店で手作りしている

OTHER MENU
- ◆ 季節のフルーツ 1595円
- ◆ 豆と梅、ほうじ茶 1454円

店内は和の雰囲気を取り入れたおしゃれな空間

好みのドリンクと一緒にパフェを楽しめる

パフェ、珈琲、酒、佐藤

パフェ、こーひー、さけ、さとう

定番6種類のパフェと、年に数回登場する期間限定パフェを提供。ネルドリップでいれる珈琲や日本酒、焼酎などのドリンクと一緒に味わえる。

札幌市中央区南2西1-6-1 第3広和ビル1F
☎011-233-3007　営18:00～24:00(金曜は～翌1:00、土曜は13:00～翌1:00、日曜は13:00～24:00)　休不定休
交地下鉄すすきの駅から徒歩5分　🚗なし
狸小路 ▶MAP 別P.31 E-1
※2024年4月26日から同区南1条西2-1-2で移転オープン予定

札幌市内でシメパフェが食べられるお店は2023年現在20店舗以上。アルコールとセットにして提供する店も多い。

北海道銘菓を代表

北菓楼＆六花亭スイーツハント

道内菓子メーカーのカフェが続々オープン。素敵な内装に絶品スイーツ、おみやげ用のお菓子だってここで買えちゃう！　味わうべき＆買うべきものを予習して。

歴史的建造物をリノベした
実力派菓子ブランドのカフェ
北菓楼
KITAKARO

リノベーションのデザインは建築家・安藤忠雄が手がけた

カフェにショップにイートインも

北菓楼 札幌本館

きたかろう さっぽろほんかん

1926（大正15）年建築の北海道庁立図書館として使われていた建物をリノベーション。カフェメニューやイートインも充実。

札幌市中央区北1西5-1-2
☎0800-500-0318
営10:00～18:00
（カフェは～16:30LO）　休無休
交地下鉄大通駅から徒歩4分
🚗なし
大通公園周辺 ▶MAP 別P.28 C-3

1階はショップとイートインコーナー

KITAKARO SWEETS

定番はシュークリーム。ここでしか買えない札幌本館限定商品もいろいろ！

バウムクーヘン妖精の森（ホール高さ4cm）　**1296円～**

北海道産素材にこだわり、しっとり焼き上げたバウムクーヘン。配りやすい個包装タイプも人気

ケーキセット　917円

好きなケーキ1品にシフォンケーキ、ミニソフトクリーム、ドリンクがセット

北海道廳立図書館　1188円

キャラメル入りチョコとラングドシャがそれぞれ小分けに。別々に食べても、挟んで食べても

夢がさね　1300円

しっとり生地のチョコケーキでアプリコットジャムをサンド

北海道開拓おかき　490円～

野付産北海シマエビ味（期間限定）、枝幸産帆立味など味は全10種

夢不思議　1個250円

サクサクのパイ生地の中身は、生クリームとカスタードを合わせた北菓楼特製クリーム

WHAT IS

北菓楼 きたかろう

砂川市に本店がある人気菓子店。喫茶があるのは本店と札幌本館のみ。シュークリームほかバウムクーヘンも人気。

六花亭 ろっかてい

帯広千秋庵が前身。六花亭への社名変更を記念し発売したマルセイバターサンドがヒットし、現在も定番商品として愛されている。

花柄包装紙でおなじみ帯広発ブランド

和洋にこだわらず幅広いラインナップを取り揃えている

季節感あふれる和洋菓子が充実

六花亭 札幌本店

ろっかてい さっぽろほんてん

1階がショップ、2階が喫茶、5階がギャラリー、6階がコンサートホールとなっている。定番のマルセイバターサンドをはじめ和洋菓子を販売。

札幌市中央区北4西6-3-3
☎0120-12-6666 営10:00～17:30(喫茶は11:00～16:00LO。時季により変動) 休無休(喫茶室は水曜定休) 交JR札幌駅から徒歩3分 🚗なし

札幌駅周辺 ▶MAP 別P.28 B-2

2階の喫茶室

ROKKATEI SWEETS 新商品も続々登場中！ レトロなパッケージもかわいいマルセイシリーズが好評。

カフェ

ホットケーキ　750円

ふわっと焼き上げたホットケーキ。バターとメープルシロップをたっぷりかけて

イートイン

マルセイアイスサンド　250円

レーズン入りのアイスをビスケットでサンド。限られた店舗のみで販売

マルセイビスケット12枚入り　640円

マルセイバターサンドのビスケット部分をそのままに味わえる商品

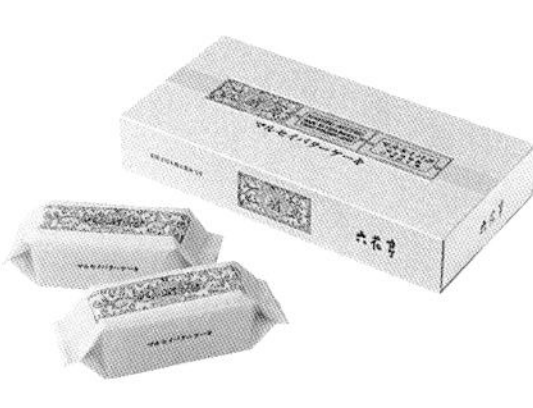

マルセイバターケーキ5個入り　760円

バターが香るスポンジ生地でチョコガナッシュをサンド

イートイン

雪やこんこまじりっけなし　350円

特製ソフトクリームにビターなココアビスケットをトッピング。週末のみの提供

定番

マルセイバターサンド5個入り　730円

ホワイトチョコにレーズン、バターを合わせたクリームをビスケットでサンド

乳製品や小麦粉など原材料はほぼ道内で仕入れられるため、ケーキの値段はリーズナブル。1個300円以下というところも少なくない。

世界の雑貨が札幌で買える！
セレクトショップでお気に入りを探す

札幌でのショッピングはグルメ系やスイーツ系が充実しているのはもちろんのこと、実は北欧雑貨や輸入もののアンティークを扱うお店も点在。一点ものを探しに行こう！

ストーリー性のある 世界各国の日用品

ディスプレイもステキ！

一点ものの北欧雑貨を探すなら

presse
プレッセ

「日常の生活にストーリーを」がコンセプト。木のぬくもりあふれる店内には、スウェーデンやフィンランド、リトアニアなど世界各国から仕入れた雑貨や日用品が並ぶ。

🏠札幌市中央区南3西26-2-24 もみの木SO 2F ☎011-215-7981 [営]12:00〜17:00(日曜は〜16:00) [休]月・火曜 [交]地下鉄円山公園駅から徒歩5分 🚗なし

[円山公園周辺] ▶MAP 別P.26 B-2

年月を経たモノにしかない味わいをぜひ感じて

毛糸はオーナー自らが編んでみて、気に入ったものだけをセレクト。夏向けのコットンウールの糸も扱う

¥1265〜

デンマークのメーカー、Isagerと Holst Garnの毛糸

キッチン雑貨に手芸用品、ファブリックまで品揃えも豊富

PRODUCT

¥3456

針葉樹林をモチーフにしたFine Little Day/GRANのトートバッグ

¥3200

白樺のキャニスター(小)。使い込むほどに味が出る

WHERE IS

ショッピングスポット

札幌＆北海道メイドのアイテムを探すならこちらのショップもおすすめ！

古布や古道具をリメイク

origami

オリガミ

バッグやポーチなど、古布を使用したリメイクグッズを扱う店。北海道のクリエイター作品も販売。

🏠札幌市中央区南2西25-1-21　☎011-699-5698　営12:00～18:00　休月～水曜　交地下鉄円山公園駅から徒歩2分　🚗1台

円山公園周辺 ▶MAP 別P.26 B-2

¥5900

古布パッチワーク
パイピングポーチ

マンションの部屋がショップに

SPACE1-15

スペースいちいちご

古いマンションの部屋がさまざまなジャンルの雑貨屋さんに。個性豊かな作家作品が集まる。

🏠札幌市中央区南1西15-1-319 シャトー・ル・レェーヴ　☎営休店舗により異なる　交地下鉄西18丁目駅から徒歩5分　🚗なし

札幌郊外 ▶MAP 別P.26 B-2

¥2310　¥1980

手作りポーチと
キーケース（yurarika）

ドアの向こうに広がるヨーロッパのアンティーク空間

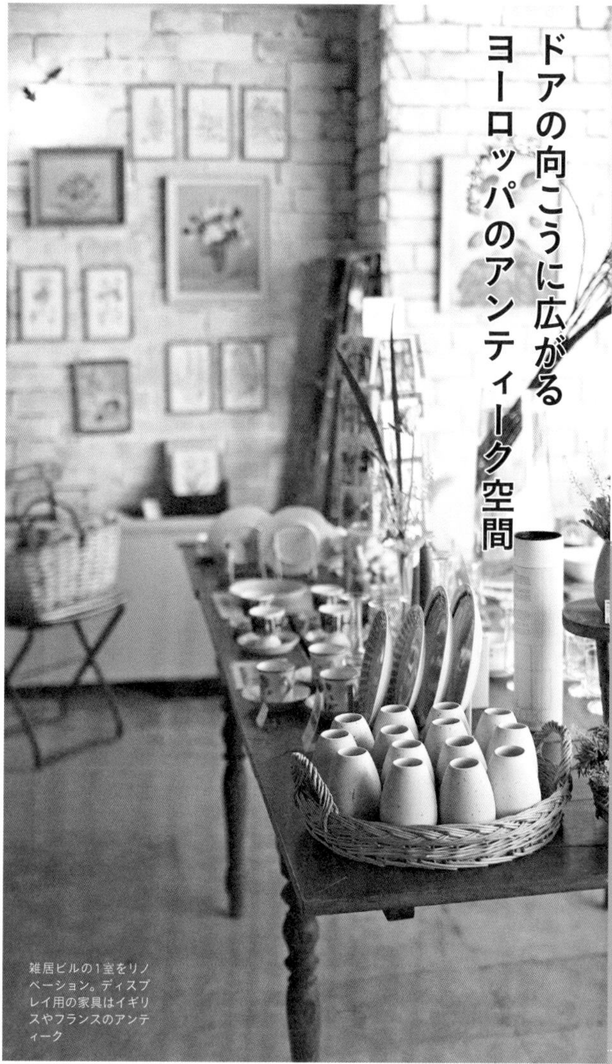

雑貨を通して北欧の暮らしを伝える

piccolina

ピッコリーナ

スウェーデンやデンマークの雑貨ほか、ヨーロッパ中から仕入れたアイテムを販売。雑貨や衣類を通じて各国の文化も伝えたいと、イベントも定期的に開催している。

🏠札幌市中央区南1西1-2
大沢ビル4F
☎011-212-1766
営11:00～19:00
休火・水曜、不定休
交地下鉄大通駅から徒歩2分
🚗なし

大通公園周辺 ▶MAP 別P.31 E-1

スウェーデンのローゼンダール・ガーデンをイメージした飾り棚

雑居ビルの1室をリノベーション。ディスプレイ用の家具はイギリスやフランスのアンティーク

PRODUCT

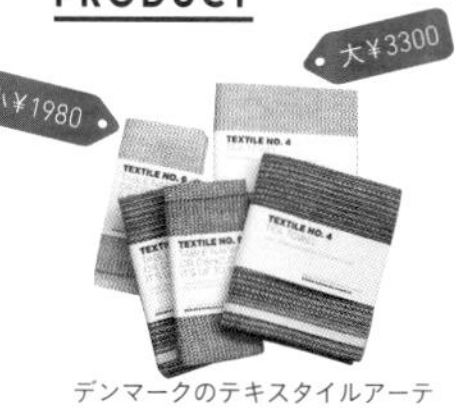

小¥1980　大¥3300

デンマークのテキスタイルアーティストによる麻100%のクロス

大¥9900

プラムの模様が美しい、リンドベリ作のヴィンテージ食器

SPACE1-15内のショップは現在20店ほど。どの店も規模は小さく、ギャラリーのようで見ているだけでも楽しめる。

道内から集まった厳選アイテム

おいしい食みやげを持ち帰る

食の都、北海道。おみやげとして売られている食品も、どれもこれも高レベルなものばかり！自宅用にはもちろん、おみやげにも喜ばれるアイテムが大集合。

＼ハズレなし！／

スイーツ

レトロなものから個性派まで、スイーツなら誰もが大好き！

五勝手屋 ミニ丸缶羊羹

FROM 江差

金時豆で作られており、丸缶型は糸で巻き切って食べる Ⓐ

北海道にしかないみやげの定番！

¥1080

北海道 サイコロキャラメル 10粒×5本

FROM 函館

サイコロキャラメル誕生90周年を記念して復活したパッケージ Ⓐ

月寒あんぱん

FROM 月寒

薄い生地に餡が詰まった北海道生まれのロングセラー Ⓐ

卵と牛乳を混ぜるだけ

¥411

北海道パンケーキミックス

FROM 岩見沢

道産小麦粉を使用している。ふっくら、もちもちとした食感に焼き上がる Ⓑ

＼料理好きなあの人に…／

食材＆調味料

食卓のお供に大活躍。北海道グルメを家庭でも。

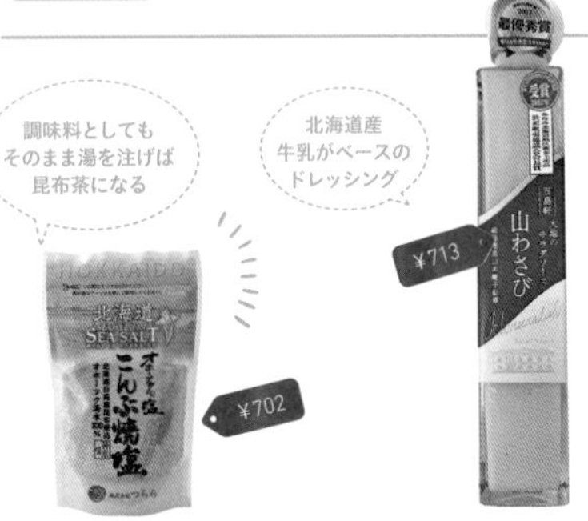

オホーツクの塩 こんぶ焼塩

FROM 紋別

オホーツクの海水を数日かけて煮詰めた塩に日高産昆布をプラス ⒶⒷ

大地のサラダソース 山わさび

FROM 函館

北海道産の山わさびを効かせたまろやかな酸味のソース Ⓑ

うちのスープカレー FROM 札幌

濃縮スープで2人前。左からあっさりトマト味、濃厚エビ味、昆布だし和風味 ⒶⒷ

乾燥パスタ FROM 岩見沢

岩見沢産のキタノカオリ使用。6.5mmのタリアテッレ（平打ち麺） ⒶⒷ

＼お酒と一緒に！／

おつまみ＆チーズ

野菜やチーズ、海産系
などジャンルいろいろ。

サラダ感覚で
どうぞ♪

ミックスベジタブルピクルス

FROM 岩見沢

ダイコン、キュウリなど4種の道産野菜をスティック状にカットしてピクルスに Ⓑ

¥746

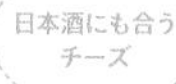

ストリング日高

FROM 十勝

刻んだ日高昆布、日高昆布醤油、日高昆布出汁などを合わせ、さらに特製タレに漬け込んだ日高昆布づくしのチーズ Ⓐ

鮭ジャーキー(チーズ入)

FROM えりも

道産サケにチーズを練り込みスティック状に仕上げたジャーキー ⒶⒷ

味は
全4種ある

月のチーズ フレッシュクリームチーズ ハスカップ＆ハニー

FROM 滝上

ハスカップソースと滝上町産のハチミツをブレンド。ワインや紅茶にも合う ⒶⒷ

SHOP LIST ここで買う

駅ナカで帰り道に立ち寄れる

Ⓐ 北海道どさんこプラザ札幌店

ほっかいどうどさんこプラザさっぽろてん

駅直結で、帰り際のおみやげショッピングに最適。道内各地から集めた約2000アイテムが揃う。随時新商品も登場。

札幌市北区北6西4
JR札幌駅西通り北口
☎011-213-5053
営8:30～20:00
休 無休
交 JR札幌駅直結 🚗なし

札幌駅周辺 ▶MAP 別P.28 C-1

北海道の「おいしい」をお届け

Ⓑ きたキッチン オーロラタウン店

きたキッチン オーロラタウンてん

さっぽろ地下街内にあるフードショップ。道内各地の味覚やスイーツ、乳製品、海産加工品などを幅広く揃えている。

札幌市中央区大通西2
さっぽろ地下街オーロラタウン内
☎011-205-2145
営10:00～20:00
休 不定休(地下街に準ずる)
交 地下鉄大通駅直結 🚗あり

大通公園周辺 ▶MAP 別P.29 D-3

HOW TO

おみやげショッピング

限られた滞在時間の中で、おみやげをいつ、どれくらい買うか、あらかじめ計画しておくと失敗なし。

事前に保冷バッグを用意しておくのがおすすめ

・冷凍・冷蔵モノ、いつ買う？

可能であれば最終日の、空港に向かう直前に買うのがいい。空港内にもショップがある。

・発送するのもアリ

1店舗でまとめ買いするのであれば、お店から直接発送するのが楽。ホテルから発送するのも手。

北海道といえども、油断していると冷蔵モノはすぐ傷んでしまう。特にチーズや海産物は注意。クール便で送るのが一番安心。

ひと足のばして行きたいエリア

札幌から車で2時間30分

湖と温泉のジオパーク

洞爺湖

とうやこ

周囲42kmのカルデラ湖で、中央には4つの島からなる中島がある。火山によって形成された地形は世界ジオパークに登録されている。

どんなエリアなの？

豊かな自然に恵まれておりアウトドアが充実。湖畔に温泉地がある。

洞爺湖への行き方

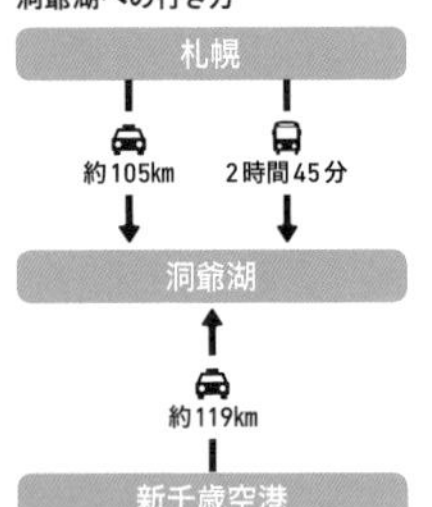

touyako 01

洞爺湖をぐるりクルーズ

羊蹄(ようてい)山や有珠(うす)山を眺めながら、のんびりレイククルーズ。自然豊かな中島への上陸も楽しみ！

700人以上が乗船可能なエスポアール号

中島に向かってクルーズ

洞爺湖汽船

とうやこきせん

洞爺湖温泉から羊蹄山などの景色を眺めながら、湖内の中島を周遊するクルーズ。夏季は中島に上陸して散策することも。

洞爺湖町洞爺湖温泉29 ☎0142-75-2137 営夏季8:30～16:30（運航は30分ごと。冬季は9:00～16:00、運航は1時間ごと） 休無休 料乗船1500円 交洞爺湖温泉BTから徒歩5分 🚗150台

▶MAP 別P.23 F-2

touyako 02

ウィンザーホテルでラグジュアリーなステイ

洞爺湖のリゾートを代表する名ホテル。ホテルから望む絶景と上質なサービスで、快適な滞在時間を過ごそう。

ロビーのガラス窓からは洞爺湖が望める

高台にある高級ホテル

ザ・ウィンザーホテル洞爺リゾート&スパ

ザ・ウィンザーホテルとうやリゾート アンド スパ

標高625mの山頂にあり、客室からは洞爺湖か内浦湾が一望できる。ホテル内にはミシュランの星を獲得したレストランや人気のパティスリーも。

洞爺湖町清水336
☎0142-73-1111
料カジュアルスタイル5万4000円～
IN 15:00 OUT 12:00
交洞爺湖温泉BTから車で15分
🚗あり ▶MAP 別P.23 F-2

touyako 03

洞爺湖のご当地スイーツをチェック！

まさにサツマイモ！な見た目の北海道銘菓、わかさいも。誕生の地、洞爺湖でご当地スイーツを味わおう。

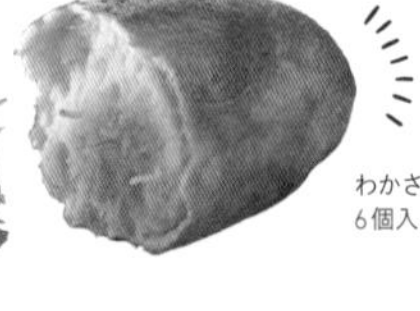

わかさいも
6個入り 860円

洞爺湖といえばコレ

わかさいも 洞爺湖本店

わかさいも とうやこほんてん

北海道産大福豆を使った白餡にきざみ昆布を加え、焼き芋を表現したお菓子「わかさいも」の本店。店内併設工房で揚げたての「いもてん」も実演販売。

洞爺湖町洞爺湖温泉144
☎0142-75-4111 営9:00～18:00
休無休 交洞爺湖温泉BTから徒歩1分 🚗100台

▶MAP 別P.23 F-2

札幌から日帰りで行ける距離ながらも、北海道らしい豊かな自然がいっぱいのエリアがこちら。
アクティビティに名物グルメ、温泉と、楽しみも尽きない！

札幌から車で1時間10分

日本屈指の水質のよさで知られる

支笏湖

しこつこ

火山の噴火によってできたカルデラ湖。日本最北の不凍湖としても知られており、水質のいい湖にはヒメマスが生息している。

どんなエリアなの？

湖周辺には眺めのいい温泉旅館やレストランなどがある。

支笏湖への行き方

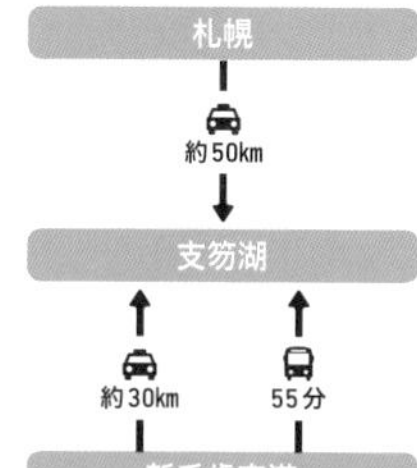

shikotsuko 01 水上から湖の透明度を体感する

水質ランキングで11年連続日本一の支笏湖。透明度の高い湖を観光船やカヤックで楽しめる。

2隻の水中観光船が就航している

支笏湖の中はどうなっている？

支笏湖観光船

しこつこかんこうせん

船底に水中窓があり、支笏湖の湖内を観察できる水中遊覧船。湖底の模様や柱状節理の崖、ヒメマスやウグイが泳ぐ様子を見られる。

千歳市支笏湖温泉　☎0123-25-2031
営4月中旬～11月上旬の8:40～17:10（30分ごとに運航。時季により変動）　休期間中無休
料乗船1650円　交バス停支笏湖から徒歩3分
🚗公共有料利用　▶MAP 別P.12 B-1

まるで空中に浮かんでいるかのよう

底が透明なカヤックで湖上を進む

支笏湖クリアカヤックツアー

しこつこクリアカヤックツアー

底の部分が透明なクリアカヤックに乗って支笏湖や千歳川を周遊。透明度の高い湖の中が見え、湖と一体化したような感覚に。ダイビングやリバーシュノーケリングといったメニューもある。

千歳市支笏湖温泉番外地
☎080-9325-6507（オーシャンデイズ）　営8:30～17:30
休不定休
料8000円（所要約2時間）
交バス停支笏湖から徒歩1分
🚗有料利用（11～3月は無料）
▶MAP 別P.12 B-1

shikotsuko 02 支笏湖名物のチップを食べる

支笏湖産のヒメマスは「チップ」と呼ばれ、味がいいことで有名。6～8月の漁期は釣れたばかりの新鮮なチップが食べられる。

湖を眺めながらヒメマスを

ポロピナイ食堂

ポロピナイしょくどう

湖畔にある食堂で、名物のヒメマスが味わえる。カレーの上にヒメマスの姿フライがのったチップカレー1400円もおすすめ。

千歳市幌美内　☎0123-25-2041（ポロピナイカンパニー）
営4月上旬～11月上旬の10:00～17:30
休期間中無休　交バス停支笏湖から車で15分
🚗80台　▶MAP 別P.12 B-1

ヒメマスの塩焼きとフライのポロピナイセット1380円

支笏湖周辺にも温泉施設が点在。宿泊施設内の温泉も、入浴料1000円前後で入ることができるので、散策途中に立ち寄ってみるのもいい。

札幌から車で1時間20分

豊富な源泉が湧き出る温泉郷

登別温泉

のぼりべつおんせん

源泉地の地獄谷からは数種類の泉質の温泉が1日1万トンも湧出する。多くの温泉宿が立ち並び、道内屈指の温泉地として名高い。

どんなエリアなの？

メインストリートの極楽通り沿いに食事処やみやげ屋が軒を連ねる。

登別温泉への行き方

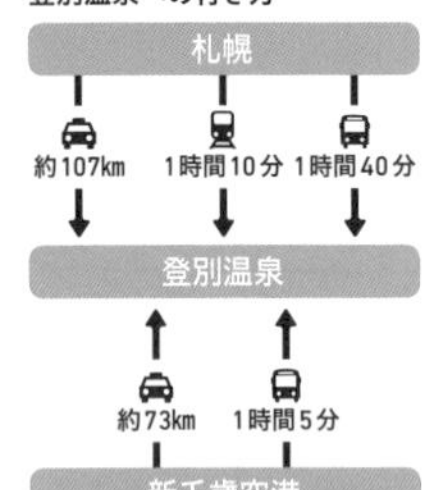

温泉地ならではの景勝を見に行く

谷の噴気孔からは白い噴煙がもわもわと立ち上り、まさに「鬼の棲む地獄」のような風景！

まるで地獄のような源泉地

地獄谷

じごくだに

噴火活動でできた直径約450mの爆裂火口跡で、登別温泉の源泉地。一周約20分の遊歩道が設けられており、噴気孔や間欠泉を間近で見られる。

登別市登別温泉町 ☎0143-84-3311（登別国際観光コンベンション協会） 営見学自由 交登別温泉BTから徒歩15分 160台（有料） ▶MAP 別P.12 A-2

木道の先にある鉄泉池（間欠泉）。タイミングが合えば湧出の様子が見られる

自然の中の足湯でほっこり

川の湯温は約40℃。流れる川に足を浸けて足湯として楽しむことができる。森林浴を楽しみながらリラックス。

天然の足湯で身も心も癒される

流れている川全体が温泉！

大湯沼川天然足湯

おおゆぬまがわてんねんあしゆ

大湯沼に湧く温泉が川となって流れ出す、大湯沼川にある天然の足湯。丸太のベンチに座って足湯が楽しめる。

登別市登別温泉町 ☎登別国際観光コンベンション協会 営日没まで（高温時、冬季は利用不可になる場合あり） 料無料 交登別温泉BTから徒歩20分 大湯沼駐車場利用（冬季閉鎖） ▶MAP 別P.12 A-2

noboribetsu 03

ヒグマたちを間近で観察

約70頭ものヒグマが放し飼いされている、珍しいヒグマ専門の動物園。個性豊かなクマたちに会いに行こう。

ガラス越しにクマを見られる「人のオリ」

かわいい子グマが毎年誕生します

かわいいヒグマたちに出合える

のぼりべつクマ牧場

のぼりべつクマぼくじょう

ロープウェイで上った標高550mの山頂にあるヒグマの飼育施設。クマへのエサやり体験、ヒグマ専門の博物館見学ができる。

登別市登別温泉町224 ☎0143-84-2225 営9:30～16:30（時季により変動） 休無休（強風または施設保守によるロープウェイ運休時は休園） 料入場2800円（ロープウェイ料金含む） 交JR登別駅から車で15分 150台（有料） ▶MAP 別P.12 A-2

札幌から車で50分

札幌の奥座敷と呼ばれる温泉地

定山渓温泉

じょうざんけいおんせん

修行僧の美泉定山(みいずみじょうざん)により、1866(慶応2)年に開湯された温泉。無料で利用できる手湯や足湯があり、周辺には渓谷美を楽しめる散策路も。

どんなエリアなの？

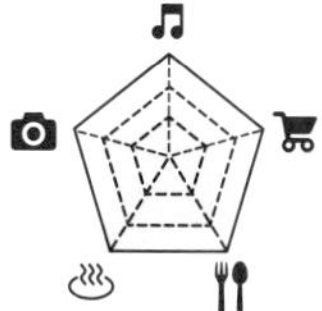

多くの宿泊施設で立ち寄り湯ができる。札幌からの日帰りにもおすすめ。

定山渓温泉への行き方

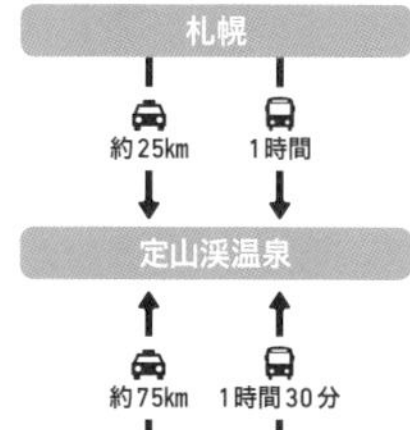

jyouzankei 01

オプション付き日帰り入浴で自分磨き

入浴だけでなく、ランチやエステなどオプション付きのプランが人気。体の内側から美しくなろう♪

中央に暖炉を配した明るく開放的なロビー

遊び心あふれる空間でリラックス

定山渓 鶴雅リゾートスパ 森の謌

じょうざんけい つるがリゾートスパ もりのうた

豊かな森に囲まれた施設。森の中のオアシスのような大浴場と、彩り鮮やかなメニューが並ぶ「森ビュッフェ」が好評。

札幌市南区定山渓温泉東3-192 ☎011-598-2671 ㊔ランチは11:15～13:00(土・日曜、祝日は11:15～と13:00～の2部制)、入浴は11:30～14:30 ㊕入浴とランチのセット3900円 ㊡火・水曜 ㊈バス停白糸の滝から徒歩4分 🚗50台 ▶MAP 別P.12 A-1

5つの内風呂と露天風呂がある約450㎡の大浴場

充実の温泉施設と彩り豊かなランチビュッフェ

定山渓万世閣ホテルミリオーネ

じょうざんけいまんせいかくホテルミリオーネ

広々とした大浴場には定山渓の山々を望む露天風呂のほか、和風の内湯やサウナもある。土・日曜、祝日限定のランチビュッフェ付き日帰り入浴プランがおすすめ。

札幌市南区定山渓温泉東3 ☎0570-08-3500 ㊔12:00～21:00(最終受付20:00) ㊡無休 ㊕土・日曜、祝日限定ランチビュッフェ付き日帰り入浴プラン3200円 ㊈バス停定山渓から徒歩1分 🚗公共利用 ▶MAP 別P.12 A-1

jyouzankei 02

豊平川周辺の渓谷美を楽しむ

定山渓温泉街を流れる豊平川。木々に囲まれた渓谷沿いは秋になると紅葉の名所となる。

赤い橋と紅葉が美しい

二見吊橋

ふたみつりばし

渓谷に架かる真っ赤な吊橋。カッパ伝説発祥の地として有名な「かっぱ淵」が見られ、川のせせらぎを聞きながら森林浴が楽しめる。

札幌市南区定山渓温泉西4 ☎011-598-2012(定山渓観光協会) ㊔見学自由(冬季通行止め) ㊈バス停定山渓湯の町から徒歩5分 🚗公共利用 ▶MAP 別P.12 A-1

四季を通して人気のスポット

定山渓温泉の名物といえば「大黒屋商店」の温泉まんじゅう。薄皮に黒糖あんがたっぷり入っており、1個80円で販売。

観光の拠点はココ！

札幌のシティホテルに泊まる

ラグジュアリー

駅直結ながらもリゾート気分を堪能

客室の窓からは札幌市街の眺めが広がる

アクセス至便で豪華ステイ

JRタワーホテル日航札幌

ジェイアールタワーホテルにっこうさっぽろ

高層階にある客室やレストランからは、札幌の街を一望。22階のスパでは夜景を眺めながら天然温泉が楽しめる。

料金 シングル2万6400円、ツイン4万4550円～

札幌市中央区北5西2-5
011-251-2222
IN 15:00　OUT 11:00
JR札幌駅直結　337台
札幌駅周辺 ▶MAP 別P.29 D-2

朝食が充実

旬の魚介に新鮮野菜まで充実のラインナップ

和食や洋食などバラエティ豊かなビュッフェ

北海道を堪能できるビュッフェ

京王プラザホテル札幌

けいおうプラザホテルさっぽろ

フレンチのエッセンスを加えた料理や、シェフが目の前で調理するオムレツなどが並ぶビュッフェが人気。客室は温もりのある落ち着いた空間。

料金 1泊朝食付き2万円～

札幌市中央区北5西7-2-1
011-271-0111
IN 14:00　OUT 11:00
JR札幌駅から徒歩5分　有料300台
札幌駅周辺 ▶MAP 別P.28 B-2

老舗ホテルならではのホスピタリティ

札幌グランドホテル

さっぽろグランドホテル

1934（昭和9）年に開業した北海道初の本格的洋式ホテル。客室はリラックスできる落ち着いた空間。和食、洋食から選べる朝食も好評。

料金 シングル2万8314円～、ツイン3万5453円～

札幌市中央区北1西4
011-261-3311
IN 15:00　OUT 11:00
JR札幌駅から徒歩10分
180台
札幌駅周辺 ▶MAP 別P.28 C-3

和洋55品目のビュッフェで満腹

ホテルグレイスリー札幌

ホテルグレイスリーさっぽろ

自分で具材をのせる「セルフ丼」をはじめ、北海道ならではのメニューが朝食に登場。札幌駅から徒歩1分、「新北海道スタイル」に取り組む安心の宿。

料金 シングル1万2100円～、ツイン1万8700円～、トリプル2万9700円～

札幌市中央区北4西4-1-8
011-251-3211
IN 14:00　OUT 11:00
JR札幌駅から徒歩1分
88台
札幌駅周辺 ▶MAP 別P.28 C-2

プライベート重視のくつろぎ空間

三井ガーデンホテル札幌

みついガーデンホテルさっぽろ

居心地のよさを追求したスタイリッシュな客室。ゲストラウンジや中庭を望めるガーデン浴場がある。朝食は北海道産中心の食材を使用。

料金 ツイン3万6000円～

札幌市中央区北5西6-18-3
011-280-1131
IN 15:00　OUT 11:00
JR札幌駅から徒歩4分
28台
札幌駅周辺 ▶MAP 別P.28 C-2

地産地消のこだわりの朝食をぜひ

クロスホテル札幌

クロスホテルさっぽろ

おしゃれで斬新なライフスタイルホテル。朝食は定番メニューのほか、北海道のローカルフードが揃う充実のビュッフェスタイル。

料金 シングル9000円～、ツイン1万2000円～

札幌市中央区北2西2-23
011-272-0010
IN 15:00　OUT 11:00
JR札幌駅から徒歩5分
38台
札幌駅周辺 ▶MAP 別P.29 D-3

北海道きっての観光地である札幌には宿泊施設がたくさん。高級感漂うリゾートホテルから
ニューオープンの個性派ホテルまで。自分にぴったりな宿泊スタイルを選ぼう。

コスパ自慢

ゆとりある空間を観光の拠点に

落ち着いたデザインの客室は全て30㎡以上で広々

フィットネスジムでリフレッシュ

イビススタイルズ札幌

イビススタイルズさっぽろ

すすきのも中島公園も徒歩圏内で観光や食事に便利。24時間営業のフィットネスジムは、宿泊者は無料で利用可。

料金
シングル6000円～、ツイン8000円～

札幌市中央区南8条西3-10-10
☎011-530-4055
IN 14:00　OUT 11:00
㊋地下鉄中島公園駅から徒歩2分
有料60台
中島公園 ▶MAP 別P.31 D-3

施設充実のシティリゾート

プレミアホテル-TSUBAKI-札幌

プレミアホテルツバキさっぽろ

空港から直通連絡バスがありアクセスが便利。客室は36～160㎡とゆったり。有名画家の作品が飾られた館内は、ヨーロッパの美術館のような雰囲気。

札幌市豊平区豊平4-1-1
☎011-821-1111
IN 15:00　OUT 11:00
㊋地下鉄すすきの駅から徒歩15分　200台
すすきの周辺 ▶MAP 別P.31 F-2

料金 ツイン9000円～

静かな空間で快適な滞在

メルキュール札幌

メルキュールさっぽろ

フランスのデザイナーが手掛けた気品ある客室。館内レストランでは道産食材を使ったカジュアルフレンチを提供。

札幌市中央区南4西2-2-4
☎011-513-1100
IN 14:00　OUT 11:00
㊋地下鉄すすきの駅から徒歩3分　有料100台
すすきの ▶MAP 別P.31 D-2

料金 ダブル・ツイン
1名利用1万300円～、
2名利用1万300円～

個性派ホテル

老舗銭湯施設を改装した温泉付き無人ホテル

銭湯時代の名残を感じる内装と入浴設備

レトロながらも設備は最新

山鼻温泉 屯田湯旅館

やまはなおんせん とんでんゆりょかん

木造2階建ての老舗銭湯をリノベーションした宿。風呂付きの6名部屋1室と7名部屋1室、8名部屋の民泊施設を用意。

料金
2名利用時
1名8000円～

札幌市中央区南9西8-1-17
☎011-827-8018
IN 15:00　OUT 10:00　㊋地下鉄中島公園駅から徒歩10分　あり
中島公園 ▶MAP 別P.30 B-3

シアター×ホテルがテーマの次世代型ホテル

シアテル札幌

シアテルさっぽろ

巨大スクリーンが設置されたホワイエが特徴的な新形態のホテル。カプセルタイプの客室ほかプロジェクター付きの部屋もある。

札幌市中央区南4西5-8-3F
☎080-3850-4307
IN 15:00　OUT 10:00
㊋地下鉄すすきの駅から徒歩3分　なし
すすきの ▶MAP 別P.30 C-2

料金 2名利用時
1名4000円～

WHAT IS

ドミトリー

1ベッド単位で借りることができるバックパッカー向けの宿。プライベート空間は少ないものの、宿泊費は安く抑えられる。

トイレやシャワーが共用の場合が多い

ワーケーション向けの宿泊施設として、連泊利用しやすい、キッチンやランドリーを完備した宿も増加中。

北海道の魚図鑑

春夏秋冬、時季を狙って うまい魚を食べに行く

日本海、オホーツク海、太平洋に囲まれた北海道は日本最大の水産物供給基地だ。北海道の漁業は20世紀初頭のニシン漁により大きく変わる。日本海沿岸の江差、小樽、増毛などはニシン景気に沸き、鰊御殿と呼ばれる立派な番屋が数多く建てられた。一方で函館では、オホーツク海でサケやマス、スケトウダラを捕る北洋漁業が盛んに。こちらも莫大な富を生み出したが、排他的経済水域(200海里規制)の制定などにより転換期を迎える。

全国の水揚げの大部分を占める北海道の魚介は、サケ、スケトウダラ、ホッケ、ホタテ、イカ、サンマなど。魚介以外にも昆布の名産地で知られ、江戸時代から明治にかけて活躍した北前船は、北海道から昆布を積んで本州で降ろし、全国に昆布文化をもたらした。

北海道では各地に名物の魚介がある。たとえば羽幌(はぼろ)のアマエビ、枝幸(えさし)の毛ガニ、苫小牧(とまこまい)のホッキ貝、羅臼のホッケ、ウトロのサケ、白糠(しらぬか)のシシャモ、積丹のウニなど、言い出したらキリがないほど。つまり、行く先々でおいしい魚料理に出合えるのが、北海道の旅の魅力でもある。

これだけは押さえておきたい! 北海道の代表的な魚介

サケ

漁期 4～7、9～12月

調理法 塩焼き、ちゃんちゃん焼きなど

一般的に食べられているのはシロザケ。春に捕れるトキシラズ、秋に捕れるケイジは脂がのり、より美味。

キチジ(キンキ)

漁期 通年

調理法 煮付け、干物など

大きな目と朱赤色の体が特徴的。道東では通称「メンメ」。漁獲量が少なく高級魚として扱われている。

ホッケ

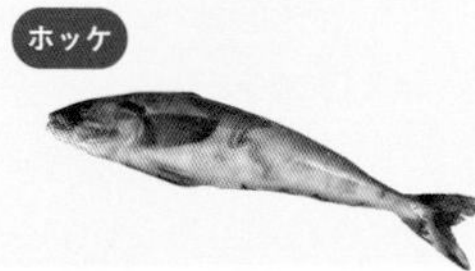

漁期 通年

調理法 開き(干物)、煮付け、フライなど

鮮度が落ちやすく、干物にされることが多い。根ホッケ、真ホッケ、縞ホッケの3種類がある。

ニシン

漁期 通年

調理法 刺身、塩焼き、身欠きニシンなど

新鮮なものは刺身や塩焼きにして食べることもあるが多くは加工される。子持ち昆布や数の子はニシンの卵。

スルメイカ

漁期 6～12月

調理法 刺身、塩辛、スルメなど

道内各地で水揚げされるが、津軽海峡と羅臼沖が代表的な魚場。道内ではマイカと呼ばれる。

ウニ

漁期 12～9月

調理法 刺身、蒸しウニなど

道内で主に食べられているのは、赤ウニと呼ばれるエゾバフンウニと、白ウニと呼ばれるムラサキウニの2種。

毛ガニ

漁期 通年

調理法 刺身、ゆでガニなど

全身を硬い毛で覆われたカニ。身に旨みがあり、新鮮なものは生でも食べられる。カニ味噌も美味。

小樽
OTARU

ベストシーズン

● **5〜10月**
街歩きは雪どけから雪が降り始めるまでの間、なかでも初夏の7月がベスト。冬季に開催される小樽雪あかりの路など、イベントに合わせて行くのもいい。

ベストな滞在期間

● **半日**
半日あれば、運河クルーズ、街歩き、グルメ＆ショッピングといったひと通りの観光を楽しむことができる。札幌からの日帰り観光がおすすめ。

アクセス

どう回る？

小樽運河の周辺や堺町通り沿いに見どころが集まっており、徒歩だけでも回ることができるが、路線バスを使えば時間短縮。小樽運河周辺を巡る観光人力車は2人で5000円から。春〜秋にかけてはレンタサイクルで回るのも気持ちがいい。

ほかのエリアへ

美しい海の絶景を望める積丹半島や、ウイスキー蒸溜所やワイナリーがある余市が定番観光スポット。積丹半島へは、小樽発着の定期観光バスも運行している。ラフティングなど、アウトドアアクティビティを楽しむのであればニセコへ。

運河とガラスのレトロタウン

小樽早わかり！

おたる

明治から大正にかけて、北海道の商業の中心として栄えた港町。海鮮グルメにルタオスイーツ、小樽ガラスのショッピングも楽しみ。

小樽でしたい3のこと

1 小樽運河クルーズ

→P.94

小樽を代表する風景、小樽運河。運河をぐるり一周する運河クルーズは小樽観光のマスト。

2 ルタオスイーツをハシゴ

→P.96

「ドゥーブルフロマージュ」で有名なルタオの本店は小樽にある。限定スイーツも狙って。

3 小樽ガラスアート鑑賞

→P.99

ガラスの街、小樽ならではのガラスがテーマの美術館がある。おみやげショッピングも楽しみ。

小樽街歩きモデルコース

所要 5時間

起点はJR小樽駅。堺町通りへ直行するのであれば、JR南小樽駅からの出発でも OK。

START

JR小樽駅

↓ 徒歩2分

① 三角市場

→P.101

↓ 徒歩10分

② 小樽運河

→P.94

↓ 徒歩6分

③ 堺町通り

→P.96

↓ 徒歩2分

④ リノベカフェ

→P.102

↓ 徒歩15分

JR小樽駅

小樽運河沿いをおさんぽ

レトロ空間でひと休み

小樽MAP

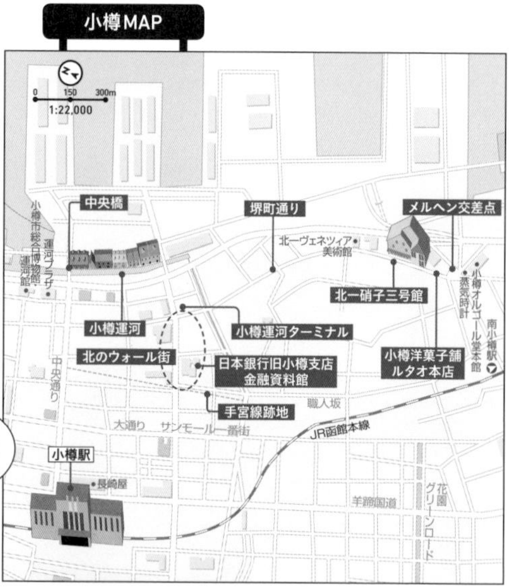

小樽のイベント

小樽雪あかりの路

2月中旬（予定）

おたるゆきあかりのみち

2月の厳冬期に開催。小樽運河や手宮線跡地をはじめ、市内各所でキャンドルの灯りがゆらめく。

☎0134-32-4111（小樽雪あかりの路実行委員会事務局）

小樽の事件簿

見どころがコンパクトにまとまった小樽。1日あればゆったり観光できるものの、時短＆効率よく観光する方法も予習しておこう！

FILE 1

連日の観光で足がクタクタ…。楽に観光できる乗り物はないの？

グルメもショッピングもあちこち回りたいけれど駅に着いた途端にドッと疲れが…。歩かずに小樽運河や堺町通りまで移動できたらいいのに！

解決！

街の見どころをご案内します

観光人力車が便利。

市内の観光スポットを、俥夫の案内により巡る人力車。1区間12分のお手軽コースから、30分貸切、60分貸切、120分貸切コースまで、俥夫の解説とともに小樽の街を観光してみては。

30分貸切コース例

浅草橋 ▶ 月見橋 ▶ 北浜橋 ▶ 旧小樽倉庫 ▶ 北のウォール街 ▶ 浅草橋

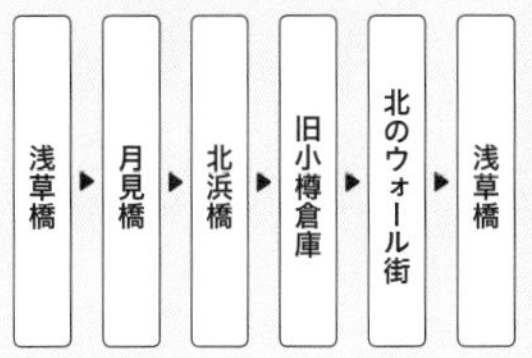

☎0134-27-7771
(えびす屋 小樽店)
[営]9:30～日没まで(時季により変動)
[休]無休
[料]30分貸切2名1万円、60分貸切2名2万円

FILE 2

駅に着いてから おみやげの買い忘れに気付いた！

小樽運河クルーズにも乗って、海鮮も食べて、大満足かと思いきや、駅に着いてからおみやげの買い忘れが発覚。堺町通りまで戻る時間もないし、さてどうしよう…。

解決！

駅ナカショップにかけ込もう。

JR小樽駅構内には、定番みやげのほか、旬の野菜や地元の名産品が揃うタルシェ(下)がある。電車待ちの時間に、おみやげショッピングが可能！

若鶏半身揚げの人気店「小樽なると屋」と寿司の立ち食いカウンターを併設

アレンジ自由自在のフレンチドドレッシング、白どれ760円

余市産の果物を使用したフルーツソルト400円

飲むゼリー各420円。りんご、プルーンなど近郊で採れた果物を使用

駅なかマート タルシェ
えきなかマート タルシェ

小樽とその周辺のご当地食品を中心に扱う。旬の野菜をはじめ、スイーツやお酒、水産加工品など品揃えも豊富。

☎0134-31-1111
[営]9:00～19:00 [休]無休
[交]JR小樽駅直結 🚗なし
[小樽駅] ▶MAP 別P.20 A-2

期間限定のフェアも開催しますよ～

JR小樽駅の4番ホームには、石原裕次郎の等身大パネルが置かれ、通称「裕次郎ホーム」と呼ばれている。

レトロな運河風景を今に残す

小樽運河をクルーズ

所要時間 約40分

小樽の象徴でもある全長約1.1kmの小樽運河。散策路からの眺めもいいけれど、船上から見る水辺の景色はまたひと味違う。クルーズ船に乗って、運河をぐるり一周しよう。

運河を周遊しながら港町小樽の歴史を学ぶ

倉庫群
川沿いに並ぶ石造りの倉庫群は当時のまま。中にはレストランなどが入っている

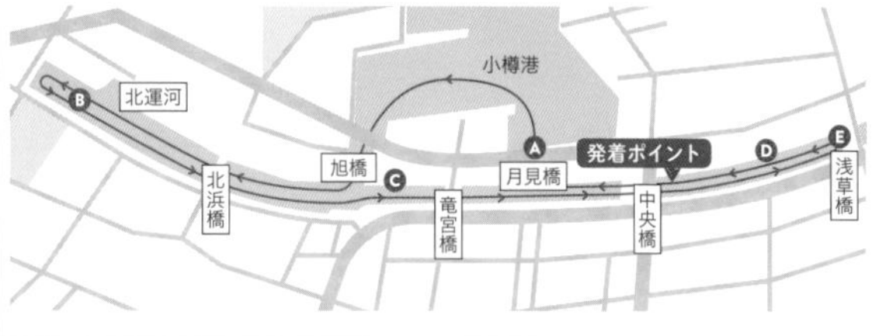

10〜48名乗りの船
全7隻が活躍中

船の上から眺める運河

小樽運河クルーズ

おたるうんがクルーズ

浅草橋から北運河までの区間を、ガイドによる運河の歴史や説明を聞きながらクルーズ。いくつもの橋をくぐって運河を一周する。

小樽市港町5-4　☎0134-31-1733
営1日16〜24便運航(月により変動。ウェブサイトで要確認。当日でも空きがあれば乗船できるがネットでの予約がベター)※雨天決行　休臨時運休日あり　料デイクルーズ1800円、ナイトクルーズ2000円
交JR小樽駅から徒歩10分　🚗なし
小樽運河 ▶MAP 別P.20 B-2

WHAT IS

小樽運河

▶MAP 別P.20 B-2

1923(大正12)年に造られ、荷物を運ぶ水路として活躍。1986年に運河の一部が埋め立てられ、現在見られるような遊歩道が整備された。小樽歴史景観区域に指定されている。

小樽港
A B C D E
北運河
旭橋
月見橋
発着ポイント
北浜橋
竜宮橋
中央橋
浅草橋

運河沿いには今でもかつての倉庫や工場が立ち並び、拠点となる浅草橋や運河沿いの散策路から、その景色を楽しめる

浅草橋
小樽運河に架かる4つの橋のうちの一つ。橋の北岸には観光案内所がある

散策路
埋め立てて造られた遊歩道は「ふれあいの散策路」と呼ばれている

日が暮れてからのナイトクルーズも！

夜の運河クルーズは街灯がライトアップされロマンチック。便数が限られるため、予約は早めにしておこう

小樽運河デイクルーズ

見どころはこちらです

日没前に出発するクルーズ。所要約40分で運河の見どころを回る。

START

出発15分前に中央橋に集合

中央橋チケット発券所で15分前までにはチケットを購入しよう。ここから乗船する

Ⓐ月見橋を通り小樽港へ

月見橋を通過すると、大型船が停泊する広々とした小樽港に出る

Ⓑ北運河エリアへ

旭橋をくぐり、作業船などが係留されている北運河を経由する

Ⓒ旧北海製罐工場に注目！

旧北海製罐小樽工場第3倉庫には螺旋階段のような変わった形の運搬装置が

Ⓓ倉庫群を見ながら進む

ガイドの説明を聞きながら石造りの倉庫群を眺め、北運河に向かって進んでいく

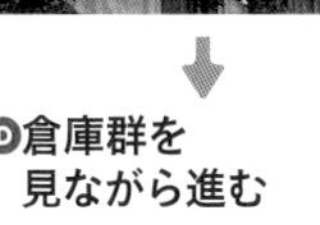

Ⓔ浅草橋手前でUターン

頭を低くして中央橋を通過し、浅草橋まできたところでUターン

GOAL

ゴールの中央橋に向かう

観光客でにぎわう浅草橋でUターン後、中央橋へ戻る

船内の座席はきれいに整備されており、サンダルやスカートといった軽装でも大丈夫。安全上、乗船中に雨傘や日傘をさすことは不可。

小樽随一の目抜き通り

堺町通りでスイーツ探し

小樽のメインストリート、堺町通り。「ドゥーブルフロマージュ」で有名なルタオの店舗が5店舗あるほか、小樽名物のお店がひしめき合う。ここ、小樽にしかない味を探しに行こう！

浅草橋
小樽運河
かまぼこ専門店かま栄といったらコレ！
かま栄
工場直売店
パンロール
237円
小樽運河ターミナル内「桑田屋」の名物菓子
日銀通り
小樽運河ターミナル
ぱんじゅう
1個110〜120円
車両一方通行
堺町通り

クリームチーズを使用した濃厚ソフト！

本店限定焼き立てフィナンシェ。
外はカリッと香ばしく、バターの風味がいい

ソフトクリーム
(ミルク)
380円

本店限定スイーツが狙い目！

小樽洋菓子舗 ルタオ本店

おたるようがしほ ルタオほんてん

1998年のオープン以来、チーズケーキのドゥーブルフロマージュが大ヒットし、全国的に有名に。本店では、道産ミルクを使用したスイーツなどが常時50種類以上揃い、2階カフェでは限定スイーツが味わえる。

小樽市堺町7-16　☎0134-40-5480　営9:00〜18:00(時季により変動)　休無休　交JR南小樽駅から徒歩7分　車契約利用

堺町通り ▶MAP 別P.20 C-3

ルタオのありとあらゆる商品が揃う

ルタオ パトス

ルタオ最大級の店舗。1階はルタオ商品がずらりと並ぶショップ、2階はオリジナルデザートやパトス限定フードメニューが味わえるカフェ。

小樽市堺町5-22
☎0134-31-4500　営9:00〜18:00(時季により変動、カフェは10:00〜)　休無休　交JR南小樽駅から徒歩10分
車契約利用

堺町通り ▶MAP 別P.20 C-3

WHAT IS

堺町通り

1983（昭和58）年に、北一硝子が「北一硝子三号館」をオープンさせたのが始まり。以後、堺町通り商店街としてスイーツやガラスのショップが多く立ち並び、年間を通して観光客でにぎわっている。

通りの両脇に店が並ぶ

ソフトクリームにフロマージュをオン！

C パルフェフロマージュ～フランボワーズ～ 650円

B 人気スイーツ3つを一度に味わえる

ドゥーブルプレート ドリンク付き 1430円

ショコラドゥーブルにシルヴィを添えて

ショコラの誘惑セット 1430円

D バータイプのチョコ。全6種類

サンテリアン 各594円～

E ミルキーチーズクリームのデニッシュ

フロマージュデニッシュ 1個297円

A メルヘン広場

メルヘン交差点

食べ歩きスイーツが充実

ルタオ プラス

ルタオ定番商品の販売のほか、ドゥーブルフロマージュを使用したパフェや、季節ごとに登場する限定スイーツがその場で味わえる。天気のいい日はテラス席の利用も。

住小樽市堺町5-22
☎0134-31-6800　営9:00～18:00（時季により変動）　休無休　交JR南小樽駅から徒歩10分　🚗契約利用

堺町通り ▶MAP 別P.20 C-3

チョコレートスイーツを買うなら

ヌーベルバーグ ルタオ ショコラティエ 小樽本店

ヌーベルバーグ ルタオ ショコラティエ おたるほんてん

ルタオの限定チョコレートが豊富に揃うチョコレートスイーツショップ。人気は3層のチョコレートムースを使用したチョコレートケーキのシルヴィ2484円。

住小樽市堺町4-19　☎0134-31-4511
営9:00～18:00（時季により変動）
休無休　交JR南小樽駅から徒歩10分
🚗契約利用

堺町通り ▶MAP 別P.20 C-3

フロマージュデニッシュ専門店

フロマージュデニッシュ デニルタオ

2層のミルキーチーズクリームをデニッシュ生地で包んで焼き上げたフロマージュデニッシュ。店内には焼きたてを食べられるイートインスペースも。

住小樽市堺町6-13　☎0134-31-5580
営10:00～18:00（時季により変動）
休無休　交JR南小樽駅から徒歩7分
🚗契約利用

堺町通り ▶MAP 別P.20 C-3

堺町通りの南端にあるメルヘン交差点には蒸気時計と常夜灯が立っており、人気のフォトスポット。

ガラス雑貨のショッピングにガラスアート鑑賞も！

小樽ガラスに一目惚れ

ガラスの街として栄えた小樽。ガラス雑貨のショップで買い物が楽しめるほか、ステンドグラスなどのガラスアートも見どころ！

ガラスの器

人気

¥4800

\雪の結晶や桜の柄もある/

小樽切子万華鏡
切子細工が美しい。水を入れると底の柄が浮かび上がる A

ゆきだるま タンブラー(左) ぐいのみ(右)
ほっと和む、雪だるまデザインのグラス。大小で揃えたい B

¥4620 ¥4070

定番

¥3850

バブルロックグラス
赤、黄、青の濃淡が美しい。気泡がきらきらと輝く B

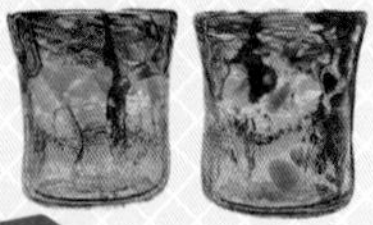

各¥2970

翡翠・光彩 アイスグラス
淡い色合い。底の泡とヒビ柄がキラキラ光って美しい B

ロングセラー

月見うさぎ切子 大杯
手前の満月を覗くとウサギが見える！ A

¥5900

¥1万6000

真珠切子～月のしずく～
繊細な切子細工が施されたグラス A

¥3740

おとぼけふくろうグラス
グラスとして使うのはもちろん置き物として飾ってもかわいい B

A

小樽を代表するガラスの老舗

北一硝子三号館

きたいちがらすさんごうかん

明治期に建てられた石造りの倉庫を利用したガラス専門店。店内は和・洋・カントリーの3つのエリアに分かれ、数万点ものガラスアイテムが揃う。

小樽市堺町7-26 ☎0134-33-1993 営8:45～18:00
休無休 交JR南小樽駅から徒歩8分 🚗契約利用
堺町通り ▶MAP 別P.20 C-3

B

かわいくて実用的な製品がずらり

大正硝子館 本店

たいしょうがらすかん ほんてん

店舗の石蔵は1906(明治39)年に建設。グラス類をはじめ、市内のガラス作家によって製造されたアイテムを、セレクトして販売。小樽内にテーマ別の支店が多数ある。

小樽市色内1-1-8 ☎0134-32-5101 営9:00～19:00
休無休 交JR小樽駅から徒歩13分 🚗なし
堺町通り ▶MAP 別P.20 B-2

WHAT IS

小樽ガラス

1901(明治34)年に創業した浅原硝子が、石油ランプやニシン漁で使用するガラスの浮き玉の製造を行っていたのが前身とされている。

いくらで買える?
箸置きや小皿は数百円～、グラスは2000円～。

どこで買う?
堺町通りにショップが密集。店によってラインナップが異なるため、何店か見比べてから購入するといい。

Ⓐ実際に教会の窓を飾っていたステンドグラス

国内外の優れた美術品を展示

小樽芸術村
おたるげいじゅつむら

所要時間 約3時間

公益財団法人似鳥文化財団が運営する、5棟の歴史的建造物を利用した芸術空間。各館では、絵画や彫刻、ガラス工芸品などの鑑賞を楽しめる。

⌂小樽市色内1-3-1
☎0134-31-1033 [営]9:30～17:00(11～4月は10:00～16:00。最終入館30分前) [休]第4水曜(11～4月は水曜、祝日の場合は翌日、臨時休館あり) [料]4館共通券2900円(ミュージアムショップは無料) [交]JR小樽駅から徒歩10分 🚗契約利用

[堺町通り] ▶MAP 別P.20 B-2

⌂ CLOSE UP!

[A] 旧高橋倉庫と旧荒田商会の2棟からなる

倉庫中を彩るカラフルな光
ステンドグラス美術館
ステンドグラスびじゅつかん

イギリス各地の教会にあったステンドグラス約100点を展示している。

[B] 1923年築の旧北海道拓殖銀行小樽支店の建物

貴重な作品に出合える
似鳥美術館
にとりびじゅつかん

絵画や彫刻などの芸術作品を収蔵。1階にはステンドグラスギャラリーも。

[C] 2002年まで実際に営業していた銀行の建物

国指定重要文化財
旧三井銀行小樽支店
きゅうみついぎんこうおたるしてん

石膏造りの天井、大理石のカウンターなどの内観や、金庫室の中を見学できる。

[D] 運河のほとりに建つ旧浪華倉庫の大空間を活用

2022年4月オープン
西洋美術館
せいようびじゅつかん

アール・ヌーヴォーやアール・デコの工芸品、家具などが収蔵されている。

[B]中心に聖書が描かれた「四福音書の窓」

[C]吹き抜けが開放的な1階ホール

[D]アール・ヌーヴォーのランプがずらりと並ぶ

大正硝子は本店ほか、かんざし屋、うつわ屋、びーどろ館、酒用グラスを扱う酒器蔵、市内作家の作品を展示販売するギャラリー蔵などがある。

港町ならでは！

新鮮魚介を寿司＆丼で

小樽の必食グルメといったら、やはり海鮮！　老舗の寿司店で本格的な握りを味わうもよし、ローカルな市場で海鮮丼を味わうもよし。海の幸を存分に味わおう。

小樽のご当地グルメ
といえば寿司
•エビ
•トロ
名物
•ヒラメ
•ウニ
•イクラ
•数の子
•サーモン
•ホッキ貝
•ホタテ
•ズワイガニ

小樽にぎり
4400円
見た目も華やかな握り寿司が10カン。仕入れによってネタは異なる

魚介の味を生かすためタレはサッと！

旬のネタをゆっくり味わう

小樽寿司屋通り 日本橋

おたるすしやどおり にほんばし

寿司屋通りに面し1階にカウンター、2階には座敷や個室もある大きな店。魚を知り尽くした地元小樽出身の職人が握る寿司は絶品。

🏠小樽市稲穂1-1-4　☎0134-33-3773　[営]11:00～14:30LO、17:00～20:30LO　[休]木曜、第1･3水曜（臨時休業あり）　[交]JR小樽駅から徒歩10分　🚗提携利用

[寿司屋通り周辺] ▶MAP 別P.20 B-2

握りたてのうちに
食べてね！

寿司屋が多く集まる寿司屋通りに立地

WHERE IS

海鮮以外の小樽名物

インパクトのある鶏の半身揚げやあんかけ焼そばなど、地元の人に愛される名物グルメも豊富！

若鶏時代なると
わかどりじだいなると

若鶏半身揚げ 980円

小樽市稲穂3-16-13
0134-32-3280 (営)11:00～20:30LO
(休)無休 (交)JR小樽駅から徒歩5分
ありり 小樽駅周辺 ▶MAP 別P.20 A-2

中華食堂 桂苑
ちゅうかしょくどう けいえん

あんかけ焼そば 870円

小樽市稲穂2-16-14
0134-23-8155 (営)11:00～18:30
(休)木曜 (交)JR小樽駅から徒歩5分 なし
小樽駅周辺 ▶MAP 別P.20 A-2

三角市場の名物 豪華海鮮丼

旬のおまかせ丼 5000円

旬の魚介約10種類が盛られた丼。夏はウニやイカ、冬はタラなどが登場。タラの三平汁付き

ボタンエビ
トビッコ
イカ
サーモン
シメサバ
ウニ 名物
シャコ 名物
ホタテ
イクラ
カニ
ホッキ貝
タコ
キンキ

ランチタイムは満席が当たり前

おみやげにカニはいかが？

市場直送の海の幸を豪快に

味処たけだ
あじどころたけだ

三角市場内に3店舗を展開。市場の新鮮魚介をリーズナブルに提供する人気店。丼メニューが20種類以上あり、サーモン丼1800円～など。

三角市場内 0134-22-9652
(営)7:00～16:00 (休)無休
(交)JR小樽駅から徒歩2分 30台（有料）
小樽駅周辺 ▶MAP 別P.20 A-2

土地の形が三角形のため、この名前が付けられた

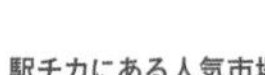

駅チカにある人気市場

三角市場
さんかくいちば

JR小樽駅隣接の市場。ゆるい坂道に、近郊の海で捕れた新鮮な魚介を販売する鮮魚店や6軒の食堂が並ぶ。

小樽市稲穂3-10-16
0134-23-2446
(営)(休)店舗により異なる
(交)JR小樽駅から徒歩1分
30台（有料）
小樽駅周辺 ▶MAP 別P.20 A-2

若鶏半身揚げ、あんかけ焼そばのほか、ニシンの煮付けをそばの上にのせたニシンそばもご当地グルメとして有名。

心落ち着くレトロ空間

リノベカフェでひと休み

歴史ある倉庫や建物が多く残る小樽の街には、歴史的建造物をリノベーションしたカフェがあちこちに。ノスタルジックな雰囲気を感じに、ぜひ立ち寄ってみて！

商店を改装した甘味処でレトロな雰囲気にひたる

店内にはレトロなテーブルや椅子などが置かれており、明治時代にタイムスリップしたような気分に。店内で使用しているガラス器ほか大正硝子製品を販売するコーナーもある

築100年以上の歴史的建造物がカフェに

大正硝子 くぼ家

たいしょうがらす くぼや

大正硝子館の器で提供される和･洋の甘味を味わえる。くぼ家の前は約30年、甘味処「さかい家」として営業。家具などはさかい家時代のもの。

小樽市堺町4-4　☎0134-31-1132
営10:00～16:30　休不定休　交JR南小樽駅から徒歩13分　🚗なし

堺町通り ▶MAP 別P.20 C-2

お抹茶和菓子付き
1100円
小樽の老舗和菓子屋の生菓子とガラスの器に入った抹茶のセット

History

1907(明治40)年築、小間物販売と卸業を営んでいた旧久保商店の建物を利用。保険屋時代に使われた金庫をはじめ、調度品も歴史あるものばかり。

クリームぜんざい
700円
濃厚なバニラソフトクリームが餡の上にたっぷり。もちもちの求肥を添えて

WHAT IS

小樽市指定歴史的建造物

商都として栄えていた時代に建設された、銀行や商社の歴史ある建物など。現存する小樽市指定歴史的建造物は79件。
※2023年3月現在

主な歴史的建造物

百十三銀行小樽支店（現:小樽浪漫館）▶MAP 別P.20 B-2
北海道銀行本店（現:小樽バイン）▶MAP 別P.20 B-2
三菱銀行小樽支店（現:小樽運河ターミナル）▶MAP 別P.20 B-2
浪華倉庫（現:小樽芸術村 西洋美術館）▶MAP 別P.20 C-2

History

1891（明治24）年に建てられた石造りの倉庫。店内の壁には北一硝子の製品および海外のガラス製品がずらりと展示されている。

開店時間には手作業によるランプの点灯作業を見ることができる

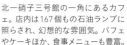

石油ランプの温かみを感じて

北一ホール

きたいちホール

北一硝子三号館の一角にあるカフェ。店内は167個もの石油ランプに照らされ、幻想的な雰囲気。パフェやケーキほか、食事メニューも豊富。

小樽市堺町7-26 ☎0134-33-1993
営9:00～17:00LO 休無休
交JR南小樽駅から徒歩8分
契約利用
堺町通り ▶MAP 別P.20 C-3

紅茶シフォンケーキセット 780円
紅茶が香るシフォンケーキと特製ミルクティーのセット

ほかにも! レトロスイーツ

地元客に親しまれる老舗喫茶店がこちら。今も変わらぬ懐かしい味のスイーツを探して！

ティラミス風パンケーキ 1120円
クリームチーズをエスプレッソがたっぷり染み込んだパンケーキでサンド

クラシカルな雰囲気を満喫

PRESS CAFÉ

プレス カフェ

旧渋澤倉庫を改装したレトロなカフェレストラン。フードメニューも充実。

小樽市色内3-3-21 旧渋澤倉庫 ☎0134-24-8028 営11:30～20:30LO 休木・金曜（祝日の場合は営業） 交JR小樽駅から徒歩15分 15台
小樽運河 ▶MAP 別P.20 B-1

プリンパフェ 800円
メロンソースとできたてアイスクリームにプリンをオン。プリンは1日33個限定

大正ロマンを受け継ぐ味わい

アイスクリームパーラー美園

アイスクリームパーラーみその

道内初、アイスクリーム製造・販売を始めた店。旬の果物のメニューも。

小樽市稲穂2-12-15 ☎0134-22-9043 営11:00～18:00 休火・水曜 交JR小樽駅から徒歩4分 2台（夏季のみ）
小樽駅周辺 ▶MAP 別P.20 A-2

館モンブラン 450円
ココアスポンジで生クリームをサンドした看板メニューのケーキ

変わらぬ味と空間でほっとひと息

館ブランシェ

やかたブランシェ

昭和レトロな空間でケーキを味わえる。小樽版モンブランなどの洋菓子は、オープン当時のレシピのまま。

小樽市花園1-3-2 ☎0134-23-2211 営11:00～20:00 休水曜 交JR小樽駅から徒歩11分 なし
花園商店街 ▶MAP 別P.20 B-3

館ブランシェは1936年に創業した「洋菓子の館」を引き継ぎ、2013年に改名してオープンした店。

ひと足のばして行きたいエリア

小樽から車で1時間30分

海の絶景とウニが名物

積丹半島

しゃこたんはんとう

小樽の西側に位置する半島。海中国定公園に指定されており、透き通った青い海をはじめ、海岸線沿いの景観が素晴らしい。

どんなエリアなの？

神威岬と島武意海岸が最大の見どころ。飲食店は美国町に多い。

積丹半島への行き方

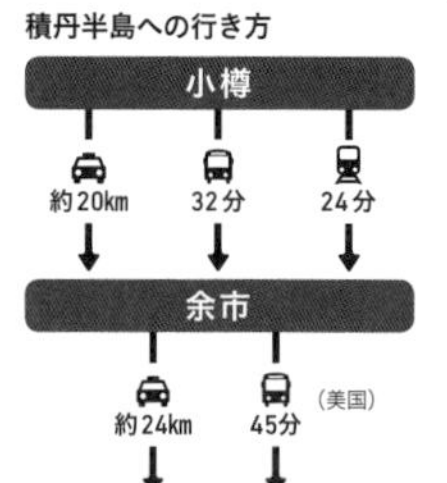

積丹ブルーの絶景を見に行く

積丹周辺の海は、積丹ブルーと呼ばれるほどの鮮やかな青色。遊歩道を歩いて眺めを楽しもう。

岬の先端へと続く遊歩道

神威岬

かむいみさき

積丹半島の先にある岬。女人禁制の門から約770mの遊歩道を歩くと、積丹ブルーの美しい海が眼下に広がる。突端からは奇岩、神威岩が望める。

🏠積丹町大字神岬町　☎0135-44-3715（積丹観光協会）　㊔通行8:00～19:00（時季・天候により変動）　㊡無休（冬季閉鎖あり）　㊑見学無料　㊋JR余市駅から車で1時間　🚗350台

▶MAP 別P.21 D-2

島には遊歩道が設けられており、先端付近に灯台がある

しゃこたんブルーソフト

絶景風呂でリラックス

温泉に浸かりながら眺める神威岬や積丹岬の景色。日没時には日本海に沈む夕日も見られる！

タオルの販売もあり手ぶらで行ける

神威岬を望む絶景温泉

岬の湯しゃこたん

みさきのゆしゃこたん

露天風呂が自慢の日帰り入浴施設。お湯は無色透明の炭酸塩泉で肌がつるつるになると評判。サウナ、泡風呂を併設。

🏠積丹町野塚町212-1
☎0135-48-5355　㊔11:00～20:00（11～3月は11:30～18:00。最終受付は30分前）　㊡水曜（祝日の場合は営業。11～3月は水・木曜休。7月20日～8月20日は無休）　㊑入館900円　㊋JR余市駅から車で1時間　🚗170台

▶MAP 別P.21 D-2

6～8月は旬のウニを食す！

積丹で生ウニが食べられるのは、ウニ漁が解禁となる6～8月。新鮮なウニは濃厚で絶品！

赤白ウニ丼
7200円～（時価）
高級な赤ウニをふんだんに。ムラサキウニのウニ丼は5000円～

丼を覆うウニに感激！

純の店

じゅんのみせ

ウニ丼のほか、ウニとイクラと甘エビの三浜丼4200円でウニを堪能。赤白ウニ丼は要予約。10～12月は丼を覆うあわび丼4000円をぜひ。

🏠積丹町美国町船澗42-20　☎0135-44-3229　㊔10:30～20:00（土・日曜は時間短縮あり）　㊡月曜（祝日の場合は翌日休）　㊋JR余市駅から車で30分　🚗6台

▶MAP 別P.21 D-2

小樽を拠点に、日帰りで行けるエリアがこちら。捕れたてのウニを食べたり、絶景スポットを巡ったり。特産の果物を使用したウイスキーやワイン工場の見学も楽しみ。

小樽から車で36分

日本屈指のウイスキー＆ワインの産地

余市

よいち

ブドウやりんごなどの果物の産地としても有名で、ワイナリーが点在。竹鶴政孝ゆかりのニッカウヰスキー余市蒸溜所もここにある。

どんなエリアなの？

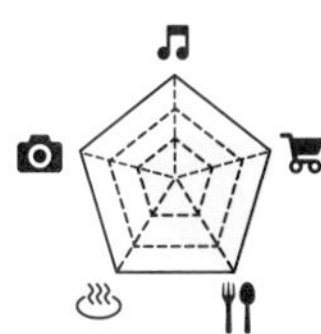

積丹半島の付け根に位置。魚介に果物、お酒など名物がいろいろ。

余市への行き方

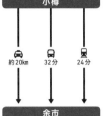

小樽 → 余市
車 約20km / バス 32分 / 電車 24分

01 余市ワインとグルメを堪能

道内一のブドウ生産量を誇り、ワイン造りが盛ん。ワイナリー併設のレストランも人気。

余市ワインのテーマパーク

余市ワイナリー

よいちワイナリー

余市ワインの工場ほか、ショップやベーカリーなどを併設する施設。レストランではワインに合う料理が楽しめる。

余市町黒川町1318 ☎0135-21-6161（ショップ） 営10:00～16:45（ワイン工場見学は～16:30）、レストランは11:30～16:00（ランチ14:30LO） 休火曜（時季により変動） 料入館無料 交JR余市駅から車で5分 🚗50台

▶MAP 別P.21 E-3

アラカルトメニューは1800円～

ブドウ畑に囲まれたワイナリー

OcciGabi Winery & Restaurant

オチガビ ワイナリー アンド レストラン

目の前のブドウ畑で収穫した、約15種類のブドウから独自のワインを醸造。試飲カウンターでワインをテイスティング（有料）できるほか、景色と共にフレンチが味わえる。

余市町山田町635 ☎0135-48-6163 営11:00～17:00（レストランは11:00～14:00LO。要予約、子どもの利用は不可） 休無休 料入館無料 交JR余市駅から車で13分 🚗100台

▶MAP 別P.21 E-3

キュベ・カベルネ4400円（赤）は樽で6カ月熟成

02 余市産ウイスキーをテイスティング

日本のウイスキーの父と呼ばれる竹鶴政孝ゆかりの地。ニッカウヰスキー始まりの場所で、工場見学と試飲を。

余市生まれの本格ウイスキー

ニッカウヰスキー 余市蒸溜所

ニッカウイスキー よいちじょうりゅうしょ

1934年創業。建物を巡りながら、ウイスキーの製造工程やニッカの歴史を学べる。ショップやレストランも併設。

余市町黒川町7-6 ☎0135-23-3131 営9:00～16:30（ウェブ予約によるガイドツアーのみ。最終出発は15:00。所要70分） 休不定休 料入館無料 交JR余市駅から徒歩3分 🚗90台

▶MAP 別P.21 E-3

上:赤い屋根が特徴的なキルン塔は蒸溜所のシンボル
左:シングルモルト余市など1杯を無料で試飲できる

ニッカのシンボル キング・オブ・ブレンダーズ

積丹半島での観光は車が使えない場合は、北海道中央バスの札幌・小樽発着の定期観光バス「絶景積丹岬コース」が便利。

小樽から車で1時間25分

羊蹄山の麓に広がる

ニセコ

ニセコ町、倶知安(くっちゃん)町、蘭越(らんこし)町などの総称。年間を通してアクティビティが楽しめるスポットとして国内外から観光客が訪れる。

どんなエリアなの？

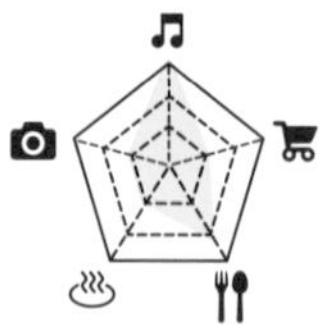

アウトドアアクティビティが観光のメイン。温泉施設もある。

ニセコへの行き方

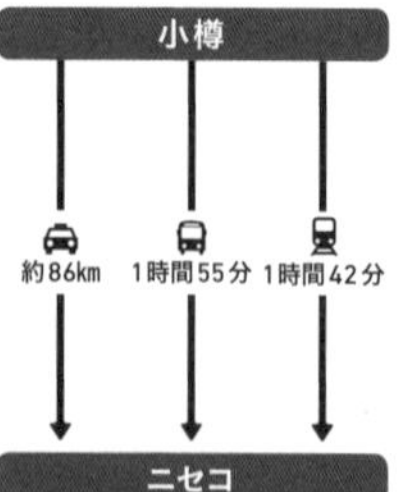

冬はスキー場のリフトとして使われている

ニセコのシンボル羊蹄山が見える！

niseko 01

ゴンドラに乗って大パノラマを体感！

大自然に恵まれたニセコ。まずはゴンドラに乗って、ニセコに連なる山々の広大な景色を見に行こう。

羊蹄山の絶景を楽しむ

ニセコ・グラン・ヒラフ・サマーゴンドラ

標高320mの山麓駅からニセコアンヌプリの中腹、標高820mの山頂駅を結ぶゴンドラ。2023年度の運行は未定。

🏠倶知安町山田204 ☎0136-22-0109 [営]7月中旬～9月下旬の9:00～16:00（時季により変動） [休]不定休 [料]往復1200円 [交]JR倶知安駅から車で15分 🚗100台

▶MAP 別P.22 A-1

niseko 02

牧場ミルクスイーツをイートイン

搾りたてミルクを使用したソフトクリームやシュークリームは絶品！ 羊蹄山の景色を見ながら味わおう。

濃厚なのむヨーグルト（150mℓ）180円ほか、ケーキなどもある

こだわりシュークリーム1個210円

牧場の搾りたてミルクのスイーツ

ニセコ高橋牧場ミルク工房

ニセコたかはしぼくじょうミルクこうぼう

高橋牧場の搾りたて牛乳を使った優しい甘さのスイーツが人気。敷地内にチーズ工場やピザショップもある。

🏠ニセコ町曽我888-1 ☎0136-44-3734 [営]ショップ9:30～18:00（冬季は10:00～17:30。施設により異なる） [休]無休 [交]JRニセコ駅から車で12分 🚗230台

▶MAP 別P.22 A-2

niseko 03

アウトドアアクティビティに挑戦！

夏のニセコはアクティビティも充実。ラフティングやトレッキングで、大自然を体感してみよう。

迫力満点の川遊びを楽しむ

NAC ニセコアドベンチャーセンター

ナック ニセコアドベンチャーセンター

人気のラフティングをはじめ、体ひとつで滝つぼに飛び込んだりするキャニオニングや、ボートに立って水面を滑るリバーサップ、カヤックなどメニューが豊富。

🏠倶知安町ニセコひらふ1-2-4-8 ☎0136-23-2093 [営]ラフティングは4月上旬～11月上旬の1日2回 [休]無休 [料]ラフティング6800円 [交]JR倶知安駅から車で10分 🚗12台

▶MAP 別P.22 B-1

水流の速いところはスリル満点！

観光もグルメもラクラク！

小樽市街のホテルに泊まる

小樽駅や小樽運河周辺の宿が滞在には便利。シティホテルから温泉付きホテルまで選択肢も多い。自分の旅に合った滞在先を見つけよう。

温泉と朝食が自慢のホテル

天然温泉 灯の湯 ドーミーイン PREMIUM小樽

てんねんおんせん あかりのゆ ドーミーインプレミアムおたる

5種の浴槽を取り揃えた、天然温泉の大浴場「灯の湯」が好評。海鮮をたっぷりのせた「豪快盛海鮮丼」の朝食が人気。

料金 ダブル8990円～、ツイン1室1万1990円～

小樽市稲穂3-9-1
☎0134-21-5489
IN 15:00 OUT 11:00
㊋JR小樽駅から徒歩2分
🚗80台
小樽駅周辺 ▶MAP 別P.20 A-2

小樽運河が目の前の立地

ホテルノルド小樽

ホテルノルドおたる

ヨーロッパ風の外観に、内装には木やステンドグラスを使用した温かみある空間。最上階には小樽港を眺められるラウンジがある。

料金 1名5800円～2万2400円

小樽市色内1-4-16
☎0134-24-0500
IN 15:00 OUT 11:00
㊋JR小樽駅から徒歩7分
🚗46台
小樽運河 ▶MAP 別P.20 B-2

天然温泉でリラックス

運河の宿 おたる ふる川

うんがのやど おたる ふるかわ

明治時代の商家をイメージしたノスタルジックな雰囲気の宿。露天風呂やよもぎ蒸し湯など温泉施設が充実。看板犬のカナル君もお出迎え。

料金 1泊2食付きシングル1万6500円～、運河ツイン2万3350円～

小樽市色内1-2-15
☎0134-29-2345
IN 15:00 OUT 12:00
㊋JR小樽駅から徒歩10分
🚗20台（1泊600円）
小樽運河 ▶MAP 別P.20 B-2

充実した施設とおもてなし

オーセントホテル小樽

オーセントホテルおたる

客室はシンプルでモダンな空間を演出。館内にはベーカリーショップ、バーといった施設も。朝食では道産食材を中心としたメニューを提供。

料金 1泊朝食付きシングル9700円～、ツイン1万6200円～

小樽市稲穂2-15-1
☎0134-27-8100
IN 14:00 OUT 11:00
㊋JR小樽駅から徒歩5分
🚗90台
小樽駅周辺 ▶MAP 別P.20 B-2

美肌の湯としても名高い

朝里川温泉へ

小樽の奥座敷と呼ばれる、緑豊かな自然に囲まれた温泉郷。美肌の湯としても人気が高く、冬にはウィンタースポーツの拠点として観光客が多く訪れる。

海と山の旬の味が楽しめる宿

ホテル 武蔵亭

ホテル むさしてい

広々とした純和風の客室。自慢は旬の山菜や地元の海で捕れた新鮮な魚介類を使った和風会席料理。

小樽市朝里川温泉2-686-4
☎0134-54-8000
料金 1泊2食付き和室10畳1万7450円～
IN 15:00 OUT 10:00
㊋JR小樽駅から車で約20分
🚗100台
▶MAP 別P.21 F-3

日帰り入浴DATA
㊎9:00～22:00
最終受付は1時間前
㊕600円
タオルセットは150円

スパ&スポーツ施設が充実

小樽 朝里クラッセホテル

おたる あさりクラッセホテル

朝里川温泉の大型リゾートホテル。大浴場やレストランのほか、フィットネスジムやプールなどといったスポーツ施設も揃う。

小樽市朝里川温泉2-676
☎0134-52-3800
料金 ツイン1万2250円～
IN 15:00 OUT 11:00
㊋JR小樽駅から車で20分
🚗150台
▶MAP 別P.21 F-3

日帰り入浴DATA
㊎11:00～18:00
土・日曜、祝日は～16:00。最終受付は1時間前
㊕1000円

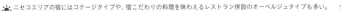

ニセコエリアの宿にはコテージタイプや、宿こだわりの料理を味わえるレストラン併設のオーベルジュタイプも多い。

ねこ刑事ハレ太朗
ねずみ小僧タビ吉を捕まえるためならどこまでも。
飼い猫出身ならではの詰めの甘さも！？

ねずみ小僧タビ吉
日本全国を股にかけるチーズ泥棒。
チーズ泥棒はどこへ行った！？

待てーっ！
待てませーん！
函館

タビ吉を追ってまた函館に戻ってきてしまったが
ハア ハア
ダメだ見失った
坂がキツすぎる ❶

駅の方で網を張って待つことにしよう
ふう

どれどれ腕試しだ！

やった！
イカ確保！

さすが敏腕刑事
あっ！タビ吉いつの間に？
透き通ってうまそうなイカですね

わっ！

待てー！
ははは！
どこー？

❶函館を代表する観光名所、八幡坂。傾斜があり上りはきついが、上から見下ろした函館湾の景観は見事　❷函館朝市内には新鮮なイカが食べられる店がいっぱい。釣ったイカをその場でさばいてくれる活イカ釣り堀も人気

異国情緒あふれる港町

函館
HAKODATE

ベストシーズン

●7〜9月
歴史ある建物を眺めながらの散歩は、夏がベストシーズン。名物のイカも夏が旬。函館山からの夜景は冬も美しく、街中のイルミネーションも魅力。

ベストな滞在期間

●1〜2日間
見どころが比較的コンパクトにまとまっているため、ハイライトだけ巡るなら1日あれば可能。余裕があればさらに観光、グルメ、ショッピングが楽しめる。

アクセス

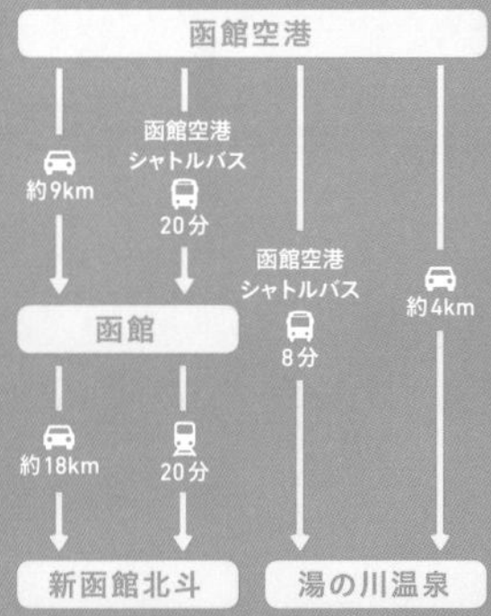

どう回る？

JR函館駅前から市電を利用して、主要な観光スポットや湯の川温泉へ気軽にアクセスできて便利。タクシーを利用して効率よく観光することもできる。元町からベイエリアは徒歩でぐるりと巡ることができる距離。

ほかのエリアへ

日帰りで行くことができるのは大沼。美しい国立公園の自然の中でウォーキングやサイクリング、カヌーなどが楽しめる。アクセスはJR利用か、車があればより自由度が増す。松前や江差へ日帰りで行くなら、レンタカーを利用したほうがいい。

道南の拠点となるハイカラな港町

函館早わかり！

はこだて

幕末の歴史の舞台となった函館。美しい夜景をはじめ、異国情緒を感じながらの町歩きや新鮮な海鮮グルメと楽しみが盛りだくさん。

函館でしたい3のこと

1 函館山から夜景を見る

→P.112

100万ドルの夜景と称される函館山からの夜景。アクセスはバスやロープウェイにて。

2 元町をおさんぽ

→P.114

教会や歴史的建造物が多く異国情緒あふれる街並み。のんびり散策を楽しもう。

3 イカ料理を食べる

→P.118

函館名物イカ。生け簀から取り出したばかりのイカをさばいた活イカの刺身が絶品！

函館街歩きモデルコース

所要 6時間

函館駅周辺、ベイエリア、五稜郭と、各エリア間の移動は市電とバスの利用がおすすめ。

START

JR函館駅

↓ バス15分、徒歩1分

① 五稜郭公園→P.116

↓ 徒歩15分、市電21分、徒歩5分

② ベイエリア

↓ →P.124 徒歩10分

③ 元町さんぽ

↓ →P.114 徒歩5分、ロープウェイ3分

④ 函館山

↓ →P.112 ロープウェイ3分、バス10分

JR函館駅

① 五稜郭タワーから五稜郭公園を見下ろす

② 函館一のショッピングエリア、赤レンガ倉庫群

③ 2021年4月にリニューアルオープンした旧函館区公会堂

④ 日没30分前には到着したい

函館MAP

函館の事件簿

函館観光のマストは函館山からの夜景。行き方を事前に調べてベストタイムを狙おう！市電の乗り方もマスターしておけば完璧。

FILE 1

レンタカーで函館山の夜景を見に行こうと思ったら通行止め。どういうこと？

レンタカーで回る函館の旅。函館山へのアクセスもこれで楽々〜♪と思っていたら、なんと通行止め。タクシーは通れるみたいだけど、なぜ!?

解決！

登山道に規制がかかるシーズン＆時間帯アリ。事前に調べて避けるべし！

例年11月中旬〜4月中旬は積雪のため全面通行禁止。通行期間中も一部時間帯は登山道の規制により、一般車両は通行禁止。ほか、一般的な函館山へのアクセスは下記の3つ。

[函館山へのアクセス方法]

❶ ロープウェイ 所要時間:山麓駅〜山頂駅　片道3分

㊎往復1800円（片道1200円）
㊔10:00〜22:00（10月〜4月19日は〜21:00）上り最終便は営業終了時刻の10分前に発車 ※要確認
㊡無休（整備点検のため運休期間あり、荒天時運休）
㊋ロープウェイ山麓駅へは電停十字街から徒歩10分
☎0138-23-3105（総合案内）

❷ 定期観光バス 所要時間:JR函館駅前バスターミナルから往復約1時間30分

「函館夜景号」
ベイエリアのイルミネーションを鑑賞しながら函館山へと向かう観光バス。
※2023年3月現在、冬季の運行は未定
㊔運行スケジュールの詳細はWebサイトを確認
URL hakobus.co.jp
☎0138-51-3137（函館バス 函館営業所）

❸ 函館山登山バス 所要時間:片道約30分

JR函館駅前バスターミナルを出発後、市内数カ所を回ってから函館山山頂へ向かう路線。
㊎片道500円
㊔4月中旬〜11月中旬（予定）
㊡期間中無休（荒天時運休）
☎0138-22-8111（函館バス）

FILE 2

市電で末広町に向かっていたら、途中から違う方向に！

函館駅前から市電で末広町まで行くつもりが、気付いたら「谷地頭」という停留所。うっかり乗り過ごしてしまった？

解決！

十字街で谷地頭行きと函館どつく前行きに路線が分かれる。

市電は函館どつく前行きの⑤系統と、谷地頭行きの②系統の2路線ある。元町エリアに行く場合は、函館どつく前行きの⑤系統に乗ろう。

<市電路線図> →別P.40

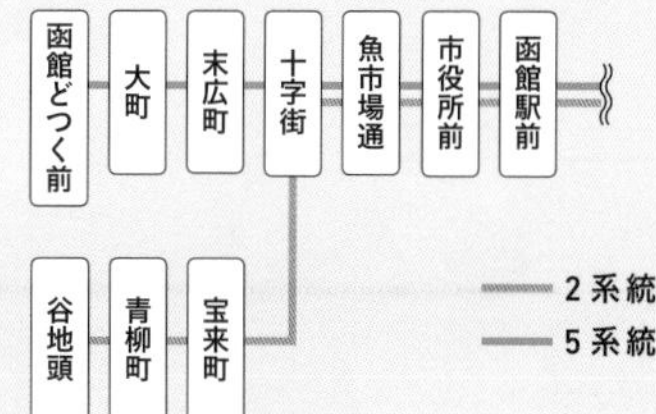

HAKODATE

市電1日乗車券600円は、市電が1日乗り放題で利用できるほか、沿線の観光施設やレストラン、ショップで割引を受けられる。

函館

TOURISM

ロマンチックな夜を楽しむ☆

函館山からの夜景にため息

函館に来たら外せない、世界からも称賛される函館山からの美しい夜景。時季によっては霧夜景や雪夜景などレアな夜景が見られることも。いざロープウェイで山頂展望台へ！

五稜郭タワー ▶P.117
JR函館駅
函館港
ベイエリア ▶P.124

その夜景の美しさはミシュラン3つ星

函館山山頂展望台

はこだてやまさんちょうてんぼうだい

標高334mの函館山の山頂に位置する展望台。函館港と津軽海峡の間に広がる函館市街や、駒ヶ岳、横津岳の山並みが望める。

⌂函館市函館山　☎0138-23-3105（総合案内）
[営]10:00～22:00（10月～4月19日は～21:00）
[休]無休　[料]往復1800円（片道1200円）　[交]函館山ロープウェイ山頂駅内（山麓駅～山頂駅は片道3分）　🚗40台（山頂駐車場）
[函館山] ▶MAP 別P.34 B-3

日没時間をチェック

1月	16:10頃	7月	19:15頃
2月	16:50頃	8月	19:00頃
3月	17:30頃	9月	18:10頃
4月	18:00頃	10月	17:20頃
5月	18:30頃	11月	16:30頃
6月	19:00頃	12月	16:10頃

※毎月1日を基準にした時間の目安

ロープウェイで山頂へ！

1 券売機でチケットを購入。山頂駅までは所要約3分

2 ロープウェイの中からの函館市街の景色も見逃しなく

3 山麓駅でロープウェイを降り展望台に到着

4 日没前に行って眺めのいい場所をキープしよう

函館の街を彩る色とりどりの光はまるで宝石箱のよう！

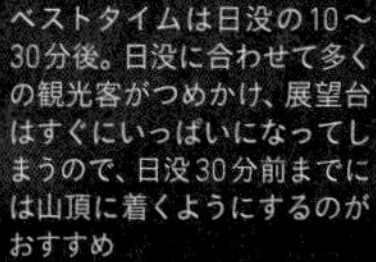

ベストタイムは日没の10～30分後。日没に合わせて多くの観光客がつめかけ、展望台はすぐにいっぱいになってしまうので、日没30分前までには山頂に着くようにするのがおすすめ

湯の川温泉 ▶P.131

津軽海峡

元町教会群 ▶P.115

夜景バリエーションを楽しむ！

季節に合わせて函館山から見える夜景も変化する。霧や雪などの自然現象やイカ漁の灯りとのコラボレーションはまた違った美しさ。

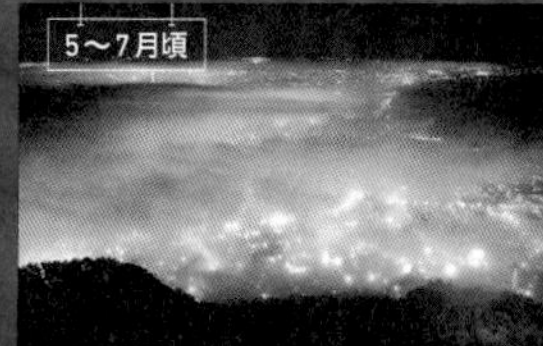

5～7月頃

霧夜景

霧が発生しやすい春～初夏に見られることが多い、ぼんやりとした夜景。

6～1月頃

イカ漁夜景

イカ漁はライトを点して夜に行われる。ライトが海上に浮かびファンタジック。

11～3月頃

雪夜景

冬季は積もった雪が光を反射する。夏より美しいと言われている。

夜景ディナーなら

レストラン ジェノバ

展望台2階のレストラン。夜景を望む窓際席は9組。1日3組限定でコース料理のみ予約可。ロープウェイ料金込みで8500円～。

☎0138-27-3127
営11:30～14:00LO、17:00～21:00LO（10月～4月19日のディナーは16:00～20:00LO、天候状況により変更あり、要問い合わせ）
休無休

夜景を見つめていると、「ハート」と「スキ」の文字が浮かび上がってくる。見つけると幸せになれるというので探してみよう。

歴史的な建物を眺めながら

異国情緒あふれる元町さんぽ

教会や洋風建築が多く残る元町エリア。函館湾を望む斜面に何本もの坂があり、
坂から眺める風景もまたステキ。カメラ片手に、フォトジェニックな景色を探しに行こう。

石畳と街路樹が美しい函館を代表する坂

摩周丸
青函連絡船として運航していた船。現在は記念館となっており、当時のまま残る操舵室などを見学できる

函館湾
坂の上から函館湾までは約270m。途中さえぎるものは何もなく、石畳の道が真っすぐのびている

坂の上から函館港を一望できる人気の撮影スポット、八幡坂。かつて坂の上に函館八幡宮があったことが名前の由来

おさんぽコース

電停十字街をスタートし、元町の主な見どころを散策する、所要約3時間のモデルコース。夜になるとライトアップされ、また違った風景を楽しめる。

START
電停十字街

徒歩10分

八角塔が目印
カトリック元町教会
カトリックもとまちきょうかい

大三坂の上に立つ、国内では最も古い歴史を持つ教会の一つ。

函館市元町15-30 ☎0138-22-6877 営10:00～16:00(日曜は12:00～、礼拝時を除く) 休無休(聖堂使用時は閉館) 料拝観無料 交電停十字街から徒歩10分 🚗なし

元町 ▶MAP 別P.34 C-2.3

徒歩3分

ひときわ眺めのいい
八幡坂
はちまんざか

海へ向かって真っすぐのびる坂は、CMや映画にも登場する人気スポット。石畳と街路樹の緑が美しい。

函館市元町 ☎なし 営見学自由 交電停末広町から徒歩3分 🚗なし

元町 ▶MAP 別P.34 C-2

徒歩4分

色鮮やかなモダン建築
旧函館区公会堂
きゅうはこだてくこうかいどう

修復・耐震補強工事を終え、2021年4月にオープン。洋風建築の代表的な建物。

函館市元町11-13 ☎0138-22-1001(函館市教育委員会) 営9:00～18:00(土～月曜は～19:00、11～3月は～17:00) 休無休(臨時休館あり) 料入館300円 交電停末広町から徒歩8分 🚗なし

元町 ▶MAP 別P.34 B・C-2

徒歩2分

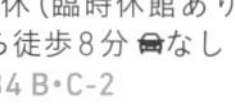

美しいバラが咲く洋式庭園
函館市旧イギリス領事館(開港記念館)
はこだてしきゅうイギリスりょうじかん(かいこうきねんかん)

旧領事館を利用した開港記念館。函館開港の歴史を学ぶことができる。

函館市元町33-14 ☎0138-83-1800 営9:00～19:00(冬季は～17:00) 休無休 料記念館入館300円 交電停末広町から徒歩5分 🚗なし

元町 ▶MAP 別P.34 C-2

ティールーム ヴィクトリアンローズ
領事館内のカフェ。アフタヌーンティーセットが人気。

アンティークな雰囲気の中で優雅に過ごせる

徒歩17分

函館湾を望む十字架
外国人墓地
がいこくじんぼち

ペリー来航の際に、亡くなった水兵を埋葬したことが始まり。

函館市船見町23 ☎なし 営見学自由 交電停函館どつく前から徒歩15分 🚗なし

元町 ▶MAP 別P.34 A-2

徒歩15分

GOAL
電停函館どつく前

1854(安政元)年、箱館港にペリーが来航。以後、国際都市として発展。

幕末の歴史が残された地

五稜郭公園をぐるり

かつて箱館戦争の舞台となった五稜郭公園。園内を歩いたあとは、五稜郭タワーの上から星形の公園を見下ろそう。幕末の歴史に思いを馳せてみて。

五稜郭公園を歩く

桜の名所としても有名。約1500本の桜の木の見頃は4月下旬〜5月上旬

松林
箱館奉行所
兵糧庫
武田斐三郎の碑
A
B
C
D

四季折々の楽しみがある

五稜郭公園

ごりょうかくこうえん

星の形をした西洋式城塞。1868(明治元)年に勃発した箱館戦争において旧幕府脱走軍の本拠地となった。現在は公園として開放されている。

函館市五稜郭町44　☎0138-31-5505(五稜郭公園管理事務所)　㊟郭内は5:00〜19:00(11〜3月は〜18:00)　㊡無休　㊫入園無料　㊜電停五稜郭公園前から徒歩15分　🚘周辺有料利用

五稜郭公園 ▶MAP 別P.33 D-1

WHAT IS

箱館戦争

五稜郭を舞台にした、新政府軍と旧幕府軍との戊辰戦争における最後の戦い。この戦いで土方歳三は命を落とした。

A 一の橋

五稜郭公園の南側に位置する入り口。渡ると半月堡や二の橋がある。

B 半月堡(はんげつほ)

敵の攻撃や侵入を防御するために造られた三角形の出塁。

C 石垣

上部が外に張り出した"武者返し"で敵が上がれない仕組みに。

D 大砲

箱館戦争で実際に使用された旧幕府脱走軍のものと思われる大砲。

箱館奉行所を見学

かつての奉行所を再現

箱館奉行所

はこだてぶぎょうしょ

徳川幕府により設置された役所で3分の1の範囲を復元したもの。パネルやシアターなどを使った4つのゾーンからなる内部を見学できる。

⌂五稜郭公園内 ☎0138-51-2864 営9:00～18:00(11～3月は～17:00、最終入館は15分前) 休無休(臨時休館日あり) 料入館500円

五稜郭公園 ▶MAP 別P.33 D-1

箱館戦争後に解体された箱館奉行所。当時の瓦を表現するために色むらなども忠実に再現された

再現ゾーン

格式高い大広間を再現。一之間から四之間まで4部屋合わせると72畳もの広さがある。

歴史発見ゾーン

五稜郭や箱館奉行所の歴史や関連する人物について、パネル形式で解説している。

映像シアター

復元工事に使用された資料の紹介と発掘物を展示。パソコンで挑戦するクイズも。

建築復元ゾーン

同心などの詰所だった部屋では、復元工事に使用された資料や発掘物などを展示。

五稜郭タワーから眺める

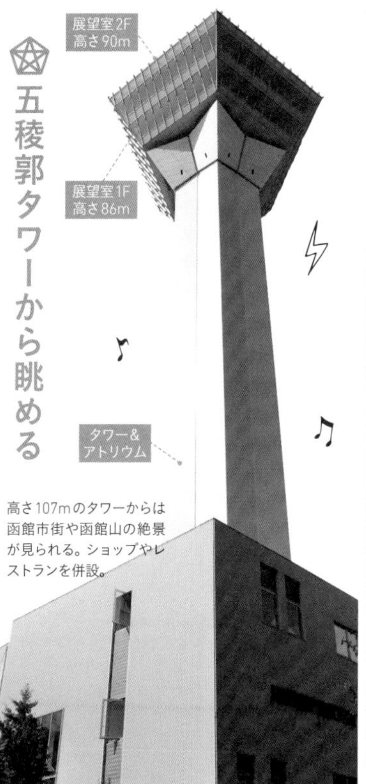

高さ107mのタワーからは函館市街や函館山の絶景が見られる。ショップやレストランを併設。

展望室2F

「五稜郭歴史回廊」では、ジオラマやパネルなどを使った展示で歴史を学べる。土方歳三のブロンズ座像もここに。

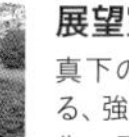

展望室1F

真下の景色がそのままに見える、強化ガラスでできたシースルーフロアが必見。売店やカフェも併設。

タワー1・2F

1階はチケットカウンターや売店、2階はレストランやジェラート店がある。

五稜郭の星形を上から望む

五稜郭タワー

ごりょうかくタワー

五稜郭公園に隣接して立つ、函館のシンボルでもあるタワー。五稜郭を見下ろす2層の展望台からは360度の展望が楽しめる。

⌂函館市五稜郭町43-9 ☎0138-51-4785 営9:00～18:00(チケット販売終了17:50) 休無休 料入館1000円(1・2Fは無料) 🚗周辺有料利用

五稜郭公園 ▶MAP 別P.32 C-1

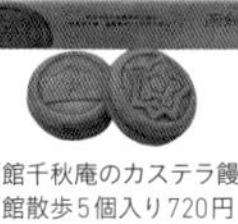

函館千秋庵のカステラ饅頭。函館散歩5個入り720円

MILKISSIMOのジェラート、3フレーバーで650円

五稜郭タワー内には2つの土方歳三像がある。展望室2階には椅子に座った像が、アトリウム1階には立ち姿の像。

あっちにもこっちにもイカ！

函館名物イカ三昧

津軽海峡で水揚げされる、函館名物のイカ。ほかでは食べられない新鮮さで、活イカ丼や活イカ刺しなど調理法もさまざま。いろんな食べ方でイカを味わってみて。

活イカ丼

活イカ踊り丼
2300円（時価）
イカの身、ゲソ、ゴロを丸ごと味わえる（時化で入荷がない場合もあり）

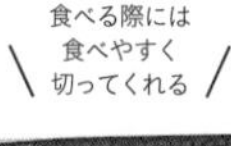

食べる際には食べやすく切ってくれる

丼の上のイカが動く！

一花亭 たびじ

いっかてい たびじ

名物は活イカ踊り丼。自家製イクラをトッピングした丼の真ん中で、透き通るゲソが動くイカの様子は衝撃的。海鮮丼のほか、焼き魚や定食などのメニューも豊富。

函館朝市内　☎0138-27-6171
営6:00～14:00　休無休

イカそうめん

いかさし定食
1300円
ご飯、味噌汁、ゴロ味噌やゲソの甘辛煮など小鉢がセット

衝撃の薄さで味を引き出す

朝市の味処 茶夢

あさいちのあじどころ ちゃむ

イカの身を1㎜ほどの細さに千切りにした極細のイカ刺しは、イカ本来の味を最大限に味わえると人気。お米は道産米のふっくりんこを使用。

函館朝市内　☎0138-27-1749
営7:00～14:00LO　休不定休

WHAT IS

函館朝市

戦後の闇市から始まり、1956（昭和31）年に現在の場所に移転。海産物や農産物などを扱う店が250店以上集まる。イートインも可能。

函館市若松町9-19　☎0138-22-7981（函館朝市協同組合連合会）　営6:00～14:00頃（店舗により異なる）　休店舗により異なる　交JR函館駅から徒歩1分　有料52台（朝市連合加盟店で2200円以上の利用で1時間無料、ほか提携駐車場あり）

函館駅周辺 ▶MAP 別P.35 E-1

朝市でイカ釣りに挑戦！

元祖活いか釣堀

がんそかついかつりぼり

駅二市場内にある釣り堀。活イカを釣ってその場で刺身にしてもらえるので釣りとイカの両方を楽しめる。

函館朝市内　☎0138-22-5330（函館駅二商業協同組合）　営6:00～13:30（時季により変動）　休1～6月、10・11月の第3水曜　料1パイ600円～（時価）

釣ったイカはその場で調理してもらえる

WHY

イカが函館名物なワケ？

津軽海峡の荒波にもまれて育ったイカは甘みがたっぷり。函館では夏はマイカ、冬はヤリイカと言われ、季節により捕れるイカが違う。

ヤリイカ

1～5月に捕れるヤリイカはマイカよりも小さくゲソが短い。身は薄いが甘みが強め

マイカ

6～12月に捕れる。肉厚でゴロも大きく、刺身からフライまでさまざまな料理に合う

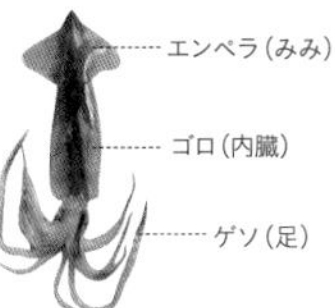

新鮮なイカを丸ごと味わう

魚さんこ

ぎょさんこ

新鮮な魚介をリーズナブルに食べられる。手書きメニューには本日の刺身の名前がズラリと並ぶ。活イカを注文すると、水槽から取り出したイカをさばく前に見せてくれる。

函館自慢の活イカをぜひ！

函館市若松町19-3 ☎0138-22-0008 営16:30～23:00LO 休不定休 交JR函館駅から徒歩3分 🚗なし

函館駅周辺 ▶MAP 別P.35 F-1

活イカ刺し

活イカ刺！
1980円(時価)
活イカの刺身は身が透き通り新鮮。余すところなく食べられる

イカパスタ

イカナポリタン
1280円
イカ、野菜がたっぷり。バジルの香りとオリジナルケチャップソースが味の決め手

イカを洋食ベースでアレンジ！

Restaurant nana-papa

レストラン ナナパパ

「函館らしい」をモットーにした洋食料理を味わえるレストラン。ランチタイムは7種類から選べるパスタに前菜、パン、デザート、ドリンクが付いたパスタコース1800円が人気。肉料理、魚介料理も充実。

チーズメンチカツ
ランチ1380円、
ディナー1480円

函館市富岡町3-9-1 ☎0138-43-7788 営11:30～14:30LO、18:00～21:00LO 休木曜 交JR五稜郭駅から車で10分 🚗9台

富岡町 ▶MAP 別P.32 C-1

名物は特製いかめし

函館海鮮居酒屋 魚まさ 五稜郭総本店

はこだてかいせんいざかや うおまさ ごりょうかくそうほんてん

活イカ刺し(要予約)や自家製ほっけ一夜干しをはじめとした地場食材を使ったメニューを、掘りごたつの個室でゆっくり味わえる。

魚まさ黒米いかめし
600円
テイクアウト用で販売されているいかめし。常温OKなのでおみやげにも

函館市本町4-7 ☎0138-53-1146 営17:00～21:00LO(金・土曜、祝前日は～22:00LO) 休無休 交電停五稜郭公園前から徒歩3分 🚗なし

五稜郭周辺 ▶MAP 別P.32 C-2

イカめし

魚まさ黒米いかめし
1080円
道南福島町の黒米を使い、時間をかけてじっくり煮込んだいかめし

北海道の郷土料理「ルイベ」は、凍らせた魚介を刺身のように薄く切り、わさび醤油をつけて食べるというもの。

函館ランチの決定版！

ご当地グルメを食す

函館を代表するご当地グルメといえば塩ラーメン。そのほかにも函館っ子が愛するソウルフードがたくさん！　食べ忘れのないように、マストなグルメをチェックして。

函館を代表する
創業80余年の塩ラーメン
函館駅の2階にあります！

味彩塩拉麺　880円
昆布ベースの透明スープに天然の岩塩を使用した風味のいいあっさり味

有名店の味を駅ナカで味わう

麺厨房あじさい JR函館駅店

めんちゅうぼうあじさいジェイアールはこだてえきてん

五稜郭公園前に本店がある、函館を代表する塩ラーメン「あじさい」の支店。豚骨と鶏ガラに昆布を加えたスープが中細ソフトウェーブ麺にぴったり。

🏠函館市若松町12-13 JR函館駅2F　☎0138-84-6377　㊋10:00～19:30LO　㊡無休　㊜JR函館駅直結　🚗なし
函館駅周辺 ▶MAP 別P.35 E-1

WHAT IS

函館ラーメン

スープ
あっさり塩味の透明スープ

麺
縮れの少ない中太麺でやわらかめ

トッピング
シンプル。店により麩がのる

これぞ昔ながらの塩ラーメン

函館ラーメン 鳳蘭

はこだてラーメン ほうらん

1950年創業の老舗。豚骨と鶏ガラのみを使った透き通ったスープは優しい味わい。ラーメンの種類、ラーメン以外のメニューも多く、お得なセットメニューもある。シューマイ700円も人気。

🏠函館市松風町5-13　☎0138-22-8086
㊋11:00～20:00（スープがなくなり次第終了）　㊡火曜　㊜電停松風町から徒歩3分
🚗3台　函館駅周辺 ▶MAP 別P.35 F-1

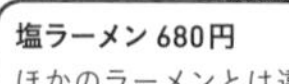

歴史を感じる王道の味
懐かしの塩ラーメンを食す

塩ラーメン 680円
ほかのラーメンとは違う専用のスープを使用。透明スープにチャーシューが浮かぶ

まだある！
ソウルフード

函館には全国的にも有名なソウルフードがいくつもある。各店自慢の一品がこちら！

“ステピ”の名を全国に広めた店

バターピラフの上にやわらかい牛肉が。秘伝のオリジナルソースをかけて

元祖ビーフステーキピラフ 1580円

ピラフとビーフのタッグ

Jolly Jellyfish 東山店

ジョリー ジェリーフィッシュ ひがしやまてん

肉とピラフとの相性がたまらない函館のソウルフード、牛ステーキピラフ、通称「ステピ」。トラピストバターを使用したオリジナルソースがアクセント。

函館市東山2-6-1 ☎0138-86-9908 営11:00〜14:30LO、17:00〜20:30LO 休水曜 交JR函館駅から車で15分 🚗38台

東山 ▶MAP 別P.33 D-1

みんな知ってるカリベビの“シスコライス”

バターライスの上に大きなフランクフルトとたっぷりのミートソース

シスコライス 880円〜

40年以上愛され続ける洋食店

カリフォルニアベイビー

1976（昭和51）年のオープン当時からあるシスコライスは、ヨット内でのまかないから生まれた料理。バターライスにミートソースがよく合う。

函館市末広町23-15 ☎0138-22-0643 営11:00〜21:00（時季により変動） 休木曜 交電停十字街から徒歩5分 🚗なし

ベイエリア ▶MAP 別P.34 C-2

函館のファストフード“ラッピのチャイチキ”

甘辛ダレで味付けした唐揚げがゴロッと入った人気No.1バーガー

チャイニーズチキンバーガー 440円

函館名物のご当地バーガー

ラッキーピエロ マリーナ末広店

ラッキーピエロ マリーナすえひろてん

函館市民の誰もが知る「ラッピ」は函館を中心に17店舗展開する手作りハンバーガーチェーン店。チャイチキをはじめユニークなバーガーが種類豊富に揃う。

函館市末広町14-17 ☎0138-27-5000 営9:30〜23:00 休無休 交電停末広町から徒歩5分 🚗なし

ベイエリア ▶MAP 別P.35 D-2

老若男女に愛されるハセストの“やき弁”

やきとり弁当 小530円

味はタレ、シオ、塩だれ、うま辛、みそだれの5種類、大や中などのサイズもある

実は豚肉！ 函館版やきとり

ハセガワストア ベイエリア店

ハセガワストア ベイエリアてん

海苔を敷いたご飯の上に豚肉のやきとりがのった函館名物。サイズ、味、野菜入りなどバリエーション豊か。焼く際にワインで風味付け。

函館市末広町23-5 ☎0138-24-0024 営7:00〜22:00 休無休 交電停十字街から徒歩4分 🚗4台

ベイエリア ▶MAP 別P.34 C-2

ラッキーピエロは店舗によって内装が異なる。なかでも個性的なのがブランコの椅子があるベイエリア本店。

古い建物ならではの落ち着ける空間

レトロカフェでタイムトラベル

歴史ある建物が多く残る街、函館。蔵や商家などをリノベーションしたカフェは、観光客のみならず函館っ子にも人気。スイーツを味わいながら、レトロな雰囲気を体感して。

RETRO CAFE.1

高い天井と広い空間はまるで外国のカフェ

カラメルバナナパンケーキ
1122円
リコッタチーズを加えたしっとり生地にカラメリーゼしたバナナを添えて

鶏のフォー
1408円
道産米で作った麺はもちもち。サラダやドリンクなどがセットのランチメニュー

店内に施された装飾も美しい

Cafe & Deli MARUSEN

カフェ アンド デリ マルセン

重厚な建物を利用した店内は天井が高くゆったり。ガレットやフォーなどのほか、フレンチトーストやパンケーキなどのスイーツも充実。焼きたてパンも販売。

函館市大手町5-10 ニチロビル1F ☎0138-85-8545 営11:00～19:00 休火曜 交電停魚市場通から徒歩5分 🚗7台
函館駅周辺 ※2024年4月現在閉店

History

1932年築のオフィスビルを利用
旧日魯漁業の社屋として建設された建物。当時のままの天井や壁のアーチ窓なども必見。

RETRO CAFE.2

和風でどこか懐かしい古民家カフェでくつろぐ

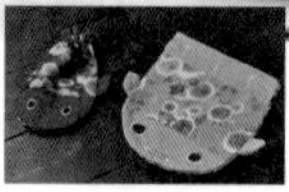

羽衣セット
880円
自家製の抹茶シフォンケーキにミニぜんざいやわらび餅、いも餅などが付く

金魚グッズと骨董品に囲まれて

きんぎょ茶屋

きんぎょちゃや

外壁や天井は黒く塗られ、インテリアもレトロな雰囲気を演出。こだわりの和食器で和スイーツを楽しめる。金魚にちなんで付けられたメニュー名もユニーク。

函館市末広町20-18
☎0138-24-5500 営10:00～17:00 休水曜、第2・4木曜 交電停末広町から徒歩1分 🚗1台
元町 ▶MAP 別P.34 C-2

History

築100年以上前の商店を利用
昭和初期にはタバコ屋として営業していたことも。土間や天井の梁、扉などは当時のまま。

WHAT IS

リノベカフェ

古い建物の中でも、特に価値のある伝統的建造物をリノベーションしたカフェ。ベイエリアや元町は伝統的建造物保存地区に指定されている。

函館市教育委員会の目印

RETRO CAFE.3

飴色の土蔵カフェでのんびり和スイーツ

あずき白玉パフェ
900円
注文が入ってから丸める白玉はもちもち。マイルドブレンドは560円

100年の時を感じるレトロ空間

茶房ひし伊

さぼうひしい

大正時代に増築された質蔵を利用し1982年に開業したカフェ。1階はカウンターとテーブル席、2階は靴を脱いで座ってくつろげるスペース。パフェは5種類ある。

函館市宝来町9-4 ☎0138-27-3300 営11:00～16:30LO 休水曜 交電停宝来町から徒歩2分 🚗8台

宝来町 ▶MAP 別P.35 D-3

History

1921年築の蔵をリノベ

大火で焼失を免れた一帯にある大正時代の土蔵に、明治時代築の質屋が連なっている。

RETRO CAFE.4

木造板張りの建物の中はオシャレなデザイン空間

パフェカドー
950円
ジュレやシャーベット、クランチ入りバニラアイスなどの上にモンブラン仕立てのレアチーズが

カフェカプチーノ
550円
ふわふわの泡がたっぷり。きれいに3層になっている

パステルカラーが印象的

ROMANTiCO ROMANTiCA

ロマンティコ ロマンティカ

雑貨やオーナメントが飾られた店内は、懐かしくもスタイリッシュ。ショーケースには毎日5～6種類の手作りケーキが並ぶほか、クッキー2枚150円～もある。

函館市弁天町15-12佐藤商会1F ☎0138-23-6266 営11:00～23:00 休火・水曜 交電停大町から徒歩3分 🚗6台

ベイエリア ▶MAP 別P.34 B-1

History

1916年築の工場を改装

マルハニチロの缶詰工場として建てられた木造3階建てのさわやかなブルーの建物。

歴史的な街並みを保存する目的で制定された、伝統的建造物群保存地区。2023年4月現在、道内にあるのは函館のみ。

函館

SHOPPING

レンガ倉庫の中に雑貨がいっぱい！

ベイエリアでおみやげ探し

函館一のショッピングスポット、赤レンガ倉庫群。雑貨にスイーツと何でも揃うので、おみやげ探しにも便利。お気に入りのアイテムを探しにショッピングに出かけよう！

ベイエリアのシンボル

金森洋物館

かねもりようぶつかん

港に面して並ぶレンガ造りの建物が金森赤レンガ倉庫。館内にはインポート品や雑貨、アクセサリーなどを扱うショップが入っている。夜は外壁がライトアップされロマンチック。

🏠函館市末広町13-9
☎0138-27-5530　㊟9:30～19:00　㊡無休
㊋電停十字街から徒歩5分　🚗78台（1000円以上の利用で2時間無料）

ベイエリア ▶MAP 別P.35 D-2

定番人気のミルクレープフリュイ486円。コーヒーは500円

あのオムレットを気軽に

函館洋菓子スナッフルス

はこだてようがし スナッフルス

函館発の洋菓子店。名物のキャッチケーキは、おみやげにもぴったり。

☎0138-27-1240

金森洋物館で雑貨ハント！

函館らしい小物がいっぱい

にっぽん CHACHACHA 函館ストア

にっぽん チャチャチャ はこだてストア

カラフルな模様のジャガード生地を使った小物や刺繍が入ったハンカチなどが人気。

☎0138-23-2822

¥3080

赤れんが倉庫柄がま口
港と赤れんが模様で函館みやげとしておすすめ

¥660

函館ハンカチ
函館名物のイカの刺繍が入ったハンカチ。ポップなデザインがかわいい

ユニークなコンニャク石けん

函館蒟蒻しゃぼん

はこだてこんにゃくしゃぼん

函館産がごめ昆布ほか、大豆や果物を使ったコンニャク石けんを販売している。

☎0120-808-469

¥1688

がごめ昆布金
がごめ昆布金は金粉入り

¥1273

とろり蒟蒻保湿玉
ぷにぷに新触感の入浴剤。ラベンダーの香り

食品と雑貨の店

プティト・フルール

オリジナルチーズケーキや北海道限定品など、さまざまな商品を取り扱う。

☎0138-27-7323

¥2200

チーズケーキ8個入り
なめらかな口当たりが特徴のレアチーズケーキ

各¥1100

北うさぎレザーキーホルダー
北うさぎのロゴが焼き押しされた本革のキーホルダー

倉庫群の向こうに見えるのは函館山。倉庫には昔のままの厚い鉄製の扉が設えられている

赤レンガ倉庫群

金森洋物館、BAYはこだて、函館ヒストリープラザなどの建物からなるショッピング＆イベントスポット。建物は営業用倉庫として1909（明治42）年に耐火レンガで建てられたもの。郵便局として使われていた建物、はこだて明治館も併設。

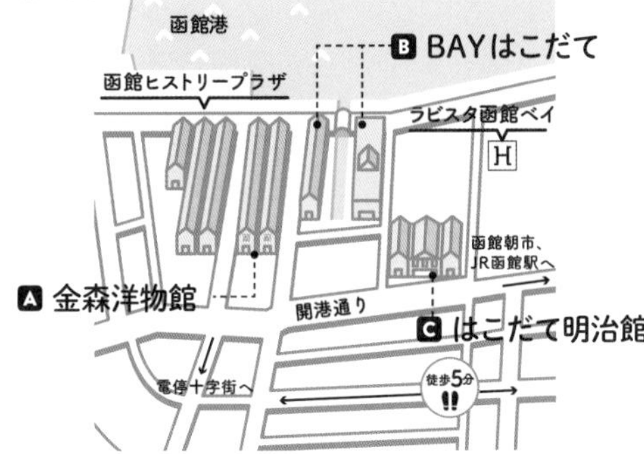

B

運河に面した長い建物

BAYはこだて

ベイはこだて

運河沿いにあり、レストランやカフェ、アクセサリー、雑貨などを扱う個性的な店舗が入る。幸せの鐘や大きな階段が印象的なチャペルも見どころ。

🏠函館市豊川町11-5
☎0138-27-5530
営9:30～19:00
休無休　交🚗金森洋物館と同じ
ベイエリア ▶MAP 別P.35 D-2

¥1500

烏賊墨染 発泡巾着
ぷっくりとしたイカのイラスト入り。人気商品

¥2600

風呂敷
函館らしい柄と和風柄がマッチしたデザイン

函館名物イカを雑貨に

シングラーズ

イカ墨染めのオリジナル商品が揃う。
☎0138-27-5555

CAFE TIME

メルチーズ2個とドリンクのセットは700円

メルチーズが有名な

パティスリー プティ メルヴィーユ

末広町にファクトリーがある洋菓子店。メルチーズはおみやげにも人気。
☎0138-84-5677

C

¥3080

雪の結晶ペンダント
オリジナルのアイテム。北国らしいデザイン

ツタが絡まる旧郵便局

はこだて明治館

はこだてめいじかん

1911（明治44）年建造の元郵便局を利用したレンガ造りの建物。函館硝子明治館やオルゴール明治館、テディベア・ショップなどが入っている。

🏠函館市豊川町11-17　☎0138-27-7070　営9:30～18:00　休水曜、第2木曜　交電停十字街から徒歩3分　🚗40台（1000円以上の利用で1時間無料）
ベイエリア ▶MAP 別P.35 D-2

サンドブラスト体験工房

グラスに砂を吹き付けて加工するサンドブラスト体験1980円。
☎0138-27-6060
（完全予約制）

12月1～25日（予定）にかけ、はこだてクリスマスファンタジーを開催。期間中、海上にはクリスマスツリーが浮かべられる。

ひと足のばして行きたいエリア

函館から車で35分

駒ヶ岳を望むネイチャースポット

大沼

おおぬま

駒ヶ岳のすそ野に広がるリゾート地で紅葉の名所としても知られる。大沼、小沼、じゅんさい沼の3つの湖があり、大小120以上の小島が浮かぶ。

どんなエリアなの？

国定公園に指定されており、豊かな自然の中で散策を楽しめる。

大沼への行き方

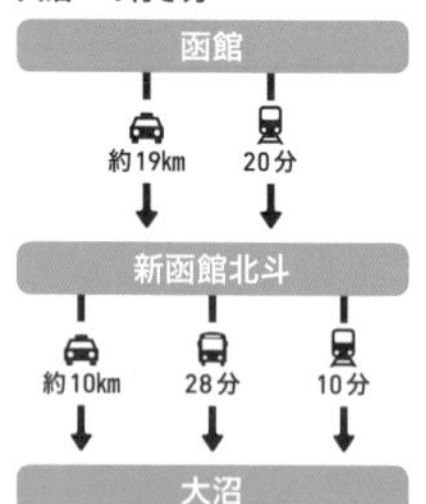

歩きで、船で、大沼・小沼の自然を満喫

大沼・小沼の楽しみ方はいろいろ。
地上から、湖上から、どちらからもいい眺め！

遊歩道や遊覧船からは大沼と駒ヶ岳のツーショットが眺められる

絶景を眺めながらの散策

大沼・小沼湖畔遊歩道

おおぬま・こぬまこはんゆうほどう

大沼と小沼の湖畔には、所要時間15〜50分の4本の遊歩道が整備されており、橋で結ばれた7つの島々を散策できる。

七飯町大沼町　☎0138-67-2170（大沼観光案内所）　営散策自由　交JR大沼駅から徒歩5分　🚗260台

▶MAP 別P.24 A-1

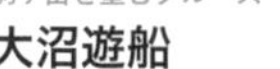

駒ヶ岳を望むクルーズ

大沼遊船

おおぬまゆうせん

大沼と小沼を巡る島巡り一周コースでは、ガイドの説明を聞きながら、のんびりとクルージングが楽しめる。

七飯町大沼町1023-1　☎0138-67-2229　営4月中旬〜11月下旬の9:00〜16:20（約40分間隔で運航）　休期間中無休（荒天時は要問い合わせ）　料乗船1320円（島巡り一周コース）　交JR大沼駅から徒歩5分　🚗160台（有料）

▶MAP 別P.24 A-1

大沼名物で腹ごしらえ

大沼牛を使ったステーキや大沼名物のレトロなおだんごなど、
立ち寄りたいグルメスポットがこちら！

ジューシーな大沼牛のステーキが評判

ランバーハウス

ランバーハウス

地元小澤牧場の大沼牛を使ったステーキが味わえる。脂身の少ない赤身肉は旨みがありやわらかい。

リブステーキ（特リブロース300g）セット4100円

七飯町軍川19-32　☎0138-67-3873　営11:00〜14:30、17:00〜19:30（品切れ次第終了のため要問い合わせ）　休月曜（祝日の場合は翌日休）　交JR大沼公園駅から車で5分　🚗10台

▶MAP 別P.24 B-1

大沼だんご（醤油とあん＆醤油と胡麻）小折各430円

1905年創業の大沼名物だんごの店

沼の家

ぬまのや

うるち米で作る一口サイズのだんごは、創業当時のまま。醤油と胡麻はここでのみの販売。

浮島に見立てただんごです

七飯町大沼町145　☎0138-67-2104　営8:30〜18:00（売り切れ次第閉店）　休無休　交JR大沼駅から徒歩1分　🚗4台

▶MAP 別P.24 A-1

国定公園にも指定されている緑豊かな大沼や、懐かしい江戸風景が残る松前に、江差。
いずれもアクセスがよく函館から日帰りでも行ける。個性豊かなスポットをチェックしよう。

函館から車で2時間

桜の美しい城下町

松前

まつまえ

松前藩の城下町として栄え、小京都のような町並みが残る。北海道唯一の城、福山城があり、250種1万本の桜の名所としても知られている。

どんなエリアなの？

福山城の北側には寺町が残り、昔ながらの風情ある寺院が佇んでいる。

松前への行き方

函館 →（車 約94km／バス 3時間）→ 松前

江差 →（車 約64km）→ 松前

01 松前藩ゆかりのスポットを巡る

松前のシンボル福山城（松前城）を中心に、松前藩の面影が残るスポットが点在。日本最北端の城下町をぶらり歩こう。

かつての城下町にタイムスリップした気分

江戸時代の町並みを再現

松前藩屋敷

まつまえはんやしき

華やかな幕末期の松前の町並みを再現したテーマパーク。奉行所や廻船問屋など14棟が並ぶ。

松前町西館68 ☎0139-43-2439 営4月10日～10月31日の9:00～17:00（最終入館16:30） 休期間中無休 料入館360円 交バス停松城から徒歩20分 🚗150台

▶MAP 別P.24 B-3

春は美しい桜と福山城の風景が見られる

戊辰戦争の舞台となった

福山城（松前城）

ふくやまじょう（まつまえじょう）

日本最北の藩として北方警備を行った松前藩の城。1854（安政元）年に創建され、現在は資料館に。

松前町松城144 ☎0139-42-2216 営4月10日～12月10日の9:00～17:00（最終入館16:30） 休期間中無休 料入館360円（公園は入園自由） 交バス停松城から徒歩10分 🚗15台

▶MAP 別P.24 B-3

02 松前名物の本マグロを味わう

松前の名物といえばアワビや松前漬けだが、津軽海峡で捕れる天然の本マグロを使った贅沢グルメも必ず食べたい！

松前産本マグロ山わさび漬け丼1900円

温泉旅館である矢野旅館のレストラン

松前の旬の食材を味わう

レストラン矢野

レストランやの

松前産の本マグロを堪能できるメニューが人気。創業以来変わらぬ味のハンバーグなど、洋食メニューも扱う。

松前町福山123 ☎0139-42-2525 営11:00～20:30LO（時季により変動） 休11～3月は木曜休 交バス停松城から徒歩5分 🚗50台

▶MAP 別P.24 B-3

福山城周辺の一帯は、道内屈指のお花見スポット。例年の見頃は4月下旬～5月下旬。桜の開花に合わせて「松前さくらまつり」を開催。

函館から車で1時間40分

江差追分が流れる港町

江差

えさし

北前船とニシン漁で栄えた歴史を持ち、ニシン問屋や商家が残る。伝統芸能が盛んで、8月には姥神大神宮渡御祭が行われる。

どんなエリアなの？

旧国道「いにしえ街道」沿いに歴史的建造物が立ち並んでいる。

江差への行き方

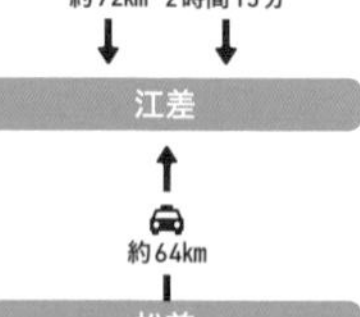

01 伝統文化と幕末の歴史にふれる

民謡に祭り、江差に今なお続く伝統文化と、幕末期の街の歴史を学びに行こう。

道内最古の祭り、姥神大神宮渡御祭で使用される山車

館内のホールでは江差追分の実演を鑑賞

歌い継がれる民謡・江差追分

江差追分会館・江差山車会館

えさしおいわけかいかん・えさしやまかいかん

江差追分についての展示や実演が行われている。山車会館では姥神大神宮渡御祭について紹介。

江差町中歌町193-3　☎0139-52-0920　㊎9:00～17:00　㊡11～3月の月曜、祝日の場合は翌日休　㊕入館500円　㊋バス停中歌町から徒歩1分　🚗20台

▶MAP 別P.24 B-2

船内には開陽丸の歴史などが展示されている

旧幕府軍で活躍した軍艦を復元

幕末の軍艦 開陽丸記念館（えさし海の駅）

ばくまつのぐんかん かいようまるきねんかん（えさしうみのえき）

1868（明治元）年、暴風雪により江差沖で沈没した旧幕府軍の軍艦、開陽丸を原寸大で復元し展示。海底から引き揚げた大砲や遺物品などを見ることができる。

江差町姥神町1-10　☎0139-52-5522　㊎4～10月の9:00～17:00（最終券売16:30）　㊡期間中無休（11～3月の月曜、祝日の場合は翌日休）　㊕入館500円　㊋バス停姥神町フェリー前から徒歩7分　🚗130台

▶MAP 別P.24 A-2

02 リノベ空間でスイーツを堪能

ニシン漁で栄えた江差には、かつての蔵を活用したショップや飲食店も点在。休憩がてら立ち寄ってみて。

休憩所として無料で利用できる

和の空間で味わうスイーツ

Cafe & Sweets 壱番蔵

カフェ アンド スイーツ いちばんくら

土蔵造りの建物を利用しており、天井が高いカフェスペースは案内所も兼ねている。道産の小麦や卵を使った自家製ケーキやシュークリームを販売。

江差町姥神町42-3　☎0139-52-5789　㊎10:00～16:00　㊡不定休　㊋バス停姥神町フェリー前から徒歩1分　🚗5台

▶MAP 別P.24 A-2

ラズベリーシフォン370円

ここも見逃せない！

函館の立ち寄りSPOT

飲み歩きが楽しめる屋台街から、歴史ある修道院まで。市内＆近郊にある行くべきスポットがこちら。

SPOT 1

個性豊かな屋台街をはしご

地元の人との交流も楽しめる屋台街

函館ひかりの屋台 大門横丁

はこだてひかりのやたい だいもんよこちょう

函館の魚介類を使った居酒屋やバーなど、さまざまなジャンルの店26店舗が集まる屋台街。

函館市若松7-5
☎0138-24-0033（はこだてティーエムオー） 営休店舗により異なる 交JR函館駅から徒歩5分 駐なし
函館駅周辺 ▶MAP 別P.35 F-1

イカ刺しをつまみに一杯

炉ばた 大謀

ろばた だいぼう

南茅部にある網元の直営店で新鮮なイカや魚介が名物。明るい女将さんと常連客でいつもにぎやか。

☎0138-22-3313
営17:00～23:00 休無休

ゆっくりしていってね

活〆真イカ（ゴロ付き）800円は6～12月限定。タコ刺し750円、磯おにぎり350円も人気

食べ歩きのシメは塩ラーメン

新函館ラーメン龍鳳

しんはこだてラーメンりゅうほう

あっさりとした透明スープと玉子麺がよく合う。おみやげ用黄金塩ラーメン1050円（3食分）もぜひ。

☎090-8372-8495
営10:30～23:00 休火曜

透明なスープがおいしい！

黄金塩ラーメン750円

アジアのビールでカンパイ

アジアンキッチンチェーズ

日本人向けにアレンジしたミャンマーやタイ、ベトナム料理を、約30種類の世界各国のビールと一緒に！

☎080-5483-4072
営17:30～翌1:00 休無休

蒸しブタの青唐ソースかけ880円

みんなでカンパーイ！

SPOT 2

日本初の2つの修道院

優しく手を広げる前庭のマリア像

クッキー10個入り750円（プレーン）

高台にある女子修道院

天使の聖母トラピスチヌ修道院

てんしのせいぼトラピスチヌしゅうどういん

1898（明治31）年に創設された、日本初の女子観想修道院。多くの聖像が立つ敷地内には、修道院の歴史が学べる資料館やギフトショップがある。

函館市上湯川町346
☎0138-57-3331
営3～4月・10～11月8:30～16:30（5～9月は～17:00、12～2月は9:00～16:00） 休無休 料無料
交JR函館駅から車で30分
駐周辺利用（有料）
函館郊外 ▶MAP 別P.33 F-2

院内で作るバターを使用したトラピストクッキー

道南の酪農発祥地

燈台の聖母トラピスト修道院

とうだいのせいぼトラピストしゅうどういん

日本最初の男子修道院。1903（明治36）年にオランダから連れてきた牛を育て始めたことをきっかけに、北海道の酪農発祥地となった。

北斗市ミツ石392 ☎0138-75-2108
営売店は8:30～16:30（4月1日～10月15日は9:00～17:00）。院内参拝は2023年3月現在休止中 休売店は1～3月の日曜 料無料
交JR函館駅から車で40分 駐30台
北斗 ▶MAP 別P.25 D-2

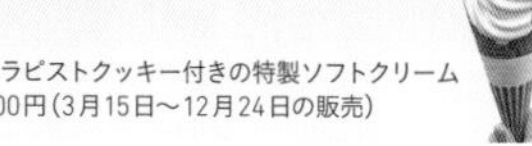

トラピストクッキー付きの特製ソフトクリーム400円（3月15日～12月24日の販売）

江差では例年8月9～11日にかけて江差・姥神大神宮渡御祭が行われ、町中を13台の山車が練り回る。

函館観光に大活躍！
観光便利なホテルにステイ

見どころがコンパクトにまとまった街、函館。スムーズな旅を目指すのであれば駅チカのホテルへ。ひと足のばして湯の川温泉に泊まるのもおすすめ。

朝食が人気のレトロモダンホテル

ラビスタ函館ベイ

ラビスタはこだてベイ

ベイエリアに立つ客室335室の大型リゾートホテル。最上階には6種類の風呂からなる「天然温泉 海峡の湯」があり、港や函館山を一望できる。朝食バイキングには海鮮丼もあり豪華。

料金

朝食付きシングル1万5000円～、朝食付きスタンダードツイン2万円～

函館市豊川町12-6
0138-23-6111
IN 15:00 OUT 11:00
電停十字街から徒歩5分
171台（1泊500円）
ベイエリア ▶MAP 別P.35 D-2

別荘にいるようなリラックス空間

ヴィラ・コンコルディアリゾート＆スパ

ヴィラ・コンコルディアリゾート アンド スパ

北欧風の家具でまとめられた客室は、全室スイートタイプで広々。2階フロアは全てスパ施設になっており、国内でも数少ないシャワーベッドも完備。レストランでは函館で捕れた魚介や地元の食材を使った料理を提供。

料金

朝食付きデラックスダブル1万6300円～、朝食付きデラックスツイン1万6300円～

函館市末広町3-5
0138-24-5300
IN 15:00 OUT 10:00
電停十字街から徒歩5分
5台
元町 ▶MAP 別P.35 D-3

設備が充実した快適ホテル

ホテルリソル函館

ホテルリソルはこだて

函館朝市の向かいに位置。館内には函館らしい海や船をテーマにしたリビングロビーがある。夜景を眺めながら100種類のお酒が楽しめる最上階のバーや、スカッシュコートといったスポーツ施設も充実。

料金

シングル6000円～、ツイン1万2000円～

函館市若松町6-3
0138-23-9269
IN 15:00 OUT 11:00
JR函館駅から徒歩3分
64台
函館駅周辺 ▶MAP 別P.35 E・F-1

2023年6月リブランドオープン

プレミアホテル -CABIN PRESIDENT- 函館

プレミアホテル キャビンプレジデント はこだて

199室ある客室とスイートは快適さを重視したシンプルで洗練されたデザインになっており、函館港や函館山が眺められる。レストランでは新鮮魚介など地元食材を使ったシェフこだわりのメニューが味わえる。

料金

シングル8000円～、ツイン1万4000円～

函館市若松町14-10
0138-22-0111
IN 15:00 OUT 11:00
JR函館駅から徒歩1分
110台（1泊1000円）
函館駅周辺 ▶MAP 別P.35 E-1

2021年4月オープン！ 倉庫を生かしたリノベホテル

重要伝統的建造物群保存地区に指定されている函館の街並み。そんな函館で歴史を感じながら滞在できる宿がこちら！

併設レストラン「ルアン」では洋風朝食ほか地産食材のコース料理を提供

運河を望む倉庫街のホテル

NIPPONIA HOTEL 函館 港町

ニッポニア ホテル はこだて みなとまち

築100年以上の倉庫建築をリノベーションしたホテル。全9室ある客室は北欧風の洗練されたデザイン。

函館市豊川町11-8
0120-210-289（VMG総合受付窓口）
IN 15:00 OUT 12:00
電停十字街から徒歩3分
8台
ベイエリア ▶MAP 別P.35 D-2

料金

1泊2食付き3万8720円～

津軽海峡に面した名湯

湯の川温泉

1653(承応2)年からの歴史ある温泉地。函館空港や函館市街からのアクセスのよさに加え、オーシャンビューの宿も多いため、函館観光の滞在地として人気が高い。

和の空間に心も体も癒される

竹葉 新葉亭

ちくば しんようてい

湯の川温泉を代表する老舗旅館。和風庭園を望む「萬葉の湯」と、竹林がそよぐ中、湯浴みを楽しめる「竹林の湯」の2つの温泉浴場がある。地元食材をふんだんに使用した会席料理も人気が高い。

料金
1泊2食付き2万3800円〜

函館市湯川町2-6-22
☎0138-57-5171
IN 15:00 OUT 11:00
㊋電停湯の川から徒歩7分
🚗25台
▶MAP 別P.33 E-2

夜景を望む贅沢な露天風呂

望楼NOGUCHI 函館

ぼうろうノグチはこだて

客室や館内はモダンでスタイリッシュな空間に和の要素を取り入れた洗練された造り。最上階には絶景を望む露天風呂がある。レストランでは季節の会席料理が味わえる。

料金
1泊2食付きメゾネットスイート4万4150円〜、1泊2食付き和モダン3万7550円〜

函館市湯川町1-17-22
☎0570-026573
IN 14:00 OUT 12:00
㊋電停湯の川温泉から徒歩3分
🚗50台
▶MAP 別P.33 E-2

緑豊かな庭園と充実した設備

湯元啄木亭

ゆもとたくぼくてい

四季折々の眺めを楽しめる庭園付きの宿。最上階には幅30mのガラスパネル越しに函館の街を眺められる大浴場と、海が見える露天風呂がある。道南の食材を使った食事も好評。

料金
1泊2食付き和室1万1150円〜

函館市湯川町1-18-15
☎0570-026573
IN 14:00 OUT 10:00
㊋電停湯の川温泉から徒歩6分 🚗100台
▶MAP 別P.33 E-2

津軽海峡を一望できるホテル

湯の川プリンスホテル渚亭

ゆのかわプリンスホテルなぎさてい

露天風呂付きの客室が115室あり、なかでも足湯設備がある客室が人気。大浴場の露天風呂からは津軽海峡や漁火夜景を眺めることも。

料金
1泊2食付き海側露天風呂付き客室2万3600円〜

函館市湯川町1-2-25
☎0138-57-3911
IN 15:00 OUT 11:00
㊋JR函館駅から函館バス空港行きで17分、湯の川プリンスホテル渚亭前下車、徒歩1分
🚗60台
▶MAP 別P.33 E-2

創業90年以上の老舗旅館

割烹旅館 若松

かっぽうりょかん わかまつ

1922(大正11)年創業の老舗旅館。客室は全22室、展望風呂付きのメゾネットタイプの部屋もある。温泉は自家源泉をかけ流しで使用。

料金
1泊2食付き3万2400円〜

函館市湯川町1-2-27
☎0138-86-9626
IN 15:00 OUT 11:00
㊋JR函館駅から函館バス空港行きで17分、湯の川温泉下車、徒歩2分 🚗30台
▶MAP 別P.33 E-2

ここも行きたい

名物！温泉に入るサル

函館市熱帯植物園

はこだてしねったいしょくぶつえん

大きな温室で約300種、3000本の熱帯植物を展示。目玉は園内で飼育されている約50匹ものニホンザルで、12月からGW頃まで温泉に浸かるサルを見ることができる。サルには餌(100円)をやることも可能。

函館市湯川町3-1-15 ☎0138-57-7833 ㊐9:30〜18:00(11〜3月は〜16:30) ㊡無休 ㊕入園300円 ㊋電停湯の川から徒歩15分 🚗124台
▶MAP 別P.33 E-2

湯の川温泉には、室町時代に温泉が発見された場所に建てられた湯倉神社がある。「イカすおみくじ」400円をぜひ。

ねこ刑事ハレ太朗
ねずみ小僧タビ吉を捕まえるためならどこまでも。
飼い猫出身ならではの詰めの甘さも！？

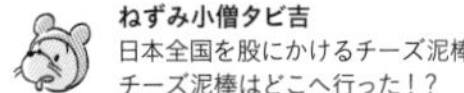

ねずみ小僧タビ吉
日本全国を股にかけるチーズ泥棒。
チーズ泥棒はどこへ行った！？

タビ吉を追って
ついに美瑛（びえい）まで
来てしまったが…
青い池

ま〜た
見失った！
…というか
道に迷った❶
パノラマロード

ほう？
ファーム富田とな？

名物ラベンダー
ソフトクリーム！
うまい！

&（アンド）きれいな花畑！
タビ吉なんてどーでも
よくなってきた！
本当？

❶美瑛中心部の西側には「パッチワークの路」、東側には「パノラマロード」と呼ばれるエリアがある。風景は美しいものの、まわりに建物などの目印も少なく、道に迷いやすい。地図を頼りに移動しよう　❷ラベンダー最盛期の7月はファーム富田周辺は観光客で混み合う。移動時間には余裕を持って

丘風景とガーデンが広がる

富良野・美瑛
FURANO BIEI

ベストシーズン

●7〜8月
富良野・美瑛の最大の見どころはガーデンや風景。花が最も美しい7〜8月がベストシーズンだが、6月や9月もきれいなので、少しハズしても大丈夫。

ベストな滞在期間

●1〜2日間
美瑛の丘風景を楽しんでから富良野のガーデンを訪れることも可能だが、どこもスケールが大きい。余裕を持ったスケジュールを組むのがベター。

どう回る？

旭川〜美瑛〜富良野をつなぐ国道237号と平行するようにJRが走っており、国道を走るバスとJRが公共交通手段となる。JR利用なら駅発着の観光バスもある。レンタカーがあれば好きなガーデンを自由に巡れるので便利。

アクセス

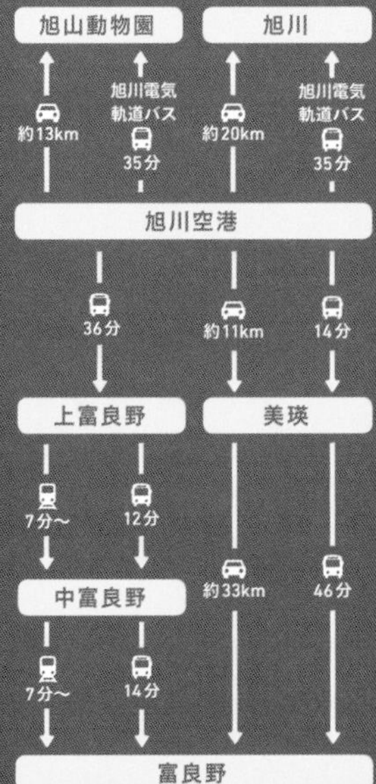

ほかのエリアへ

札幌を拠点に美瑛・富良野を日帰りで観光することができ、ツアーや定期観光バスもある。ただしタイトなスケジュールとなる。車があるならガーデン巡りをしながら富良野から十勝方面に抜けるルートがおすすめ。

絵になるような花畑と丘風景

富良野・美瑛早わかり!

ふらの・びえい

北海道の中心に位置。大規模なガーデンが点在する富良野、丘風景や青い池が見どころの美瑛と、風光明媚な景観を楽しめるエリア。

富良野・美瑛でしたい3のこと

1 ファーム富田を散策

→P.136

ラベンダーの名所、ファーム富田。園内には10以上のガーデンがあり、季節の花々を楽しめる。

2 青い池ビューを見る

→P.142

白樺街道を抜けて白金 青い池へ。晴れていれば絵はがきのような美しい青色を望める。

3 大人気の旭山ZOOへ!

→P.34

「行動展示」で有名な旭山動物園へ、動物たちの元気いっぱいの姿を見に行こう。

富良野・美瑛ドライブモデルコース

所要6時間

旭川空港を出発し王道スポットを回る。富良野駅周辺ではご当地グルメも味わいたい。

START

旭川空港

↓ 車25分

① 旭川市旭山動物園

→P.34

↓ 車1時間

② 白金 青い池

→P.142

↓ 車25分

③ 展望花畑 四季彩の丘

→P.142

↓ 車25分

④ ファーム富田

→P.136

↓ 車20分

JR富良野駅

旭川といえば旭山動物園!

コバルトブルーの青い池

カラフルな花のストライプ!

無数の花が咲き乱れる

FARM TOMITA

ラベンダーのグッズも豊富

富良野・美瑛MAP

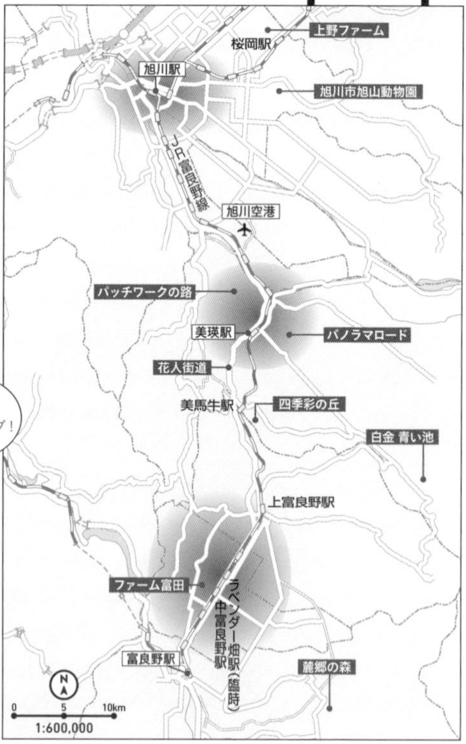

上野ファーム
桜岡駅
旭川駅
旭川市旭山動物園
JR富良野線
旭川空港
パッチワークの路
美瑛駅
パノラマロード
花人街道
美馬牛駅
四季彩の丘
白金 青い池
上富良野駅
ファーム富田
ラベンダー畑駅(臨時)
中富良野駅
富良野駅
麓郷の森
0 5 10km
1:600,000

富良野・美瑛の事件簿

春～秋にかけて、美しい花風景を求めて多くの観光客が押し寄せる富良野・美瑛。スムーズな移動方法を予習してトラブルを回避！

FILE 1

運転は不安だし自転車も大変…もっと楽に見どころを回りたい

初めての富良野・美瑛観光。車で回ったら目印が少なくて迷子になるし、レンタサイクルでの移動は坂道がきつくてハード！楽に見どころを回れる交通手段、何かないの？

解決！

駅前を発着する定期観光バスを使えばOK！

美瑛駅前にある四季の情報館を発着する「美遊バス」や、富良野駅を発着する観光周遊バスを利用すれば、駅から離れた見どころも効率よく回ることができる。催行日はコースにより異なる。

BUS 四季の情報館発「美遊バス」

青い池・花畑Aコース

所要約3時間5分 料6月3500円、7～9月4000円

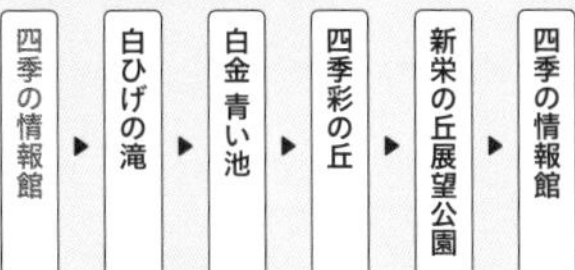

四季の情報館 ▶ 白ひげの滝 ▶ 白金 青い池 ▶ 四季彩の丘 ▶ 新栄の丘展望公園 ▶ 四季の情報館

☎0166-92-4378美瑛町観光協会
※催行時間によってコース内容は異なる。2023年4月現在の情報。最新情報はWebサイトにて確認を。

BUS JR富良野駅発「観光周遊バス」

パノラマコース（びえい号）富良野・美瑛日帰りコース

所要約5時間45分 料6000円

JR富良野駅 ▶ ファーム富田 ▶ 千望峠 ▶ 四季彩の丘 ▶ 白金 青い池 ▶ JR富良野駅

☎0167-23-3131ふらのバス
運行期間：2023年6月10～11日、17日～8月13日の毎日と8月19～27日の土・日曜と9月2～30日の土・日曜、祝日

FILE 2

ハイシーズンの富良野・美瑛に来たら大渋滞にハマって動けない！

ラベンダーシーズンに訪れたら想像以上の大渋滞。やっとたどり着いたと思ったら今度は駐車場の空き待ちで入れない！

解決！

前泊して早朝に出発するか観光列車を利用する手も。

7月の土・日曜、特に海の日を含めた3連休は大渋滞を覚悟して。回避するのであれば早朝に到着するか、車窓から景色を望める観光列車の利用がおすすめ。

ラベンダーシーズンに開設する臨時駅
「富良野・美瑛ノロッコ号」の運行期間限定で開設する臨時のラベンダー畑駅。中富良野駅と西中駅の間に位置しており、ファーム富田までは徒歩7分で行ける。

［富良野・美瑛ノロッコ号］

営6～9月（予定）
料旭川駅～富良野駅1290円、富良野駅～美瑛駅750円
美瑛～富良野往復および旭川発着がある
☎011-222-7111（6:30～22:00）（JR北海道電話案内センター）

6月～10月初旬にかけて、北海道中央バスによる札幌発着の日帰り定期観光バスも運行。プランもいろいろ。

ベストシーズンを狙って行こう！

満開のラベンダー畑にうっとり

富良野を代表する花畑、ファーム富田。紫のラベンダー畑や虹色の畑のほか、春や秋に見頃を迎える花畑も。遠くまで続く花のじゅうたんを見に行こう！

所要時間 約2時間30分

波打つ丘を染める虹色のガーデン

GARDEN.1

彩りの畑

BEST SEASON
7月中旬～下旬

無数のラベンダーやカスミソウ、ポピーなど鮮やかな花々が虹のように斜面を彩る、園内で一番人気の花畑。

WHAT IS

ラベンダー

地中海沿岸産の小低木。香りにはリラックス効果がありアロマテラピーにも利用される。代表的な5品種がこちら。

おかむらさき
遅咲きで、富良野のラベンダーの定番

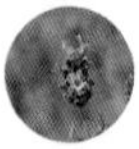

濃紫早咲
花の色がほかのラベンダーより濃く咲く

はなもいわ
遅咲きで、他品種と比べると薄い紫色

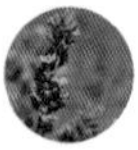

ようてい
赤みのあるうす紫の花色が特徴

ラバンジン
イングリッシュラベンダーとスパイクラベンダーの交雑種

富良野を代表する花畑

ファーム富田

ファームとみた

LAVENDER FARM TOMITA

富良野のラベンダーを有名にした農園。広大な傾斜地に10以上の花畑が広がり、ラベンダーをはじめ100種類以上の花を栽培。ラベンダーグッズやラベンダースイーツを販売するショップも充実している。

中富良野町基線北15号　☎0167-39-3939
㊋入園自由。各施設は9:00～17:00（施設、時季により変動）　㊡期間中無休（施設により異なる）　㊑入園無料　㊋JR中富良野駅から車で5分（ラベンダーシーズン中はJRラベンダー畑駅から徒歩7分）
500台

中富良野 ▶MAP 別P.36 B-2

ラベンダーソフトクリーム 350円

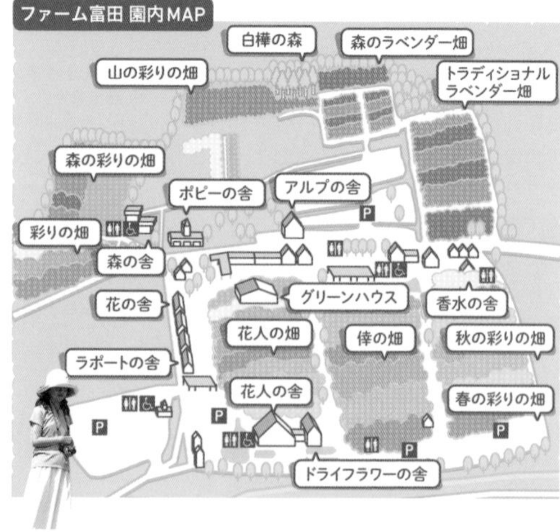

ラベンダーの紫のじゅうたんを歩く

GARDEN.2

トラディショナルラベンダー畑

BEST SEASON
7月上旬～中旬

斜面を3種類のラベンダーが彩る、ファーム富田の歴史を象徴するラベンダー畑。畑の上からは十勝岳連峰の景観が広がる。

7月だけ開放される期間限定ガーデン

GARDEN.3

ラベンダーイースト

BEST SEASON
7月中旬

ファーム富田の約4km東に位置する香料用ラベンダーの栽培畑。日本最大級の広さを誇り、花期の7月だけ一般開放される。

上富良野町東6線北16号
☎0167-39-3939（ファーム富田）　㊡7月の9:30～16:30
㊡期間中無休　㊞入園無料
㊛JR上富良野駅から車で10分（ラベンダーシーズン中はJRラベンダー畑駅から車で5分）
70台

上富良野 ▶MAP 別P.36 B-2

ラベンダーグッズをお持ち帰り！

ファーム富田オリジナル、ラベンダーを使ったアロマ製品や雑貨はおみやげにも喜ばれる逸品。園内のショップで買える。

¥1078
ラベンダーリードディフューザー
スティックからラベンダーの香りが漂う

¥726
シリーズナチュラルラベンダーソープ
ラベンダーのオイルと花粒が入った一番人気の商品

7月以外にも見頃を迎える畑

ラベンダーのシーズンは7月だけれど、園内にはほかの季節でも楽しめる畑&施設がある。

春の彩りの畑

6月上旬～下旬

アイスランドポピーやオリエンタルポピーなど、色鮮やかな宿根草が雪どけに合わせて花を咲かせる。

花人の畑

6月上旬～10月上旬

園内で最も長い期間、6月上旬～10月上旬頃までサルビアやキンギョソウなどの花が帯状に咲く。

グリーンハウス

通年

シーズン外でもラベンダーを見られるハウス。トケイソウやゼラニウム、観葉植物なども置かれている。

園内施設の「香水の舎（いえ）」では、オリジナル石けんや香水などの商品の製造過程を見学することができる。

こっちのガーデンも見逃せない！

花人街道237のガーデン巡り

7月中旬～8月下旬にかけて見頃を迎える国道237号線沿いの花畑。青い空と十勝岳連峰を背景に咲く花々は富良野ならではの景色。花人街道を通って花畑を巡ろう！

BEST SEASON
6月下旬～8月中旬

緩やかな丘を花が埋め尽くす。園内ではバギーやカートの乗車体験も

約3000本の花が丘を彩る

A ぜるぶの丘

ぜるぶのおか

ラベンダーやヒマワリをはじめとする種類豊富な花々が園内をカラフルに彩る、見事な丘風景が望める。

美瑛町大三 ☎0166-92-3315 営5月1日～10月中旬の9:00～17:00 休期間中不定休 料入園無料 交JR美瑛駅から車で8分 P100台

美瑛 ▶MAP 別P.36 B-1

BEST SEASON
7月中旬～8月下旬

ラベンダーやキンギョソウ、サルビアなど約20種類の花を栽培

国道沿いに広がる美しいガーデン

B かんのファーム

かんのファーム

種から栽培するラベンダーが美しいと評判のガーデン。農産物の栽培・直売も行っており、栽培品種は100種類を超える。園内では白いトウモロコシを食べることも。

上富良野町西12線北36号美馬牛峠 ☎0167-45-9528 営6月上旬～10月中旬の9:00～17:00（時季や天候により変動） 休期間中無休 料入園無料 交JR美馬牛駅から徒歩10分 P50台

上富良野 ▶MAP 別P.36 B-1

5本の木
テレビCMで有名になったあの木が見える

BEST SEASON
7月中旬～8月下旬

園内は広いため、トラクターバスに乗って巡るのがおすすめ

花畑と十勝岳連峰が織りなす絶景！

C フラワーランドかみふらの

フラワーランドかみふらの

色とりどりの花々が見られる、富良野最大級の花畑。農産物直売所やショップ、体験工房でのラベンダーグッズ作りなど花以外の楽しみも充実。

上富良野町西5線北27号 ☎0167-45-9480 営9:00～17:00（時季により変動） 休12～2月 料入園無料 交上富良野駅から車で5分 P100台

上富良野 ▶MAP 別P.36 B-2

トラクターバス
6～9月の運行で1乗車600円

WHAT IS

花人街道237

旭川から美瑛、富良野を通って占冠(しむかっぷ)へ抜ける国道237号線の愛称。道沿いには広い花畑が点在しており、ドライブに最適。

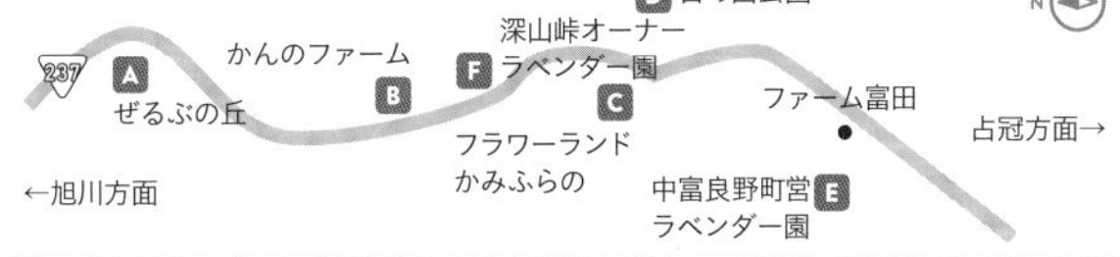

BEST SEASON
7月上旬～下旬
ラベンダーや色鮮やかな花々が見られる

眺めのいい丘のラベンダー園

D 日の出公園

ひのでこうえん

丘の上の展望台からは、ラベンダー畑と十勝岳連峰の360度の大パノラマが広がる。

🏠上富良野町東1線北27号 ☎0167-39-4200(上富良野町日の出公園オートキャンプ場) ㊕入園自由 ㊋JR上富良野駅から徒歩15分 🚗70台

上富良野 ▶MAP 別P.36 B-2

愛の鐘
幸せになれるとカップルに人気

BEST SEASON
7月中旬～下旬
4種のラベンダーほか、マリーゴールド、サルビアなどが咲く

リフトから見下ろす花畑

E 北星山ラベンダー園

ほくせいやまラベンダーえん

北星山の斜面に広がる花畑。花々を眺めながらリフト(往復400円)で頂上まで登ることができ、花畑や十勝岳連峰などを眺望できる。

🏠中富良野町宮町1-41 ☎0167-44-2133(中富良野町企画課。リフトに関する問い合わせはなかふらの観光協会☎0167-39-3033) ㊔6月下旬～8月下旬の9:00～16:40 ㊡期間中無休 ㊕入園無料 ㊋JR中富良野駅から徒歩15分 🚗100台

中富良野 ▶MAP 別P.36 A.B-2

花を眺めながらリフトで山頂へGo!

BEST SEASON
7月上旬～8月上旬
雨によってラベンダーの花が黒ずんでしまうため、一番の見頃は7月末

オーナー制のラベンダー園

F 深山峠 オーナーラベンダー園

みやまとうげオーナーラベンダーえん

株のオーナー制度を採用しているラベンダー園で、年間1万1000円でオーナーになることが可能。天気のいい日には十勝岳連峰と広陵地帯を見渡すことも。映画『糸』のポスターの背景にも使用された。

🏠上富良野町深山峠 ☎0167-45-3150(かみふらの十勝岳観光協会) ㊕入園自由 ㊋JR美馬牛駅から車で4分 🚗なし

上富良野 ▶MAP 別P.36 B-2

フラワーランドかみふらのでは朝どりのアスパラガスやトウモロコシを販売している。

富良野が舞台の人生ドラマがよみがえる

1981年10月から翌年3月にかけて放送されたテレビドラマ『北の国から』。原作・脚本は、日本を代表する脚本家・劇作家・演出家の倉本聰氏。その後ドラマスペシャルとして『'83冬』から『'02遺言』まで、19年の間に8話が放送された。黒板五郎(田中邦衛)と息子の黒板純(吉岡秀隆)、娘の螢(中嶋朋子)一家が富良野に引っ越すところから始まり、大自然の中で繰り広げられる壮絶な人間ドラマが描かれている。

続くテレビドラマ『優しい時間』、『風のガーデン』を合わせて、富良野が舞台の倉本聰3部作と言われている。『北の国から』で使用された建物は見学でき、『優しい時間』の「珈琲 森の時計」は現在も営業中。また、『風のガーデン』の舞台となったガーデンでは毎年、美しい花々が見られる。

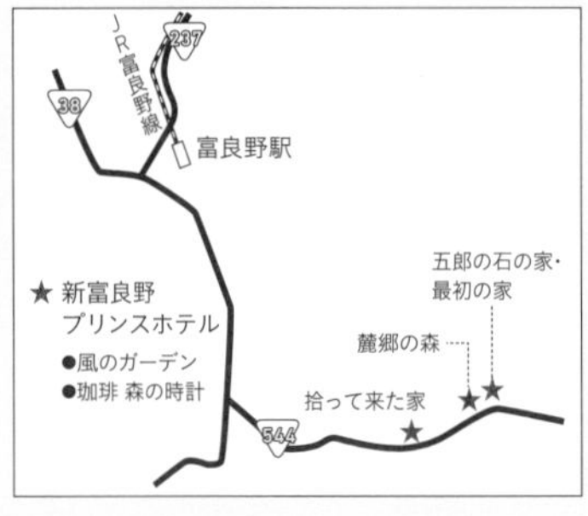

風景でよみがえるあの名シーン

北の国から（きたのくに）

1981～1982年 連続ドラマ
1983～2002年 スペシャルドラマ

妻の不倫をきっかけに、故郷である富良野へ戻った黒板五郎と子どもたち(純と螢)の生活を描いた作品。連続ドラマ終了後も続編が制作され、『'02遺言』で幕を閉じた。

『北の国から 2002遺言』
発売元:フジテレビ映像企画部
販売元:ポニーキャニオン
価格:DVD ¥7,980(本体)+税、Blu-ray ¥11,600(本体)+税

白無垢姿の螢を囲んで写真を撮るシーンにも登場した

畑から出る石が家に!

五郎の石の家・最初の家

ごろうのいしのいえ さいしょのいえ

『'89帰郷』にて、火山岩を積み重ねて五郎が建てた家。屋内には遺言を書いたちゃぶ台が置かれている。

🏠富良野市東麓郷1 ☎0167-23-3388(ふらの観光協会) 営9:30～17:30(10月～11月中旬は～16:00) 休無休(冬季閉鎖) 料入場500円 交JR富良野駅から車で30分 🚗100台

富良野 ▶MAP 別P.36 C-3

廃材を使って建てられた家

拾って来た家 - やがて町

ひろってきたいえ - やがてまち

『2002遺言』で五郎が仲間たちと廃材を集めて建てた4軒の家。

🏠富良野市東麓郷市街地 ☎0167-23-3388(ふらの観光協会) 営9:30～18:00 休無休(冬季は定休あり) 料入場500円 交JR富良野駅から車で25分 🚗140台

富良野 ▶MAP 別P.36 C-3

木々に囲まれて立つ懐かしい家

麓郷の森

ろくごうのもり

作中で黒板一家が建てた丸太小屋や、3番目の家などがある。

🏠富良野市東麓郷1 ☎0167-29-2323 営9:30～17:00(10月～11月中旬は～16:00) 休無休(冬季閉鎖) 料入場500円 交JR富良野駅から車で30分 🚗150台

富良野 ▶MAP 別P.36 C-3

ガーデンがテーマのドラマ

風のガーデン

2008年秋

名医師・白鳥貞美は自身の不倫により妻を自殺に追いやる。しかし末期ガンを患い東京から子どもたちの住む富良野に帰郷。家族との関係を修復していく。

『風のガーデン』
発売元:フジテレビ映像企画部
販売元:ポニーキャニオン
価格:DVD ¥22,800(本体)+税
©2009 フジテレビ

家族の再生の物語

優しい時間

2005年冬

商社勤務の涌井勇吉は息子が起こした事故で妻を亡くす。会社を辞め、妻の故郷・富良野に移住。美瑛の陶芸窯で働く息子と徐々に心の距離を縮めていく。

『優しい時間』
発売元:フジテレビ映像企画部
販売元:ポニーキャニオン
価格:DVD ¥22,800(本体)+税
©2005 フジテレビ

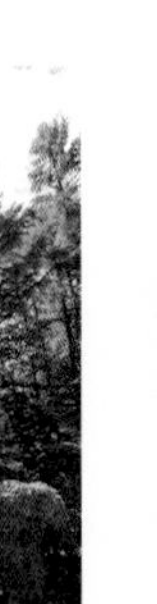

ガーデン内にはドラマに登場したグリーンハウスが立つ

約2万株の花々が咲くガーデン

風のガーデン
かぜのガーデン

上野ファーム(→P.151)の上野さんが手掛けたガーデン。作中で貞美の父と、子どもらが手入れをする。娘のルイ、息子の岳の様子を、貞美が遠くから見守るシーンで登場。

住富良野市中御料 ☎0167-22-1111(新富良野プリンスホテル) 営4月下旬〜10月中旬の8:00〜17:00(最終受付16:30。天候や時季により変動) 休期間中無休 料入園1000円 交JR富良野駅から車で10分(新富良野プリンスホテル前受付から送迎車で4分) 駐390台

富良野 ▶MAP 別P.36 A-3

モーニングガーデン
7月1日〜8月31日の6:30〜17:00(最終受付16:30)に開催されるイベント。花が一番いきいきとしている早朝の時間帯にのんびり散策することができる。

勇吉とママが会話をするシーンで度々使用された

ドラマの世界でコーヒーを

珈琲 森の時計
こーひー もりのとけい

ドラマの中で勇吉が営む喫茶店。カウンター席ではドラマの名場面と同じように自ら挽いた珈琲豆でいれたコーヒーやオリジナルのケーキを味わえる。森のカレー1450円、雪のシチュー1350円などの軽食メニューも人気。

住新富良野プリンスホテル敷地内 ☎新富良野プリンスホテル 営12:00〜19:00LO
休無休(11月にメンテナンス休あり)
交新富良野プリンスホテルから徒歩5分

富良野 ▶MAP 別P.36 A-3

大きな窓が配された店内。森の木々の四季の移ろいを感じることができる

HOW TO

『北の国から』ロケ地巡り

五郎の石の家は、最寄りのバス停からでも徒歩40分と離れた場所にあるため、レンタカーで巡るのがベスト。

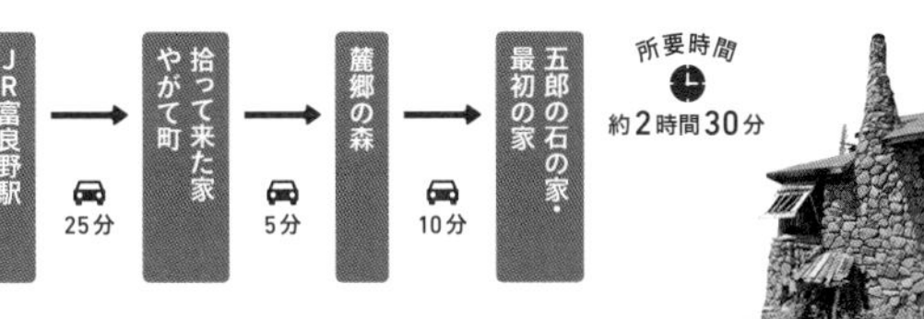

富良野・美瑛

TOURISM

絵葉書のような風景が続く

青い池＆丘の絶景ドライブ

美瑛を代表する景勝地、青い池や丘風景を巡るなら車が一番。道中、豊かな景観が広がる美瑛らしい景色も楽しめる。行くべきスポットをチェックしてドライブに出発！

自然が生み出した幻想的なブルー

白金 青い池

しろがね あおいいけ

十勝岳の火山災害を防ぐため、美瑛川に建設されたえん堤に、川の水が溜まってできた池。ブルーの池に立ち枯れたカラマツの木が映える。池沿いの散策路から見学しよう。

美瑛町白金　☎0166-94-3355（道の駅びえい「白金ビルケ」）　㊎見学自由　㊋JR美瑛駅から車で20分（または白金温泉行きバスで20分、白金青い池入口下車）　283台（500円）

美瑛 ▶MAP 別P.36 C-2

20分（15.4km）

6分（3.9km）

花の鮮やかなストライプの絶景ビュー

展望花畑 四季彩の丘

てんぼうはなばたけ しきさいのおか

約30種類の花が14万㎡もの波打つ丘をカラフルに覆う花畑。園内をトラクターバスやカート（有料）で巡ることができ、売店やレストランもある。

美瑛町新星第3　☎0166-95-2758
㊎8:40～17:30（時季により変動）
㊡無休　㊕7～9月500円
㊋JR美瑛駅から車で15分
300台

美瑛 ▶MAP 別P.36 B-2

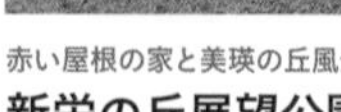

10分（6.5km）

赤い屋根の家と美瑛の丘風景

新栄の丘展望公園

しんえいのおかてんぼうこうえん

雄大な丘風景と十勝岳連峰が見渡せる人気の公園。道内屈指の夕日の絶景スポットとしても知られ、麦ロールの人形が迎えてくれる。

美瑛町美馬牛新栄
☎0166-92-4378（美瑛町観光協会）
㊎入園自由　㊡無休　㊕入園無料
㊋JR美瑛駅から車で8分
30台

美瑛 ▶MAP 別P.36 B-1

花々に彩られた三角屋根の展望台

北西の丘展望公園

ほくせいのおかてんぼうこうえん

ピラミッド型の展望台が目印。5haのガーデンにはラベンダーなど季節の花々が彩りを添える。シーズン中は観光案内所がオープン。

美瑛町大久保協生
☎0166-92-4378（美瑛町観光協会）
㊎5～10月の9:00～17:00
㊡期間中無休　㊕入園無料
㊋JR美瑛駅から車で5分　30台

美瑛 ▶MAP 別P.36 B-1

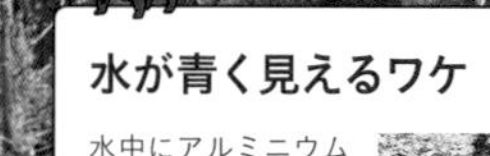

水が青く見えるワケ

水中にアルミニウムを含む「白ひげの滝」などが美瑛川と混ざり合い、コロイド粒子を生成。粒子によって太陽の光が散乱し、青色に見える。

青い池の色のもととなる白ひげの滝

空の青も加わった神秘的なコバルトブルー

天候や季節、見る角度によっても見える色は微妙に異なる。冬季限定のライトアップも見事

あの有名な木を探そう

☎0166-92-4378（美瑛町観光協会）

美瑛の丘風景に点在するフォトジェニックな木々。畑は私有地なので立ち入り厳禁。マナーを守って景観を楽しもう。

ケンとメリーの木

1972年に自動車のCMに登場し、登場人物の名前が付けられたポプラの木。ドライブの目印になる。

美瑛町大久保協生　Ⓧ JR美瑛駅から車で5分　50台

美瑛 ▶MAP 別P.36 B-1

セブンスターの木

同名のタバコのパッケージに採用。北瑛の一本木と呼ばれていた。

美瑛町北瑛
Ⓧ JR美瑛駅から車で10分
20台
美瑛
▶MAP 別P.36 B-1

親子の木

真ん中にある木が両隣の木に寄り添って見えることが名前の由来。

美瑛町美田夕張
Ⓧ JR美瑛駅から車で10分
美瑛
▶MAP 別P.36 B-1

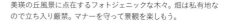

11〜4月にかけて青い池のライトアップが行われる。17:00〜21:00（時季により変動あり）、詳細は美瑛町Webサイトにて確認。

豊かな大地の恵みが満載！

富良野グルメを食べ尽くす

富良野の地産地消グルメは豪華。タマネギやじゃがいも、にんじんなどを使ったカレーにハンバーガー、富良野メロンの絶品スイーツまで。大地の恵みを存分に味わおう！

国産野菜
夏期は富良野産

自家製ソーセージ

季節の野菜の
自家製福神漬け

北海道産卵

富良野産米使用の
ターメリックライス

タマネギを3日炒めて
作った自家製カレー

CURRY

富良野カレー

富良野産の米や野菜など、地元食材にこだわったご当地カレー。

Ⓐ **オム＋ソーセージカレー**
1690円
チーズ入りのふわふわオムレツがカレーとぴったり。ソーセージも店内で手作り

カレーは15種類
あります！

富良野産のさくら卵と
ワインチェダーチーズ

富良野野菜

自家製福神漬け

季節によって
添えられる
具は異なる

OMELET CURRY

富良野オムカレー

富良野オムカレーのルールにのっとったカレー。富良野産の食材を心ゆくまで味わうことができる。

Ⓑ **富良野オムカレー1210円**
フォンドボーを使用したカレーソース。ライスはふらのにんじんジュースとバターで炊き上げる

富良野産小麦の
自家製バンズ

周辺農家の
富良野産野菜

地元豚100%のパテ

富良野産男爵の
フライドポテト

地元豚の自家製ベーコン

地元豚の自家製ソーセージ

Ⓒ **フラノバーガープレート**
1350円
地元食材にこだわり、パンに至るまで全て自家製

HAMBURGER

フラノバーガー

バンズやパテなど、富良野産食材をふんだんに使ったオール自家製のハンバーガー。

お腹いっぱい
間違いなしです♪

富良野オムカレーのルール6か条

富良野オムカレー推進協議会が設けた6か条のルールがあり、それを守ったオムカレーのみが、「富良野オムカレー」の名を名乗ることができる。

1. お米は富良野産を使い、ライスに工夫を凝らす
2. 卵は原則、富良野産卵を使い、オムカレーの中央に旗を立てる
3. 富良野産の「チーズ（バター）」もしくは「ワイン」を使用
4. 野菜や肉、福神漬（ピクルス）なども富良野産・北海道産にこだわる
5. 富良野産の食材にこだわった一品と「ふらの牛乳」を付ける
6. 1100円（税抜）以内で提供

A 伝統の富良野カレーの店

唯我独尊
ゆいがどくそん

たっぷりの富良野産タマネギをベースに、にんじん、果物ほか30種類のスパイスを加えて作る。辛さとコクのバランスが絶妙なカレーが味わえると人気。

富良野市日の出町11-8　☎0167-23-4784　営11:00～20:30LO　休月曜　交JR富良野駅から徒歩5分　車10台
富良野 ▶MAP 別P.36 A-3

B 富良野産にこだわった新ご当地グルメ

Natural Dining
ナチュラル ダイニング

ホテルの1階にある明るい雰囲気のレストラン。シェフのこだわりが随所に込められた富良野オムカレーが人気。2023年4月現在、来店3日前までに要予約。

富良野市朝日町1-35（FURANO NATULUX HOTEL内）
☎0167-22-1777　営11:30～14:30（最終入店14:00）
休不定休（予約制）　交JR富良野駅から徒歩1分　車30台
富良野 ▶MAP 別P.36 A-3

昔ながらの製法で作る手づくりハムとソーセージ

C 富良野牧場が作る本気のバーガー

フラノバーガー

地元産豚を使ったベーコンやソーセージを製造する、富良野牧場のハンバーガーショップ。安心・安全にこだわった自社製品も販売している。2023年4月現在、テイクアウトのみの提供。テラス席は利用可能。

富良野市東鳥沼1　☎0167-23-1418　営4月下旬～10月の11:00～17:30LO　休無休（4～6月は月曜、9～10月は木曜休）　交JR富良野駅から車で10分　車30台
富良野 ▶MAP 別P.36 B-3

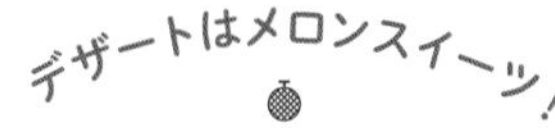

オレンジ色のジューシーな果肉が特徴の富良野メロン。贅沢にアレンジしたスイーツがこちら。

サンタのヒゲ（大）1800円～
メロン半分！のインパクト。メロンのサイズはS、M、Lの3種類から選べる

夢のようなメロンソフト

ポプラファーム中富良野本店
ポプラファームなかふらのほんてん

メロンの上にさっぱり味のソフトクリームをのせた名物スイーツ。十勝産小豆がたっぷりトッピングされたサンタのへそ（大）は2000円～。

中富良野町東1線北18号 ふらのラテール敷地内　☎0167-44-2033　営4月中旬～10月下旬の9:00～16:30LO　休期間中無休　交JR中富良野駅から車で5分　車100台
中富良野 ▶MAP 別P.36 B-2

スムージースペシャル 650円
生メロン果肉を使用したスムージー、ふらの牛乳のソフトとメロン果肉をオン

メロン農家の贅沢スイーツ

とみたメロンハウス

メロンの直売ほか、さまざまなメロンスイーツが楽しめるメロンのテーマパーク。甘みたっぷりのカットメロン400円～が人気。

中富良野町宮町3-32　☎0167-39-3333
営6月上旬～9月の9:00～17:00（時季により変動）　休期間中無休　交JR中富良野駅から車で5分　車300台
中富良野 ▶MAP 別P.36 B-2

温室栽培のメロンは一年中流通しているが露地物の旬は5～9月頃。「ルビアレッド」「キングメルティー」などがよく栽培されている。

富良野・美瑛

EAT

美瑛の丘風景を眺めながら
焼きたてパンでランチタイム

美瑛は小麦の産地としても有名。近年は地産小麦を使用した美瑛パンを提供するレストラン＆パン屋も増加中。丘風景を眺めながら焼きたてパンを味わおう♪

田園風景を眺めながらランチ

フェルム ラ・テール 美瑛

フェルム ラ・テール びえい

カフェレストランを併設するパンと洋菓子の店。レストランでは、焼きたてのパンや美瑛を中心とした北海道産食材使用のランチセットを、丘風景を眺めながら味わえる。

🏠美瑛町大村村山　☎0166-74-4417
[営]11:00～15:00、17:00～20:00（ディナーは要予約、ショップは10:00～17:00）　[休]不定休、詳細はウェブサイトを確認　[交]JR美瑛駅から車で8分　🚗36台
[美瑛] ▶MAP 別P.36 B-1

バターチーズサンド ダブルクリーム1個324円はおみやげにも

知床産鶏肉と季節のお野菜
2640円
美瑛産小麦を使ったパン3種盛り合わせと、季節のスープ、ドリンクが付いたメニュー

美瑛産の肉&野菜を焼きたてパンと一緒に！

バゲットや食パンなど パンの種類も豊富に取り揃えている

道産素材にこだわった体に優しいパン

美瑛牛乳ほかハスカップミルクなどドリンクの種類もいろいろ

あん塩ぱん
210円
道産バターに美瑛牛乳、美瑛産小豆のあんこを使用。岩塩が味のアクセントに

緑に囲まれた美瑛の丘に立つパン屋

小さなパン店 LIKKA LOKKA

ちいさなぱんてん リッカ ロッカ

美瑛産小麦を天然酵母で低温発酵させて焼き上げた、小麦本来の味が楽しめるパン。店内には木製の家具が配されており、購入したパンやサンドイッチなどをイートインできる。

🏠美瑛町美馬牛南1-5-50　☎0166-73-4865
[営]13:00～16:00　[休]日～火曜（12～5月は休業）　[交]JR美馬牛駅から徒歩1分　🚗5台
[美瑛] ▶MAP 別P.36 B-1

＼ 美瑛産小麦を味わって！ ／

ベーグルは10種類前後用意。季節により味が異なる

WHAT IS

美瑛小麦

一日の寒暖差が激しい美瑛は小麦の栽培に適しており、栽培も盛ん。主な品種は「きたほなみ」や「春よ恋」など。

4～5月に種をまく春まき小麦と、9月の秋まき小麦がある

丘の眺めとアートのようなランチ

Restaurant bi.blé

レストラン ビブレ

旧北瑛小学校を利用した、レストラン、ホテル、パン工房からなる施設。レストランでは地元野菜を使ったフレンチと、美瑛産小麦を使ったパンが味わえる。パンの販売もしている。

🏠美瑛町字北瑛第2 北瑛小麦の丘 ☎0166-92-8100 営4～10月の11:00～14:00LO、17:30～19:30LO 休期間中火曜（4～6月は隔週月曜も休） 交JR美瑛駅から車で7分 🚗30台

美瑛 ▶MAP 別P.36 B-1

小麦畑に佇むレストランでフレンチ

ランチ
3800円
野菜を盛り付けた「丘のプラトー」とスープ、サラダ、肉料理、デザート、パンがセット

ランチは3コースある

薪で焼いた美瑛産小麦のパン

田園風景を眺めながら天然酵母パンのランチ

手ごね天然酵母パン
1個290円～
日替わりで5～6種が登場。数量限定

レトロなショーケースに並べられた天然酵母パン

くるみやレーズンが入ったパンも

田園風景の中のかわいい一軒家

あるうのぱいん

道産小麦を天然酵母で発酵させた自家製パンが人気のベーカリー。併設のカフェではパンを器にしたチーズフォンデュセットや、ボリューム満点のクロックムッシュセット1600円が味わえる。

🏠美瑛町大村村山 ☎0166-92-3229 営4月下旬～10月の11:00～17:00（なくなり次第閉店） 休木・金曜 交JR美瑛駅から車で7分 🚗10台

美瑛 ▶MAP 別P.36 B-1

チーズフォンデュセット1600円

美瑛産小麦を使用した「美瑛カレーうどん」も新たなご当地グルメとして注目されている。

富良野・美瑛のアンテナショップで
地産みやげをまとめ買い

富良野・美瑛ブランドを発信するアンテナショップでおみやげをまとめ買い！
自分の目で見て、手にとってショッピングできるから安心。大地の恵みを持ち帰ろう。

FURANO
富良野

旬の野菜と果物が勢揃い

メロンやタマネギ、じゃがいもなど、鮮度の高い富良野野菜と果物が農産物直売所に集結。

富良野の農産物直売所
HOGAR
オガール

フラノマルシェ1内のファーマーズマーケット。野菜を使った加工品も扱う。

初めて見る野菜もあるかも

ふらの産メロン（7～9月）
地元富良野で作られた甘さ抜群のメロンが豊富に並ぶ

タマネギ（9月中旬～11月）
秋野菜の代表。加熱により甘みが出る「北もみじ」という品種

ミニトマト（7月下旬～10月上旬）
採れたてミニトマトは果物のようなみずみずしさ
カボチャ（9月～10月中旬）
カボチャの代表的な品種、黒皮栗カボチャ

富良野の名産フード＆グッズ

富良野食材を使ったジャムやワイン、加工品をはじめ、2000以上のアイテムが揃う。

各¥850

ふらのワイン（360mℓ）
左から赤・ロゼ・白。ラベンダーの香りがするボトル

¥702
¥648

ミルクジャム（左）
ブルーベリージャム（右）
ふらの牛乳を使ったミルクジャムと、富良野産完熟ブルーベリーのジャム

¥1870

sazare キャンドル
3つの水晶のきらめきと、ラベンダーがほのかに香るキャンドル

道を挟んだ2つの建物からなる
フラノマルシェ1＆フラノマルシェ2
フラノマルシェ1 アンド フラノマルシェ2

富良野ブランドの野菜や加工品、スイーツなどが揃うマルシェ。2棟に分かれており、フラノマルシェ2にはイートインスペースがある。

富良野市幸町13-1　☎0167-22-1001　営10:00～18:00（夏季は～19:00）　休11月13～17日　交JR富良野駅から徒歩7分　🚗131台

富良野 ▶MAP 別P.36 A-3

限定グルメ＆イートイン！

まぜアイス
500円～
ふらの牛乳ソフトとアイスを目の前で混ぜて作る
ばすすとっぷ

なまら棒（コーンバター味）
380円
注文を受けてから揚げる長さ33cmの棒餃子
煮干中華ゆきと花

厚切り豚ロースカツサンド
950円
上富良野産の厚切り豚ロースカツを使用
CAFE petitpetit

富良野・美瑛の野菜がおいしい理由

富良野・美瑛は寒暖差の大きい内陸性の気候。気温の変化に耐えるために、野菜が栄養を蓄えようとして旨みが強くなるという説が一般的。

BIEI
美瑛

産地直送 採れたて野菜

鮮度自慢の地産野菜ほか美瑛産米も扱う。美瑛野菜の代表、じゃがいもは種類も豊富。

じゃがいも
8月上旬～10月下旬

カボチャ（9月～10月中旬）
手のひらサイズの坊っちゃんかぼちゃ。煮ても焼いても美味

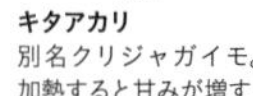

キタアカリ
別名クリジャガイモ。加熱すると甘みが増す

男爵
国内で最も多く栽培されている品種

ノーザンルビー
メークインと似ているが皮と中身がピンク

シャドークイーン
皮は茶色だが中は鮮やかな紫色をしている

地方発送も承ってます♪

手軽につまめる 美瑛みやげ

美瑛食材を使ったお菓子やジャム、フリーズドライ製品がいろいろ。

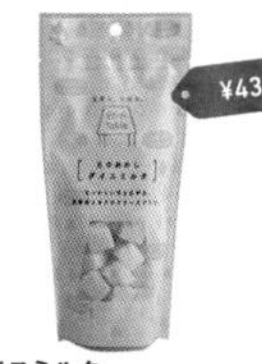

¥432

ダイスミルク
ミルクのフリーズドライ。そのまま食べてもコーヒーなどに入れても

¥845

びえいのラスク　12枚入り
小麦工房で作られている美瑛小麦のパンを使ったラスク

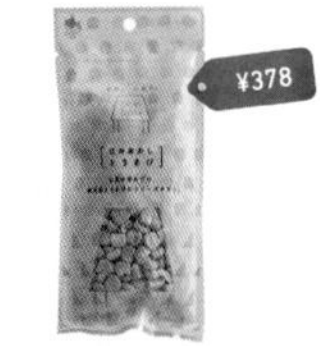

¥378

丘のおかし 焼きとうきび
美瑛産トウモロコシのフリーズドライ。料理にも使える

美瑛農協の直売所

美瑛選果

びえいせんか

美瑛の農家直送の野菜や、加工品などを販売する選果市場をメインに、小麦工房、選果工房からなる美瑛のアンテナショップ。

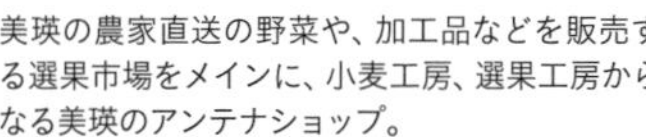

美瑛町大町2　☎0166-92-4400　営選果市場9:00～18:00（時季・施設により変動）　休無休（時季・施設により変動）　交JR美瑛駅から徒歩10分　🚗66台
美瑛 ▶MAP 別P.36 B-1

限定グルメ＆イートイン！

しゅまり小豆のソフトクリーム
490円
美瑛産のしゅまり小豆を使った餡をトッピング

トマトのシロップ漬け
1個540円
シロップを加えた透明なトマトスープに、甘いミニトマト入り

びえいの黒豆パン
250円
パン生地の中身は黒大豆の煮豆とバター。パンの上にも黒豆たっぷり

美瑛選果は新千歳空港内にも店舗がある。空港限定商品「びえいのまめぱん」「びえいのコーンぱん」が人気。

ひと足のばして行きたいエリア

富良野・美瑛とはまた異なるグルメや観光が楽しめる旭川。美瑛からの日帰り旅がおすすめ。

美瑛から車で30分

富良野・美瑛観光の玄関口

旭川

あさひかわ

道内第二の都市、旭川。旭山動物園や酒蔵、美しいガーデンなど見どころが満載。旭川を代表するグルメ、旭川ラーメンも忘れずに！

どんなエリアなの？

旭山動物園観光の拠点となる。駅前には飲食店が多くグルメも充実。

旭川への行き方

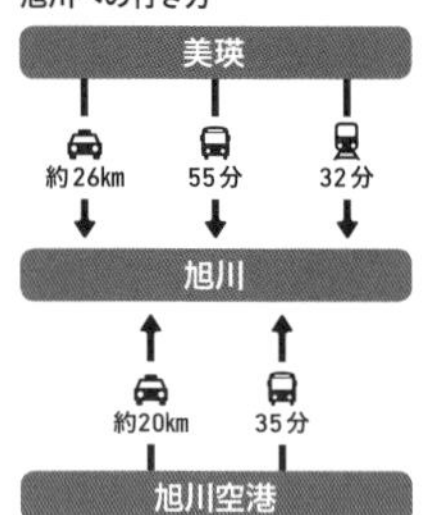

名物の旭川ラーメンを味わう！

縮れ麺に豚骨と魚介のWスープ、醤油ダレを合わせた旭川ラーメン。誰もが知る旭川ラーメンの本店で本場の味を堪能！

正油ラーメン
900円

旭川を代表する老舗

梅光軒 本店

ばいこうけん ほんてん

スープがよく絡む、縮れ強めの特製麺を使用。深みがありながらもあっさりとした"こてあっさり"のスープで人気がある。

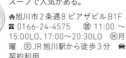

🏠旭川市2条通8 ピアザビルB1F ☎0166-24-4575 営11:00～15:00LO、17:00～20:30LO 休月曜 交JR旭川駅から徒歩3分 🚗契約利用

▶MAP 別P.37 D-2

しょうゆラーメン
900円

焦がしラードが味のポイント

蜂屋 五条創業店

はちや ごじょうそうぎょうてん

1947(昭和22)年創業。豚骨とアジの煮干しなどを煮込んだスープに、焦がしラードを加えた個性の強い一杯が味わえる。

🏠旭川市五条通7-6
☎0166-22-3343
営10:30～19:50LO 休木曜(変更の場合あり)
交JR旭川駅から徒歩13分
🚗5台

▶MAP 別P.37 D-2

旭川の地酒を試飲＆ショッピング

豪雪地帯の旭川は清水に恵まれており酒造りが盛ん。酒蔵見学とショッピングが楽しめるのがこちら！

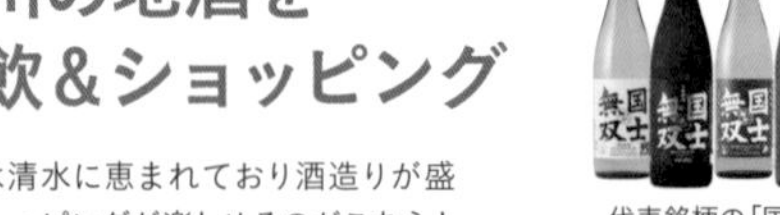

代表銘柄の「国士無双」

試飲コーナーも用意されており、好みのお酒を探すことができる

1899年創業 旭川の老舗酒蔵

髙砂明治酒蔵

たかさごめいじさかぐら

旭川を代表する酒蔵・髙砂酒造の直売所。資料館を併設しており、工場見学も可能(要予約)。蔵元限定のお酒や酒粕を使用したお菓子、珍味なども販売。

🏠旭川市宮下通17
☎0166-22-7480 営9:00～17:30 休無休 料無料 交JR旭川駅から徒歩15分 🚗15台

▶MAP 別P.15 E・F-1

ここも行きたい

人気のラーメン店が集結

あさひかわラーメン村

あさひかわラーメンむら

旭川の人気のラーメン店7店舗が集まるスポット。ラーメン村神社もある！

🏠旭川市永山11-4(パワーズ内) ☎0166-48-2153
営11:00～20:00(店舗により異なる) 休店舗により異なる 交JR南永山駅から徒歩20分 🚗2000台

▶MAP 別P.15 F-1

ここも見逃せない！

旭川の立ち寄りSPOT

旭川を拠点に行くことができる2つのガーデン。どちらも見ごたえがあるのでぜひ旅のプランに加えてみて。

「北海道ガーデン街道」の2つのガーデンへ

北海道ガーデン街道→P.157

カラフルな花々が、初夏のノームの庭を彩る

季節により花が変わるガーデン

上野ファーム

うえのファーム

2000種類以上の植物が、春から秋まで次々と咲き変わる自然風庭園。カフェでテイクアウトしたフードやスイーツをピクニックのように庭でも楽しめる。

🏠旭川市永山町16-186　☎0166-47-8741
㊐4月下旬～10月中旬の10:00～17:00
㊡期間中無休　㊕入園1000円　㊋JR永山駅から車で10分　🚗80台
旭川 ▶MAP 別P.15 F-1

園内にはカフェを併設

サンドイッチなどメニューの種類も豊富

名物の牛乳ソフトクリーム400円

春になると白樺の小道にチューリップやスイセンが花を咲かせる

左右対称に草花を配置した帯状花壇、ミラーボーダー

約900品種の草花が咲く美しい森の花園

自然と融合した広大なガーデン

大雪 森のガーデン

だいせつ もりのガーデン

5つのテーマからなる森の花園。山野草が咲く森の迎賓館、親子で楽しめる遊びの森のほか、ショップやカフェ、レストラン、宿泊施設も併設。

🏠上川町字菊水841-8　☎01658-2-4655
㊐4月29日～10月9日の9:00～17:00（最終入園16:00）　㊡期間中無休　㊕入園800円（4月29日～5月19日は無料）　㊋JR上川駅から車で15分　🚗110台
上川 ▶MAP 別P.8 A-1

カフェではジェラート350円～などを提供

ワークショップなどが開催される交流体験棟

ダイニングキッチンやバーがある、森の迎賓館

緑、白、緑へと花の色が変わるアメリカアジサイのアナベル。見頃は8月～

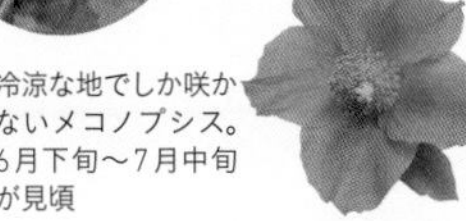
冷涼な地でしか咲かないメコノプシス。6月下旬～7月中旬が見頃

旭川のソウルフード「新子焼き」は若鶏の半身を豪快に焼いた料理。有名なのは「ぎんねこ」だが、市内の居酒屋でもよく見かけられる。

十勝岳連峰の絶景が広がる

温泉宿でのんびりステイ

富良野・美瑛周辺には温泉地も点在。なかでも十勝岳連峰を望める十勝岳温泉は日帰りでも行ける人気スポット。壮大な風景を見ながらの露天風呂で贅沢なひとときを。

露天風呂からは四季折々の風景が楽しめる

名前の由来は"雲を凌ぐ宿"

十勝岳温泉 湯元 凌雲閣

とかちだけおんせん ゆもと りょううんかく

北海道最高所に位置する温泉宿。巨石のある内風呂や、大展望の露天風呂で温泉を堪能できる。客室からも絶景が望める。

日帰り入浴DATA
㊌ **8:00～19:00**
㊙ **1000円**
バスタオルはレンタル300円

🏠上富良野町十勝岳温泉
☎0167-39-4111
料金 1泊2食付き和室6畳 1万円～（バス・トイレ別）
IN 15:00 OUT 10:00
㊋JR上富良野駅から車で35分
🚗14台
十勝岳温泉 ▶MAP 別P.36 C-2

十勝岳連峰を望むことができる広い露天風呂

天然温泉から十勝岳連峰を一望

スパ&ホテルリゾート ふらのラテール

スパ アンド ホテルリゾート ふらのラテール

露天風呂をはじめ、洞窟風呂や壺風呂を含む15種類の浴槽がある。露天風呂からの風景は開放感いっぱい。

日帰り入浴DATA
㊌ **10:00～22:00**
最終受付は21:00
㊙ **980円**
タオルセットのレンタル込み

🏠中富良野町東1線北18
☎0167-39-3100
料金 1泊2食付き1万3000円～
IN 15:00 OUT 10:00
㊋JR中富良野駅から車で5分
🚗200台
中富良野 ▶MAP 別P.36 B-2

アクセス便利な宿なら旭川のビジネスホテルへ

JR旭川駅直結のビジネスホテル

JRイン旭川

ジェイアールインあさひかわ

大浴場や宿泊者専用ラウンジなど施設が充実。シモンズ社製マットレスと選べる枕で睡眠も快適。

🏠旭川市宮下通7-2-5
☎0166-24-8888
料金 シングル5500円～、セミダブル1名利用7500円～
IN 15:00 OUT 10:00
㊋JR旭川駅直結
🚗900台
旭川 ▶MAP 別P.37 D-2

最上階の露天風呂でリラックス

天然温泉 神威の湯 ドーミーイン旭川

てんねんおんせん かむいのゆ ドーミーインあさひかわ

最上階の露天風呂には天然温泉を使用。無料の夜鳴きそばが好評。

🏠旭川市五条通6-964-1
☎0166-27-5489
料金 ダブル1名利用7990円～、ツイン1万990円～
IN 15:00 OUT 11:00
㊋JR旭川駅から徒歩13分
🚗114台
旭川 ▶MAP 別P.37 D-2

テンションあがる「街ナカ」ホテル

OMO7旭川by星野リゾート

オモセブンあさひかわ バイ ほしのリゾート

旅の目的に合わせた多種多様な客室が揃うホテル。旭川の中心部に位置しており、旭山動物園へのアクセスもよく、旅の拠点に最適。

🏠旭川市6条通り9丁目
☎050-3134-8095
料金 素泊まり2万円～
IN 15:00 OUT 11:00
㊋JR旭川駅から徒歩13分
🚗あり（有料）
旭川 ▶MAP 別P.37 D-2

道内有数の酪農地帯

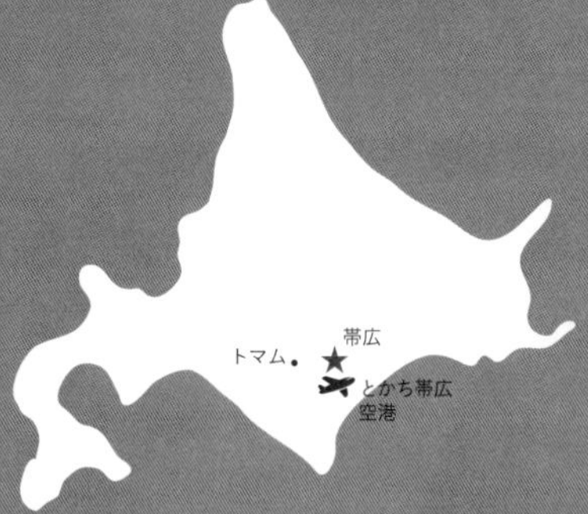

十勝・帯広

TOKACHI OBIHIRO

ベストシーズン

●7〜9月

ガーデン街道を擁する十勝エリアの見どころは、何といっても美しい花畑。花やガーデンによって見頃の時季は若干異なるものの、最盛期を迎えるのは夏。

ベストな滞在期間

●2〜3日間

見どころが広範囲に点在しているため、移動時間は多めにみておこう。ガーデン巡りを存分に楽しみたいなら2日あれば安心。十勝岳温泉で宿泊するのもいい。

アクセス

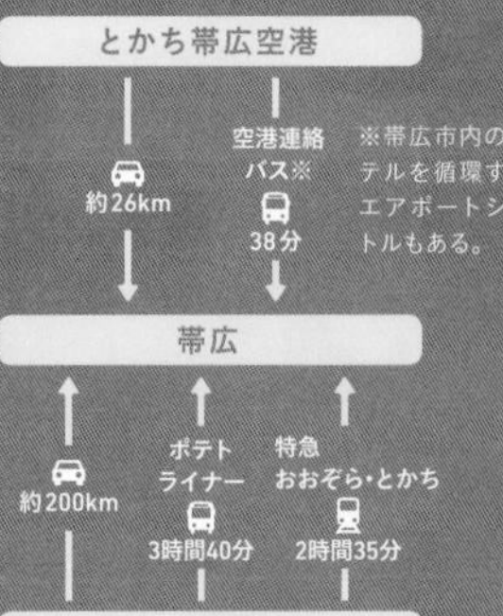

どう回る？

とかち帯広空港からレンタカーを借りて回るのが最もスムーズで、行動範囲も広がる。帯広駅または空港発着の路線バスがあるほか、定期観光バスも運行しているので、利用するのであれば事前にスケジュールをしっかり組み立てて予約を。

ほかのエリアへ

車で片道2時間以内の距離にあるのは星野リゾートがあるトマムや、襟裳岬、然別湖や糠平湖といったエリア。札幌、富良野、釧路の各方面へは電車もしくは長距離バスが走っており、あちこちダイナミックに移動することもできる。

のどかな田園風景とガーデンが連なる

十勝・帯広 早わかり!

とかち・おびひろ

広大な農園が広がる十勝平野は、まさに北海道を代表する風景。ガーデンを巡り、ファームレストランやスイーツも満喫して！

1 ガーデン巡り

→P.156

十勝には5つの個性豊かなガーデンが点在。見頃は6～8月にかけて。

2 十勝産食材を味わう

→P.158

採れたて野菜や自家牧場の牛など、食材も高レベル！ 街なかの飲食店でも味わえる。

3 十勝川温泉へ

→P.166

十勝川温泉には道の駅ガーデンスパ十勝川温泉ほか、モール温泉に浸れる宿も多くある。

1泊2日 十勝・帯広ドライブモデルコース

見どころが点在しているため車での移動がベスト。ガーデン巡りを楽しむなら最低2日は欲しい。

START

とかち帯広空港

↓ 車40分

① 十勝ヒルズ

→P.156

↓ 車45分

② ばんえい十勝

→P.168

↓ 車10分

③ 十勝グルメ

→P.160

【帯広市内で1泊】

④ ナイタイ高原牧場

→P.165

↓ 車1時間

⑤ 牧場グルメ

→P.159

↓ 車45分

とかち帯広空港

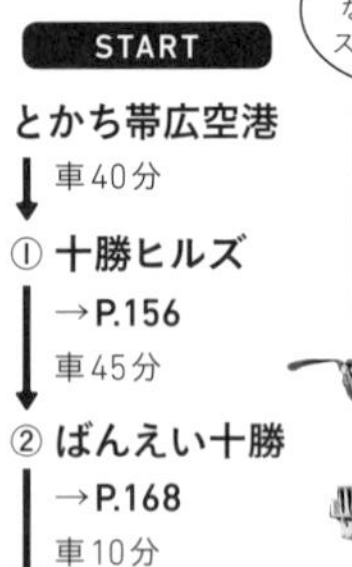

間近で見るばん馬の迫力にびっくり！

公共牧場では日本一の広さを誇る

十勝・帯広の事件簿

このエリアの主な見どころはガーデンや牧場。見どころ間の移動距離が長いので、事前に交通の手段を決めておくのがベター。

FILE 1

郊外の見どころにも行きたいけど車の運転ができない…。歩いて回るしかない!?

帯広市街から離れたガーデンや牧場にも足をのばしたいけど、車の運転ができない。タクシーで行くには予算がオーバー！　さてどうしよう。

TOKACHI GARDEN

解決！

定期観光バスを活用。

十勝バスが季節限定で運行する、定期観光バスが便利。帯広駅バスターミナルを出発し、郊外の見どころやショップを巡る。ほか路線バスも運行。

定期観光バス

BUS

＜とかち定期観光バス＞

8:10 北海道ホテル ▶ 8:20 帯広駅バスターミナル ▶ 8:50 十勝川温泉 ▶ 池田ワイン城十勝ガールズ農場 ▶ 帯広駅バスターミナル ▶ 柳月スイートピアガーデン ▶ 十勝牧場・白樺並木 ▶ ナイタイ高原牧場 展望台 ▶ 17:15 十勝川温泉 ▶ 17:35 帯広駅バスターミナル ▶ 17:40 北海道ホテル

☎0155-23-5171（帯広駅バスターミナル）
㊖6〜9月の毎日運行（例年）
㊊8500円（体験料金・昼食代込み・バスガイド同行）
※2023年4月現在休止中。再開時季はWebサイトを参照

FILE 2

せっかく来たのにガーデンの見頃が終わっていた…。秋〜冬の間でも楽しめるスポットは？

オフシーズンを狙って十勝に来てみたものの、見頃は過ぎ、ガーデンは花も人も閑散。花の見頃が終わっても楽しめる観光スポット、どこかないのかな？

・・・

解決！

タウングルメにスイーツ、温泉もある！

帯広駅周辺の豚丼専門店や、北の屋台は年中オープン。食べ＆飲み歩きのほか、スイーツショッピングに日帰り入浴など、ガーデン以外の観光も実は盛りだくさん。

温泉で1日
過ごすのもアリ！
→P.167
焼き鳥に
イタリアンに
いろいろあるよ
北の屋台で
飲み歩き
→P.165
十勝ならではの
ミルク＆チーズ
スイーツ
→P.163

帯広駅からの路線バスと観光スポット入場券などがセットになった、お得な日帰り路線バスパックもある。

十勝・帯広

TOURISM

広大なガーデンが点在！

十勝のガーデンを巡る

十勝には個性豊かな5つのガーデンが点在。それぞれに見られる花も異なり、施設もさまざま。オンシーズンの十勝で、花巡りを楽しんでみて。

十勝の街と山並みを一望できる最高のロケーション

GARDEN DATA

ベストシーズン7〜8月

広さ 23ha

花の種類 エキナセア、カンパニュラ、ゲラニウムなど

園内の施設 ショップ、ショップカフェ、ガーデン内にあるカフェなど

大小13の丘が波打つアース ガーデン／大地の庭

GARDEN DATA ベストシーズン7〜8月

広さ 400ha 花の種類 オオウバユリ、サルビア・ネモローサ、シラネアオイなど 園内の施設 カフェ、売店、チーズショップ、ビジターセンター、セグウェイガイドツアー

自然からのインスピレーションをガーデンで表現

②十勝千年の森

とかちせんねんのもり

所要時間 約1時間30分

ガーデン王国イギリスで「21世紀のガーデンの最良の例」と称された世界最高峰の美しい庭。

清水町羽帯南10線 ☎0156-63-3000

営4月下旬〜10月中旬の9:30〜17:00（時季により変動） 休期間中無休 料入園1200円 交JR十勝清水駅から車で15分 🚗180台 清水 ▶MAP 別P.10 A-1

無数の花々に囲まれた東屋

GARDEN DATA ベストシーズン6〜8月

広さ 6ha 花の種類 チューリップ、ムスカリ、バラ、クレマチスなど 園内の施設 レストラン、ショップ、ハーブガーデンなど

22のテーマガーデンがお出迎え

③紫竹ガーデン

しちくガーデン

所要時間 約2時間

紫竹昭葉さんが育てた花が、広大な敷地を彩るガーデン。シーズンを通じて約2500種類の花々が咲く。

帯広市美栄町西4線107 ☎0155-60-2377

営4月下旬〜10月下旬の8:00〜17:00 休期間中無休 料入園1000円 交JR帯広駅から車で40分 🚗50台

帯広 ▶MAP 別P.10 B-1

十勝管内最高のくつろぎガーデン

①十勝ヒルズ

とかちヒルズ

所要時間 約1時間

1本の木とストライプ状に植えられたブルーサルビア、青空と広大な十勝平野の風景は十勝ヒルズの象徴とされている。花は春と夏の2回植え替えられる

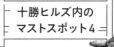

十勝を代表するイングリッシュガーデン。日中の眺めもいいが、夕方のゴールデンタイムも絶景。コーヒーを片手にくつろぎながら観賞を楽しめる。

幕別町日新13-5 ☎0155-56-1111
㊔4月24日～10月17日の9:00～17:00
㊡期間中無休 ㊕入園1000円
㊂JR帯広駅から車で15分
🚗150台

幕別 ▶MAP 別P.10 C-1

WHAT IS

ガーデン街道

大雪から富良野を経て十勝へと続く約250kmの間にある8つのガーデンの総称。うち5つのガーデンが十勝に集中。

⑥in 大雪「大雪 森のガーデン」→P.151
⑦in 旭川「上野ファーム」→P.151
⑧in 富良野「風のガーデン」→P.141

十勝ヒルズ内のマストスポット4

園内で必ずチェックしておきたい見どころがこちら！

映えスポット

5月はショップに壁面映えスポットが、6月はアンブレラスカイ、8月はドアのモニュメントなど、多様な撮影スポットが登場。

ヒルズカフェ

十勝産えりも小豆を使用したオリジナル小豆ソフト350円が名物。

ガーデンカフェ ニワカラ

2022年4月にリニューアルオープン。ガーデンを眺めながらマンガリッツァ豚など、地元十勝の食材を使ったメニューが味わえる。

☎0155-56-1111
㊔11:00～14:30LO、18:00～20:00LO（ディナーは要予約）
㊡火曜

小豆や長芋のビネガー各785円

ヒルズショップ

ヘルシーな豆製品や雑貨を購入できるほか、ワークショップ体験などにも参加できる。

㊔9:00～17:00
㊡無休

園内には小川が流れ、まわりに草花が生える

GARDEN DATA ベストシーズン5～8月

広さ 10ha **花の種類** オオバナノエンレイソウ、ハマナシ、エゾリンドウなど **園内の施設** ショップ、カフェ、坂本直行記念館、花柄包装紙館など

花とアートが集まる六花亭のガーデン

④六花の森

ろっかのもり

所要時間 約2時間

北海道の銘菓で有名な「六花亭」のガーデン。十勝六花のハマナシやオオバナノエンレイソウなどの花が季節ごとに咲く。

中札内村常磐西3線249-6 ☎0155-63-1000 ㊔4月22日～10月22日の10:00～16:00（ショップは10:30～16:00、カフェは11:00～15:30LO。いずれも変更の場合あり） ㊡期間中無休 ㊕入園1000円 ㊂JR帯広駅から車で40分 🚗80台

中札内 ▶MAP 別P.10 B-2

さまざまな樹種が季節に彩りを添えるヨーロッパガーデン

GARDEN DATA ベストシーズン6～10月

広さ 8ha **花の種類** ツツジ、アジサイ、ハギ、ハマナシ、ウツギなど **園内の施設** カフェ、ガーデンセンター、展望デッキ、リスの教会など

針葉樹の森の中を散策

⑤真鍋庭園

まなべていえん

所要時間 約2時間

みずみずしい緑に圧倒される日本初の針葉樹ガーデン。趣の異なる3つのテーマガーデンを回遊できる。

帯広市稲田町東2線6 ☎0155-48-2120
㊔4月下旬～11月下旬の8:30～17:30（最終入園17:00。10～11月は時短あり） ㊡期間中無休 ㊕入園1000円 ㊂JR帯広駅から車で15分 🚗50台

帯広 ▶MAP 別P.10 C-1

十勝エリアの5つのガーデンのうち3施設で使える「とかち花めぐり共通券」2000円がお得。オンシーズン中のみの販売予定。

大地の恵みを存分に！
ファームレストランでランチ

道内一の酪農・畜産地帯でもある帯広。採れたての新鮮野菜や、のびのび育った牛や豚を使った料理は感動的なおいしさ！　十勝産小麦のこだわりパンも食べてみて。

自家農園の野菜がメイン ヘルシーなプレートランチ

道産のゆめぴりか玄米を自家精米

生野菜中心だが、おひたしや煮物が付くことも

甘みたっぷりのじゃがいもがメイン！

店内は吹き抜けになった開放的な造り

野菜たっぷりのおかずのプレートに、ご飯、味噌汁、ドリンクがセット
※雑穀米は＋165円

週替わりプレート 1210円

広大な耕作地が店の目の前に広がる

新鮮野菜が料理の主役

ファームレストラン野島さんち

ファームレストランのじまさんち

自家農園で収穫した野菜や地場食材を使って作る家庭料理が評判のレストラン。週替わりプレートは数量限定での提供。

🏠中札内村新生東東1線199-4
☎0155-67-2880　営11:00～14:00LO
休木曜、不定休
交JR帯広駅から車で35分　🚗10台
中札内 ▶MAP 別P.10 B-2

WHAT IS

北海道の野菜の旬

どの野菜も年間を通して食べられるようになったものの、一番おいしいのは旬の時季！　とはいえじゃがいもなどは越冬したほうが甘みが増すので、通年おすすめ。

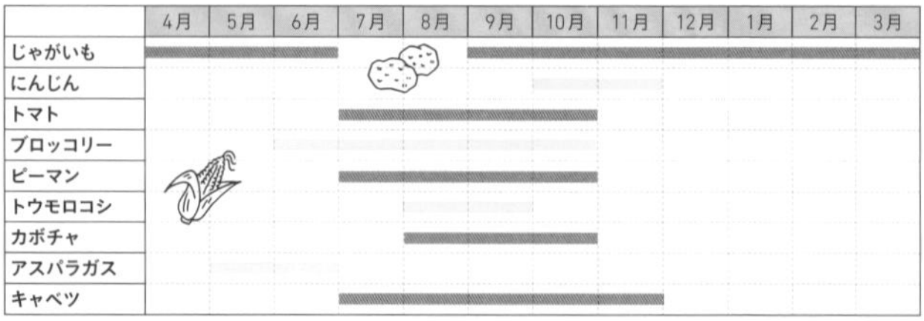

	4月	5月	6月	7月	8月	9月	10月	11月	12月	1月	2月	3月
じゃがいも	●	●	●			●	●	●	●	●	●	●
にんじん							●	●				
トマト				●	●	●	●					
ブロッコリー			●	●	●	●	●					
ピーマン				●	●	●	●					
トウモロコシ					●	●						
カボチャ					●	●	●					
アスパラガス		●	●									
キャベツ				●	●	●	●	●				

眺めのいいカフェで味わう自家牧場の牛肉

安心・安全な牛肉の生産に努める

OONO FARM COWCOW Cafe

オオノ ファーム カウカウ カフェ

牛に与える飼料や土作りにもこだわりを持つ大野ファーム。ファームで健康に育てられた、旨みたっぷりの牛肉を堪能できる。

🏠芽室町祥栄北8-23　☎0155-62-4159
[営]ランチ11:00～14:00、カフェ14:00～16:00LO
[休]月曜（祝日の場合は翌日休）
[交]JR帯広駅から車で30分　🚗30台
芽室 ▶MAP 別P.10 B-1

大きなガラス窓から広大な畑風景を望む

飼料の安全性にもこだわり、一貫飼育で育てた牛。脂あっさり、赤身の味をしっかり感じられる

一口大のステーキにパン、ビーフシチューとサラダがセット。ヒレは2900円

カットステーキプレート（ロース）2200円

貴重な長期熟成肉を絶品ビフトロ丼で

長期熟成させた自家産・黒毛和牛「夢大樹牛」を使用。熟成させることにより風味が増す

大自然で育てた自家産牛をどうぞ！

モモ肉とバラ肉を加工し、凍らせた状態でご飯の上へ。口の中でとろける新食感

ビフトロ丼 1300円

肉も野菜も十勝産を提供

夢がいっぱい牧場

ゆめがいっぱいぼくじょう

長期熟成させた「夢大樹黒毛和牛」を味わえる。イチオシはビフトロ丼だが、ステーキ丼2200円もおすすめ。

🏠大樹町萌和182　☎01558-6-3295
[営]11:00～16:00（ウェブサイトか電話で事前要確認）
[休]火～金曜、日曜（1～3月は休業）
[交]JR帯広駅から車で60分　🚗30台
大樹 ▶MAP 別P.10 C-2

広大な平野にぽつんと立つ店

BREAD

十勝産小麦のパンも！

国内産小麦の4分の1が十勝産。地産の小麦の特性を生かした「十勝パン」を味わってみて。

フランスパン300円、十勝かぼちゃのもっちりブレッド（ハーフ）290円、あんバター280円、スペシャルチーズパン380円。全て秋の商品

季節ごとに旬の具材を使ったパンが登場します！

小麦本来の豊かな風味を味わう

はるこまベーカリー

道産小麦を100%使用した、風味豊かなパンが評判。毎日100種類以上のパンが並び、具材にも十勝食材を使用。

🏠帯広市西19条南5-43-11　☎0155-38-5311
[営]10:00～19:00　[休]日・月曜　[交]JR帯広駅から車で10分　🚗10台　帯広 ▶MAP 別P.10 B-1

希少な北海道十勝産小麦「キタノカオリ」を使用したネジリドーナツ各種120円

たっぷり芳醇チーズパン305円

とかち牛カレーパン310円

十勝産小麦100%のベーカリー

麦音

むぎおと

十勝の老舗パン屋・満寿屋商店のフラッグシップ店。パン屋最大級の庭で焼きたてを食べられる。

🏠帯広市稲田町南8線西16-43　☎0155-67-4659
[営]6:55～18:00　[休]無休　[交]JR帯広駅から車で15分
🚗100台　帯広 ▶MAP 別P.10 C-1

1950年創業の満寿屋。マヨネーズソースで和えたスパゲティをサンドした、「白スパサンド」が名物。

食欲そそるタレの香り

十勝名物・豚丼食べ比べ

十勝といえばコレ！のご当地グルメ、豚丼。専門店も多く、店ごとに味わいが異なるのもまた魅力。人気店をハシゴして、各店の味の違いを楽しんでみて。

ロースとバラ肉 半々の欲張り豚丼

ロース肉とバラ肉を半分ずつ使用した人気丼。山わさびと枝豆をトッピング。

肉 … 脂身と赤身のバランスがほどよい道産バラ肉

タレ … 日本酒とハチミツをたっぷり使用

味噌汁、漬け物がセット。タレのかけ足しもOK

山わさびがアクセントの豚丼

はなとかち

はなとかち

週末は行列待ちが当たり前の人気店。ロース肉とバラ肉を使用した半ばら豚丼が定番。十勝産長芋を使用した山かけ豚丼1450円〜も人気。

帯広市大通南12-2-4 佳ビル1F
0155-21-3680
営11:00〜15:00、18:00〜19:00（土・日曜、祝日は11:00〜19:00）
休火曜（祝日は営業）
交JR帯広駅から徒歩5分 5台
帯広 ▶MAP 別P.11 F-3

十勝の豚丼では珍しい ヒレ肉を味わえる店

肉は十勝産のバラ・ヒレ・ロースから選べる。ロースとバラの盛り合わせ、オニオントッピングも。

肉 … 1枚1枚手切りで丁寧にスジをとる

タレ … 先代が作り続けているこだわりの特製タレ

花のように盛られた美しいバラ肉。普通盛りは860円

行列必至の超人気店

ぶた丼のとん田

ぶたどんのとんた

特製グリルで上から熱を当てることで、煙を出さずに肉本来の味を封じ込める。1本540円で販売している特製タレはおみやげにも人気。

帯広市東10南17-2
0155-24-4358
営11:00〜18:00（なくなり次第終了）
休日曜 交JR帯広駅から車で10分
21台
帯広 ▶MAP 別P.11 F-3

WHAT IS

豚丼

香ばしく焼いた豚肉に甘辛のタレを絡めてご飯にのせた、帯広のご当地グルメ。「庶民でも食べられる豚肉料理」として考案されたのが始まり。

【焼き方】タレを何度も塗りながら焼き上げる網焼き派がほとんど。ごくまれにフライパン派も。

【肉】ロース、肩ロース、バラの3種が主流。道内産の豚肉で提供する店が多い。

【タレ】醤油ベースの甘辛味だが、店舗によって甘い・辛い・淡泊・濃厚と、微妙に味わいが異なる。

ほどよい弾力がある 厚めの豚ロース肉×甘辛タレ

特製ダレに途中何度もくぐらせつつ、網で香ばしく焼き上げたロース肉。

豚丼 1078円

肉 … 十勝産の上質な豚ロース肉を遠赤外線で焼き上げ

タレ … ご飯との相性抜群の甘辛タレ

漬け物付き。サービスで出てくるメロンソーダも名物

市民に愛される老舗レストラン

お食事・ご宴会 ふじもり

おしょくじ・ごえんかい ふじもり

創業120年を超える老舗。寿司そばセット1188円などメニューが豊富で、一番人気は創業からの味を受け継ぐ豚丼。秘伝のタレが豚ロースの脂によく合う。

帯広市西2条南11-8
☎0155-26-2226
営11:00～20:45LO
休火曜（祝日の場合は要問い合わせ）
交JR帯広駅から徒歩3分 🚗20台
帯広 ▶MAP 別P.11 F-3

ジューシーな肉汁と タレの相性が絶妙！

ロース肉、バラ肉の2種類の肉と甘辛のタレがしっかり絡み合う。

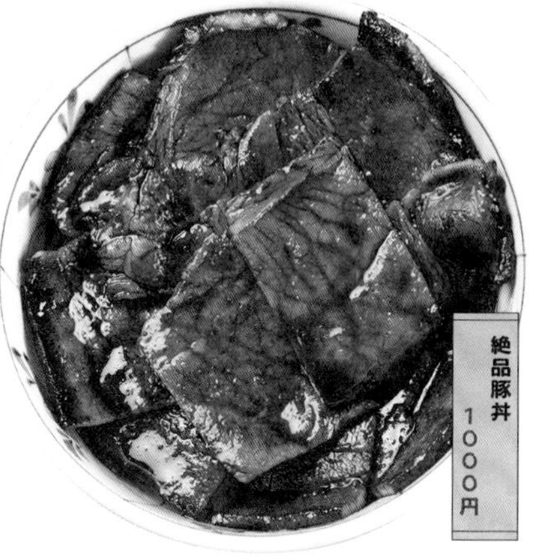

絶品豚丼 1000円

肉 … 十勝産ロース肉とバラ肉をバランスよく使用

タレ … 自家製の秘伝タレ。タレの追加も可能

味噌汁と紅しょうががセット。ご飯大盛りは+100円

ばんえい十勝内にある豚丼専門店

ぶた丼 きくちや

ぶたどん きくちや

豚丼専門店のニューフェイス。十勝産の豚肉を自家製のあっさりとしたタレに漬け込んで1日寝かし、余分な脂を落としてから焼き上げている。

帯広市西13南8-1 とかちむらキッチン ☎090-5989-6674 営11:00～19:00（ナイター開催日は～21:00、非開催日は～15:00） 休水曜（ばんえい競馬のスケジュールにより変動あり） 交JR帯広駅から車で7分 🚗ばんえい十勝利用750台
帯広 ▶MAP 別P.11 E-3

各店自慢の豚丼のタレを、おみやげとして購入することもできる。直接店舗で販売されているか、市内みやげ店などでも取り扱いあり。

各工房こだわりの自信作！

絶品チーズを持ち帰る

道内屈指の酪農地帯、十勝ではチーズ作りも盛ん。小規模なチーズ工房も多く、帯広市内のショップで購入することも。数あるチーズの中から、自分好みを見つけてみて。

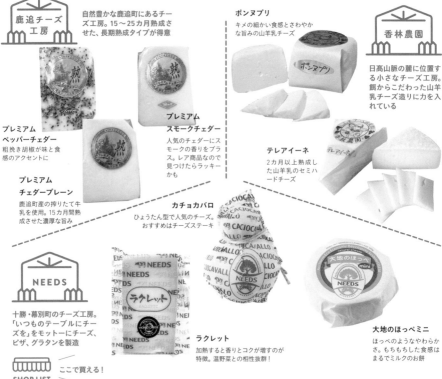

鹿追チーズ工房

自然豊かな鹿追町にあるチーズ工房。15～25カ月熟成させた、長期熟成タイプが得意

プレミアムペッパーチェダー
粗挽き胡椒が味と食感のアクセントに

プレミアムスモークチェダー
人気のチェダーにスモークの香りをプラス。レア商品なので見つけたらラッキーかも

プレミアムチェダープレーン
鹿追町産の搾りたて牛乳を使用。15カ月間熟成させた濃厚な旨み

香林農園

日高山脈の麓に位置する小さなチーズ工房。餌からこだわった山羊乳チーズ造りに力を入れている

ポンヌプリ
キメの細かい食感とさわやかな旨みの山羊乳チーズ

テレアイーネ
2カ月以上熟成した山羊乳のセミハードチーズ

NEEDS

十勝・幕別町のチーズ工房。「いつものテーブルにチーズを」をモットーにチーズ、ピザ、グラタンを製造

カチョカバロ
ひょうたん型で人気のチーズ。おすすめはチーズステーキ

ラクレット
加熱すると香りとコクが増すのが特徴。温野菜との相性抜群！

大地のほっぺミニ
ほっぺのようなやわらかさ。もちもちした食感はまるでミルクのお餅

SHOP LIST ここで買える！

ギフト商品も充実している

ありとあらゆる十勝の食が集まる

とかち物産センター

とかちぶっさんセンター

厳選した十勝管内の特産物を扱う。人気は工房直送のチーズに豚丼のタレなど、十勝ならではの商品。

帯広市西2条南12 エスタ東館2F
0155-22-7666　営9:00～18:00
休無休　交JR帯広駅直結
テナント利用

帯広 ▶MAP 別P.11 F-3

生産者が持ち寄った新鮮野菜が並ぶ

地元農家の野菜も販売

とかちむら産直市場

とかちむらさんちょくいちば

ばんえい十勝（→P.168）の入り口にある屋内市場。チーズや野菜を販売。

帯広市西13条南8-1 ばんえい十勝内
0155-66-6830　営10:00～18:00（土・日曜は～19:00、11～3月は11:00～16:00）　休水曜　交JR帯広駅から車で7分　400台

帯広 ▶MAP 別P.11 E-2

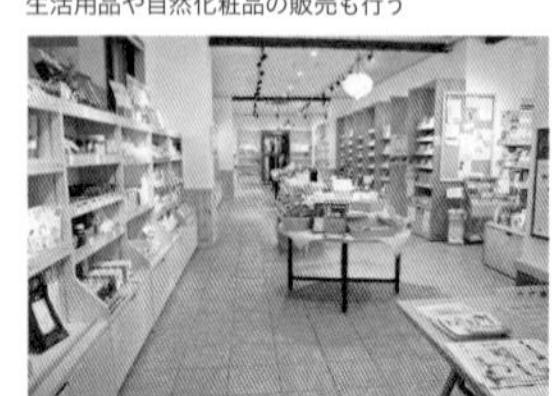

生活用品や自然化粧品の販売も行う

十勝産の有機食材を探すなら

ナチュラル・ココ帯広本店

ナチュラル・ココおびひろほんてん

十勝産の有機農産物に、全国各地の自然食品を取り揃える。オーガニックカフェを併設。

帯広市西10条南1-10-3
0155-38-3833　営10:00～18:45
休日曜　交JR帯広駅から車で7分
20台

帯広 ▶MAP 別P.11 E-2

ゴーダ
1カ月間熟成。まろやかな味わいで、どんな料理にも合わせやすい

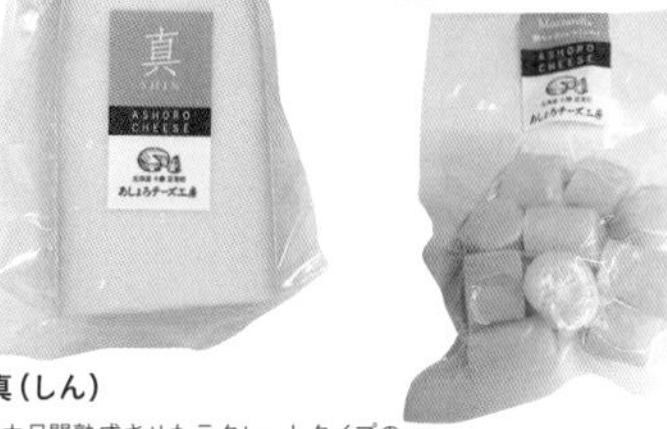

真(しん)
3カ月間熟成させたラクレットタイプのチーズ。溶かして食べるとより美味

熟モッツァレラころ
棒状に伸ばしたモッツァレラチーズをカット。約2週間熟成させており深い味わい

あしょろチーズ工房

ハードタイプをはじめモッツァレラなど約8種類のチーズを製造

WHAT IS

ナチュラルチーズ

乳を発酵させて固めたもの。乳酸菌が生きているため、熟成によって風味、味わいが変化。製法や原材料により種類もいろいろ。

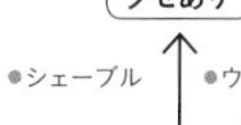

フレッシュタイプ
生乳を凝固させ、水分を取り除いた段階のフレッシュなチーズ。モッツァレラなど

ハードタイプ
熟成期間が長く風味が濃い。水分量の多さでハードとセミハードに分かれる

白カビタイプ
表面に白カビを繁殖させたもの。外皮はもっちり食感で中身はとろりとしている

青カビタイプ
青カビをチーズ内に入れて熟成。クセがあり、塩味が強め。ゴルゴンゾーラが有名

ウォッシュタイプ
塩水や酒類などで表面を洗いながら熟成。外皮は風味が強いが中身はまろやか

シェーブルタイプ
山羊乳が原料。独特のクセを和らげるため表面に灰や炭をまぶしたものがある

共働学舎新得農場

牛乳山の麓で、牛飼いからチーズ造りまで一貫して行う農場

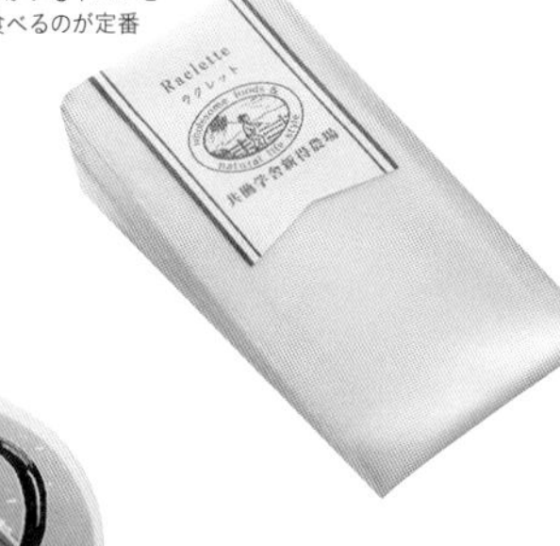

ラクレット
オーブンやフライパンで加熱し、とろけたチーズをじゃがいもやパンと一緒に食べるのが定番

白カビタイプ・笹ゆき
工房のオリジナルチーズ。クマ笹入りの塩を使用しておりさわやかな風味がある

MILK SWEETS

ミルクスイーツ食べるなら！

十勝産ミルクを原料に使ったスイーツも充実！ガーデン＆牧場巡りがてら立ち寄ってみて。

十勝産チーズムースにブルーベリーのジュレをイン

シマエナガケーキ 648円

シマエナガパフェ 1650円～

ふわふわのシマエナガのケーキを月替わりのパフェに ※写真はイメージ

十勝の恵みを生かした季節のケーキ

十勝トテッポ工房

とかちトテッポこうぼう

生ケーキは常時20種類以上、焼き菓子や十勝産チーズのスイーツも豊富に扱う。イートインエリアを併設。

帯広市西6条南17-3-1　☎0155-21-0101
営10:00～18:00　休不定休　交JR帯広駅から徒歩10分
32台　帯広　▶MAP 別P.11 E-3

ジェラートダブル 500円

季節によってフレーバーもいろいろ。口溶けのいいジェラートアイス

乳製品の品揃え充実

十勝野フロマージュ

とかちのフロマージュ

チーズ工場併設の直売店。工房オリジナルのチーズやバターほか、チーズを使用したスイーツなども販売。

中札内村西2条南7-2　☎0155-63-5070
営10:00～17:00　休水曜(祝日の場合は営業。7～9月は無休)　交JR帯広駅から車で40分
20台　中札内　▶MAP 別P.10 B-2

フレッシュタイプのチーズは傷みやすく、持ち帰りには不向き。まとめ買いしてクール便で送ってしまうのがおすすめ。

ダイナミックな絶景を求めて

星野リゾート　トマムで雲海を見る

自然現象によって見ることができる雲海の景色。星野リゾート　トマムの雲海テラスから始まった雲海ブームは、まだまだ広がりを見せている。雲海の絶景を目当てに、リゾートステイ。

自然現象が引き起こす まるで壮大なドラマ

目の前に広がる雲海に感激！

雲海テラス

うんかいテラス

トマム山の標高1088mにあるテラスまで雲海ゴンドラで約13分。天候条件が揃えば目の前に広がる雲海を眺めることができる。

㊖2023年5月11日～10月16日の5:00～8:00（下り最終9:00、時季により変動）
㊡期間中無休（荒天時運休）
㊕雲海ゴンドラ往復1900円

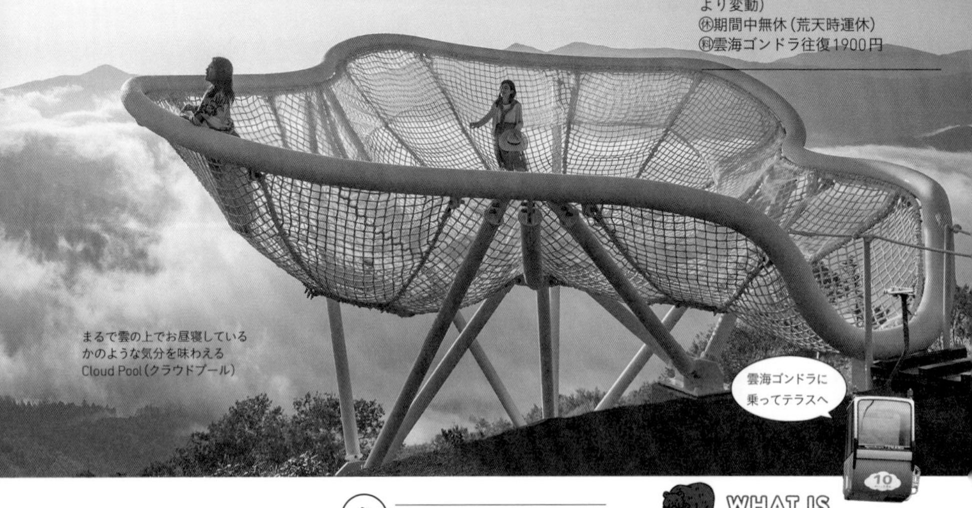

雲海ゴンドラに乗ってテラスへ
10

まるで雲の上でお昼寝しているかのような気分を味わえるCloud Pool（クラウドプール）

アクティビティ充実のリゾート

星野リゾート　トマム

ほしのリゾート　トマム

エリアの中心に位置するトマム ザ・タワーとリゾナーレトマムの宿泊施設があり、レストランやプールも楽しめる。

🏠占冠村字中トマム　☎0167-58-1111
IN 15:00　OUT 11:00
㊕トマム ザ・タワー1泊朝食付き1万1400円～　㊋JRトマム駅から無料シャトルバスで5分　🚗1500台
トマム ▶MAP 別P.15 F-3

トマム山の山麓にあるリゾート。冬はウィンタースポーツも

厳しい寒さが生み出す美しい風景

霧氷テラス

むひょうテラス

雲海テラスが、冬は霧氷が見られる霧氷テラスに。氷点下の気温が生み出す白く美しい景観を楽しめる。

㊖2023年12月1日～2024年3月31日の9:00～15:00（時季により変動）
㊡期間中無休（荒天時運休）
㊕ゴンドラ往復2200円

空気中の水蒸気が樹木などに付く現象

雲海　標高の高い場所から地上を見渡した際に雲が海のように広がって見える現象。山間部で見られることが多く、風の有無や気温差、湿度といった条件が揃うと発生する。

・いつ見える？

春～秋にかけての早朝。

・現れる条件は？

トマムで見られる雲海は3種あり、それぞれの発生条件は異なる。代表的な太平洋産雲海は、南からの暖かい空気により発生した海霧が、南東の風によって日高山脈を越えてトマムに達した時に見られるもの。

ここも見逃せない！

十勝・帯広立ち寄りSPOT

帯広市内はもちろん、近郊にも行くべき場所がいろいろ。旅のルートに組み入れてみて。

SPOT 1

北の屋台で食べ歩き

幅広いジャンルの店が軒を連ねる

北の屋台

きたのやたい

50mほどの路地に20軒の店が並ぶ屋台街。どの店も十勝産食材をメインに使用しており、旬の食材を味わえる。

帯広市西1南10いきぬき通り
☎0155-23-8194 営休店舗により異なる
交JR帯広駅から徒歩5分 🚗なし

帯広 ▶MAP 別P.11 F-3

どの店も4、5人入るといっぱいになってしまうくらいの狭さだが居心地がいい

串焼・炉端さん太

くしやき・ろばたさんた

2020年にオープンした串焼き店。地元食材をふんだんに使用した串が名物で、野菜の炙りも人気。

☎080-1880-8162
営17:00～24:00 休月曜

手羽フェニックス3本660円、ゴボウの炙り550円

マルゲリータ1000円、ワイン600円～

ピッコラ クッチーナ スピナッチ

ピッコラ クッチーナ スピナッチ

イタリアンのメニューと一緒に道産ワインやクラフトビールを味わえる店。小皿メニューも充実。

☎080-9262-1899
営18:00～24:00 休月曜

SPOT 2

森の中に暮らすヒグマに会いに行く

ヒグマを間近で観察

サホロリゾートベア・マウンテン

サホロリゾートベア・マウンテン

森の中で自然に近い状態で暮らすヒグマを、遊歩道やベアウォッチングバスから探そう。運がよければヒグマとのハイタッチも！

新得町狩勝高原 ☎0156-64-7007 営4月29日～10月22日の9:00～最終入園15:20 料園内バス付き入場3300円 休不定休 交JR新得駅から車で15分 🚗600台

新得 ▶MAP 別P.8 A-3

ベアポイントではガラス越しにヒグマと接近！

SPOT 3

特大スケールの絶景を見に行く

5～10月にかけては約2000頭の牛を放牧

東京ドーム358個分の広さ

ナイタイ高原牧場

ナイタイこうげんぼくじょう

1700haの広さを誇る牧場。放牧時期には牛が放たれ、背景に十勝平野を望む牧歌的な風景が広がる。

上士幌町上音更128-5 ☎01564-7-7272（上士幌町観光協会） 営4月29日から11月1日の7:00～18:00（6～9月は～19:00） 休期間中無休 料見学無料 交JR帯広駅から車で1時間30分 🚗83台

上士幌 ▶MAP 別P.8 C-3

昭和30年のダム建設によって沈んだ

季節と共に姿を隠す幻の橋

タウシュベツ川橋梁

タウシュベツがわきょうりょう

国道273号沿いに点在する旧国鉄士幌線のアーチ橋梁群の一つ。糠平湖の水位に伴い、湖底に沈んだり湖面に姿を現したりする。

上士幌町ぬかびら源泉郷 ☎01564-7-7272（上士幌町観光協会）
営見学自由 交ぬかびら源泉郷から車で10分 🚗約10台（対岸タウシュベツ展望台）

上士幌 ▶MAP 別P.8 C-2

襟裳岬にはゼニガタアザラシが生息

岬に吹く風を体感！

襟裳岬「風の館」

えりもみさき「かぜのやかた」

日本屈指の強風地帯である襟裳岬に立つ、風をテーマにした観光施設。風速25m/sの体験コーナーも。

えりも町東洋366-3 ☎01466-3-1133 営3～11月の9:00～17:00（5～8月は～18:00） 休期間中無休 料入館300円 交JR札幌駅からJR北海道バス高速えりも号で4時間（前日までに要予約） 🚗200台

えりも ▶MAP 別P.11 F-2

帯広から車で1時間30分ほどの距離にある然別湖、糠平湖も景勝地として有名。

十勝・帯広

STAY

日頃の疲れを芯から癒す
天然温泉付き宿に泊まる

道内有数の温泉地、十勝。豊かな自然と天然モール泉で心も体もリラックス。
プライベート空間で楽しめる露天風呂付き客室や、広々とした大浴場でのんびり過ごそう。

スパリゾート施設が充実
十勝川温泉第一ホテル豊洲亭
とかちがわおんせんだいいちホテルほうしゅうてい

植物性モール温泉を心ゆくまで堪能する

日高山脈や十勝川を一望できる温泉リゾート。大浴場には庭園風の露天風呂があり、ミネラルたっぷりのモール温泉を楽しめる。

🏠音更町十勝川温泉南12
☎0155-46-2231
[IN]15:00 [OUT]11:00
[料]デラックス3万4100円～
[交]JR帯広駅から車で20分 🚗100台
[十勝川温泉] ▶MAP 別P.10 C-1

全客室に天然露天風呂付き。気軽にモール温泉が楽しめる

WHAT IS
十勝川温泉
十勝川周辺にある温泉地。植物性の保湿成分を含む希少なモール温泉が湧き出ており、美肌の湯としても名高い。

特別な記念日には鉄板焼ディナーを

全室川側に設けられたデラックスルーム

日帰り入浴DATA
[営]13:00～21:00
(土・日曜、祝日は15:00～)
[料]1500円
タオル、バスタオルのレンタル込み

緑に囲まれた宿でのんびり
ホテル大平原
ホテルだいへいげん

緑豊かな敷地に立つホテル。自社農場産の野菜と十勝産の食材を使った料理が好評。温泉は女性におすすめの北海道遺産のモール温泉源泉かけ流し。

🏠音更町十勝川温泉南15-1
☎0155-46-2121
[IN]15:00 [OUT]10:00
[料]1泊2食付き1万2030円～
[交]JR帯広駅から車で20分
🚗400台
[十勝川温泉] ▶MAP 別P.10 C-1

源泉かけ流しの露天風呂やエステバスなどがある大浴場

ゆったりと過ごせる和室二間特別室。ほか和洋室や温泉付き和洋室などがある

日帰り入浴DATA
[営]15:00～21:00
(土・日曜、祝日は13:00～)
[料]1000円
タオルセットはレンタル200円

十勝の大自然を肌で感じられる宿

美肌ほか、疲労回復や冷え性にも効能があると言われている

帯広駅周辺の温泉付きホテル

観光＆グルメに便利なホテル

十勝ガーデンズホテル

とかちガーデンズホテル

白を基調としたスタイリッシュな客室。レストランでは、十勝産食材をふんだんに使用したこだわりの朝食を提供。

帯広市西2南11-16
0155-26-5555
IN 14:00 OUT 11:00
JR帯広駅から徒歩1分
40台
料金 シングル5900円～、ツイン1万1000円～
帯広 ▶MAP 別P.11 F-3

広々とした大浴場が好評

プレミアホテル-CABIN-帯広

プレミアホテルキャビンおびひろ

駅前とは思えない広さの大浴場が自慢で、モール温泉にゆったり浸かれる。14:00～22:00の間は日帰り入浴も可能。

帯広市西1南11
0155-66-4205
IN 15:00 OUT 11:00
JR帯広駅から徒歩3分
315台
料金 シングル6000円～
帯広 ▶MAP 別P.11 F-3

くつろぎの空間

森のスパリゾート 北海道ホテル

もりのスパリゾート ほっかいどうホテル

自然の優しさとおもてなしの温かさに包まれたホテル。モール温泉や十勝の恵みを中心とした食事も楽しめる。

帯広市西7条南19-1
0155-21-0003
IN 15:00 OUT 11:00
JR帯広駅から車で5分
170台
料金 シングル8800円～、ツイン1万7000円～
帯広 ▶MAP 別P.11 E-3

希少なかけ流し温泉を駅前で

帯広天然温泉 ふく井ホテル

おびひろてんねんおんせん ふくいホテル

便利な立地ながら源泉かけ流しのモール温泉を楽しめる。広々とした客室と、4種類の定食から選べる朝食が人気。

帯広市西1条南11-19
0155-25-1717
IN 15:00 OUT 10:00
JR帯広駅から徒歩2分
55台
料金 シングル4500円～、ツイン8600円～
帯広 ▶MAP 別P.11 F-3

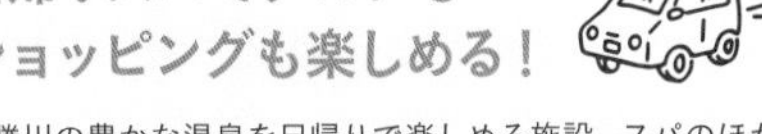

日帰りスパでグルメもショッピングも楽しめる！

十勝川の豊かな温泉を日帰りで楽しめる施設。スパのほかショップや体験工房もあり、一日中楽しめる！

プール感覚で楽しめるモール温泉

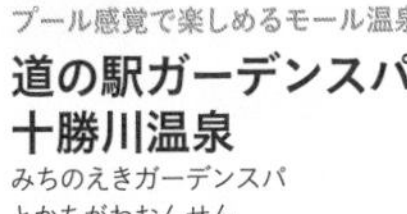

道の駅ガーデンスパ十勝川温泉

みちのえきガーデンスパ
とかちがわおんせん

十勝川温泉の中心部にある日帰り温泉施設。スパは水着・湯あみ着着用の混浴で、家族やカップルでモール温泉を楽しむことができる。

音更町十勝川温泉北14-1
0155-46-2447
営 9:00～19:00（5～10月の金～日曜と祝日は～21:00） 休 第2火曜（8月は第4火曜、11～4月は毎週火曜）
料 スパ利用1500円 交 JR帯広駅からバスで20分、ガーデンスパ十勝川温泉下車、徒歩1分 90台
十勝川温泉 ▶MAP 別P.10 C-1

ホットヨガ（予約制）の開催もある

SHOP

温泉ミストスプレー1320円（右）、温泉ハンドクリーム1100円（上）

SPA

バスタオルと湯あみ着は無料レンタルあり（大人用のみ。子ども利用は水着要持参）

GOURMET

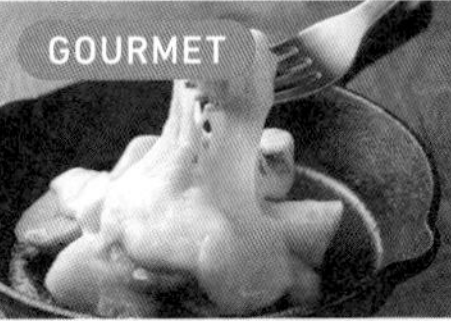

カフェやベーカリーなど、館内には4つの飲食店がある

「柳月」、「六花亭（→P.79）」は帯広発のブランドで、市内にも多数店舗がある。値段も手頃でおいしい帯広銘菓をおみやげにいかが？

ばん馬の力強い走りを間近で観戦する

北海道開拓期に農耕や使役馬として活躍した馬たちの力比べが起源。当初は2頭の馬を綱引きのように引っ張り合わせるのが主流で、重いソリを引かせて走らせ始めたのは明治の終わり頃。やがてお祭りばん馬として定着した。

その後、公営競馬として帯広、北見、岩見沢、旭川の4カ所で行われていたが、売り上げの低迷もあり、帯広市以外の3市が撤退。2007年から帯広市単独による開催となった。現在は、飲食店や産直市場が並ぶ「とかちむら」を併設。多彩なイベントを行うなど帯広の観光地としてにぎわっている。

ばんえい競馬が平地競馬と違うのは、ただ単にスピードだけを競うのではなく、最高1トンにもおよぶ鉄ソリを引っ張る力が勝負の要だという点。ほか、持久力、騎手のテクニックも大きく関わってくる。手に汗握る大迫力のばんえい競馬、ぜひ一度観戦してみてはいかが？

ばんえい十勝（帯広競馬場）

ココで見よう

ばんえいとかち（おびひろけいばじょう）

世界で唯一、曳き馬レースを行う競馬場。ふれあい動物園や産直市場、馬の資料館なども併設しており、競馬以外の観光や買い物も楽しめる。

帯広市西13条南9 ☎0155-34-0825
営土～月曜（レース発走時間は要問い合わせ）
休火～金曜 料入場無料 交JR帯広駅から車で7分 🚗400台

帯広 ▶MAP 別P.11 E-3

ばん馬とは

体重はおよそ1000kg前後。フランス原産のペルシュロン種、ブルトン種、ベルギー原産のベルジャン種の混血が主流。胴はたくましく、脚はがっしり。

ばんえい競馬のコース

コースは全長200m。フルゲートは10頭で、途中2カ所の障害（坂）がある。

START

第1障害・中間点
第1障害は高さ1mの坂で、最初のヤマ場。中間点は第1障害と第2障害の間。騎手が馬を停止させ、第2障害に向けスタミナを温存させることがある。

第2障害
高さ1.6m、ばんえい競馬最大の見どころの坂。馬の力だけでなく騎手のテクニックが問われる。

砂障害・ゴール
砂障害とはゴール前に設置された0.5mの傾斜（冬季を除く）のこと。よりエキサイティングな接戦が繰り広げられる。ばんえい競馬はソリの後端が線を通過したところでゴールとなる。

GOAL

馬券の種類

- **単勝** 1着になる馬だけを予想
- **複勝** 3着（または2着）までに入る馬を予想
- **枠複** 1着と2着になる馬の枠番号の組み合わせを予想。着順は関係なし
- **馬複** 1着と2着になる馬の馬番号の組み合わせを予想。着順は関係なし

ほか、馬単（馬番連勝単式）、ワイド（拡大馬番連勝複式）、三連複（三連勝複式）、三連単（三連勝単式）の全8種ある。

レースのスケジュール

土～月曜にかけてと正月に開催。第1レースが14:40発走、最終レースは20:45発走（ナイター開催時。時季により変動）。4月下旬～11月下旬にかけてはナイターが開催される。最新のスケジュールについてはWebサイトをチェック。

URL www.banei-keiba.or.jp

世界遺産観光の拠点

知床・網走

SHIRETOKO ABASHIRI

ベストシーズン

●7〜9月、1〜2月

夏と、流氷の季節がハイシーズン。夏は知床五湖ウォーキングやオホーツク海のクルーズ、冬はウトロや網走、羅臼を拠点に流氷クルーズが楽しめる。

ベストな滞在期間

●2〜3日

最寄りの女満別空港から知床まで、2時間以上かかることを考えてスケジュールを立てよう。知床でのネイチャーアクティビティはどれも半日かかる。

どう回る？

見どころが点在しているのでレンタカー利用がおすすめ。交通量は少ないが、動物の飛び出しに注意して走ろう。ウトロから知床五湖へは、混雑期はシャトルバスを利用したほうがいい場合もある。

アクセス

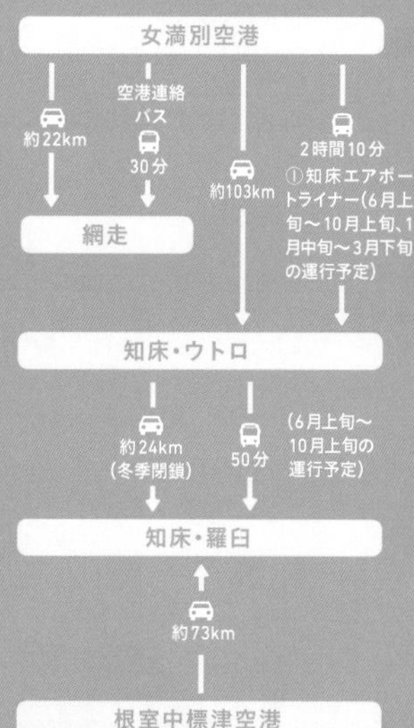

ほかのエリアへ

知床・網走と釧路・阿寒・摩周湖の道東エリアを巡るプランもおすすめ。釧路空港でレンタカーを借り、女満別空港で返却すれば(または逆ルート)、道東の自然をくまなく満喫することができる。

世界遺産の大地で自然にふれる

知床・網走早わかり！

しれとこ・あばしり

道東エリア観光のハイライトは、世界遺産の知床半島。網走・紋別エリアでは冬季の流氷体験が外せない。海鮮グルメも充実！

知床・網走でしたい3のこと

1 知床五湖ウォーク

→P.172

知床連山の裾野に横たわる5つの湖。3つの散策ルートから、自分の体力に合ったコースを選んで

2 知床半島クルーズ

→P.174

オホーツク海からダイナミックな断崖を望む半島絶景クルーズ。動物ウォッチングクルーズもある

3 流氷体験

→P.180

厳冬期にしか現れない流氷を見に。流氷の海を進んで行くクルーズ体験はダイナミック！

2泊3日 知床・網走ドライブモデルコース

拠点となるのは女満別空港。網走を経由し、知床半島で2日間を過ごすコース。

START

女満別空港

↓ 車30分

① 博物館網走監獄

↓ →P.181 車10分

② オホーツク流氷館

↓ →P.180 車1時間30分

【ウトロで1泊】

③ 知床五湖

↓ →P.172 車30分

④ 知床半島クルーズ

↓ →P.174 車50分

【羅臼で1泊】

⑤ 動物ウォッチングクルーズ

↓ →P.175 車2時間30分

女満別空港

知床・網走MAP

知床半島　網走　網走駅　網走湖　オホーツク海　知床・ウトロ　知床・羅臼　知床斜里駅　海別岳　女満別空港　JR釧路本線　屈斜路湖　摩周湖　根室中標津空港　野付半島

0 15 30km 1:2,000,000

① 網走監獄では囚人体験も！

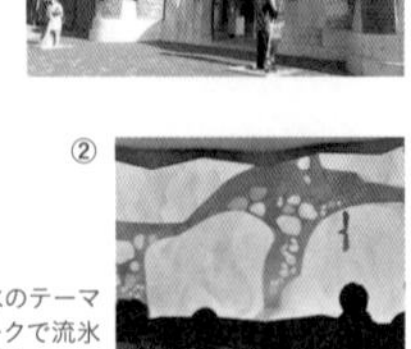

② 流氷のテーマパークで流氷体験！

③ アクティブな服装で歩こう

④ 半島絶景クルーズは春〜秋にかけて

⑤ 春になると群れで現れるシャチをウォッチ

知床・網走の事件簿

知床・網走エリアでの交通は車移動がメインとなる。動物の飛び出しによる事故も多発しているので、運転にはくれぐれも気を付けて。

FILE 1

何もないところに車が停車していて、危うくぶつかりそうに！

網走を経由し、知床方面へドライブ。すると、何もないところで停車している車が。早めに気付いたからよかったけど、危うく衝突するところだった！

キタキツネの
飛び出し注意

解決！

知床は野生動物の宝庫。
交通ルールを守って停車を。

知床峠付近を走っているとエゾシカやキタキツネに出くわすことがある。車を停めて観察したいところだが、駐車場以外の場所に停めるとほかの車の通行の迷惑に。交通ルールを守って停車しよう。

FILE 2

知床五湖への道がまさかの大渋滞！別の行き方はない？

知床五湖に向かおうと昼前に宿を出発したら、まさかの大渋滞！　なんでも、駐車場が満車なのだとか…。ほかの交通手段で来ればよかったのかも？

解決！

シャトルバスならスイスイ！
または定期観光バスもある。

お盆や連休の知床五湖は駐車場が満車になることも。その点、シャトルバスを利用すれば、優先的に知床五湖駐車場まで行くことができる。定期観光バスも便利。

☎0152-23-0766
(斜里バス)

<シャトルバス>

ウトロ温泉バスターミナル ▶ 知床自然センター ▶ 知床五湖 ▶ カムイワッカ湯の滝

㊡8月中旬(予定)
㊮ウトロ温泉バスターミナル〜カムイワッカ湯の滝、往復1980円(予定)
※チケットの購入はウトロ温泉バスターミナル、または知床自然センターにて

<定期観光バス・知床浪漫ふれあい号 Bコース>

ウトロの各ホテル ▶ ウトロ温泉バスターミナル ▶ プユニ岬(車窓) ▶ 知床峠 ▶ 知床自然センター ▶ 知床五湖(高架木道散策) ▶ ウトロ温泉バスターミナル

㊡4月28日〜10月31日(予定)
㊮3300円
(予定。要予約)

夏季は知床五湖から先はマイカー規制がしかれる。また、冬季の知床横断道路は通行止めに。車利用を計画する場合は事前に確認を。

世界遺産の自然の中へ

知床五湖ぐるり一周

所要時間 約2時間

知床の原生林に囲まれた5つの湖、知床五湖。野生動物が生息する自然の宝庫として名高い。2つの遊歩道を歩いて、知床の大自然を体感しよう。

地上遊歩道と高架木道 両方を歩いて自然を満喫

WHY

世界遺産

希少な動物の生息地となっていること、海から陸へとつながる独特の食物連鎖などが評価され、2005年に日本で3番目の世界自然遺産として登録された。知床半島とその沿岸部が遺産地域となっている。

高架木道から標高1661mの羅臼岳をはじめとする、知床連山の雄々しい景観を望む

世界遺産の自然を体感

知床五湖

しれとこごこ

知床半島のオホーツク海側に点在する、一湖から五湖までの5つの湖。知床の自然や知床連山の眺めを楽しみながら歩くことができる。遊歩道からエゾシカの姿を見かけることも。

🏠斜里町岩宇別549　☎0152-24-3323（知床五湖フィールドハウス）
[営]4月下旬～11月上旬（予定）の8:00～18:30（時季により変動）　[休]期間中無休　[交]ウトロ温泉バスターミナルから車で20分　🚗100台（有料）

[知床] ▶MAP 別P.7 E-1

地上遊歩道
四湖
五湖
三湖
二湖
一湖
知床五湖フィールドハウス
高架木道入り口
湖畔展望台
知床五湖パークサービスセンター
オコツク展望台
連山展望台
高架木道

[大ループ]
1周3km
約1時間30分

[小ループ]
1周1.6km
約40分

[高架木道]
往復1.6km
約40分

地上遊歩道大ループから高架木道へ

所要約1時間30分の大ループコースに挑戦！
途中から高架木道へ上り、展望台からの眺めも楽しもう。

START

知床五湖フィールドハウス

徒歩約**10**分

周囲400mと、5つの湖の中では最も小さい。森の中にひっそりと横たわる

徒歩約**4**分

周囲700mの神秘的な雰囲気が漂う湖。湖畔からは知床連山を望める

徒歩約**8**分

周囲900mと、5湖の中では2番目に大きい。湖内にある浮島が印象的

徒歩約**15**分

5湖最大の周囲1.5kmの湖。知床連山の全体が眺められ、湖面に映る様子も

徒歩約**12**分

地上歩道の最終地点。湖畔から知床連山と高架木道が見渡せる

徒歩約**5**分

一方通行

高架木道への入り口。回転扉を通って高架木道へ

高架木道へ

湖畔展望台（こはんてんぼうだい）

往復可

高架木道の終点。一湖と知床連山が一望できる

徒歩約**7**分

オコツク展望台（オコツクてんぼうだい）

うねるように続く高架木道と知床連山の眺め

徒歩約**8**分

連山展望台（れんざんてんぼうだい）

知床連山とオホーツク海の両方の景色が望める

徒歩約**5**分

GOAL

知床五湖パークサービスセンター

HOW TO

地上遊歩道の歩き方

地上遊歩道は植生保護とヒグマ対策のため、開園からヒグマが冬眠する晩秋までは、レクチャーの受講もしくはガイドツアーへの参加が必要。

植生保護期

開園〜5月9日、8月1日〜閉園

レクチャー
㊕250円 ◷10分

↙ 大ループ　↘ 小ループ

※大ループは開園〜5月9日は積雪により通行止め（または閉鎖）になる場合もある

ヒグマ活動期

5月10日〜7月31日

ガイドツアー

大ループ	小ループ
㊕4500円〜（ツアー会社により異なる）◷約3時間	㊕3500円 ◷約1時間30分

※大ループは10〜20分おきに出発、要予約。小ループは1日4ツアー、要予約

地上遊歩道で見られるヒグマの足跡

レクチャーの受け方

知床五湖フィールドハウスの券売機で利用券を購入後、申請書を記入し、受付に提出。

ヒグマ対策について学びましょう

ガイドツアーの申し込み方法

ツアーは事前予約必須。定員10名、約10分おきに出発。ツアーの予約、登録されているガイドツアー一覧はWebサイトを参照。
URL www.goko.go.jp

地上遊歩道を歩く際は底がしっかりした靴を履いて。小型のザックを用意し、水、雨具、タオルなども忘れずに。

半島の絶景と生き物たち

クルーズで自然を満喫！

世界遺産を海から望む2大クルーズがこちら。断崖の絶景を望む知床半島クルーズと、海の生き物に出合える動物ウォッチングクルーズ。催行時季をチェックして行こう！

オホーツク海から望むダイナミックな断崖

カムイワッカの滝

温泉の川が流れ落ちるカムイワッカの滝。海面が硫黄の成分により変色している

【ウトロ発】 約1時間～

知床半島クルーズ

ウトロ港から知床半島に沿ってクルーズ。半島先端の知床岬まで行くコースと途中で折り返すコースがある。

知床岬コースのハイライト

知床五湖の水が地下水となって岩の間から流れ落ちる

見どころNo.1。上流は温泉が川に流れ込むカムイワッカ湯の滝

ルシャ川の河口でサケを捕りにきたヒグマが見られるポイント

知床半島で唯一、海に直接流れ落ちる滝

崖は先端に行くにつれなだらかになり、海に落ち込む。知床岬灯台が立つ

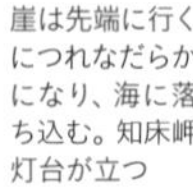

小型船

ダイナミックな絶景と臨場感を体感

ゴジラ岩観光(ウトロ)

ゴジラいわかんこう(ウトロ)

斜里町ウトロ東51 ☎0152-24-3060 営4月下旬～10月中旬 休期間中無休(荒天時運休) 料硫黄山コース4000円、ルシャコース6000円、知床岬コース9000円 交ウトロ温泉バスターミナルから徒歩3分 🚗40台

ウトロ ▶MAP 別P.37 D-1

大型船／小型船

広々とした船で快適クルーズ

おーろら／おーろら3

おーろら／おーろらスリー

斜里町ウトロ東107 ☎0152-24-2146(道東観光開発) 営4月28日～10月下旬(1日4～5便) 休期間中無休 料カムイワッカの滝航路3500円 交ウトロ温泉バスターミナルから徒歩8分 🚗町営駐車場100台(1日400円)

ウトロ ▶MAP 別P.37 D-1

※上記はコースの一例

【羅臼】
動物ウォッチングクルーズ 🕒約2時間30分

羅臼港から動物の姿を求めて根室海峡をクルーズ。知床半島や国後島の眺めも楽しめる。冬は流氷の海をクルーズ。

大迫力のシャチやクジラ！海の生き物の宝庫

[7〜9月]
マッコウクジラ
ハクジラ類最大でオスは18mにも成長。ミンククジラ、ツチクジラなども生息

生き物の見られるシーズンをチェック

[2月〜3月中旬]
アザラシ
流氷と一緒にやってくるアザラシ。運がよければ流氷上のアザラシを見られることも

[5〜7月]
シャチ
白と黒の巨体が悠々と泳ぐ姿は大迫力。春になると根室海峡に群れで現れ、6月になると遭遇率が上がる

[1月下旬〜3月中旬]
オオワシ＆オジロワシ
越冬のために飛来し、羽を広げると約2mにもなる大型のワシ。木の枝や流氷の上などから魚や小動物を狙う

クルーズInformation

解説ガイド付きがうれしい
知床ネイチャークルーズ
しれとこネイチャークルーズ

🏠羅臼町本町27-1
☎0153-87-4001 [休]期間中無休
[交]バス停羅臼本町からすぐ 🚗10台
[羅臼] ▶MAP 別P.37 E-1

夏季
クジラ・イルカ・バードウォッチング

羅臼港を出発し、根室海峡をぐるり一周。夏でも服装は暖かくして。

[営]4月下旬〜10月中旬 1日2便
🕒約2時間30分 [料]8800円

冬季
流氷＆バードウォッチングA・B

流氷をかき分けながらクルーズ。AとBの2コースが運航。

[営]2月〜3月中旬（1日3便）
🕒A約1時間、B約2時間30分
[料]A4400円、B1万1000円

冬季のクルーズツアーに参加する場合は防寒対策を。手袋、帽子は必須。保温性の高いダウンに真冬用のジャンパーを重ねるのがいい。

北の大地で命をつなぐ 野生の動物や鳥たち

自然が多く残る北海道は動物たちの宝庫。車で走っていてもしばしば、エゾシカやキタキツネを見かける。しかしなぜ、北海道には本州にはいない固有種が数多く生息しているのか。それは、本州と北海道の間に横たわる津軽海峡による。津軽海峡は水深が深く、氷河期にも凍ることはなかったため、ここを境に生物相の分布が異なることとなった。のちにこの線は、発見者であるイギリスの動物学者の名にちなんで、ブラキストン線と名付けられる。

北海道には本州にいるツキノワグマ、ニホンザル、カモシカなどはおらず、本州と同じフクロウやキツネなどは北海道固有の亜種となる。また、北海道の生き物が全体的に大きいのは、寒冷地になるほどサイズが大きくなるというベルクマンの法則に関係している。

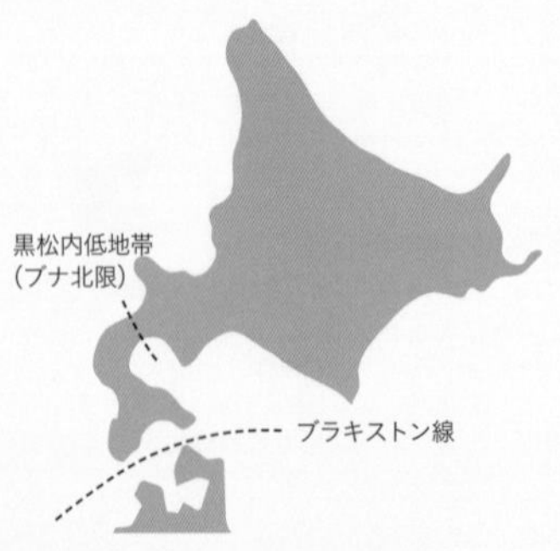

エゾシカ

特に道東に多く生息し、道ばたで見かけることも。ツノはオスだけに生え、毎年、春に落角する。食害を減らすため、食用としての肉が注目されている。

遭遇率	☆☆☆☆☆
体長	140～180㎝
体重	70～140kg
生息域	道内全域の森や牧草地

キタキツネ

足首が黒く、尻尾の先が白いのが特徴。人にエサをねだり近寄ってくることもあるが、寄生虫エキノコックスがいるので触らないこと。

遭遇率	☆☆☆☆☆
体長	60～80㎝
体重	4～10kg
生息域	道内全域の林や草原

ヒグマ

日本に生息する最大の陸生哺乳類。特に知床に高い密度で生息し、クルーズで見かけることも。11～4月頃にかけて冬眠、出産する。

遭遇率	☆☆☆☆☆
体長	2.5～3m
体重	120～250kg
生息域	道内全域の森林

撮影／進 蛍志郎(タンチョウを除く)

タンチョウ

白い羽に黒い尾、赤い頭が特徴の日本一大きなツル。絶滅の危機にさらされたが1000羽を超えるまでに回復。冬は釧路湿原周辺の給餌場に集まる。

遭遇率	☆☆☆☆☆
全長	100～150cm
翼長	最大240cm
生息域	道東の湿原周辺

特別天然記念物

エゾモモンガ

木から木へと滑空することができる飛膜を持ち、大きな目が印象的。木などに作った巣穴を拠点に生活。餌は植物を中心とした雑食性。

遭遇率	☆☆☆☆☆
体長	15cm前後
体重	100g前後
生息域	道内全域の森林や森

エゾリス

白い胸、ふさふさの尻尾、冬は立った耳毛がかわいい大型のリス。都市の公園や神社などにも棲み着く。冬眠せず、通年活動する。

遭遇率	☆☆☆☆☆
体長	22～27cm
体重	330～470g
生息域	道内全域の森林や森

エゾフクロウ

ハート形をした愛くるしい顔の、北海道に生息するフクロウ。夜行性で小鳥や野ネズミなどをエサとする。初夏にはヒナが見られることも。

遭遇率	☆☆☆☆☆
全長	50cm前後
翼長	最大100cm
生息域	道内全域の森林

エゾオコジョ

夏は胸以外は茶色だが、冬になると真っ白な冬毛に換毛する。主に夜に活動し雑食。かつて乱獲され準絶滅危惧種に指定されている。

遭遇率	☆☆☆☆☆
体長	20cm前後
体重	200g前後
生息域	道内の山岳地帯

シマフクロウ

体重が4kgにもなる世界最大級のフクロウで絶滅危惧種。耳のような羽角が特徴。河川や小沼周辺の樹林に生息し、魚を主食とする。

遭遇率	☆☆☆☆☆
全長	約70cm
翼長	最大180cm
生息域	主に道東の樹林帯

野生動物を保護するために、餌やりは絶対にやめよう。人間の身勝手な行動が動物を死に至らしめる。

世界遺産の街・ウトロと羅臼で

サケ＆イクラを心ゆくまで

ウトロ港、羅臼港は道内でも有数の漁場。豊富な海産物の中でも特に、オホーツク海で育ったサケ＆イクラはおいしいと評判。世界遺産グルメをご賞味あれ！

UTORO

サケのヅケ
脂がのった切り身。醤油をつけずにそのままで

サケのほぐし身
焼き鮭を食べやすくフレーク状に

自家製イクラ
イクラ本来の味を生かしたシンプルな醤油漬け

秋鮭三種丼
2200円
サケの切り身のヅケとサケのほぐし身、自家製イクラをトッピング

日本一のサケとイクラを豪快に丼で！

女将さんたちの愛情いっぱいの魚料理

ウトロ漁協婦人部食堂

ウトロぎょきょうふじんぶしょくどう

港に面した、漁協の婦人部が運営する食堂。道内随一の水揚げを誇るウトロのサケを使った丼や定食と、自家製のイクラを味わえる。夏はウニ丼（時価）もおすすめ。

斜里町ウトロ東117　☎0152-24-3191
㊟4月下旬〜10月の8:30〜14:30LO
㊡不定休　㊛ウトロ温泉バスターミナルから徒歩10分　🚗4台
ウトロ ▶MAP 別P.37 D-1

＼海鮮丼も！／

カニは夏が旬

特製荒磯丼
3400円
サケ、イクラのほかツイ、ボタンエビ、カニなど季節の地の魚介がご飯を覆う

刺身や珍味もいろいろあるよ

夏はウトロ産のウニがのることも

ウトロの魚介をいろんな料理で

荒磯料理くまのや

あらいそりょうりくまのや

知床の味覚を思う存分に楽しめる料理屋。地場のツブ貝やホタテ、タコなどを盛り合わせた刺身定食1950円、知床海鮮湯麺950円もおすすめ。

斜里町ウトロ西187-11　☎0152-24-2917
㊟11:00〜14:30LO　㊡不定休　㊛ウトロ温泉バスターミナルから徒歩6分　🚗5台
ウトロ ▶MAP 別P.37 D-1

WHAT IS

知床のサケ

日本で一般的に食べられているサケは白鮭（しろざけ）。サケの漁場、知床ならではのレアなサケも味わってみて！

秋鮭
別名アキアジで白鮭も同じ。ウトロが日本一の水揚げ量

時鮭（ときざけ）
時不知（ときしらず）とも呼ばれ、春～夏に水揚げされるサケ

マスノスケ
鮭の王様キングサーモンのこと。大助（おおすけ）とも呼ばれる。4～6月に主に太平洋沿岸で漁獲される

鮭児（けいじ）
秋鮭の中でも1万尾に数匹のみしか捕れないという未成熟のサケ。脂肪ののりがよく、高級魚として知られている

RAUSU

秋鮭の塩焼き
ほどよく塩味の効いた焼き鮭。脂もたっぷり

自家製イクラ
大粒のイクラをたっぷりのせてこのコスパ！

いくら親子丼
1900円
自家製いくら丼の上に分厚い焼きサケがのった食べごたえのある丼

羅臼昆布が育つ海のブランド魚を堪能

種類豊富なメニューで羅臼を味わう

羅臼の海味 知床食堂

らうすのうみあじ しれとこしょくどう

道の駅知床・らうす内の深層館にある、漁師が営む食事処。羅臼の旬の魚介を丼や焼き魚で提供。ボードに書かれたその日のメニューをチェックしよう。麺類や鹿肉を使った料理などもある。

羅臼町本町361（道の駅知床・らうす内）
☎0153-87-4460　営8:00～19:00（11～4月は～17:30）　休無休（11～4月は不定休）　交バス停羅臼本町から徒歩1分　道の駅利用25台

羅臼 ▶MAP 別P.37 E-1

漁師直送ならではの鮮度と値段が魅力

知床羅臼 濱田商店

しれとこらうす はまだしょうてん

水産加工会社の売店に併設された食事処。生け簀のカニの茹で上げ（時価）が食べられるほか、日替海鮮丼3000円～など各種丼が揃う。

羅臼町礼文町365-1　☎0153-87-3311
営9:00～16:30（食堂は2～9月の10:30～15:30）　休不定休　交阿寒バス羅臼営業所から車で5分　10台

羅臼 ▶MAP 別P.7 F-2

＼ウニ丼も！／

2～6月限定

うに丼
時価
羅臼産の捕れたてエゾバフンウニがたっぷりとのった豪華なウニ丼

知床のグルメといえば海鮮だが、近年はエゾシカ肉も注目を集めている。鹿肉を使用したハンバーガーや、缶詰、ジャーキーなども。

クルーズから列車、グルメまで!?

極寒の網走で流氷体験

所要時間 約1時間

冬の風物詩、流氷。厳冬期になるとオホーツク海が北から徐々に凍り始め、次第に海原を白銀の流氷原に変えていく。砕氷船クルーズや流氷グルメを楽しもう！

流氷クルーズ

1月中旬〜3月(予定)

2隻の砕氷船が流氷の海を進む。1階サイドデッキからの眺めは流氷が間近で迫力満点

WHERE

流氷はどこから？

流氷はロシアのシャンタル諸島で生まれ、気温の低下と共に範囲を広げ、漂いながら厚さを増す。北海道付近では約50cmに！

流氷列車

1〜2月(予定)

©アーマープロジェクト
©KADOKAWA CORPORATION

一面に広がる流氷を眺めながら

流氷物語号

りゅうひょうものがたりごう

JR釧網本線、網走駅〜知床斜里駅のオホーツク沿岸を走る観光列車。オホーツク海側の一部座席が指定席となっており、車窓から流氷の海の眺めが楽しめる。

㊋1〜2月(予定。詳細はJR 北海道のWebサイトで要確認) ㊙網走駅〜知床斜里駅片道970円、指定券は別途530円

網走 ▶MAP 別P.7 F-3

マイナス15℃体験

通年

本物の流氷に触ることもできるマイナス15℃の流氷テラス

飛んでいるようなクリオネ

流氷を見て感じる流氷のテーマパーク

オホーツク流氷館

オホーツクりゅうひょうかん

流氷やオホーツク海の生き物についての展示施設。マイナス15℃の世界を体感できる流氷テラスや流氷幻想シアターほか、展望台もある。

網走市天都山244-3 ☎0152-43-5951 ㊋8:30〜18:00(11〜4月は9:00〜16:30。最終入館は30分前) ㊡無休 ㊙入館770円 ㊋JR網走駅から網走バス天都山方面行きで15分、天都山流氷館前下車、徒歩1分 🚗200台

網走 ▶MAP 別P.7 E-3

厚い船底で氷をバリバリ割って進む！

網走流氷観光砕氷船おーろら

あばしりりゅうひょうかんこうさいひょうせんおーろら

網走港から流氷の海へクルーズ。船内は1階と2階席があり、窓越しに流氷を眺められる。1階のサイドデッキや展望デッキからは、流氷が割れる迫力のある景色を楽しめる。

網走市南3東4-5-1（道の駅流氷街道網走内） ☎0152-43-6000（道東観光開発） 営9:00〜15:30の1日3〜5便（要予約） 休期間中無休（荒天時欠航あり） 料乗船4000円（流氷がない場合は能取岬クルーズ3000円に変更） 交JR網走駅から直通バスで10分 🚗100台

網走 ▶MAP 別P.6 C-1

乗ってみよう！

おーろら号に乗船！
船乗り場へはJR網走駅から直通バスが運行

流氷の海をバリバリ進む！
分厚い氷が船の重みで割れる瞬間は必見

網走沖へ
目の前の海を覆う流氷。アザラシが見られることも

おみやげもグルメも充実の道の駅

道の駅流氷街道網走

みちのえきりゅうひょうかいどうあばしり

冬季は網走流氷観光砕氷船おーろらのターミナルとなる道の駅。1階が売店、2階はフードコートになっている。

網走市南3東4-5-1 ☎0152-67-5007 営9:00〜18:30（11〜3月は〜18:00。地域特産品販売コーナーは9:00〜18:00、テイクアウトコーナーは10:00〜17:30、レストランは11:00〜15:30） 休無休 交JR網走駅から車で5分 🚗126台（夏季）

網走 ▶MAP 別P.6 C-1

まだある

網走ちゃんぽん980円
ホタテの旨みたっぷりの具だくさんちゃんぽん

1本¥500

流氷ドラフト
流氷を仕込み水に使った発泡酒

1個¥340

網走プリン
網走牛乳を使用したプリン

網走に来たら必ず訪れたい！

旧網走刑務所で監獄体験

博物館網走監獄

はくぶつかんあばしりかんごく

明治期に建てられた網走刑務所の建物を移築・復原した野外歴史博物館。8棟が国の重要文化財、また6棟が登録有形文化財に指定。監獄歴史館には体感シアターがある。

網走市呼人1-1 ☎0152-45-2411 営9:00〜17:00（最終入館〜16:00） 休無休 料入館1500円 交JR網走駅から網走市内観光施設めぐり線バスで7分、博物館網走監獄下車、徒歩1分（季節運行） 🚗400台

網走 ▶MAP 別P.7 E-3

網走監獄では現在の網走刑務所で提供されている食事を再現した「体験監獄食」が食べられる。A 900円（サンマ）、B 900円（ホッケ）の2種。

ひと足のばして行きたいエリア

網走同様、流氷が見られる地として名高い紋別。ここにしかない体験施設もあるので、ぜひ足を運んでみて。

網走から車で2時間

もう一つの流氷スポット

紋別
もんべつ

網走の西、オホーツク海に面した街。流氷にまつわる観光施設があるほか、パークゴルフ場が多い。ホタテやカニといった海産物グルメも味わえる。

どんなエリアなの？

道の駅オホーツク紋別周辺に飲食店や観光施設が集まっている。

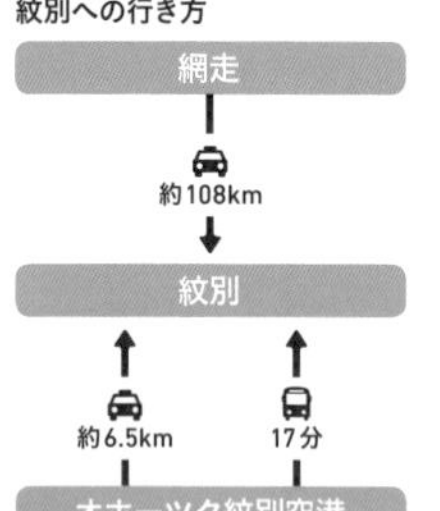

01 砕氷船に乗って流氷クルーズ

網走の流氷クルーズと双璧をなすのが、こちらのガリンコ号。オホーツク海を自由自在に突き進む！

流氷を砕いて進む2本のドリルの威力！

流氷観光船ガリンコ号
りゅうかんこうせんガリンコごう

船の先端に装着したアルキメディアンスクリューで流氷を砕氷。流氷に乗った動物が見られることも。

紋別市海洋公園1
☎0158-24-8000 営1月中旬～3月下旬。1日4～10便（要予約） 休期間中無休（荒天時運休） 料3000円～（船体により異なる） 交オホーツク紋別空港から連絡バスで11分（冬季のみ）
400台 ▶MAP 別P.6 B-2

船首に搭載されたスクリューで氷を割りながら進む

02 流氷体感＆アザラシとふれ合う

流氷にまつわるスポット以外にも、アザラシとふれ合えるユニークな施設が！　ここでしかできない体験を楽しもう。

海洋観測施設も兼ねている。クリオネの模型なども展示

流氷の海の中が見られる！

氷海展望塔オホーツクタワー
ひょうかいてんぼうとうオホーツクタワー

海岸から約1km沖にある海上38.5mの展望塔。地下1階、海底7.5mの海底階からはガラス越しに海中が覗ける。

紋別市海洋公園1
☎0158-24-8000 営10:00～16:00 休荒天時 料海底階入館500円 交オホーツク紋別空港から車で10分 400台
▶MAP 別P.6 B-2

給餌の様子も見られるよ

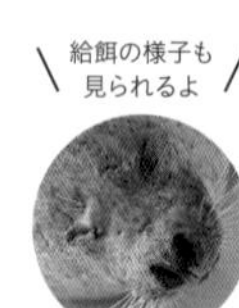

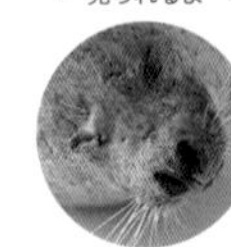

アザラシの生態についての説明を聞こう

かわいいアザラシが間近に！

オホーツクとっかりセンター アザラシランド

アザラシ専門の保護施設。水中行動観察室からは泳ぐアザラシを観察できる。1日5回の餌の時間には間近に見ることも。

紋別市海洋公園2
☎0158-24-8000 営10:00～16:00 休無休 料入館200円（餌代） 交オホーツク紋別空港から車で10分 400台
▶MAP 別P.6 B-2

世界遺産観光の拠点

知床の温泉宿でくつろぐ

自然に恵まれた知床の宿。美しい展望に天然温泉の大浴場を備えた、上質な温泉宿が多数。地産食材の夕食&朝食もお楽しみ。

観光の拠点となる北のリゾートホテル

北こぶし知床 ホテル&リゾート

きたこぶししれとこ ホテル アンド リゾート

1960年開業の大型リゾートホテル。別館と本館、西館に分かれており、眺めのいい海側客室や露天風呂付き客室が選べる。フリーオーダースタイルのレストランが好評。

斜里町ウトロ東172
0152-24-2021(平日10:00〜18:00)
IN 15:00 OUT 10:00
ウトロ温泉バスターミナルから徒歩5分 120台
ウトロ ▶MAP 別P.37 D-1

料金 要問い合わせ

大海原を望む眺望自慢の宿

知床第一ホテル

しれとこだいいちホテル

西館、東館、至然館の3棟に分かれており、和室、洋室、和洋室と部屋の種類が豊富。全室禁煙で、大浴場は2カ所あり。オホーツク海を望む朝食専用バイキング会場がある。

斜里町ウトロ香川306
0152-24-2334
IN 15:00 OUT 10:00
ウトロ温泉バスターミナルから車で5分 120台
ウトロ ▶MAP 別P.37 D-1

料金 1泊2食付き1万5000円〜

緑に囲まれたリゾートホテル

KIKI知床 ナチュラルリゾート

キキしれとこ ナチュラルリゾート

知床の小高い丘の上に立つホテル。2023年に大浴場が全面リニューアルされ、4種のサウナや、知床の自然を感じる開放感ある休憩スペースなどを新設。

斜里町ウトロ香川192
0152-24-2104(平日10:00〜18:00)
IN 15:00 OUT 10:00
ウトロ温泉バスターミナルから徒歩20分
120台
ウトロ ▶MAP 別P.37 D-1

料金 要問い合わせ

部屋の窓から眺める夕日と流氷

ホテル季風クラブ知床

ホテルきふうクラブしれとこ

全15室の2階建てホテル。和室、洋室ほかログハウスが2室あり、全室オーシャンビュー。夕食は、地元の海産物や山菜をふんだんに使用した和食膳。源泉かけ流しの温泉もある。

斜里町ウトロ東318
0152-24-3541
IN 15:00 OUT 10:00
ウトロ温泉バスターミナルから車で3分 30台
ウトロ ▶MAP 別P.37 D-1

料金 1泊2食付き1万3750円〜

羅臼温泉と地産料理が自慢の宿

陶灯りの宿 らうす第一ホテル

とうあかりのやど らうすだいいちホテル

陶器でできたふくろうの灯り取りが飾られ雰囲気がいい。源泉かけ流しの湯は体の芯から温まると評判。夕食、朝食は各2プランから選べ、山菜やホタテ、ホッケなどが味わえる。

羅臼町湯ノ沢町1
0153-87-2259
IN 15:00 OUT 10:00
阿寒バス羅臼営業所から車で3分 35台
羅臼 ▶MAP 別P.7 F-2

料金 1泊2食付き1万5000円〜

新鮮魚介が満載の豪華夕食

羅臼の宿 まるみ

らうすのやど まるみ

羅臼の海岸沿いに立つ宿。羅臼産の新鮮な海の幸が並ぶ夕食が自慢で3つのプランから選べる。知床アルランの観光船と提携しており、宿泊者は消費税分割引で利用できる。

羅臼町八木浜町24
0153-88-1313
IN 15:00 OUT 9:30
阿寒バス羅臼営業所から車で10分 35台
羅臼 ▶MAP 別P.7 E-2

料金 1泊2食付き1万5400円〜

羅臼周辺には隠れた露天風呂が点在。浜に面した「相泊温泉」、羅臼川のほとりにある「熊の湯」、海の中にある「セセキ温泉」など。

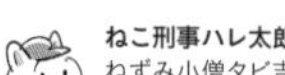

ねこ刑事ハレ太朗
ねずみ小僧タビ吉を捕まえるためならどこまでも。
飼い猫出身ならではの詰めの甘さも！？

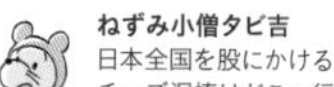

ねずみ小僧タビ吉
日本全国を股にかけるチーズ泥棒。
チーズ泥棒はどこへ行った！？

ねこ刑事
ハレの捕物旅（とりものたび）
5
道東まで逃げてきたタビ吉は知床五湖ウォークガイドツアーに参加しているのだった。❶
これが知床五湖の中で1番大きな二湖です
へーえ

これは美し…
ダダッ
隙ありだっ！タビ吉!!

おっとどっこい！
ぴょーん
ズザーッ
あっ！

今のはちょっと危なかったぜ
ガサ
ガサ

怖かった！
コースから外れると危険ですよ！❷
ガサッ
わっ！

か…確保…!!
ぎゅっ
しまった…！
トホホ
おわり(?)

❶知床五湖地上遊歩道は、時季によってはガイドツアー（有料）への参加や、レクチャーの受講が必須 ❷植生保護のため、コース以外の場所へは絶対に立ち入らないこと。マナーを守って観光しよう

釧路・阿寒・摩周湖

KUSHIRO AKAN MASYUKO

ベストシーズン

●7〜9月

気候がよく、緑も水も美しく輝く夏から秋にかけてがベストシーズン。夏季のみのアクティビティも多い。冬季は閉まってしまう施設が多いので注意しよう。

ベストな滞在期間

●2〜3日間

最短でも釧路タウンと釧路湿原観光に1日、阿寒湖と摩周湖で1日ぐらいはみておきたい。それぞれの移動距離も考慮してプランを組み立てよう。

どう回る？

玄関口となるのは、たんちょう釧路空港。したがって、釧路〜阿寒湖〜摩周湖、屈斜路湖〜釧路と巡るのが効率的なルート。宿は釧路市街にシティホテルが、阿寒湖温泉周辺に温泉宿が集まっている。

アクセス

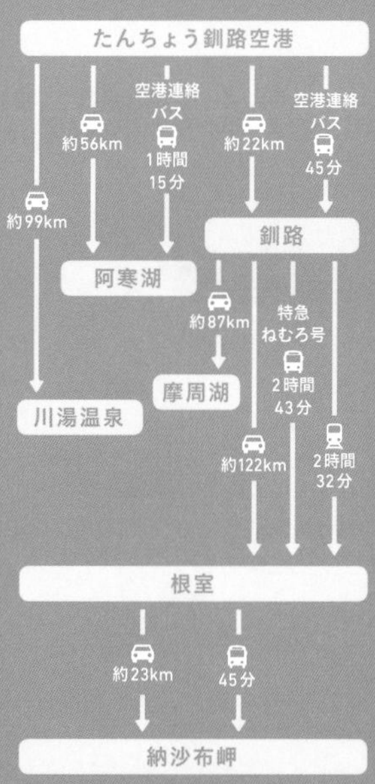

ほかのエリアへ

時間があれば摩周湖の裏側を回り、神秘的な神の子池を通って知床方面へと行くプランもおすすめ。釧路を拠点に最東端の納沙布岬に行くルートも人気がある。途中にはカキで有名な厚岸や霧多布湿原などがある。

雄大な釧路湿原と美しい湖をたたえる

釧路・阿寒・摩周湖早わかり！

くしろ・あかん・ましゅうこ

日本最大級の湿原を擁する釧路。天然マリモが生息する阿寒湖、美しい水をたたえる摩周湖にも足をのばしたい。

釧路・阿寒・摩周湖でしたい3のこと

1 釧路湿原を眺める

→P.188

湿原の東西にある展望台から眺めるもよし、湿原内の遊歩道を歩くのも楽しい。

2 阿寒湖でマリモを見る

→P.192

深い森に囲まれた阿寒湖にはマリモが生育。美しい湖でのクルーズやアイヌコタン巡りも。

3 神秘的な摩周湖へ

→P.194

道東の大自然の中にある、神秘的な青い水をたたえる摩周湖。星空観測ツアーも催行。

1泊2日 釧路・阿寒・摩周湖ドライブモデルコース

道東の玄関口である釧路を拠点に湖を巡る。阿寒湖温泉での入浴も楽しみ。

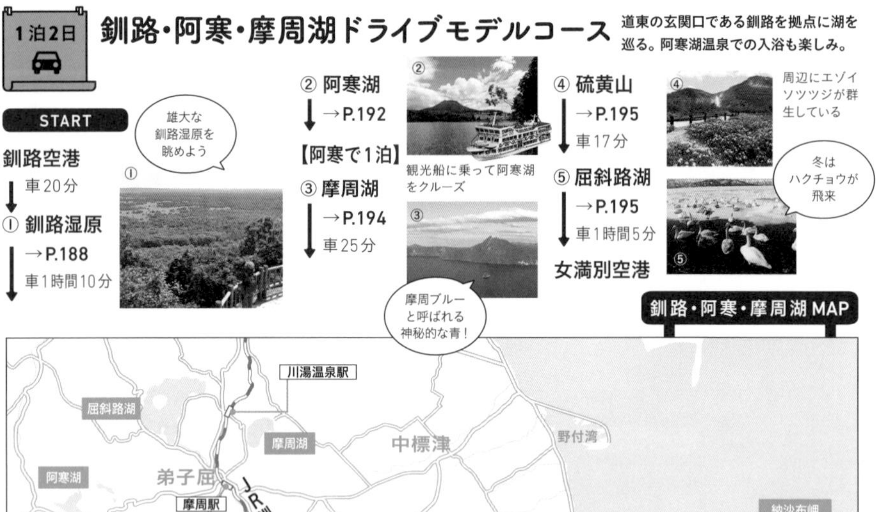

START

釧路空港

↓ 車20分

① 釧路湿原 →P.188

↓ 車1時間10分

② 阿寒湖 →P.192

【阿寒で1泊】

③ 摩周湖 →P.194

↓ 車25分

④ 硫黄山 →P.195

↓ 車17分

⑤ 屈斜路湖 →P.195

↓ 車1時間5分

女満別空港

雄大な釧路湿原を眺めよう
摩周ブルーと呼ばれる神秘的な青！
冬はハクチョウが飛来

観光船に乗って阿寒湖をクルーズ

周辺にエゾイソツツジが群生している

釧路・阿寒・摩周湖 MAP

釧路・阿寒・摩周湖の事件簿

湿原をはじめ、スケールの大きい見どころが多い道東エリア。余裕を持ったスケジュールで時間をかけて観光したい。

FILE 1

阿寒湖温泉のみやげ物屋に天然記念物のマリモが売ってる!?

阿寒湖温泉街のおみやげ屋さんを覗いていたら瓶に入ったマリモを発見！　マリモは天然記念物なのに、採って販売しても大丈夫なの!?

店で売られているおみやげマリモ。天然記念物のマリモは阿寒湖内のチュウルイ島で見ることができる

解決!

違う湖にいる、丸くならないマリモと同じ藻を加工したもの。

天然記念物に指定されているのは阿寒湖の湖底で自然に丸くなった状態のマリモ。販売されているマリモは違う湖などで採取した藻を人工的に丸めたものなので、天然記念物ではない。上手に育てれば成長する。

FILE 2

ガソリンスタンドが見つからずガス欠寸前で焦った！

車で釧路市街を出発して阿寒湖から摩周湖へ向かったのはいいものの、市街を出たらガソリンスタンドがなく、あやうくガス欠になるところだった。

BUS 主な観光スポットを巡る定期観光バスも便利

〈ピリカ号〉

8:00発	8:05	8:40				13:05	16:10	16:55
釧路駅前	MOO	釧路湿原北斗展望台（車窓）	摩周第一展望台	硫黄山	屈斜路湖（砂湯）	阿寒湖温泉	たんちょう釧路空港	釧路駅前、MOO
						下車可	下車可	

☎0154-37-2221（阿寒バス）　㊔4月下旬〜10月下旬の毎日（予定）　㊎釧路駅発着5600円（要予約）

解決!

町を外れるとガソリンスタンドがほとんどないので、早めに給油を。

釧路市街、阿寒湖温泉、摩周湖の入り口にあたる弟子屈市街と、各町にはガソリンスタンドがある。しかし、町と町の間にはほとんどガソリンスタンドがない。町を出る前に常に満タンを心がけよう。

TOURISM

地平線まで続く絶景を見る！

釧路湿原ビュースポットへ

釧路湿原の楽しみ方は3通り。遊歩道から、展望台から、観光列車の車窓から…。どんなふうに楽しみたいかを決めて、湿原散策を計画しよう。

どこまでも続く湿原を眺めながら歩く

WHAT IS

釧路湿原

釧路湿原国立公園に指定された、4町村にまたがる日本最大の湿原。面積約220㎢の湿原に釧路川が流れ、約700種類の植物が自生する。

サテライト展望台からの眺め。釧路湿原の70%が見渡せる

釧路湿原MAP

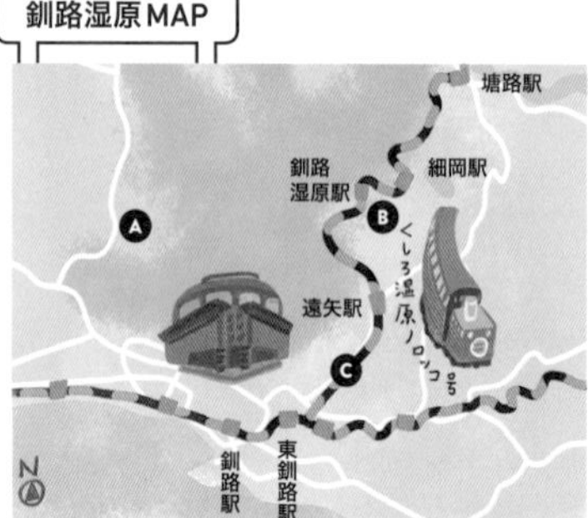

遊歩道の先で開ける大展望！

Ⓐ 湿原展望台遊歩道

しつげんてんぼうだいゆうほどう

釧路市湿原展望台から続く周遊遊歩道。7つの広場と絶景ポイントのサテライト展望台があり、各所には湿原についての解説板も。

釧路市北斗6-11
☎0154-56-2424 営散策自由
交JR釧路駅から車で30分 駐108台
釧路 ▶MAP 別P.4 A-3

START 歩いてみよう！

GOAL

展望台から先は比較的平坦で歩きやすい

ついにサテライト展望台に到着！

右回りのルートで遊歩道へ。森の中を行く

ゆらゆら揺れる吊橋を渡る

展示と展望、グルメも楽しめる

釧路市湿原展望台

くしろししつげんてんぼうだい

3階の展望室や屋上からの眺めを楽しめる。四季の湿原の様子などの展示や、レストラン、売店も併設。

住☎交駐湿原展望台遊歩道と同じ
営8:30～18:00（10～3月は9:00～17:00） 休無休 料入館480円
釧路 ▶MAP 別P.4 A-3

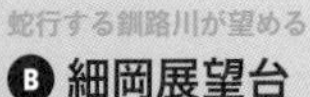

蛇行する釧路川が望める

[B] 細岡展望台

ほそおかてんぼうだい

展望広場のさらに上に細岡展望台(大観望)があり、蛇行する釧路川や、天気がよければ雄阿寒岳、雌阿寒岳まで一望することができる。

⌂釧路町達古武22-9
☎0154-40-4455 (細岡ビジターズラウンジ) [営]見学自由 [交]JR釧路湿原駅から徒歩10分 🚗60台
[釧路] ▶MAP 別P.4 A-3

東の展望台からは湿原に流れる釧路川の絶景

どこまでも続く釧路湿原。湿原の中を蛇行して流れる釧路川のみずみずしい風景

START 行ってみよう!

細岡ビジターズラウンジ

ほそおかビジターズラウンジ

細岡展望台の入口にある釧路湿原の観光情報センター。ショップも併設。

[営]9:00～18:00(4～5月は～17:00、10～11月は～16:00、12～3月は10:00～16:00) [休]無休
[釧路] ▶MAP 別P.4 A-3

↓ 徒歩3分

展望広場からの眺めも素晴らしい!

↓ 徒歩2分

細岡展望台(大観望)からの絶景

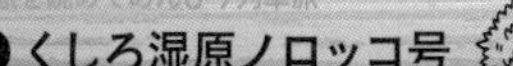

湿原を眺めてのんびり列車旅

[C] くしろ湿原ノロッコ号

くしろしつげんノロッコごう

JR釧網本線の釧路駅から塘路駅までを運行する観光列車。特に釧路湿原駅から先は一部、釧路川沿いを走るハイライト。釧路湿原駅で細岡展望台にアクセスできる。

☎011-222-7111 (JR北海道電話案内センター) [営]運行は4月下旬～10月上旬予定(運休日あり) [料]釧路駅～塘路駅間片道640円、釧路駅～釧路湿原駅片道440円、指定券は別途840円
[釧路] ▶MAP 別P.4 A-3

湿原の中をゆるりと走る人気の観光列車

釧路駅～塘路駅を約1時間かけてのんびり走行。途中、釧路川に手が届きそうな距離を走る

先頭のディーゼルが客車を引っぱる

塘路駅

車窓からは釧路川が間近に見られる。展望車両は事前に予約をしよう

約18分

細岡駅

約6分

中間地点の釧路湿原駅には木造の小屋のようなかわいい駅舎がある

釧路湿原駅

約18分

東釧路駅

約6分

釧路駅

ノロッコ号は通常、窓が広く木製ベンチが配された展望車両3両と、普通車両1両で運行。自由席は普通車1両のみで、それ以外は指定券が必要。

釧路

EAT

港町ならではの魚介＆B級グルメも！

釧路グルメを食べ尽くす

港町として発展を遂げた釧路。海鮮グルメはもちろん、個性的なご当地グルメも揃う。海鮮を食べるなら炉ばた焼に勝手丼、釧路ラーメンをはじめB級グルメも捨てがたい！

期間限定！
テントで
炉ばた焼き体験

炉の炭火でふっくら焼きたて魚介を頬張る

炉ばた焼

BBQ感覚で楽しめる！

岸壁炉ばた

がんぺきろばた

釧路港の岸壁に期間限定でオープン。ずらりと並ぶ店から好きな食材を購入し、炉で焼いて食べる。

住 釧路市錦町2-4　☎ 0154-23-0600（釧路フィッシャーマンズワーフMOO）　営 5月第3金曜～10月末17:00～21:00　休 期間中無休　交 JR釧路駅から徒歩15分　🚗76台（30分まで無料、MOOまたは岸壁炉ばたにて買物2000円以上で90分無料）　釧路 ▶MAP 別P.37 E-2

地元産の新鮮な魚介のほか、串物や野菜もいろいろ

ホタテやカキは1個250円～、真ホッケは1枚600円～　※時季により変動

イクラ
甘エビ
ホタテ
サーモン
ヒラメ
マグロ
イカ

選ぶ具の種類により値段は変動する

勝手丼の作り方3STEP

1. 店をCHECK！
ご飯を買える店は4店舗、具を買える店は5店舗

2. ご飯を購入
丼のサイズによって値段が変わる。110円～

3. 具をチョイス
勝手丼の店で好きな具を選びのせてもらう

気になる魚があったら声をかけてください♪

カニやサケ、
海鮮みやげを
買うのも！

鮮魚が並ぶ道東屈指の市場

釧路和商市場

くしろわしょういちば

鮮魚をリヤカーで売り歩く行商人の露天市から始まった和商市場。現在は鮮魚店や海産物店を中心に約50店舗が営業。勝手丼の具を売る店も多い。

住 釧路市黒金町13-25　☎0154-22-3226　営 8:00～17:00　休 日曜不定休　交 JR釧路駅から徒歩3分　🚗134台（有料）
釧路 ▶MAP 別P.37 E-2

スパカツ

鉄板で焼けた
スパゲティがまた
おいしいんです

スパカツ（ミートカツ）1250円～
野菜と挽肉をじっくり煮込んだミートソース

スパとカツのどっちも大盛り

レストラン泉屋 総本店

レストランいずみや そうほんてん

釧路名物スパカツといえばこの店。オムライスドリア1100円～、セットメニュー1580円～など、洋食メニューが多彩。

釧路市末広町2-28
☎0154-24-4611 営11:00～20:30LO
休月1回火曜不定休
交JR釧路駅から徒歩15分 🚗なし
釧路 ▶MAP 別P.37 E-2

泉屋
1959年創業。店内はレトロな雰囲気

WHAT IS

釧路のご当地グルメ

港町釧路ならではの海の幸の食べ方と、地元っ子が愛するソウルフードがこちら。

■ **炉ばた焼　予算…1500円～**
炉の炭火で魚介や野菜などをじっくり焼く、釧路が発祥の食べ方。

■ **勝手丼　予算…1500円～**
自分の好きな具を選び作る海鮮丼。ライダーに提供したのが始まり。

■ **スパカツ　予算…1250円～**
鉄皿で出すミートソーススパゲティにトンカツをのせた料理。

■ **ザンギ　予算…650円～**
鳥松が発祥。鶏の唐揚げのことを北海道全域でザンギと呼ぶ。

■ **釧路ラーメン　予算…700円～**
カツオベースのあっさり醤油ラーメン。寒い中早く出すために細麺になった。

ザンギ

ザンギ　650円
手羽先や手羽元など部位もバラバラ。1皿7～8個前後

骨なしザンギ　750円
ザンギといえば骨付きだが、食べやすい骨なしもある

釧路市内の繁華街にある元祖ザンギの店

ザンギは持ち帰りもできますよ

釧路ラーメン

細縮れ麺が
醤油スープに
よく合うんです

醤油ラーメン　750円
カツオダシのあっさり醤油味。細縮れ麺が特徴

昔ながらの釧路ラーメン

釧路ラーメン河むら

くしろラーメンかわむら

ラードや調味料は最小限に、鶏ガラや魚介系ダシでとったスープに、豚モモ肉チャーシューの煮汁を加えた優しい味のラーメン。

釧路市末広町5-3
☎0154-24-5334
営11:00～14:30、18:00～24:00（日曜、祝日は11:00～14:00） 休不定休 交JR釧路駅から徒歩10分 🚗契約利用
釧路 ▶MAP 別P.37 E-2

カラッと揚がったザンギはごちそう

鳥松

とりまつ

焼き鳥屋だった1960年頃、先代がザンギを売り出し専門店になった。ザンギと骨なしザンギがあり、特製ソースをつけて食べる。

釧路市栄町3-1
☎0154-22-9761
営17:00～23:00
休日曜
交JR釧路駅から徒歩13分
🚗なし
釧路 ▶MAP 別P.37 E-2

炉ばた焼の店は市内にも多い。めんめ（キンキ）やホッケ、シシャモやホタテが定番。秋に旬を迎えるサンマも美味。

阿寒湖クルーズとアイヌコタンで
マリモとアイヌ文化にふれる

天然のマリモが生息する阿寒湖。湖畔にはアイヌの集落アイヌコタンがあり、
マリモ観賞とアイヌ文化体験の両方が楽しめる。阿寒湖の自然と伝統文化にふれてみて。

巨大マリモを探して
阿寒湖クルーズへ出発！

阿寒湖の北側に浮かぶチュウルイ島まで、往復約12kmのクルーズ

クルーズしてマリモの島へ
阿寒観光汽船
あかんかんこうきせん

船上から雄阿寒岳や周辺の眺めを楽しみつつ、湖の北側に浮かぶチュウルイ島へ上陸。島内のマリモ展示観察センターではマリモの水槽を展示。湖内を見られるライブカメラも。

[住]釧路市阿寒町阿寒湖温泉1-5-20
☎0154-67-2511　[営]運航は4月中旬～11月(5月1日～10月20日は8:00～16:00、1日8便、それ以外は減便、4月15～30日は不定期運航)
[休]期間中無休　[料]乗船2000円(マリモ展示観察センター入館料含む)
[交]阿寒湖バスセンターから徒歩5分(まりもの里桟橋)　[P]なし
[阿寒湖] ▶MAP 別P.37 D-3

チュウルイ島
マリモ展示観察センターでは天然マリモが見られる

森林浴と眺めを楽しむ
ボッケ遊歩道
ボッケゆうほどう

阿寒湖温泉から阿寒湖の湖畔と森の中に整備された1.5kmの周遊遊歩道。春にはミズバショウの花が咲く。途中には硫黄臭漂うボッケがある。

[住]釧路市阿寒町阿寒湖温泉
☎0154-67-4100(阿寒湖畔エコミュージアムセンター)　[営]散策自由　[交]阿寒湖バスセンターから徒歩7分　[P]なし
[阿寒湖] ▶MAP 別P.37 D-3

ボッケ
沼地に地中のガスが噴き出す地質現象

マリモの唄歌碑
遊歩道の先端付近にあるマリモの碑

弁慶の足湯
ボッケ遊歩道の入り口にある大きな足湯

WHAT IS
マリモ

鞠藻と書くように、まん丸な藻。糸状の藻が無数に集まったもので、湖底の水流などの影響で転がるうちに丸くなる。

アイヌコタンで アイヌの伝統文化を体感

アイヌの伝統的な建物を再現した集落。店先には刺繍や木彫りの工芸品が並ぶ

北海道最大級のアイヌの集落

阿寒湖アイヌコタン

あかんこアイヌコタン

アイヌ語でアイヌは人間、コタンは村という意味があり、阿寒湖畔のアイヌコタンには100名を超えるアイヌの人々が暮らす。集落の道沿いには、伝統文化を受け継ぐ民芸品の店が並ぶ。

釧路市阿寒町阿寒湖温泉4-7-84
☎0154-67-2727（アイヌシアターイコロ）
㊔見学自由
㊋阿寒湖バスセンターから徒歩10分
共用利用30台
阿寒湖 ▶MAP 別P.37 D-3

SHOPPING!

アイヌの伝統工芸品

マスク
アイヌ文様の刺繍がモチーフ（熊の家 藤戸）

¥660～

熊ボッコ
木目を生かした手作りの熊の置物（ユーカラ堂）
¥1056～

ココで見る！

阿寒湖アイヌシアターイコロ

あかんこアイヌシアターイコロ

アイヌコタン内にあるシアター。かつてアイヌがカムイ（神々）から作り方を教わった祭具「イナウ」をモチーフにした古式舞踊を上演している。独特な紋様が施された衣装や伝統楽器の演奏も必見。

阿寒湖アイヌコタン内　☎0154-67-2727
㊔㊡Webサイトを確認　㊎古式舞踊1500円
㊋阿寒湖バスセンターから徒歩10分　共用利用30台
阿寒湖 ▶MAP 別P.37 D-3

WATCH!

受け継がれる「アイヌ古式舞踊」

アイヌ民族に伝わるムックリ（口琴）の演奏もあります

WATCH!

アイヌとエゾオオカミの物語「ロストカムイ」

アイヌの古式舞踏とデジタルアートを融合した阿寒ユーカラ「ロストカムイ」。阿寒の森やオオカミが音響とデジタル技術により幻想的に浮かび上がる。

㊔㊡Webサイトを確認
㊎2200円　40分

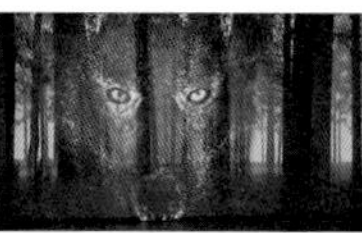

写真提供:MOMENT FACTORY

＼ カムイの世界をデジタルで再現 ／

阿寒湖の森ナイトウォーク

KAMUY LUMINA

カムイルミナ

カナダの「MOMENT FACTORY」が世界で展開する体験型ナイトウォーク。阿寒のアイヌに伝わるフクロウとカケスのユーカラ（叙情詩）の物語をベースに、最新デジタル技術で造られたアトラクション。リズムスティックを持ち、8つのゾーンを巡る。

☎0154-65-7121（阿寒アドベンチャーツーリズム）　㊔5月中旬～11月中旬、スタート時間はウェブサイトで要確認　㊡期間中無休　㊎3500円（ロストカムイとのセット券4700円）
阿寒湖 ▶MAP 別P.37 D-3

阿寒のグルメで有名なのは、阿寒湖の清流で育ったワカサギ。阿寒産エゾシカ肉も名物。

TOURISM

神秘的な2つの湖

摩周湖&屈斜路湖を周遊

釧路の北に位置する、摩周湖と屈斜路湖。神秘的かつダイナミックな景観を見に訪れる人が多い。日本を代表する2つの大きなカルデラ湖を見に行こう！

WHY

摩周湖の透明度

1931年に41.6mの湖沼透明度世界一を記録。流れ込む川がなく、雨や雪解け水がろ過されて溜まるので透明度が高い。

鏡のように空を映す 国内屈指の透明度を誇る湖

空が鏡のように水面に映る

摩周湖

ましゅうこ

アイヌ語でキンタン・カムイ・トー「山の神の湖」と呼ばれる周囲20kmのカルデラ湖。阿寒国立公園内に位置する。年間約100日、霧が発生する。

弟子屈町摩周湖
☎015-482-2200（摩周湖観光協会） 営見学自由
交JR摩周駅から車で20分
🚗摩周第一展望台利用140台（有料。冬季無料）

摩周湖 ▶MAP 別P.4 A-2

冬の摩周湖

空気中の水蒸気が枝に凍りつく霧氷が見られる

摩周湖・屈斜路湖MAP

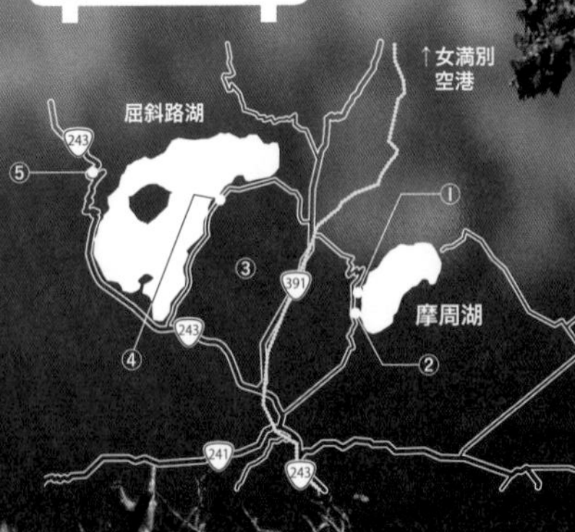

ドライブコース　摩周湖、屈斜路湖を効率よく回る所要約半日のコース。

女満別空港

▶▶ 2時間

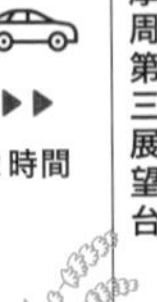

①摩周第三展望台

正面に中島（カムイシュ）と摩周岳が見え、その先には藻琴山方面の山並みが

▶▶ 5分

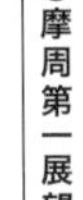

②摩周第一展望台

標高683mに位置する摩周湖のメイン展望台。右手に摩周岳、湖の先には斜里岳

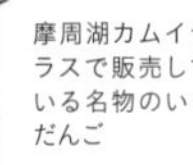

摩周湖カムイテラスで販売している名物のいもだんご

6〜9月の天気がよく風のない日は、湖面が鏡のように見える

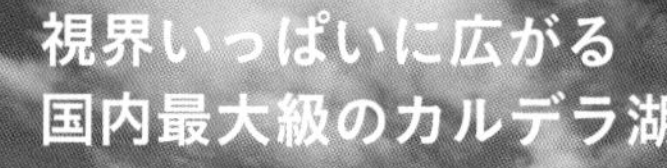

視界いっぱいに広がる 国内最大級のカルデラ湖

冬の屈斜路湖

毎年100羽近いハクチョウが飛来する

日本一のカルデラ湖

屈斜路湖

くっしゃろこ

周囲57㎞、最大水深117.5mの日本最大のカルデラ湖。真ん中に浮かぶ中島も淡水湖としては日本最大級の大きさ。美幌峠から一望できる。

弟子屈町屈斜路
☎015-482-2200(摩周湖観光協会)
㊡見学自由
㊋JR美幌駅から車で30分
🚘美幌峠駐車場利用120台
屈斜路湖 ▶MAP 別P.4 A-1

6〜8月にかけては雲海が、冬季はフロストフラワーや御神渡り現象などの自然現象も見られる

日本一のエゾイソツツジの群生地でもある。6月中旬〜7月上旬が花期

噴煙が立ち上り 高山植物咲き誇る山

地球のエネルギーを感じる

硫黄山

いおうざん

摩周湖と屈斜路湖の間に位置する、川湯温泉にある活火山。昔はここで硫黄の採掘が行われた。散策路から噴気孔が間近に見られる。

弟子屈町川湯温泉硫黄山
☎015-483-3511(硫黄山レストハウス)
㊡見学自由
🚘150台(有料。冬季無料)
川湯温泉 ▶MAP 別P.4 A-1・2

30分

③硫黄山

15分

④砂湯

屈斜路湖観光の拠点。湖畔の砂地を掘ると温泉が湧き出る

40分

⑤美幌峠

屈斜路湖の西側、標高525mにある美幌峠展望台からは湖を望める

きれいなグリーンの名物クマザサジェラート

50分

女満別空港

硫黄山を源泉地とする川湯温泉。「源泉100%かけ流し宣言」の温泉自慢の宿と足湯があり、観光の拠点として人気。

ひと足のばして行きたいエリア

釧路から日帰りで行ける納沙布岬。北方領土を望む日本本土最東端の岬に行ってみよう！

[釧路から車で2時間40分]

本土最東端の岬

納沙布岬

のさっぷみさき

根室半島の先端、北緯43度23分07秒、東経145度49分01秒に位置する岬。周辺は望郷の岬公園として整備されており、展望スポットなどがある。

どんなエリアなの？

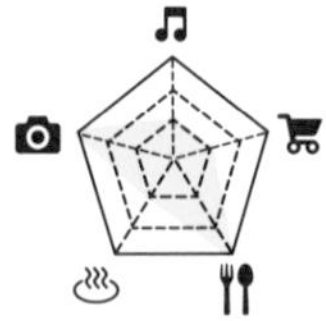

北方領土に近く、それにちなんだ関連施設が見どころとなっている。

納沙布岬への行き方

釧路
- 🚗 約124km ↓
- 🚌 2時間43分 ↓
- 🚆 2時間26分 ↓

根室
- 🚗 約23km ↓
- 🚌 44分 ↓

納沙布岬

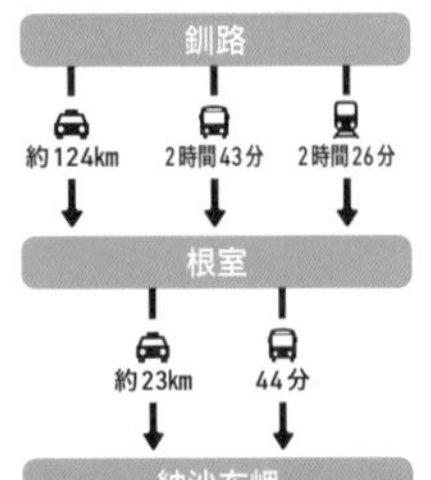

01 岬を散策して北方領土を眺める

まずはエリア一番の名所である岬に立ち寄ろう。
海の先に見える北方領土に思いを馳せ、近隣施設の散策を。

1872（明治5）年に建設された北海道初の洋式灯台「納沙布岬灯台」

北方領土に最も近い岬

納沙布岬

のさっぷみさき

本土の最東端に位置する岬。北海道で最も早く日の出が拝めるため、元旦には多くの人が訪れることでも有名。昆布が名産品。

🏠根室市納沙布岬
☎0153-24-3104（根室市観光協会）
[営]見学自由
[交]JR根室駅から車で30分
🚗70台
▶MAP 別P.5 F-2

岬の先端には本土最東端を示す碑などがあちこちに見られる

根室半島から沖合わずか3.7kmには歯舞群島の貝殻島が浮かぶ

02 納沙布岬の絶品海鮮を味わう

納沙布岬のご当地グルメは、サンマとカニ。岬にある食堂では丼や刺身で味わうことができる。

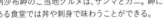

旬の魚介を使った丼や定食が味わえる

旬の魚介を豪快に！

鈴木食堂

すずきしょくどう

本土最東端にある飲食店のひとつで、新鮮な魚介を使用したメニューが揃う。日本最東端到達証明書も購入できる。

🏠根室市納沙布36-10
☎0153-28-3198
[営]5～10月の9:00頃～15:00頃
[休]不定休　[交]バス停納沙布岬から徒歩5分　🚗7台
▶MAP 別P.5 F-2

ドライブ途中の立ち寄りSPOT

根室の名物グルメ

エスカロップ980円。サラダが添えられている

根室名物エスカロップなら

食事と喫茶どりあん

しょくじときっさどりあん

阿寒ポークを使ったカツがのる商標登録エスカロップが人気。

🏠根室市常磐町2-9　☎0153-24-3403
[営]10:00～19:30LO　[休]火曜（祝日の場合は営業）　[交]JR根室駅から徒歩7分　🚗5台
[根室] ▶MAP 別P.5 E-2

観光やグルメの拠点にも便利

釧路のシティホテルに泊まる

道東観光の拠点となる釧路市街にはシティホテルが集まる。駅の南から港にかけて多く点在。港近くのホテルでは美しい夕日を望むことも。

橋のたもとのデザイナーズホテル

釧路センチュリーキャッスルホテル

くしろセンチュリーキャッスルホテル

釧路市街から徒歩約5分の立地にあるデザイナーズホテル。全室にコーヒーマシンが設置されており、「体にやさしい食」をコンセプトとした朝食も好評。

釧路市大川町2-5
☎0154-43-2111 IN 15:00
OUT 12:00 ㊋JR釧路駅から車で5分 60台

釧路 ▶MAP 別P.37 E-2

料金 朝食付き 6500円～

海を眺める絶好のロケーション

ANAクラウンプラザホテル釧路

エーエヌエークラウンプラザホテルくしろ

客室は上品でシックな造り。ホテルの最上階では夜景を眺めながら本格的な鉄板焼料理が味わえる(要予約)。

釧路市錦町3-7
☎0154-31-4111
IN 14:00 OUT 11:00
㊋JR釧路駅から徒歩15分
63台

釧路 ▶MAP 別P.37 E-2

料金 シングル9000円～、ツイン1万8000円～ ※時季により料金変動あり

ツインルームは全室オーシャンビュー

釧路プリンスホテル

くしろプリンスホテル

全400室の大型シティホテル。最上階には天井が高く開放感のあるレストランがあり、ガラス張りの窓からは釧路市街や太平洋が眺められる。

釧路市幸町7-1
☎0154-31-1111 IN 14:00
OUT 11:00 ㊋JR釧路駅から徒歩10分 130台

釧路 ▶MAP 別P.37 E-2

料金 シングル5469円～、ツイン9198円～

アクセス便利なシティホテル

釧路ロイヤルイン

くしろロイヤルイン

釧路駅前にある、便利な立地のホテル。丁寧な接客に定評がある。種類豊富な焼きたてパンが味わえる朝食が人気。

釧路市黒金町14-9-2
☎0154-31-2121
IN 14:00 OUT 11:00
㊋JR釧路駅から徒歩1分
75台(1泊500円)

釧路 ▶MAP 別P.37 E-2

料金 シングル5500円～、ツイン1万円～

ありのままの自然に癒される贅沢な宿

手付かずの大自然が残る阿寒エリア。都会の喧噪から解き放たれた至福のひとときを過ごそう。

夕食のコタン鍋が名物!

自家源泉に浸かり、阿寒川との一体感を満喫

客室には阿寒川を望む大きな窓とベンチがある

大自然の中に佇む湯宿

ラビスタ阿寒川

ラビスタあかんがわ

自然の地形を生かして建てられた湯宿。全客室には檜風呂があり、天然温泉が楽しめる。

釧路市阿寒町オクルシュベ3-1
☎0154-67-5566
IN 15:00 OUT 11:00
㊋JR釧路駅から車で1時間30分
50台

阿寒湖 ▶MAP 別P.9 F-2

料金 1泊2食付き 2万3000円～

釧路周辺にはタンチョウを見られるスポットも点在。日本一大きなツルで、その佇まいから「雪原の貴婦人」と呼ばれる。

良質な温泉と露天風呂が自慢
阿寒湖の温泉宿へ

釧路エリアを代表する温泉地、阿寒湖のほとりに位置する阿寒湖温泉。自然に囲まれながら良質な温泉に浸かり、旅の疲れをのんびり癒そう。

阿寒湖温泉

全室スイートルームの大人の隠れ家

あかん鶴雅別荘 鄙の座
あかんつるがべっそう ひなのざ

故郷に帰ってきたような温かみのある空間。客室は全室露天風呂付きのスイートルーム。滞在中は飲み物無料(一部有料メニューあり)のサービスも。

釧路市阿寒町阿寒湖温泉2-8-1 ☎0154-67-5500
IN 14:00 OUT 11:00
阿寒湖バスセンターから徒歩3分 あり(無料)
▶MAP 別P.37 D-3

料金 1泊2食付き5万5000円〜

阿寒湖温泉

多彩な寛ぎ空間を楽しむ

あかん遊久の里 鶴雅
あかんゆくのさと つるが

露天風呂付きやアイヌ文化を取り入れた部屋など多彩な客室が揃う。阿寒湖を一望する露天風呂やサウナなど趣向を凝らした温泉も。旬食材使用のバイキングも人気。

釧路市阿寒町阿寒湖温泉4-6-10 ☎0154-67-4000
IN 15:00 OUT 10:00
阿寒湖バスセンターから徒歩10分 あり(有料)
▶MAP 別P.37 D-3

料金 1泊2食付き1万8150円〜

阿寒湖温泉

湖のほとりに立つ眺望自慢の宿

ホテル御前水
ホテルごぜんすい

開放的な露天風呂と大浴場は、源泉かけ流し。湖の景色を眺められる露天風呂付き客室もある。

釧路市阿寒町阿寒湖温泉4-5-1
☎0154-67-2031
IN 15:00 OUT 10:00
阿寒湖バスセンターから徒歩7分
50台
▶MAP 別P.37 D-3

料金 1泊2食付き1万1000円〜

阿寒湖温泉

阿寒湖を一望する100%源泉かけ流し風呂

ホテル阿寒湖荘
ホテルあかんこそう

大浴場には湯温の異なる3種の浴槽があり、ガラス越しに阿寒湖の眺めが広がる。日本庭園を模した鹿鳴の湯も見事。

釧路市阿寒町阿寒湖温泉1-5-10
☎0154-67-2231
IN 15:00 OUT 10:00
阿寒湖バスセンターから徒歩5分
80台
▶MAP 別P.37 D-3

料金 1泊2食付き8800円〜

阿寒湖温泉

絶景の天空ガーデンスパ

ニュー阿寒ホテル
ニューあかんホテル

阿寒湖の湖畔にあるリゾート。地上30mにある天空ガーデンスパは立ち寄り湯も可能。セルフスタイルのロウリュサウナも完備している。

釧路市阿寒町阿寒湖温泉2-8-8 ☎0154-67-2121
IN 15:00 OUT 10:00
阿寒湖バスセンターから徒歩3分 100台
▶MAP 別P.37 D-3

料金 1泊2食付き8250円〜

ここも行きたい

温泉情緒を楽しめる足湯

川湯温泉街の足湯
かわゆおんせんがいのあしゆ

道東地域の湯治場として古くから知られている川湯温泉。ぴりぴりとした肌触りの強酸性のお湯が特徴で、温泉旅館が点在しているほか、温泉街には足湯があり、休憩がてら温泉を楽しむことができる。

弟子屈町川湯温泉園地
☎015-483-2670(川湯観光案内所) 営休入浴自由
料無料 交JR川湯温泉駅から阿寒バスで10分、郵便局前下車、徒歩1分 なし
▶MAP 別P.4 A-1

最北の街と自然豊かな離島

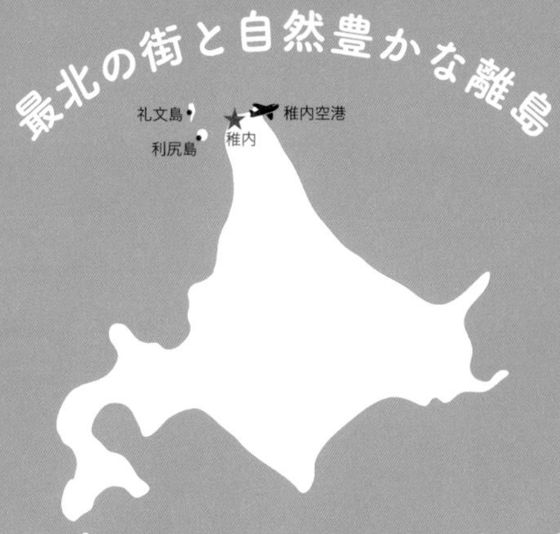

稚内・利尻・礼文島

WAKKANAI RISHIRI REBUNTOU

ベストシーズン

●7～8月

日本最北端の稚内は年間平均気温が8.0℃。最も暑い8月でも平均最高気温が21.3℃と寒冷な土地だ。その分、夏はさわやかで観光に最適。名物のウニも夏がシーズン。

ベストな滞在期間

●2～3日間

宗谷岬、ノシャップ岬、稚内タウンの見どころは全て回っても1日あれば観光できる。プラス、利尻島と礼文島、またはどちらかの島を1日観光するなら最低2泊はみておきたい。

どう回る？

稚内駅周辺は徒歩で観光できるが、丘の上の稚内公園や、宗谷岬、ノシャップ岬へは車があると便利。利尻島と礼文島内の観光は、島内でレンタカーもできるが、観光シーズンなら観光バスを利用したほうが経済的。

アクセス

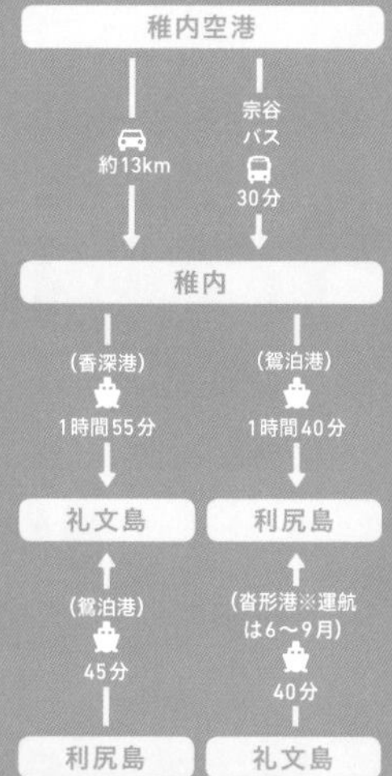

ほかのエリアへ

札幌から稚内へは約330km。日本海側のオロロンラインはビーチやビュースポットが連なるシーニックバイウェイ。稚内から30kmほど南下すると、サロベツ国立公園に指定されているサロベツ原生花園もある。

最北の街とその先に浮かぶ2つの島

稚内・利尻・礼文島早わかり！

わっかない・りしり・れぶんとう

「日本のてっぺん」がキャッチフレーズ。日本最北の宗谷岬、最北の島の礼文島など、最果てのロマンが漂う。

稚内・利尻・礼文島でしたい3のこと

1 日本のてっぺん宗谷岬へ

→P.202

北緯45度に位置する日本最北端の地へ。周辺には最北端にちなんだモニュメントがある。

2 稚内タウンで最北端探し

→P.204

最北端の見どころ＆ご当地グルメもチェック。

3 利尻・礼文島の絶品グルメを味わう

→P.206・207

礼文名物といえばウニ、ホッケはハズせない。

1泊2日 稚内・利尻・礼文島モデルコース

稚内を拠点に、フェリーに乗って利尻島＆礼文島へ。レンタカー利用が便利。

START

稚内空港
↓ 車50分
① 宗谷岬
→P.202
↓ 車50分
② 稚内タウン
→P.204
↓ 車10分
③ ノシャップ岬
→P.203

【稚内市内で1泊】

稚内フェリーターミナル
↓ フェリー1時間40分
④ 利尻島（鴛泊港）
→P.206
↓ フェリー45分
⑤ 礼文島（香深港）
→P.207
↓ フェリー1時間55分
稚内フェリーターミナル

海の向こうに浮かぶのはサハリン
夕日の名所で知られています

市場にグルメに町なかでも最北探し

「白い恋人」のパッケージになった風景

⑤
固有種の花もいろいろ

花の島・礼文島でトレッキングに挑戦。海鮮グルメも充実

稚内・利尻・礼文島MAP

宗谷岬
宗谷湾
稚内港
ノシャップ岬
稚内駅
礼文島
稚内空港
稚内タウン
利尻島
JR宗谷本線
0 10 20km
1:1,100,000

稚内のイベント

6頭引きや1頭引きなどレースは数種あり、それぞれ頭数が異なる

2月下旬

全国犬ぞり稚内大会

ぜんこくいぬぞりわっかないたいかい

道内外から参加者が集まる犬ぞりの大会。大会は2日間にわたり、手に汗握るレースを観戦できる。

🏠大沼特設会場（JR稚内駅から車で20分）
☎0162-23-6468（全国犬ぞり稚内大会実行委員会）
㊎2月の最終土日（予定）

稚内・利尻・礼文島の事件簿

島間の移動や、島内の交通手段が限られているため、事前の下調べが旅の成功の秘訣。フェリーやバスをうまく使いこなそう。

FILE 1

利尻・礼文島に行く予定が、船が欠航して足止めに！

稚内から日帰りで利尻・礼文島に行く計画だったのに、フェリー乗り場に行ったら悪天候のためなんと欠航！　島への上陸を楽しみに稚内まで来たのにがっかり。

解決！

10月以降は海が荒れるので スケジュールには余裕を持って。

台風や爆弾低気圧などの影響により、フェリーが欠航になる場合がある。当日の朝に運行の可否が決定されるので、心配であれば電話で問い合わせを。欠航に備えて1日多く日程を組んでおけばさらに安心。

ウニやボタンエビなどの海鮮が食べられるのは夏季のみ！

ウニとボタンエビが島グルメの定番。漁期が初夏〜秋にかけてなので、グルメ目的で行くならばその時季を狙って。

FILE 2

稚内空港に着いたはいいけど見どころまでの移動が大変！

羽田空港から稚内空港へ到着。いったん稚内タウンに出てから宗谷岬に行こうと思ったら、移動時間が結構かかるみたい。あんまり見どころを回れないかも？

バスでらくらく観光♪

解決！

空港発着の観光バスほか 定期観光バスも充実。

6月中旬〜9月中旬にかけて、宗谷岬空港線バスが運行。2000円（予定）で乗車でき、宗谷岬や駅前バスターミナルを約2時間50分かけて回る。半日かけて市内を観光できる定期観光バスもおすすめ。

BUS 宗谷岬空港線バス

稚内空港 ▶ 宗谷丘陵（経由。フリー乗降区間あり） ▶ 宗谷岬 ▶ 稚内港北防波堤ドーム（経由） ▶ 稚内駅前BT ▶ 稚内FT

☎0162-33-5515（宗谷バス）
㊞6月中旬〜9月中旬　㊊2000円（予定）※2023年度の運行は未定

BUS 定期観光バス「稚内A 日本最北端と北海道遺産めぐり」

8:00 …… 11:55

稚内BT ▶ 北防波堤ドーム（車窓） ▶ 稚内公園 ▶ ノシャップ岬 ▶ メガソーラー（車窓） ▶ 宗谷丘陵（車窓） ▶ 宗谷岬 ▶ 稚内空港（下車可） ▶ 副港市場（下車可） ▶ 稚内BT

☎0162-33-5515（宗谷バス）
㊞4、5月の特定日、6〜9月の毎日（予定）　㊊3400円

6〜9月はフェリーを乗り継いで日帰りで2島へ行き、島内観光もできる。詳細は宗谷バスへ。

日本最北端の2つの岬
宗谷岬とノシャップ岬を巡る

稚内に着いたらまず目指したいのは、最北端の岬・宗谷岬と、夕日の名所・ノシャップ岬。日本のてっぺんで眺める夕日は感動すること間違いなし！

宗谷岬
目指せ！日本のてっぺん

WHAT IS

日本の端っこ

東西南北、離島を含む日本のそれぞれ端に位置する地は次の通り。
東…南鳥島（東経153度59分）
南…沖ノ鳥島（北緯20度25分）
西…与那国島（東経122度56分）
北…択捉島（北緯45度33分）
誰でも自由に行ける端っこは、最北端は宗谷岬、最東端が納沙布岬（→P.196）。

中央には北を表すNのモニュメントがある

日本最北端の地であることを示す石碑

宗谷海峡を挟んでサハリンまではわずか43km。晴れていればサハリンを望むことができる

探してみよう！

宗谷岬のモニュメント

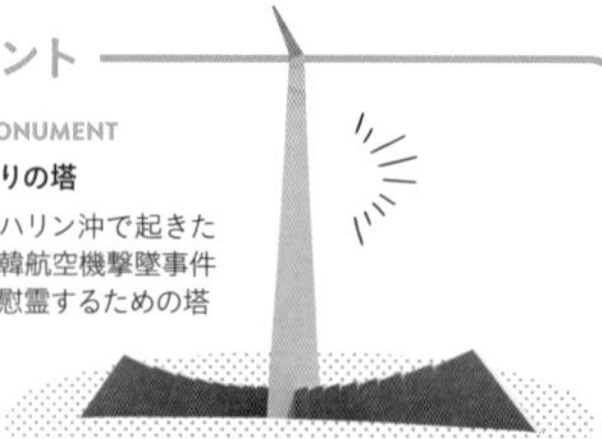

MONUMENT
間宮林蔵の像
江戸時代にこの地から樺太に渡った探検家、間宮林蔵

MONUMENT
祈りの塔
サハリン沖で起きた大韓航空機撃墜事件を慰霊するための塔

MONUMENT
宗谷岬音楽碑
石碑には歌詞が書かれており、スイッチを押すと名曲『宗谷岬』が流れる

ロシアとの国境を見張る役割を果たした旧海軍望楼。市の有形文化財

サハリンに最も近い場所
宗谷岬
そうやみさき

北緯45度31分22秒にあり、一般人が立ち入りできる日本最北の地。周辺にはモニュメントや灯台などがある。

稚内市宗谷村宗谷岬
☎0162-24-1216（稚内観光協会）
㊫見学自由　㊋JR稚内駅からバスで50分　※4・5月の特定日と6〜9月は稚内空港から定期観光バスが運行（→P.201）　🚗100台
稚内 ▶MAP 別P.19 D-1

宗谷岬の歩き方

宗谷岬の裏手に広がる宗谷丘陵には、風力発電の風車と雄大な景色を眺めながら散策できるハイキングコースが設けられている。ロングコースは約11km、所要約4時間。大風車と雄大な景色を眺めながら散策が楽しめる。

稚内フットパス宗谷丘陵コース

わっかないフットパスそうやきゅうりょうコース

稚内市宗谷村宗谷岬
稚内観光協会
営通行は5～10月頃
交スタートは宗谷岬、ゴールは宗谷歴史公園（宗谷岬からバスで10分）
稚内 ▶MAP 別P.19 D-1

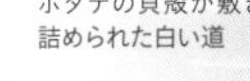
ホタテの貝殻が敷き詰められた白い道

最北の地で見る最高の夕日 ノシャップ岬

イルカが夕日にキスするサンセットの時間帯を狙って！

晴れていれば海に浮かぶような利尻富士も望めるロケーション

日没時間をチェック

1月	16:05頃	7月	19:25頃
2月	16:45頃	8月	19:00頃
3月	17:25頃	9月	18:05頃
4月	18:10頃	10月	17:10頃
5月	18:45頃	11月	16:15頃
6月	19:20頃	12月	15:50頃

※毎月5日を基準にした時間の目安

ここにも！

日本最北端の水族館

水量90トンの巨大水槽を泳ぎ回るイトウ

北の魚たちを観察

ノシャップ寒流水族館

ノシャップかんりゅうすいぞくかん

360度、水量90トンの回遊水槽が見どころ。悠々と泳ぎ回るオオカミウオやホッケ、イトウといった北の魚たちを観察できる。

稚内市ノシャップ2-2-17
0162-23-6278
営9:00～17:00（冬季は10:00～16:00。最終入館は20分前）
休12～1月、4月1～28日
料入館500円
交JR稚内駅からバスで15分、バス停ノシャップから徒歩1分　30台
稚内 ▶MAP 別P.18 C-1

日中には大海原と利尻山を眺められる

オレンジ色の海と利尻富士

ノシャップ岬

ノシャップみさき

宗谷海峡に突き出たもう一つの岬。夕日の名所として知られ、晴れた日にはドラマチックな夕焼けを望める。

稚内市ノシャップ
稚内観光協会
営見学自由
交JR稚内駅からバスで15分、バス停ノシャップ下車、徒歩5分　50台
稚内 ▶MAP 別P.18 C-1

宗谷岬牧場が飼育管理している日本最北のブランド牛、宗谷黒牛。やわらかい肉質で、道内外から高い評価を受けている。

稚内タウンで
いろいろな最北端を制覇！

最北端の街、稚内には「最北端○○」があっちにもこっちにも！　最北端スポットを巡りながら、グルメに買い物に、街歩きを楽しもう。

最北端駅

哀愁が漂う駅のホーム

最北端の駅の看板があちこちに

最北端にある終着駅に到着！

観光の拠点となる鉄道の終着駅
JR稚内駅
ジェイアールわっかないえき

1922年に開業した初代の稚内駅（現在の南稚内駅）から延伸され、1928年に開駅した稚内港駅（現・稚内駅）。

☎0162-23-2583
（JR北海道稚内駅案内）
[営]6:10～17:45　[休]無休
[料]入場券200円
🚗なし
[稚内] ▶MAP 別P.18 A-3

最北端市場

2021年4月に改装された

新鮮なカニも味わえる

稚内みやげを買うなら
稚内副港市場
わっかないふっこういちば

稚内港に面した複合施設。食事や買い物が楽しめる明田鮮魚店、2階には天然温泉港のゆと樺太記念館がある。

🏠稚内市港1-6-28
☎0162-29-0829
[営]9:00～18:00　[休]不定休
[交]JR稚内駅から徒歩15分
🚗240台
[稚内] ▶MAP 別P.18 A-3

最北端グルメ

カニのほぐし身がご飯を覆う、かにめし3500円

ズワイガニの身を使用！

稚内で愛され続けて50年以上！
ひとしの店
ひとしのみせ

先代の味を受け継ぐかにめしの老舗。味付けしたカニの身をご飯にのせたかにめしが名物。かにめし弁当3500円もある。

🏠稚内市中央2-11-20
☎0162-23-4868
[営]6:30～18:30
[休]月曜
[交]JR稚内駅から徒歩1分　🚗4台
[稚内] ▶MAP 別P.18 A-3

最北端の町の公園

稚内タウンと港を望む

高さ8mの樺太島民慰霊碑「氷雪の門」

海と市街を望む展望公園
稚内公園
わっかないこうえん

市街の背後の高台に広がる公園に、モニュメントや像などが点在する。頂上には開基百年記念塔が立っている。

🏠稚内市稚内公園
☎0162-24-1216（稚内観光協会）
[営]入園自由
[交]JR稚内駅から車で10分
🚗100台
[稚内] ▶MAP 別P.18 A-3

稚内観光に便利な

駅チカホテルに泊まる

他エリアからもアクセスのいい駅チカ宿が便利。周囲に飲食店も多く、滞在も快適だ。フェリーターミナルへも交通の便がよく、離島観光もしやすい。

最北端タウンのシティホテル

サフィールホテル稚内

サフィールホテルわっかない

存在感のある大型シティホテル。旬の地元食材をアレンジした料理が食べられるレストランがある。

稚内市開運1-2-2
☎0162-23-8111
IN 13:00 OUT 11:00
交 JR稚内駅から徒歩3分
🚗40台
稚内 ▶MAP 別P.18 A-3

料金 シングル6000円〜、ツイン1万円〜

温泉&手作り朝食で満足ステイ

稚内グランドホテル

わっかないグランドホテル

館内や客室は和風な造り。天然温泉を備えており心も体も癒される。ホテル内ベーカリーでは稚内牛乳と宗谷の塩を使用した高級食パンも販売。

稚内市大黒2-13-11
☎0162-22-4141
IN 14:00 OUT 10:00
交 JR南稚内駅から徒歩2分
🚗70台
稚内 ▶MAP 別P.18 C-1

料金 シングル8500円〜、ツイン1万4000円〜

最上階露天風呂付きホテル

天然温泉 天北の湯 ドーミーイン稚内

てんねんおんせん てんぽくのゆ ドーミーインわっかない

料金 シングル1万1990円〜、ツイン1万4990円〜

客室はシンプルながらも設備が整っており居心地がいい。大浴場には展望露天風呂とサウナを併設。朝食は「豪快海鮮丼」と小鉢バイキング。

稚内市中央2-7-13
☎0162-24-5489
IN 15:00 OUT 11:00
交 JR稚内駅から徒歩2分
🚗70台
稚内 ▶MAP 別P.18 A-3

離島観光の拠点に 利尻・礼文島のホテル

稚内からさらにその先にある、利尻島と礼文島。日程と予算に余裕があるのなら、1泊してのんびり島散策を楽しむのもいい。

モダンな客室から利尻富士を一望

利尻マリンホテル

りしりマリンホテル

客室は和室・洋室ともにゆっくり落ち着ける造り。とろみのある天然温泉が特徴。利尻産のウニなどが味わえる夕食が評判。全室禁煙。

利尻富士町鴛泊港町81-5 ☎0163-82-1337
IN 15:00 OUT 10:00 交 鴛泊港から徒歩8分
🚗20台 利尻島 ▶MAP 別P.18 B-2

料金 1泊2食付き1万9800円〜

絶景を望む海沿いの宿

アザラシの見える宿 民宿 スコトン岬

アザラシのみえるやど みんしゅく スコトンみさき

全8部屋の民宿。宿からはトド島を望むことができ、運がよければアザラシの姿も。2023年5月現在、素泊まりプランのみの営業。

礼文町船泊字スコトン ☎0163-87-2878
IN 15:00 OUT 9:00 交 香深港から車で40分
🚗20台 礼文島 ▶MAP 別P.18 A-1

料金 素泊まり9000円〜

JR稚内駅はKITAcolor（キタカラ）という複合施設の一部となっており、バスターミナルや観光案内所も併設。

ひと足のばして行きたいエリア

稚内からフェリーで1時間40分

利尻富士がそびえる島

利尻島

りしりとう

周囲約63kmのほぼ丸い形で、島の中央には雄大な利尻富士がそびえる。銘菓「白い恋人」のパッケージにも採用された景色が見られる。

どんな島なの？

山と海の美しい風景が何より魅力。昆布の名産地。

利尻島への行き方

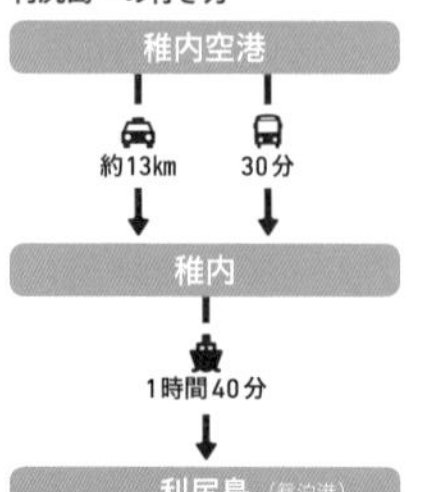

利尻富士を望む絶景を見に行く

利尻島のシンボルは標高1721mの利尻富士こと利尻山。絶景ポイントを探そう。

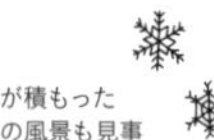

雪が積もった冬の風景も見事

正面には利尻富士がそびえる

利尻富士の絶景ポイント

オタトマリ沼

オタトマリぬま

利尻島を代表する観光名所。周囲約1kmの丸い沼で、正面に利尻富士がそびえる。周囲に約1.5kmの散策路がある。

🏠利尻富士町鬼脇沼浦
☎0163-82-1114(利尻富士町役場産業振興課商工観光係)
㊔散策自由
㊋鴛泊港から車で40分
🚗30台 ▶MAP 別P.18 B-2

入り口にみやげ物屋がある

アザラシを発見！

アザラシにも会える景勝地

仙法志御崎公園

せんほうしみさきこうえん

海岸線と利尻富士が望めるスポット。透明な海を間近に見られる。園内にはゴマフアザラシのいるプールがある。

🏠利尻町仙法志御崎 ☎0163-84-2345(利尻町産業課) ㊔散策自由
㊋鴛泊港から車で40分 🚗10台
▶MAP 別P.18 B-2

利尻産ウニとご当地ドリンクを味わう

新鮮で濃厚な利尻産ウニを堪能するならばやはり丼。ここでしか飲めない名物の乳酸飲料も試してみて！

生ウニ丼
時価
ウニの量や種類はその日の漁の状況により異なる

利尻名物の自家製乳酸飲料

ミルピス商店

ミルピスしょうてん

店主の森原さんが考案した、1965年から続く歴史ある乳酸飲料。通常のミルピスほか、約10種類の味がある。

🏠利尻町沓形新湊153
☎0163-84-2227
㊔7:00～20:00
㊡無休
㊋鴛泊港から車で8分
🚗10台 ▶MAP 別P.18 A-2

ミルピス
1本450円(持ち帰り)
シソ味や利尻昆布味もある

ウニを心ゆくまで味わう

さとう食堂

さとうしょくどう

鴛泊港の目の前にある食堂。生ウニ丼の時季は6～9月頃で、日によってはエゾバフンウニとムラサキウニのダブルの丼が楽しめる。

🏠利尻富士町鴛泊港町
☎0163-82-1314
㊔5～10月の9:00～16:00(時間変動あり、食材がなくなり次第終了)
㊡不定休
㊋鴛泊港から徒歩1分
🚗なし ▶MAP 別P.18 B-2

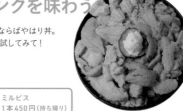

稚内港から日帰りで行くことができる2つの島、利尻富士が印象的な利尻島と、花々が咲き誇る礼文島。島特有の豊かな自然と名産のウニを楽しもう。

稚内からフェリーで1時間55分

美しい花が咲く浮島

礼文島

れぶんとう

北海道の最北端に位置する、南北約29km、東西8km、最高地点490mの島。花の島としても知られており、島内には7本のハイキングコースがある。

どんな島なの？

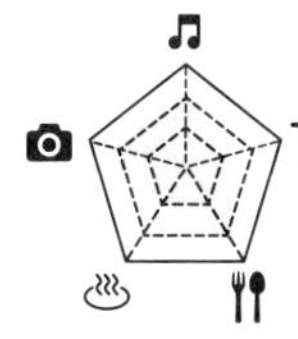

花の浮島と呼ばれる約300種の花が自生。固有種が多数。

礼文島への行き方

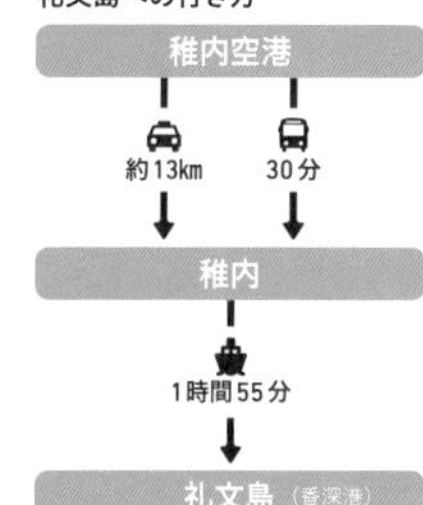

稚内空港
🚗 約13km / 🚌 30分
↓
稚内
🚢 1時間55分
↓
礼文島（香深港）

rebuntou ♫ 01

花を観賞しながら島をトレッキング

約300種の高山植物が自生し、季節になると島中が花でいっぱいに。花巡りの拠点となる展望スポットはここ。

奇岩が連なる南部の海岸

桃台猫台

ももだいねこだい

桃の形の桃岩。展望台は2つの岩の間にある

桃の形をした高さ150m近くの桃岩と、猫の形の猫岩がある。標高50mの桃台猫台展望台からは、2つの岩を眺められる。

🏠礼文町香深村元地
☎0163-86-2655（礼文島観光案内所）
[営]散策自由
[交]香深港から車で10分　🚗10台
▶MAP 別P.18 A-1・2

島内でも特に多くの高山植物が自生する一帯

レブンウスユキソウとレブンコザクラ

花の浮島を歩いて楽しむ

桃岩展望台

ももいわてんぼうだい

天然記念物の花畑の中にある礼文を代表する展望スポット。展望台からは桃岩、利尻富士などの豊かな風景が広がる。

🏠礼文町香深村元地
☎礼文島観光案内所
[営]散策自由
[交]香深港からバスで8分、桃岩登山口下車、徒歩20分　🚗20台
▶MAP 別P.18 A-1

rebuntou 🍴 02

島の名物グルメを楽しむ

礼文島グルメといえば新鮮な海産物。なかでも新鮮ウニを使ったメニューはマストで食べたい！

雲丹のクリームパスタ
1500円～
ウニと牛乳のみをたっぷり使用した濃厚ソースが絶品

礼文島の絶景カフェ

Dining cafe 海

ダイニング カフェ うみ

日本海を目の前に望めるカフェ。ウニをはじめとする地元産食材を使ったフードのほか、カフェメニューやドリンクなども充実。

🏠礼文町香深村元地454-1　☎0163-85-7105　[営]5月上旬～9月の11:00～15:00　[休]月曜　[交]香深港から車で10分　🚗10台
▶MAP 別P.18 A-1

利尻島と礼文島、どちらも島内を回るのであれば車を利用しての観光がスムーズ。半日あれば見どころを巡れる。

事前に知っておけば安心！

北海道へのアクセス方法

北海道へのアクセス方法は3種類ある。国内各地から最短で移動できる飛行機に、新幹線、車やバイクと一緒に移動ができるフェリー。観光スタイルや予算に合わせて、移動手段を選ぼう。

飛行機

北海道のメインの空港は新千歳空港。道外各地の空港から新千歳空港行きのフライトが就航。道内各空港にも定期直行便が就航しているが、便数は少なめ。

☑ 行き先で空港を選ぼう

北海道は広いので、ゲートウェイとなる空港選びによっては、移動時間をかなり短縮できる。例えば羽田空港から函館に行く場合、新千歳空港ではなく函館空港を利用すれば約4時間も早く函館に到着できる。ただし、利用する空港によっては便数が少なく旅のスケジュールを制限されてしまうケースもあるので、便数や発着時間も考慮しつつ、旅行計画を立てよう。

☑ パックツアーでお得に旅する

航空券は早めに予約すれば割引運賃が適用されるので、日程が決まったら早めに予約するのがコツ。また、往復運賃と宿泊がセットになったパックプランがお得。パックで予約したほうがもともとの航空券代より安くなるケースもある。各航空会社や旅行サイトのWebサイトから予約できる。

●通常手配の場合

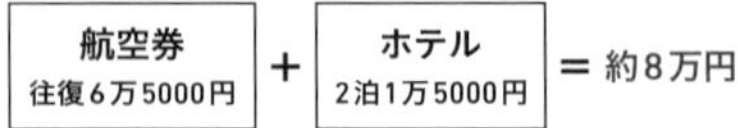

●パックプランの場合

※2023年4月の一例。料金は時季や宿泊ホテルによって変動。

☑ LCCの格安航空券を狙う

航空券代を節約するなら、LCCこと格安航空会社を利用する方法もある。成田、中部国際、関空などからPeach、成田、関空からジェットスターが新千歳空港にフライト。受諾手荷物や座席指定が有料といったルールがあるので、事前に確認をしよう。

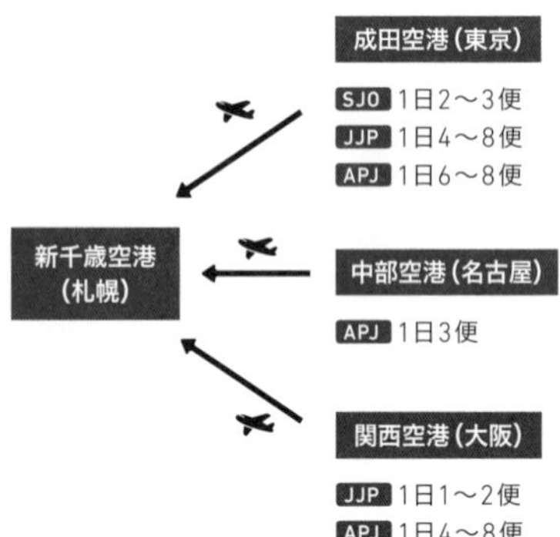

【航空会社問い合わせ先】

- **JAL**（日本航空） ☎0570-025-071
- **ANA**（全日空） ☎0570-029-222
- **ADO**（エア・ドゥ） ☎011-707-1122
- **SKY**（スカイマーク） ☎0570-039-283
- **FDA**（フジドリームエアラインズ） ☎0570-55-0489
- **IBX**（アイベックス） ☎0570-057-489

【LCC問い合わせ先】

- **APJ**（Peach） ☎0570-001-292
- **JJP**（ジェットスター） ☎0570-550-538
- **SJO**（SPRING JAPAN） ☎0570-666-118

全国から北海道へのフライトアクセス

各空港や各エアラインによって、フライトの便数や所要時間などは異なる。予約の前に比較してみよう。

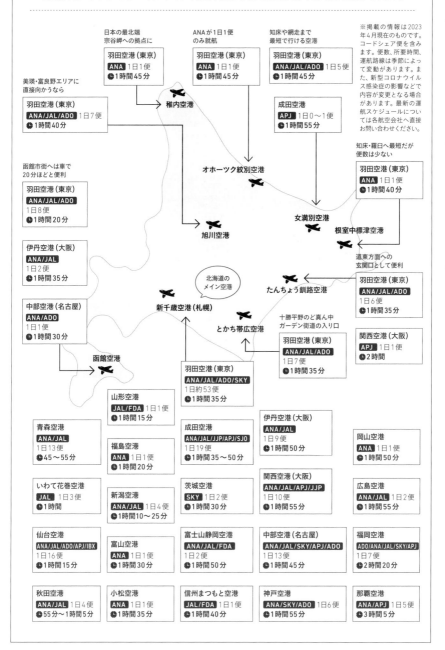

※掲載の情報は2023年4月現在のものです。コードシェア便を含みます。便数、所要時間、運航路線は季節によって変動があります。また、新型コロナウイルス感染症の影響などで内容が変更となる場合があります。最新の運航スケジュールについては各航空会社へ直接お問い合わせください。

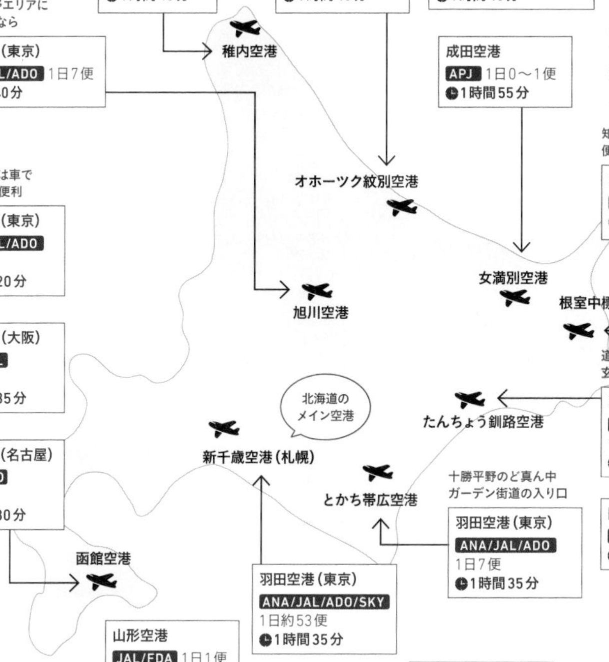

稚内空港

日本の最北端宗谷岬への拠点に

羽田空港(東京) ANA 1日1便 1時間45分

オホーツク紋別空港

ANAが1日1便のみ就航

羽田空港(東京) ANA 1日1便 1時間45分

女満別空港

知床や網走まで最短で行ける空港

羽田空港(東京) ANA/JAL/ADO 1日5便 1時間45分

成田空港 APJ 1日0～1便 1時間55分

旭川空港

美瑛・富良野エリアに直接向かうなら

羽田空港(東京) ANA/JAL/ADO 1日7便 1時間40分

根室中標津空港

知床・羅臼へ最短だが便数は少ない

羽田空港(東京) ANA 1日1便 1時間40分

たんちょう釧路空港

道東方面への玄関口として便利

羽田空港(東京) ANA/JAL/ADO 1日6便 1時間35分

関西空港(大阪) APJ 1日1便 2時間

とかち帯広空港

十勝平野のど真ん中ガーデン街道の入り口

羽田空港(東京) ANA/JAL/ADO 1日7便 1時間35分

函館空港

函館市街へは車で20分ほどと便利

羽田空港(東京) ANA/JAL/ADO 1日8便 1時間20分

伊丹空港(大阪) ANA/JAL 1日2便 1時間35分

中部空港(名古屋) ANA/ADO 1日1便 1時間30分

新千歳空港(札幌)

北海道のメイン空港

羽田空港(東京)	ANA/JAL/ADO/SKY	1日約53便	1時間35分
青森空港	ANA/JAL	1日13便	45～55分
いわて花巻空港	JAL	1日3便	1時間
仙台空港	ANA/JAL/ADO/APJ/IBX	1日16便	1時間15分
秋田空港	ANA/JAL	1日4便	55分～1時間5分
山形空港	JAL/FDA	1日1便	1時間15分
福島空港	ANA	1日1便	1時間20分
新潟空港	ANA/JAL	1日4便	1時間10～25分
富山空港	ANA	1日1便	1時間30分
小松空港	ANA	1日1便	1時間35分
成田空港	ANA/JAL/JJP/APJ/SJO	1日19便	1時間35～50分
茨城空港	SKY	1日2便	1時間30分
富士山静岡空港	ANA/JAL/FDA	1日2便	1時間50分
信州まつもと空港	JAL/FDA	1日1便	1時間40分
伊丹空港(大阪)	ANA/JAL	1日9便	1時間50分
関西空港(大阪)	ANA/JAL/APJ/JJP	1日10便	1時間55分
中部空港(名古屋)	ANA/JAL/SKY/APJ/ADO	1日13便	1時間45分
神戸空港	ANA/SKY/ADO	1日6便	1時間55分
岡山空港	ANA	1日1便	1時間50分
広島空港	ANA/JAL	1日2便	1時間55分
福岡空港	ADO/ANA/JAL/SKY/APJ	1日7便	2時間20分
那覇空港	ANA/APJ	1日5便	3時間5分

冬季は大雪の影響などで飛行機が欠航になることもある。航空会社側から振替便の手配を受けることができるが、日程には余裕を持って。

新幹線

北海道新幹線開業に伴い、本州から北海道へ新幹線でも行けるようになった。東京を出発し、青函トンネルを通って、終点の新函館北斗駅まで行くルートがこちら。

東京〜新函館北斗

運行 **東北・北海道新幹線**
1日10往復
運賃 **2万3430円**
(「はやぶさ」利用の普通車指定席・通常期)
最速で3時間57分

東京駅

東北新幹線区間
「はやぶさ」で 約3時間20分

新青森駅
北海道新幹線区間
盛岡・新青森からは「はやて」も運行

奥津軽いまべつ駅
奥津軽いまべつ駅から約6kmで青函トンネルへ。53.85kmの通過時間は約22分

北海道
木古内駅
北の大地最初の駅。「道南いさりび鉄道」への乗り換え駅

新函館北斗駅
新幹線の終点

「はこだてライナー」
約20分 ¥ 440円

函館駅

横のラインが彩香パープルの車両とピンク色の車両、2種類が運行

新函館北斗駅 ▶MAP別P.25 D-1
道南スギを使用した駅舎内。ポプラ並木をイメージした白い柱が並ぶ

Kitaca グッズ

Kitaca ジェットストリーム 4&1(グリーン) 1500円
JR北海道の電子マネーKitacaのキャラクターが描かれたペン

北の大地を駆けぬける キハ40列車カード (国鉄標準色) 1100円
キハ40系の列車カード、マイクロサボ、形式番号プレートのセット

北海道の国鉄気動車 バスタオル 3850円
キハ40系をモチーフにしたバスタオル

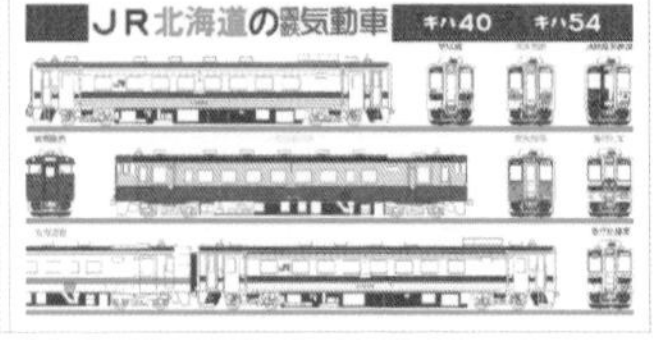

\ のんびり列車旅を楽しむなら /

道南いさりび鉄道

道南いさりび鉄道 ☎0138-83-1977(9:00〜17:00、土・日曜、祝日は休)

地域情報発信列車の「ながまれ号」も運行

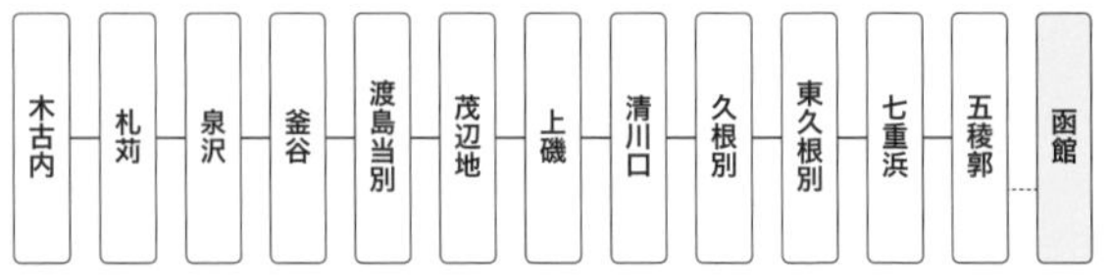

北海道新幹線の開業に合わせて旧江差線が「道南いさりび鉄道」として開業、列車は木古内駅〜五稜郭駅〜函館駅間を往復。津軽海峡を眺めながらの列車の移動を楽しめる。

木古内〜五稜郭〜函館　1日9往復
上磯〜五稜郭〜上磯　下り8便、上り10便
約1時間
¥木古内〜函館　1170円
※五稜郭〜函館間はJR線乗り入れ

船

時間に余裕があり、自分の車やバイクで道内を巡るならフェリーがおすすめ。
豪華な客室やホテル並みの船内設備を誇るフェリーもあり、優雅な船旅を楽しむこともできる！

① 青森港発 3時間40分～4時間

【便数】1日16便
A 青函フェリー
旅客のみスタンダード
¥2100円～
乗用車 ¥5m未満1万6700円
B 津軽海峡フェリー
旅客のみスタンダード
¥2860円～
乗用車 ¥6m未満1万9760円～

② 大間港発 1時間30分

【便数】1日2便
B 津軽海峡フェリー
旅客のみスタンダード ¥2320円～
乗用車 ¥6m未満1万5800円～

※運航日、ダイヤ、運賃等はやむを得ず変更となる場合があります。最新情報は各船会社に直接お問い合わせください。

③ 八戸港発 7時間15分～8時間30分

【便数】1日4便
C 川崎近海汽船（シルバーフェリー）
旅客のみ2等 ¥5600円
乗用車 ¥5m未満2万7000円

⑥ 秋田港発 11時間

【便数】週6便各1日1便
F 新日本海フェリー
旅客のみ
ツーリストJ ¥5300円～
乗用車 ¥5m未満2万1100円～

⑦ 新潟港発 16時間

【便数】週6便各1日1便
F 新日本海フェリー
旅客のみ
ツーリストC ¥7500円～
乗用車 ¥5m未満2万4500円～

⑧ 敦賀港発 20時間

【便数】1日1便（直行便）
F 新日本海フェリー
旅客のみ
ツーリストA ¥1万1100円～
乗用車 ¥5m未満3万5900円～

⑨ 舞鶴港発 21時間

【便数】1日1便
F 新日本海フェリー
旅客のみ
ツーリストA ¥1万1100円～
乗用車 ¥5m未満3万5900円～

④ 大洗港発 17時間45分～19時間15分

【便数】1日1～2便
D 商船三井フェリー
旅客のみツーリスト
¥9800円～
乗用車 ¥5m未満2万9700円～

⑤ 仙台港発 15時間 名古屋港発 39時間30分

【便数】仙台から1日1便、名古屋から週3～4便（仙台寄港）
E 太平洋フェリー
旅客のみ2等 ¥名古屋から1万1700円～、仙台から9000円～
乗用車 ¥5m未満 名古屋から3万7000円、仙台から2万8600円

【船会社の主な問い合わせ先】

A 青函フェリー
☎017-782-3671（青森）
☎0138-42-5561（函館）
B 津軽海峡フェリー
☎017-766-4733（青森）
☎0175-37-3111（大間）
☎0138-43-4545（函館）

C 川崎近海汽船（シルバーフェリー）
☎0120-539-468
☎050-3821-1490（苫小牧）
☎050-3821-1478（八戸）
D 商船三井フェリー
☎0120-489-850
☎029-267-4133（大洗）
☎0144-34-3121（苫小牧）

E 太平洋フェリー
☎050-3535-1163（全国共通）
F 新日本海フェリー
☎0134-22-6191（小樽）
☎0145-28-2800（苫小牧）

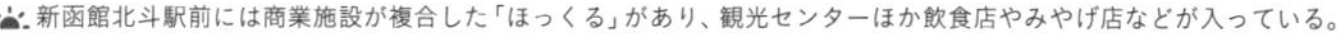
新函館北斗駅前には商業施設が複合した「ほっくる」があり、観光センターほか飲食店やみやげ店などが入っている。

事前に知っておけば移動がよりスムーズに！

道内交通ガイド

せっかく北海道に行くなら、いくつかのエリアを周遊したい。飛行機、都市間バス、鉄道が各エリアを結んでいる。それぞれの交通機関の特徴をつかんで、自分に合ったプランを計画しよう。

＼ 自由度は一番 ／

各空港にレンタカーのカウンターがあり、空港で借りて、帰りも空港で返却、ということができる。駅や違う空港で返却する「乗り捨て」も可能。公共交通機関の少ない観光スポットへもレンタカーなら気軽に行くことができる。

利用方法

レンタカーに空きがあれば当日予約も可能だが、事前にインターネットや電話で予約するのが一般的。特にGWと夏季は利用者が多いため、早めに予約を。車種やオプション内容、配車・乗り捨ての有無などで料金が異なり、レンタカー会社によってキャンペーン価格を設定している場合もあるので、何社か比較してみるのがいい。

【レンタカー料金の目安】

クラス	車種	～12時間	～24時間	以降1日あたり
660cc	ムーヴ、タントなど	6050円	7590円	6380円
1300cc	ノート、フィットなど	7150円	8910円	7150円
1600cc	カローラなど	8910円	1万670円	8910円

※レンタカー会社により異なる。また、ハイシーズンは割増料金となる。

【主なレンタカー会社】

ホンダレンタカー予約センター
☎0120-253-539
ニッポンレンタカー予約センター
☎0800-500-0919
タイムズカーレンタル予約センター
☎0120-00-5656
日産レンタカー予約センター
☎0120-00-4123
オリックスレンタカー予約センター
☎0120-30-5543
トヨタレンタカー予約センター
☎0800-7000-111
ちょいのりレンタカー予約センター
☎0570-200-055

【都市間距離早見表】

	ニセコ	小樽	苫小牧	千歳	札幌	富良野	美瑛	旭川	帯広	釧路	弟子屈	厚岸	標津	斜里	根室	羅臼	網走	紋別	稚内
紋別																			221
網走																		116	337
羅臼																	109	225	446
根室																138	186	302	523
斜里															145	68	41	157	378
標津														55	90	48	96	212	433
厚岸													103	158	78	151	191	302	523
弟子屈												114	65	61	116	113	77	188	409
釧路											75	114	116	136	124	163	152	263	484
帯広										121	160	170	226	213	245	273	187	241	392
旭川									175	324	249	363	300	245	366	313	214	142	244
美瑛								25	150	227	273	327	323	268	389	336	238	166	267
富良野							33	58	117	245	258	296	324	301	369	371	271	166	267
札幌						116	165	140	215	342	382	391	432	377	489	445	347	274	339
千歳					40	145	194	169	181	308	322	357	387	406	432	474	376	304	368
苫小牧				27	62	167	216	191	212	339	353	388	418	429	463	497	398	326	391
小樽			101	78	39	149	198	173	253	380	415	430	465	410	531	478	380	308	373
ニセコ		78	100	102	94	224	273	248	282	410	423	459	489	485	534	553	455	382	447
函館	168	232	249	268	304	409	458	433	453	580	594	630	659	670	705	738	640	568	632

※高速道路を優先利用した場合の距離の目安です。　(km)

車移動のHINT

広い道内を回るのに最適な車。効率よくリーズナブルに
移動するなら、以下のヒントも参考に！

レンタカーはどこに返す？

レンタカーは乗り捨ても活用

エリアをまたいで移動する場合、レンタカーを借りた場所まで戻って返却するのは時間のロス。そんな時はほかのエリアの営業所に返却する乗り捨てがおすすめ。

乗り捨て料金の目安

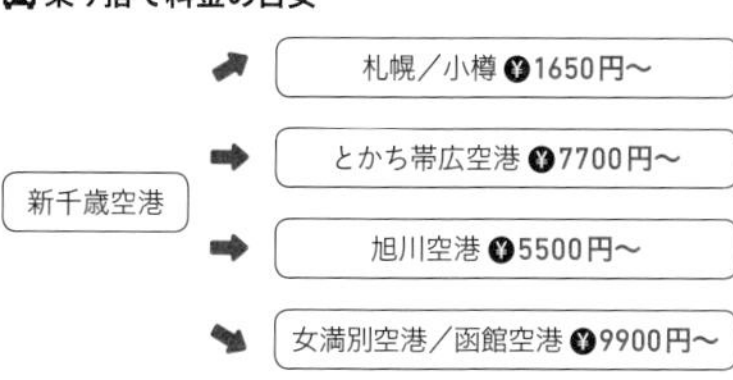

※普通乗用車の場合。同一エリア内での乗り捨ては無料。

高速道路の利用は？

高速利用ならETCが必須

高速道路を利用すれば移動時間を短縮できる。しかし距離が長い分、高速料金も高くなってしまうため、ETCカードを利用して割引を適用させよう。

ETC割引

休日割引
【期間】土・日曜、祝日
【内容】30％割引

深夜割引
【期間】毎日0:00～4:00
【内容】30％割引

**ドラ割 HOKKAIDO LOVE!
道トクふりーぱす**
【料金】普通車2日間8000円
【内容】期間内の連続する2～7日間、北海道の対象エリア内の高速道路が乗り放題

フェリー移動の時は？

離島へのフェリーに車を搭載

フェリーに乗って離島へ移動する場合、車を積載するのも一つの手。島内を車で巡るのであれば検討してみよう。

稚内～礼文島
1時間55分
ハートランドフェリー
☎0570-09-8010
旅客のみ ¥3070円
乗用車 ¥2万4890円

利尻～礼文島
45分
ハートランドフェリー
☎0570-09-8010
旅客のみ ¥1030円
乗用車 ¥8130円

江差～奥尻島
2時間20分
ハートランドフェリー
☎0570-09-8010
旅客のみ ¥3130円
乗用車 ¥2万5420円

稚内～利尻島
1時間40分
ハートランドフェリー
☎0570-09-8010
旅客のみ ¥2770円
乗用車 ¥2万2210円

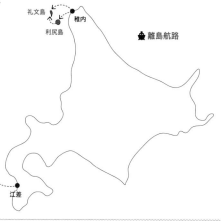

※2023年4月の料金。旅客運賃は2等席のもの。自動車運賃は4m以上5m未満の場合。運転者1名は、自動車運賃で2等席が利用できる。

交通情報

日本道路交通情報センター
☎050-3369-6760（北海道地方高速情報）
☎050-3369-6601（札幌方面情報）
www.jartic.or.jp

NEXCO東日本（お客様センター）
☎0570-024-024
☎03-5308-2424（PHS、IP電話から）

高速道路情報ドラぷら
www.driveplaza.com
北海道北の道の駅
www.hokkaido-michinoeki.jp
北の道ナビ
northern-road.jp/navi/

JRとレンタカーを組み合わせた「レール＆レンタカーきっぷ」もある。JR乗車券が20％割引、特急・グリーン料金は10％割引になる。

北海道のメイン空港は新千歳空港だが、札幌駅から車で20分ほどの丘珠（おかだま）空港からも道内各地へのフライトがある。新千歳空港からは道内ほとんどの空港への直行便が出ているが、行き先によっては便数が少ないところもあるので要確認。

道内フライトMAP

新千歳空港発

	到着地	時間（約）	便数	航空会社
1	利尻空港	55分	1日1便[※1]	ANA
2	稚内空港	55分	1日2便	ANA
3	女満別空港	45分	1日6便	ANA・JAL
4	たんちょう釧路空港	45分	1日3便	ANA
5	根室中標津空港	50分	1日3便	ANA
6	函館空港	45分	1日2便	ANA

札幌丘珠空港発

	到着地	時間（約）	便数	航空会社
7	利尻空港	55分	1日1便	JAL/HAC
8	たんちょう釧路空港	45分	1日4便	JAL/HAC
9	函館空港	40分	1日6便	JAL/HAC

函館空港発

	到着地	時間（約）	便数	航空会社
10	奥尻空港	30分	週5便	JAL/HAC

※2023年4月現在。運航便数など変更になる可能性あり。最新情報は各社Webサイトにて要確認。JAL/HACは共同運航便。
（※1）新千歳〜利尻は6〜9月のみの運航。

【道内の主な空港】

函館空港（はこだてくうこう）
函館市内へは車で20分ほどと便利な立地。五稜郭公園や函館山、湯の川温泉などの観光スポットへのアクセスがいい。
☎0138-57-8881 ▶MAP 別P.25 E-2、P.33 F-2

旭川空港（あさひかわくうこう）
北海道のほぼ中心に位置する空港。市内までは車で約35分。旭山動物園や美瑛までは約25分と近い。富良野までは約1時間。
☎0166-83-3939 ▶MAP 別P.36 B-1

とかち帯広空港（おびひろくうこう）
十勝平野の真ん中に位置し、ガーデン街道のスタート地点となる。酪農王国でのどかな牧場風景と花畑の美しい風景が広がる十勝平野にある。
☎0155-64-5678 ▶MAP 別P.10 C-1

たんちょう釧路空港（くしろくうこう）
道東方面の玄関口として利用される。名古屋、大阪間は季節運航のみ。釧路市内までは車で約45分。市内行きの連絡バスが運行。
☎0154-57-8304 ▶MAP 別P.9 F-3

女満別空港（めまんべつくうこう）
網走や北見、知床などへのアクセスの拠点となる空港。北見方面、網走方面にそれぞれ空港連絡バスが運行。6〜9月にかけては観光シャトルバスも。
☎0152-74-3115 ▶MAP 別P.7 E-3、P.9 F-1

根室中標津空港（ねむろなかしべつくうこう）
日本最東端の空港で知床・羅臼へ最短で行くことができるが新千歳空港間が1日3便のみと、便数は少ない。摩周湖などの観光スポットへも便利。
☎0153-73-5601 ▶MAP 別P.4 C-2

オホーツク紋別空港（もんべつくうこう）
紋別市内にある空港、網走までは車で約2時間。羽田空港からはANAが1日1便のみ運行。オホーツクの流氷を見に行くのに便利。
☎0158-26-2655 ▶MAP 別P.6 B-2

稚内空港（わっかないくうこう）
日本のてっぺんの宗谷岬、利尻島や礼文島に行くのに便利。6〜8月のハイシーズンは混雑が予想される。稚内駅まではバスで約30分。
☎0162-27-2111 ▶MAP 別P.19 D-1

＼ エコノミーに移動 ／

都市間バスは、主要な都市と都市を結ぶ長距離バスのこと。乗り換えなしで目的地まで行ける。1人がけリクライニングシート3列シートが中心。夜行運転をしている路線もあり、エコノミーな料金で時間を有効に使える。

主な都市間バス路線図

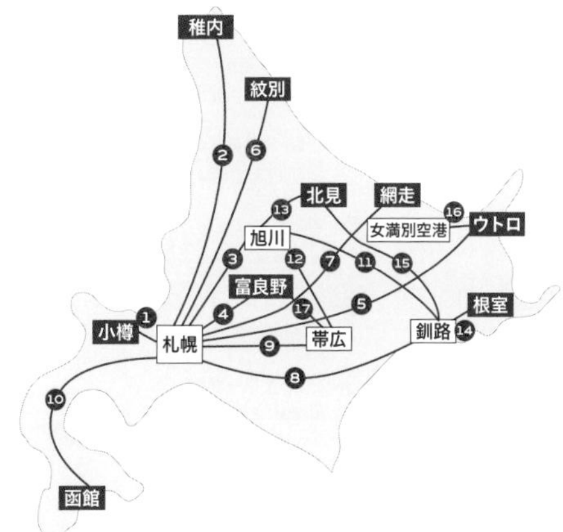

札幌発

	到着地	時間(約)	料金	バス名	問
1	小樽	1時間10分	680円	高速おたる号	AB
2	稚内	5時間50分	6200円	わっかない号	EF
3	旭川	2時間5分	2300円	高速あさひかわ号	ABG
4	富良野	2時間55分	2500円	高速ふらの号	A
5	ウトロ	7時間30分	8400円	イーグルライナー	AM
6	紋別	4時間20分	5270円	流氷もんべつ号	ABGN
7	網走	6時間15分	6800円	ドリーミントオホーツク号	AIL
8	釧路	5時間35分～	5880円	スターライト釧路号	ADH
9	帯広	3時間40分	3840円	ポテトライナー	ABCEJ
10	函館	5時間40分	4900円	高速はこだて号	AEK

旭川発

	到着地	時間(約)	料金	バス名	問
11	釧路	7時間30分	6100円	サンライズ旭川・釧路号	GH
12	帯広	4時間	3600円	ノースライナー	CGJ
13	北見	3時間30分	3950円	特急石北号	GI

釧路発

	到着地	時間(約)	料金	バス名	問
14	根室	2時間43分	2290円	特急ねむろ号	D
15	北見	3時間20分	3800円	特急釧北号	HI

女満別空港発

	到着地	時間(約)	料金	バス名	問
16	ウトロ	2時間10分	3300円	知床エアポートライナー	LM

帯広発

	到着地	時間(約)	料金	バス名	問
17	富良野	2時間40分	2400円	ノースライナー	CGJ

現地発着ツアー

定期観光バスで日帰り観光！

人気の観光スポットをたっぷり1日かけて観光できる。バスが各見どころを巡ってくれるので楽に楽しめる。

札幌発【絶景積丹岬コース】

約9時間30分　料8900円(予定)
期間:2023年5月8～19日、5月22日～9月30日
☎0570-200-600(北海道中央バス)

札幌駅前バスターミナル ▶ 道の駅スペースアップルよいち ▶ 島武意海岸 ▶ 余別 浜寿し(昼食) ▶ 神威岬 ▶ 美国 積丹水中展望船 ▶ 田中酒造 ▶ 札幌市時計台(降車可) ▶ 札幌駅前バスターミナル

釧路発【ピリカ号】

約8時間55分　料5600円(要予約)
期間:4月下旬～10月下旬の毎日(予定)
☎0154-37-2221(阿寒バス)

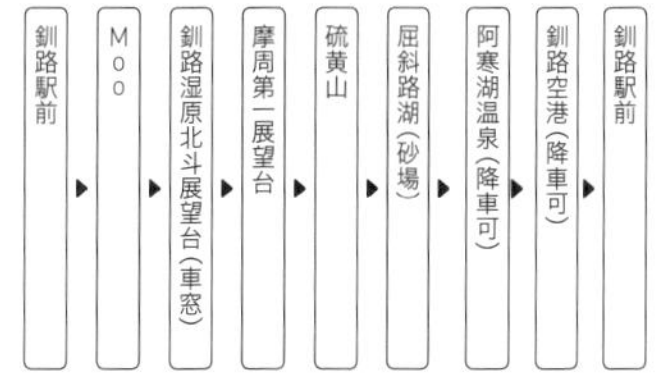

【バス問い合わせ先】

- A 北海道中央バス ☎0570-200-600
- B ジェイ・アール北海道バス ☎011-622-8000
- C 北海道拓殖バス ☎0155-31-8811
- D くしろバス ☎0154-36-8181
- E 北都交通 ☎011-241-0241
- F 宗谷バス ☎0162-33-5515
- G 道北バス ☎0166-23-4161
- H 阿寒バス ☎0154-37-2221
- I 北海道北見バス ☎0570-007-788
- J 十勝バス ☎0155-37-6500
- K 道南バス ☎0143-45-2131
- L 網走バス ☎0152-43-2606
- M 斜里バス ☎0152-23-3145
- N 北紋バス ☎0158-24-2165

都市間高速バスは、往復料金で購入すると割安。Wi-Fi完備の車両も増えており、長距離移動でも快適。

＼車窓からの景色も楽しむ／

札幌を拠点に道内全域の主要都市を結ぶ特急列車が運行している。バスより若干割高だが、車よりも早く、オンシーズンでも渋滞の影響を受けずに目的地に辿り着けるのが利点。停車駅は少なく、車内もゆったりしていて快適に過ごすことができる。

札幌からの所要時間

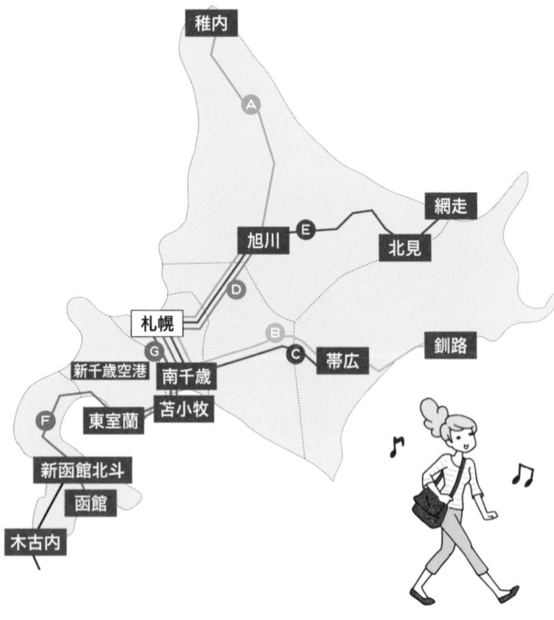

- A 特急「宗谷」
  稚内まで 5時間10分
- B 特急「おおぞら」
  釧路まで 4時間
- C 特急「とかち」
  帯広まで 2時間35分
- D 特急「カムイ」「ライラック」
  旭川まで 1時間25分
- E 特急「オホーツク」
  網走まで 5時間25分
- F 特急「北斗」
  函館まで 3時間30分
- G 特急「すずらん」
  東室蘭まで 1時間30分

※料金、所要時間、最新の運行情報についてはJR北海道のWebサイトを確認。

シーズン限定の観光列車も！

観光シーズンのみの期間限定で運行される列車は、毎回乗れるものではないので気分も盛り上がること間違いなし！車体のデザインも個性豊か。

釧路～塘路
くしろ湿原ノロッコ号

釧路湿原の東側を走る列車。大きな車窓から湿原の自然が見られる。
期間:4月下旬～10月上旬予定（運休日あり）
→P.189

旭川～富良野
富良野・美瑛ノロッコ号

車窓から美瑛や富良野の田園風景や十勝岳を眺められる展望列車。
期間:6～9月（予定）
→P.135

網走～知床斜里
流氷物語号

釧網本線のオホーツク海沿いを走る列車。列車内から流氷の海や知床連山の景色が見られる。
期間:1～2月（予定）
→P.180

上手に利用しておトクに旅行

JRのおトクなきっぷ

JR北海道では往復割引きっぷ、フリーきっぷなどを発売。
移動のみなら往復タイプ、あちこち巡るならフリータイプがおすすめ。

往復タイプ

問い合わせ JR北海道電話案内センター ☎011-222-7111
(6:30〜22:00)

道南・道東方面に往復するなら

乗車券往復割引きっぷ

乗車券タイプの往復割引きっぷ。別に特急券を買うと特急列車にも乗れる。

【料金】札幌〜登別3790円、札幌〜函館9860円、札幌〜釧路1万1590円など
【有効期間】6日間

稚内・網走方面に往復するなら

指定席往復割引きっぷ(Rきっぷ)

特急列車の普通車指定席が利用できる往復割引きっぷ。

【料金】札幌〜網走1万7500円、札幌〜稚内1万3310円、札幌〜北見1万6240円など。※4月1日〜11月30日利用開始分の料金
【有効期間】6日間

旭川方面に往復するなら

自由席往復割引きっぷ(Sきっぷ)

特急列車の普通車自由席が利用できる往復割引きっぷ。プラス530円で指定席も利用可。

【料金】札幌〜旭川5550円、旭川〜網走1万4070円、旭川〜稚内1万830円など
【有効期間】6日間

フリータイプ

※おトクなきっぷは季節限定での発売。利用の際はJR北海道のウェブサイトにて最新情報を確認。

道内をあちこち巡るなら

北海道フリーパス

JR北海道在来線全線とジェイ・アール北海道バス(一部路線を除く)が7日間乗り放題。特急列車・普通列車の普通車自由席乗り放題に。普通車指定席も6回まで利用可。

【料金】2万7430円
【有効期間】7日間(4月27日〜5月6日、8月10〜19日、12月28日〜1月6日は利用不可)

1日で札幌近郊を巡るなら

一日散歩きっぷ

札幌、小樽の近郊から南は長万部や室蘭、東は十勝の新得などの広範囲をカバーしている。フリーエリア内の普通列車・快速列車の自由席に、1日間自由に乗り降りできる。土・日曜、祝日のみ。特急列車は利用不可。発売箇所および季節限定の発売。

【料金】2540円(利用当日のみ発売)
【有効期間】利用当日のみ

花巡りをするなら

道北一日散歩きっぷ

旭川を中心に富良野、上川、美唄、名寄や新得方面をカバー。フリーエリア内の普通列車・快速列車の自由席に1日間自由に乗り降りできる。土・日曜、祝日のみ。特急列車は利用不可。発売箇所および季節限定の発売。

【料金】2540円(利用当日のみ発売)
【有効期間】利用当日のみ

観光タクシーを活用する

予算に余裕があるのであれば、自由に行程を決めて移動できる観光タクシーが便利。

観光タクシーとは?

タクシー1台をまるまるチャーターし、運転手と見どころを回る。各タクシー会社によってモデルコースが設けられているが、相談のうえコースのカスタマイズが可能。台数ごとの利用料金となるため、人数が多いほどお得。右記は観光コースと催行タクシー会社の一例。

小型タクシー(〜4名)　ジャンボタクシー(〜9名)

MODEL PLAN

富良野・美瑛コース

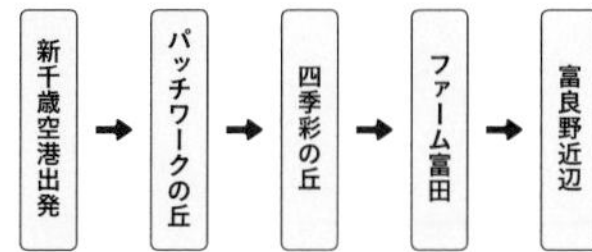

約6時間
㊊小型4万2000円〜
ライクネット予約センター
☎011-776-5050
www.likenet.jp

1〜2月にかけては釧路〜標茶間を「SL冬の湿原号」が運行する。2024年の運行日についてはウェブサイトをチェック。

札幌市内交通路線図

小樽
函館本線
宮の沢
3分
発寒南
2分
琴似
2分
二十四軒
2分
西28丁目
2分
円山公園
1分
西18丁目
2分
西11丁目
2分
白い恋人パーク
徒歩7分
徒歩7分
札幌市中央卸売市場
徒歩15分
桑園
3分
北海道大学
徒歩7分
徒歩4分
徒歩7分
北海道庁旧本庁舎
徒歩7分
大通公園
地下鉄南北線
麻生
北34条
北24条
北18条
北12条
さっぽ
すすき
中島公
幌平
中の
平岸
南平
澄川
自衛隊
真駒
バス8分
札幌市円山動物園
西15丁目
4分
中央区役所前
2分
西8丁目
2分
西4丁目
3分
狸小路
3分
すすきの
3分
すすきの
資生館小学校前(西創成)
2分
3分
西線6条
2分
西線9条旭山公園通
2分
西線11条
3分
西線14条
2分
西線16条
TAXI
ロープウェイ入口
1分
電車事業所前
札幌市電
東本願寺前
2分
山鼻9条
2分
中島公園通
3分
行啓通
2分
静修学園前
2分
山鼻19条
2分
幌南小学校前
3分
東屯田通
2分
石山通
2分
中央図書館前
2分
シャトルバス5分
もいわ山麓駅
ロープウェイ5分
もいわ中腹駅
ミニケーブルカー2分
もいわ山頂駅
もいわ山山頂展望台
凡例
観光スポット・観光エリア
JR線
地下鉄南北線
地下鉄東豊線
地下鉄東西線
札幌市電、ロープウェイなど

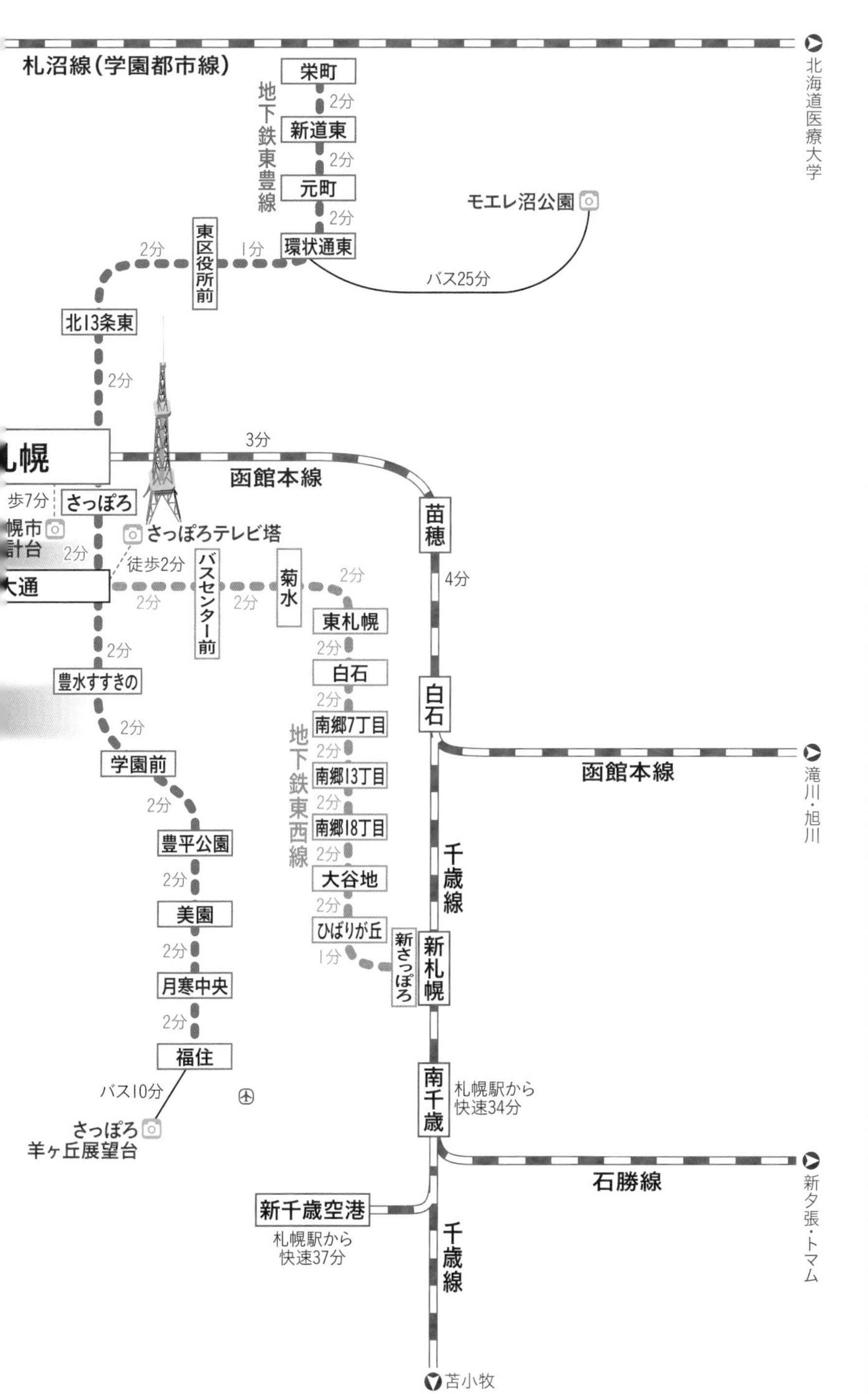

札沼線(学園都市線)
北海道医療大学
地下鉄東豊線
栄町
新道東
元町
環状通東
東区役所前
北13条東
モエレ沼公園
バス25分
札幌
函館本線
苗穂
さっぽろ
歩7分
札幌市時計台
さっぽろテレビ塔
徒歩2分
大通
バスセンター前
菊水
東札幌
白石
南郷7丁目
南郷13丁目
南郷18丁目
大谷地
ひばりが丘
新さっぽろ
地下鉄東西線
豊水すすきの
学園前
豊平公園
美園
月寒中央
福住
バス10分
さっぽろ羊ヶ丘展望台
白石
函館本線
滝川・旭川
千歳線
新札幌
南千歳
札幌駅から快速34分
石勝線
新夕張・トマム
新千歳空港
札幌駅から快速37分
千歳線
苫小牧

INDEX

EAT

SHOPPING

STAFF

取材・執筆
有限会社グルーポ ピコ

撮影
有限会社グルーポ ピコ
金子寫眞製作所
守谷光代

写真協力
関係各市町村観光課、関係諸施設
(公財) アイヌ民族文化財団
函館市公式観光情報サイト「はこぶら」
有限会社ウイング
朝日新聞社

表紙デザイン　菅谷真理子 (マルサンカク)

本文デザイン
菅谷真理子+髙橋朱里 (マルサンカク)
今井千恵子　大田幸奈 (Róndine)

表紙イラスト　大川久志　深川優

本文イラスト　細田すみか

マンガ　クリハラタカシ

地図制作　s-map

地図イラスト　石嶋弘幸　みよこみよこ

組版・印刷　大日本印刷株式会社

企画・編集　清永愛　白方美樹 (朝日新聞出版)

ハレ旅(たび)　北海道(ほっかいどう)

2023年6月30日　改訂3版第1刷発行
2024年5月30日　改訂3版第3刷発行

編　著　朝日新聞出版

発行者　片桐圭子

発行所　朝日新聞出版
〒104-8011　東京都中央区築地5-3-2
(お問い合わせ) infojitsuyo@asahi.com

印刷所　大日本印刷株式会社

ISBN 978-4-02-334741-0

定価はカバーに表示してあります。
落丁・乱丁の場合は弊社業務部 (電話03-5540-7800) へご連絡ください。
送料弊社負担にてお取替えいたします。

購入者限定 FREE

\ スマホやPCで!/

ハレ旅 北海道 電子版が無料!

① 「honto電子書籍リーダー」アプリをインストール

Android版 Playストア
iPhone/iPad版 AppStoreで
honto を検索

PCでの利用の場合はこちらから
https://honto.jp/ebook/dlinfo

右のQRコードからもアクセスできます

② 無料会員登録

インストールしたアプリのログイン画面から新規会員登録を行う

③ ブラウザからクーポンコード入力画面にアクセス

ブラウザを立ち上げ、下のURLを入力。電子書籍引き換えコード入力画面からクーポンコードを入力し、My本棚に登録

クーポンコード入力画面URL
https://honto.jp/sky

クーポンコード asa4912122695882
※2025年12月31日まで有効

右のQRコードからもクーポンコード入力画面にアクセスできます

④ アプリから電子書籍をダウンロード&閲覧

①でインストールしたアプリの「ライブラリ」画面から目的の本をタップして電子書籍をダウンロードし、閲覧してください
※ダウンロードの際には、各通信会社の通信料がかかります。ファイルサイズが大きいため、Wi-Fi環境でのダウンロードを推奨します。
※一部、電子版に掲載されていないコンテンツがあります。

ご不明な点、お問い合わせ先はこちら
hontoお客様センター
✉shp@honto.jp
☎0120-29-1815
IP電話からは ☎03-6386-1622
※お問い合わせに正確にお答えするため、通話を録音させていただいております。予めご了承ください。